Albrecht Beutel · Spalding

ARTIBUS INGENUIS
J·C·B·M·
1·8·0·1

Albrecht Beutel

Johann Joachim Spalding

Meistertheologe im Zeitalter der Aufklärung

Mohr Siebeck

Albrecht Beutel, geboren 1957; Ordinarius für Kirchengeschichte und Leiter der Arbeitsstelle „Bibliothek der Neologie" an der Evangelisch-Theologischen Fakultät der Westfälischen Wilhelms-Universität Münster; ord. Mitglied der Nordrhein-Westfälischen Akademie der Wissenschaften und der Künste.

ISBN 978-3-16-153266-5

Die Deutsche Nationalbibliothek verzeichnet diese Publikation in der Deutschen Nationalbibliographie; detaillierte bibliographische Daten sind im Internet über *http://dnb.dnb.de* abrufbar.

Das Buch wurde von Gulde-Druck in Tübingen aus der Stempel Garamond gesetzt, auf alterungsbeständiges Werkdruckpapier gedruckt und von der Buchbinderei Nädele in Nehren gebunden.

Vorwort

Im Zeitalter der Aufklärung prägten etliche Vordenker das kirchliche und theologische Feld. Sie traten nicht als einsame Gründerfiguren oder Schulhäupter auf, sondern agierten als Teil einer ausgreifenden, vielfach vernetzten Bewegung. Die Neologie, wie man die reife Gestalt der deutschen Aufklärungstheologie, solange es dafür keinen besseren Ausdruck gibt, zu bezeichnen pflegt, fand in der Vergewisserung und Stärkung individueller religiöser Mündigkeit eine identitätsstiftende Motivkonstellation. Johann Joachim Spalding (1714–1804) zählt zu deren bedeutsamsten, einflußreichsten Vertretern.

In seinem Leben und Wirken erhielt die Aufklärungstheologie exemplarische Anschaulichkeit. Insofern mag auch hier der Einzelne das große Ganze, dem er verpflichtet war, repräsentieren. Die ihm gewidmete Darstellung bemüht sich, unbeschadet ihres wissenschaftlichen Anspruchs, um allgemeine Verständlichkeit. Sie wurde während des Wintersemesters 2013/14 als Vorlesung an der Evangelisch-Theologischen Fakultät Münster erprobt.

Die Anmerkungen beschränken sich weithin auf den Nachweis direkter Zitate. Bisweilen findet sich dort auch die Forschungsliteratur, von der ich am meisten profitiert habe, genannt. Das Register bietet, den Erzählfluß entlastend, die Lebensdaten der auftretenden Personen in erstrebter Vollständigkeit. Gelegentlich wurde auf Passagen der von mir verfaßten Einleitungen in die Bände der Kritischen Spalding-Ausgabe (SpKA) zurückgegriffen.

Ohne die anhaltende Spurensuche meiner Mitarbeiterin Frau Olga Söntgerath, deren Beharrlichkeit immer wieder von überraschenden Erfolgen gekrönt wurde, wäre dieses Buch niemals möglich geworden. Mit gutem, feinsinnigem Rat begleitete sie zudem die Ausarbeitung des Manuskripts. Als Geschäftsführer des Tübinger Verlagshauses Mohr Siebeck hat Herr Dr. Henning Ziebritzki nach der 2013 abgeschlossenen Spalding-Ausgabe nun auch die Lebens- und Werkgeschichte des aufklärerischen Meistertheologen in seine Obhut genommen. In beide Richtungen zielt mein besonderer, herzlicher Dank.

Münster, am 3. Januar 2014 Albrecht Beutel

Inhaltsverzeichnis

Abkürzungen

(soweit nicht selbstverständlich oder im IATG² erfaßt)

AdB	Allgemeine deutsche Bibliothek
AKThG	Arbeiten zur Kirchen- und Theologiegeschichte
FS	Festschrift
IATG²	S.M. Schwertner, Internationales Abkürzungsverzeichnis für Theologie und Grenzgebiete, ²1992
it	insel taschenbuch
JBKG	Jahrbuch für Brandenburgische Kirchengeschichte
KGA	F.D.E. Schleiermacher, Kritische Gesamtausgabe
N.N.	Nomen nescio
ND	Nachdruck
PThK	Praktische Theologie und Kultur
SpKA	J.J. Spalding, Kritische Ausgabe
s.v.	sub voce
unpag.	unpaginiert
Zit.	Zitiert
ZNThG	Zeitschrift für neuere Theologiegeschichte

I. Horizonte

Als Mitglied des Oberkonsistoriums und Propst von Berlin war Johann Joachim Spalding der ranghöchste Repräsentant der lutherischen Kirche im Königreich Preußen. Zur Mitte des Jahres 1784 übergab er das Buch *Vertraute Briefe, die Religion betreffend* der literarischen Öffentlichkeit. Die Neuerscheinung stieß auf erhebliches Interesse und war binnen kurzer Frist ausverkauft. Der zweiten Auflage, die im Folgejahr auf den Markt kam, fügte der Autor einige längere Passagen hinzu, in denen er auf aktuelle Debatten der Zeit reagierte. „Seit einigen hundert Jahren schon", hieß es da, „ist doch unstreitig, freylich schwächer oder stärker, langsamer oder geschwinder, aber doch allemal wirklich, Aufklärung, der Sache nach, wenn gleich ohne dieß neue Wort, im Gange gewesen"[1].

Damit korrigierte Spalding indirekt, jedoch unüberhörbar die Auffassung des Königsberger Philosophen Immanuel Kant, der in seiner *Beantwortung der Frage: Was ist Aufklärung?* (1784) soeben kundgetan hatte, „wir" lebten nunmehr „in einem Zeitalter der Aufklärung"[2]. Zwar hatte dabei auch Kant auf den prozesshaft-dynamischen Charakter der Epoche verwiesen, weshalb es ihm als unzutreffend und sachwidrig erschien, das Zeitalter bereits in einem resultativ-statischen Sinne

---

[1] J.J. Spalding, Vertraute Briefe, die Religion betreffend ([1]1784; [2]1785; [3]1788), hg. von A. Beutel / D. Prause (SpKA I/4), 2004, 176,1–5. – Dieser Band erschien im Rahmen von J.J. Spalding, Kritische Ausgabe, hg. von A. Beutel, 13 Bde., 2001–2013.

[2] I. Kant, Beantwortung der Frage: Was ist Aufklärung? (1784; in: N. Hinske [Hg.], Was ist Aufklärung? Beiträge aus der Berlinischen Monatsschrift, 1990, 452–465).

als „aufgeklärt“ zu bezeichnen[3]. Spalding hingegen plädierte für eine Ausweitung der historischen Perspektive, da es doch „sehr unwissend oder sehr undankbar“ sein würde, wenn man nicht auch die schon von „unsern Urgroßvätern“ betriebene Dynamisierung des Aufklärungsprozesses „mit Bewunderung und Vergnügen“[4] wahrnehmen und würdigen wollte.

Tatsächlich bildet das Zeitalter der Aufklärung zwar nicht die erste, wohl aber die entscheidende, sich ihrer selbst bewußt werdende, etwa von der Mitte des 17. bis zum Ausgang des 18. Jahrhunderts reichende Phase des frühneuzeitlichen Rationalisierungsprozesses. Angesichts der geschichtlichen Komplexität dieses Zeitraums wird die Einheit der Epoche schwerlich auf eine einfache Formel gebracht werden können. Aber auch wenn ihre geschichtlichen Entwicklungsstufen und Konkretionen in den einzelnen Ländern, abhängend von den jeweiligen politischen, gesellschaftlichen, wissenschaftlich-kulturellen und religiös-konfessionellen Umständen, stark variierten und überdies erhebliche materiale Divergenzen, für die der Antagonismus von Rationalismus und Empirismus nur *ein* Beispiel ist, die Epoche bestimmten, lassen sich doch einige ihrer wesentlichen Leitlinien und Tendenzen, die den Ruf nach Aufklärung zum intentionalen Fluchtpunkt des ganzen Zeitalters machten, andeutend benennen.

„Kritik“ war ein Leitmotiv jener Zeit. Auf allen Gebieten stellte es die Bestimmtheit durch ein religiös-dogmatisch gebundenes Wirklichkeitsverständnis in Frage und problematisierte zugleich die legitimatorische Berufung politischer, ethischer, religiöser und philosophischer Normen auf die Verbindlichkeit autoritativer Traditionen. Wenn auch die Entfaltungen eines kritischen Verstandesgebrauchs in materialer Hinsicht erheblich differierten, kamen sie in dem Postulat einer traditionskritischen Autonomie des menschlichen Denkens doch al-

---

[3] AaO 462.

[4] Spalding, Vertraute Briefe (s. Anm. 1), 176,6–10.

lesamt überein. Gemäß der von ihr beanspruchten Universalkompetenz war es nur konsequent, daß die kritische Vernunft schließlich reflexiv und damit ihrer eigenen Bedingungen und Grenzen ansichtig wurde.

„Kritik" meinte freilich nicht prinzipielle Traditions- und Autoritätsfeindlichkeit, sondern vollzog sich in der Ambivalenz von Ablehnung und Bewahrung aufgrund kritischer Prüfung. Das dadurch bestimmte philosophische Verfahren, welches, jedem Systemzwang zuwider, das eigene kritische Urteil zur allein ausschlaggebenden Instanz erhebt, läßt sich als Eklektizismus bestimmen. In ihm erfüllt sich die von Kant auf den Begriff gebrachte Maxime der Aufklärung, „jederzeit selbst zu denken"[5]. Die dem 18. Jahrhundert eigene Neigung zu enzyklopädischer Wissenssicherung stimmt damit insofern überein, als sie sich nicht der Herrschaft eines metaphysischen Systems unterwerfen, vielmehr das Wissen der Zeit in empirisch-additiver Ordnung bereitstellen wollte. Durch die auch darin sich vollziehende „Revolution für die Denkungsart"[6] sollte der philosophische Gedanke praktisch werden, will sagen: in allen Bereichen des Lebens gestaltend zur Geltung kommen. Die Frage nach der „Nutzbarkeit", also der lebenspraktischen Relevanz theoretischer Einsichten, aber auch von Institutionen, Phänomenen und Vollzügen, war ein Modethema der Aufklärungszeit.

Aus der Leitidee der Kritik ergab sich zugleich die Tendenz zur Anthropozentrik. Die Überzeugung von der Autonomie der Vernunft sowie einer prinzipiellen Verstehbarkeit der Welt führte in ihrer Beschränkung auf immanente Erklärungsweisen und Erkenntnismittel zu einer fortschreitenden Säkularisierung des Denkens. Das in der Aufklärung massiv erstarken-

[5] I. Kant, Was heißt: sich im Denken orientieren? (1786; in: Ders., Werke in sechs Bänden, hg. von W. Weischedel, Bd. 3, 1958, 265–283), 283 Anm.

[6] I. Kant, Religion innerhalb der Grenzen der bloßen Vernunft, 1793 (aaO Bd. 4, 1956, 645–879), 698.

de Vertrauen in die intellektuellen Kräfte und Fertigkeiten des Menschen erklärt ebenso die Tendenz zur Verwissenschaftlichung wie zu einer rationalen, bisweilen utilitaristisch zugespitzten Durchdringung aller Lebensbereiche. Aufklärung, definierte der Göttinger Philosoph und Experimentalphysiker Georg Christoph Lichtenberg, „besteht eigentlich in richtigen Begriffen von unsern wesentlichen Bedürfnissen“[7].

Zudem war das Zeitalter der Aufklärung von einem starken Fortschritts- und Perfektibilitätsglauben bestimmt. Aufgrund der zunehmenden Beherrschung und Nutzbarmachung der Natur konnte der Fortschrittsgedanke eine Dynamik entfalten, die bald auch auf politische, gesellschaftliche und weltanschauliche Bereiche ausgriff und die Idee der individuellen und allgemeinen Vervollkommnung des Menschen zu einer Leitidee der Epoche erhob. Dabei rückte die Lehr- und Lernfähigkeit einer der Vernunft gemäßen Lebensführung in den Mittelpunkt des pädagogischen und ethischen Interesses. In der *Erziehung des Menschengeschlechts* (Lessing) fand das Zeitalter sein einheitsstiftendes Postulat.

In der politischen Geschichte Europas markiert das 18. Jahrhundert die letzte Etappe des langwierigen frühneuzeitlichen Staatsbildungsprozesses. Das universale Ordnungsgefüge des Mittelalters war unwiderruflich zerbrochen und an seine Stelle nicht etwa eine neue, übergeordnete politische Einheitsstruktur, vielmehr ein heterogenes Konglomerat von souveränen oder zur Souveränität tendierenden Staatswesen getreten. Neben der das europäische Gesamtbild dominierenden Herrschaftsform der (zumeist dynastischen) Monarchie standen kleinere republikanische Gemeinschaftsformen wie die deutschen Reichsstädte oder die Republik Venedig sowie föderale Gebilde wie die Schweizer Eidgenossenschaft oder die Republik der Vereinigten Niederlande.

---

[7] G. Ch. LICHTENBERG, Schriften und Briefe, hg. von W. PROMIES, Bd. 1, 1968, 688.

Unbeschadet solcher Differenzierungen erscheint es insgesamt sachgemäß, den Zeitraum von der Mitte des 17. bis zum Ausgang des 18. Jahrhunderts in europäischer Perspektive als das Zeitalter des Absolutismus anzusprechen. Alle führenden sowie die meisten der nachstehenden Mächte präsentierten sich als dynastische Staatsgebilde, deren Identität weniger durch geographische, ethnische, kulturelle oder verwaltungstechnische Geschlossenheit als vielmehr durch die Macht eines Herrscherhauses gewährleistet wurde. So konnten beispielsweise Kurfürst August von Sachsen seit 1697 zugleich als König von Polen und Kurfürst Georg Ludwig von Hannover seit 1714 zugleich als König von Großbritannien und Irland regieren. Allenthalben waren die genealogischen Verhältnisse von hoher politischer Relevanz. Je stärker dynastische Eheschließungen und Erbverträge als machtpolitische Instrumente gebraucht wurden, desto konfliktträchtiger gestaltete sich die europäische Verflechtung der Herrscherfamilien. Daß das Erlöschen einer Linie sogleich die Konkurrenz verschiedener – ob legitimer oder konstruierter – Erbansprüche auslöste, die dann zumeist militärisch ausgetragen und entschieden wurden, bildete im Zeitalter des Absolutismus den europäischen Regelfall.

Es gehört zu den folgenreichsten Widerfahrnissen der neueren Geschichte, daß sich die in Europa vorherrschende absolutistische Staatsform auf der Ebene des Deutschen Reiches nicht durchsetzen ließ. Der Westfälische Friede (1648) hatte eine machtpolitische Neuformierung Mitteleuropas festgeschrieben, welche die Grundordnung Deutschlands bis 1806 bestimmen sollte. Das Heilige Römische Reich Deutscher Nation stellte keinen institutionellen Flächenstaat, sondern nur noch einen zwar altehrwürdigen, aber unflexiblen und kraftlosen rechtlichen Rahmen dar, der um etwa 350 weitgehend souveräne Einzelterritorien gesteckt war, darunter große Länder wie das Habsburgerreich oder die Kurfürstentümer Bayern und Brandenburg, mittlere Länder wie das Herzogtum Württemberg oder das Erzbistum Köln sowie kleinere und kleinste

Herrschaften, die manchmal nicht mehr als einige Dörfer umfaßten. Mit dem Kaiser als dem formalen Oberhaupt des Reiches waren auch die wichtigsten Reichsorgane in ihrer politischen Durchsetzungsfähigkeit empfindlich beschränkt: Der seit 1663 in Regensburg tagende Immerwährende Reichstag kam in seiner umständlich regulierten Arbeit nur schleppend voran, die Reichsarmee entbehrte praktisch jeder militärischen Bedeutung, das Reichskammergericht blieb ein schwerfälliges, wenig effektives Rechtsinstrument.

Insbesondere drei Faktoren trugen darüber hinaus zur dauerhaften Lähmung der Reichspolitik bei: zum einen der absolutistische Herrschaftsausbau der Territorialfürsten, der teilweise zu heftigen Auseinandersetzungen mit den auf ihrem Mitspracherecht beharrenden Ständen führte (so in Brandenburg, Württemberg oder Mecklenburg) und sich in einer vielfältigen kulturellen Blüte, freilich auch in notorisch überdimensionierten Finanz- und Abgabelasten manifestierte; zum anderen die 1648 festgeschriebene Bi- bzw. Trikonfessionalität des Reiches, die im *Corpus Evangelicorum* und *Catholicorum* alsbald länderübergreifende konfessionelle Fraktionen einschließlich einer verfahrensrechtlich genau fixierten religiösen Friedenspflicht ausbildete; und schließlich der sich größtenteils innerhalb des Reichsverbands entfaltende machtpolitische Antagonismus zwischen den Ländern Österreich und Brandenburg-Preußen, die 1806, als das Reich zu existieren aufhörte, als europäische Großmächte in das neue Jahrhundert eintreten konnten.

Die teuer bezahlten Erfolge, die der Preußenkönig Friedrich II. (der Große) in den drei Schlesischen Kriegen errang, vollendeten den von seinem Vater, dem „Soldatenkönig“ genannten Friedrich Wilhelm I., eingeleiteten Ausbau des Landes zu einem modernen Militär- und Verwaltungsstaat. Der von Friedrich II. praktizierte aufgeklärte Absolutismus hatte auch die völlige Integration der Kirchenorganisation in die Staatsverwaltung zur Folge. Die von ihm verfügte, aber nur eingeschränkt verwirklichte konfessionelle Toleranz, gemäß der in Preußen „jeder nach Seiner Fasson Selich werden" sollte[8], ergab sich nicht aus religiöser Einsicht, sondern stellte für ihn ein Postulat der „Staatsräson" dar. Im friderizianischen Zeitalter wurde Berlin, übrigens auch in theologischer Hinsicht[9], zu einem Zentrum der deutschen Aufklärung.

Als realgeschichtlicher Kontext der Aufklärung sind nicht zuletzt die ökonomischen Verhältnisse jener Zeit von Bedeutung. In ihnen war noch immer ein Nachklang der wirtschaftlichen Depression zu verspüren, welche der Dreißigjährige Krieg in Deutschland ausgelöst hatte. Trotz erheblicher regionaler und sektoraler Unterschiede wird man insgesamt sagen können, daß die wirtschaftliche Entwicklung im Reich erst rund ein Jahrhundert nach dem Westfälischen Frieden einen durchgreifenden, nachhaltigen Wandel erlebte.

In den 1740er Jahren hatte die Zahl der deutschen Gesamtbevölkerung den Vorkriegsstand vom Anfang des 17. Jahrhunderts, der sich auf etwa 15 bis 17 Millionen Menschen belief, wieder erreicht. Durch Epidemien und Hungersnöte war der langsame Wiederanstieg noch zusätzlich retardiert worden. Politische Maßnahmen zur „Peuplierung" der Territorien zielten einerseits auf agrarische und gewerbliche Produktionssteigerung und reizten andererseits zur Immigration, wobei Glaubensflüchtlinge den Hauptstrom der Zuwanderer ausmachten: Etwa 150.000 bayerische, österreichische und pfälzische Aussiedler zogen nach Franken, böhmische Protestanten nach Sachsen und in die Lausitz, Salzburger Evangelische in die Mark Brandenburg und nach Ostpreußen. Nachdem der französische König Ludwig XIV. im Jahre 1685 das Toleranzedikt von Nantes revoziert hatte, strömten zahlreiche französische

---

[8] Randverfügung Friedrichs II. zum Immediat-Bericht des Geistlichen Departements vom 22.5.1740 (in: M. Lehmann, Preußen und die katholische Kirche seit 1640. Nach den Acten des Geheimen Staatsarchives, 2. Theil: 1740–1747, 1881, 4).

[9] S.u. IV.3.

Réfugiés (Hugenotten) in die deutschen Länder, v.a. nach Brandenburg, Hessen und Braunschweig-Lüneburg. Mit verschiedenen Privilegien wurden zudem Niederländer, die wegen ihrer bewässerungstechnischen Fertigkeiten begehrt waren, in die Altmark und ins Havelland angeworben. Parallel dazu kam es aber auch, ausgelöst beispielsweise durch die Folgen der Realteilung in Württemberg, Baden und der Pfalz, zu nennenswerten Abwanderungen, zumal nach Süd- und Südosteuropa sowie nach Übersee; im zweiten Drittel des 18. Jahrhunderts emigrierten jährlich etwa 2.000 Menschen allein nach Nordamerika. An der insgesamt verhaltenen Bevölkerungsentwicklung partizipierten auch die Städte im deutschsprachigen Raum, von denen keine dem Vergleich mit den europäischen Metropolen standhalten konnte: Auf der Schwelle zum 18. Jahrhundert zählte allein Wien mehr als 100.000 Einwohner, Hamburg und Berlin folgten mit jeweils etwa 60.000, steigerten sich dann aber bis zum Ende des Jahrhunderts auf das Doppelte, dahinter rangierten Straßburg, Danzig und Breslau mit jeweils etwa 40.000 Einwohnern.

Die Basis des ökonomischen Lebens war und blieb die Landwirtschaft, etwa 80 Prozent der Erwerbstätigen gehörten ihr zu. Zwei Strukturtypen sind dabei, selbstverständlich bei zahllosen Misch- und Übergangsformen, zu unterscheiden. Östlich der Elbe dominierte die Gutsherrschaft, deren Mittelpunkt zumeist ein adliges Rittergut oder das Vorwerk einer Domänenverwaltung markierte. Die Abgabenlast belief sich durchschnittlich auf etwa ein Drittel der Gesamtroherträge; personale Dienstpflichten kamen jeweils hinzu, was sich zumal in Not- und Krisenzeiten als schwer bedrückend erwies. Dagegen herrschte westlich der Elbe die Form der Grundherrschaft vor, in der die praktisch erblich gewordenen Höfe als bäuerliche Familienwirtschaft geführt wurden und die (in der Regel nicht selbst wirtschaftenden) Grundherren lediglich Grundrenten und Abgaben bezogen. Üblich blieb das System der Drei-Felder-Wirtschaft, allerdings bei zunehmender Vielfalt der Früchte. Die ländliche Viehhaltung spielte eine nachgeordnete Rolle, entsprechend niedrig waren die Milch-, Woll- und Fleischerträge. Bessere Absatzmöglichkeiten ergaben sich allein in der Nähe von Städten, die freilich auch ihrerseits namhafte Nutztierbestände in ihren Mauern aufwiesen. Im Lauf des 18. Jahrhunderts kam es zu vielfältigen Verbesserungen in Fruchtwechsel und Anbautechnik, die Erträge konnten um etwa 20 Prozent gesteigert werden, die landwirtschaftliche Nutzfläche wuchs zwischen 1648 und 1800 um 60 Prozent.

Handel und Gewerbe haben die durch den Dreißigjährigen Krieg ausgelöste Depressionsphase bereits um 1700 – und damit bedeutend schneller als etwa die Landwirtschaft – überwunden. Insbesondere auf dem Sektor der Nahrungs- und Genußmittel stieg die Zahl der kleinen Händler alsbald wieder an, desgleichen die Zahl der fahrenden, also mit ihrem Sortiment über Land ziehenden Kaufleute. Allerdings befand sich das deutsche Straßennetz in einem ganz desolaten Zustand. Dieser notorische Mangel sowie die Unzahl der innerdeutschen Zoll- und Münzgrenzen haben die Entwicklung eines einheitlichen Binnenmarkts nachhaltig behindert. Für den Transport von Massengütern waren allein die Wasserwege rentabel. Seit dem ausgehenden 17. Jahrhundert setzte deshalb, französischem Vorbild folgend, auch in Deutschland und namentlich in Brandenburg-Preußen ein verstärkter Kanalbau ein, der die gewerbliche Entwicklung spürbar intensivierte. Damit einher ging der Aufschwung der Stapel-, Kontor- und Messezentren, unter denen Leipzig und Frankfurt am Main, für den überseeischen Handel Hamburg und Bremen zentrale Bedeutung gewannen. Trotz etlicher Versuche ist es dem deutschen Außenhandel jener Zeit niemals gelungen, neben den europäischen Großmächten in den Kolonialherrschaftsgebieten Fuß zu fassen.

Das deutsche Handwerkertum blieb weithin an der Bedarfsdeckung orientiert, ohne darüber hinaus rentable Exportkapazitäten zu entwickeln. Als Organisationsform des städtischen

Gewerbes dominierte das überkommene Zunftwesen, das nun zunehmend in seinen Monopolansprüchen erstarrte: Meisterstellen entwickelten sich praktisch zu Erbhöfen, die Zünfte zu geschlossenen Korporationen. Die auf einige Gesellenaufstände reagierende Reichshandwerksordnung von 1731 – übrigens eines der letzten wirksamen Reichsgesetze – untersagte Streiks, Lohnforderungen sowie die Bildung besonderer Gesellenverbände. Diese insgesamt prohibitiven Tendenzen führten dazu, daß sich innovative Produktionsweisen nur außerhalb des zünftigen Handwerks entwickeln konnten, so bei der meist staatlich privilegierten Herstellung exportträchtiger Luxusgüter wie Tapeten, Porzellan oder Seide.

Seit dem Anfang, verstärkt seit der Mitte des 17. Jahrhunderts wurde die intellektuelle Atmosphäre in Deutschland und Europa durch einige neue oder neu akzentuierte Faktoren bestimmt, die vielfach ineinander verschränkt waren und sich für den Dynamisierungsprozeß aufklärerischen Denkens als konstitutiv erwiesen. Die durch die Religionskriege und insbesondere den Dreißigjährigen Krieg ausgelöste moralische Erschütterung hat kirchlich-konfessionelle Absolutheitsansprüche zunehmend politisch sistiert. Die kontroverstheologischen Leidenschaften kühlten allmählich ab, die überkommenen konfessionellen Gegensätze verloren an staats-, wirtschafts- und bündnispolitischer Relevanz. Damit verband sich die fortschreitende Entgrenzung der politisch-wirtschaftlichen und geistig-kulturellen Horizonte sowie das allenthalben sich festigende Zutrauen in die Leistungsfähigkeit wissenschaftlicher und lebenspraktischer Rationalität. Dieser umfassende geistige Umbruch hat sich in sämtlichen Wissenschaften manifestiert, wobei sich für das Gesamtprofil der Epoche die Naturwissenschaften sowie die Staatslehre als besonders bedeutsam erwiesen.

Im 18. Jahrhundert vollzog sich eine rasante Beschleunigung der naturwissenschaftlichen Erkenntnisprozesse und, komplementär dazu, ein grundsätzlicher Wandel im Selbstverständnis der Naturwissenschaften: Angesichts des zerbrechenden biblischen Weltbildes erfuhr sich die menschliche Erkenntnisfähigkeit als autonom, und die rational geordnete Schöpfung schien nunmehr rational rekonstruierbar zu sein.

In Aufnahme und Fortführung älterer Impulse wurde Isaac Newton, der im Zeitalter der Aufklärung europaweite Verehrung erfuhr, zum Gründungsvater der als mathematisch-exakte Wissenschaft auf experimenteller Grundlage konzipierten „klassischen" Physik. Unabhängig von Gottfried Wilhelm Leibniz entwickelte er die Differential- und Infinitesimalrechnung. Mit dem von ihm entschlüsselten Gravitationsgesetz zeigte er, daß es möglich war, ein auf jede metaphysische Spekulation verzichtendes, experimentell verifizierbares Weltmodell zu entwerfen. Die vier Grundregeln naturwissenschaftlicher Arbeit, die Newton formuliert hatte – nämlich Einfachheit, Kausalität, Universalität sowie experimentell-induktive Methodik –, besiegelten die Emanzipation der Naturwissenschaften von theologisch-metaphysischen Prämissen. Allerdings wollte Newton das naturwissenschaftliche nicht gegen das biblisch-religiöse Weltbild ausspielen, sondern beide miteinander versöhnen: In den Naturgesetzen sah er die *creatio continua* Gottes am Werk.

Der Aufschwung der neuzeitlichen, empirischen Naturwissenschaften manifestierte sich auch in anderen Forschungsbereichen wie der von Robert Boyle begründeten atomistisch-kausalen Chemie oder der nun eigenständig werdenden Biologie. Zugleich formierte er sich in einer neuen, bald europaweit etablierten Institution: Während die Universitäten vornehmlich der Lehre und Ausbildung, dagegen kaum noch der experimentellen Forschung verpflichtet waren, entstanden seit dem 17. Jahrhundert, ausgehend von Italien, die Wissenschaftlichen Akademien als weit verzweigte, staatlich geförderte Forschungsorganisationen. Doch auch die deutschen Universitäten begannen sich den neuen wissenschaftlichen Methoden und Forschungszweigen zu öffnen, besonders nachhaltig in den aus dem Geist der Aufklärung geborenen Neugründungen der

Universitäten von Halle (1694) und, bedeutender noch, Göttingen (1737), wo im 18. Jahrhundert ein weit ausstrahlendes Zentrum der experimentellen Naturwissenschaften entstand.

Der bereits durch den spätmittelalterlichen Nominalismus vorbereitete Aufbruch einer neuartigen Naturwissenschaft, welche die Welt nicht mehr teleologisch, sondern als mechanisch-kausal geordnet erklärte, hat auf den Systembegriff zwar nicht verzichtet, jedoch die alten metaphysischen Systeme durch eine Vielzahl von (nicht immer kompatiblen) empirisch-induktiven Systemen ersetzt. Dieser Aufschwung der sich nun zunehmend ausdifferenzierenden Naturwissenschaft, der die mathematische Klarheit als das Ideal des Denkens überhaupt hervortreten ließ, hatte, auch wenn er nirgendwo antireligiös motiviert war, doch die Einsicht in die Autonomie aller rationalen Erkenntnis zur Folge. Bereits an der Wende zum 18. Jahrhundert waren Mathematik und Naturwissenschaft als die neuen Leitdisziplinen etabliert und, nicht zuletzt durch eine Vielzahl von (teils popularisierenden) Lehrbüchern, ihr neuer empirisch-induktiver Rationalismus in das allgemeine Bewußtsein gelangt. Die damit einhergehende „Entzauberung der Welt" ließ den alten Teufels- und Dämonenglauben zunehmend obsolet werden und hat den nun auch konfessionskirchlich erhobenen Protest gegen den Hexenwahn nachhaltig verstärkt.

In der Lehre vom Staat machten sich die neuen, säkularen Tendenzen desgleichen bemerkbar. Während die ältere Naturrechtsdebatte stets einen vom menschlichen Willen unabhängigen, göttlichen Bezugsrahmen vorausgesetzt hatte, begründete sich das neuzeitliche Naturrechtsdenken auf der Basis voluntaristischer Subjektivität. Außerdem fokussierte es sein Interesse nun nicht mehr primär auf ethische Belange, sondern auf das Problem, wie die staatliche Rechtsgewalt vernünftig zu legitimieren sei.

Dabei blieb die neue Staatslehre nicht auf die akademische Theoriedebatte beschränkt, sondern ist bald auch in der Herrschaftspraxis des aufgeklärten Absolutismus in Erscheinung getreten. Die herkömmlich nur auf Friedens- und Rechtswahrung fokussierten Staatszwecke schlossen nun modernere Güter wie allgemeine Wohlfahrt und zeitliche Glückseligkeit ein. Die mehr denn je in der Hand der Fürsten konzentrierte Staatsmacht wurde als notwendige Bedingung der *salus publica* weithin bejaht. Zumal die preußischen Könige vermochten den Staat als eine allgemeinverbindliche Rechtsordnung und infolgedessen sich selbst als „erste Diener des Staates" glaubwürdig zu präsentieren. Und auch im konkreten politischen Handeln dominierte zunehmend ein aufklärerischer Rationalismus, der sich in der Finanz- und Wirtschaftspolitik ebenso niederschlug wie in der Ausbildung eines straff organisierten zentralstaatlichen Behördenapparats, auf den Feldern der Schul-, Bildung- und Sozialpolitik ebenso wie namentlich in dem zielstrebigen Aufbau einer effizienten, staatsloyalen und kontrollierten Gerichtsbarkeit. Als Inbegriff einer aufklärerischen Justizreform galt das *Allgemeine Landrecht für die Preußischen Staaten* von 1794, das die Sammlung, Systematisierung und Vereinheitlichung aller im Lande geltenden Gesetze erstrebte und das, obschon es bestehende Provinzialrechte nicht außer Kraft setzte, sondern ergänzte, einen erheblichen Fortschritt an Einheitlichkeit und Rechtssicherheit mit sich gebracht hat.

Anders als die Philosophie, die sich nun ihrerseits einer mathematischen oder geometrischen Erkenntnismethode verpflichtet wußte, in ihrer Wirkung freilich weithin auf akademische Kreise beschränkt blieb, hat die Literatur als der eigentliche intellektuelle Motor der Aufklärungsbewegung zu gelten. Mehr noch als die anderen Künste wurde sie für den pädagogisch-popularisierenden Impetus der Epoche zu einem bevorzugten Medium, in dem die ästhetische, moralische, weltanschauliche und religiöse Autonomie des Menschen erfolgreich und breitenwirksam propagiert werden konnte.

Die im engeren Sinn der Aufklärung zuzurechnende Literatur trat in Deutschland zunächst weniger mit beispielgebenden Dichtungen als mit poetologischen Reflexionen hervor. In schroffer Abkehr vom barocken Stilideal forderte Johann Christoph Gottsched eine Dichtkunst, die alles Wunderbare und Unwahrscheinliche meidet und deren Stilideal er als „deutlich, artig, ungezwungen, vernünftig, natürlich, edel, wohlgefaßt, ausführlich, wohlverknüpft und wohlabgetheilet“[10] bestimmte. Gottsched riet einstweilen zur Nachahmung der großen französischen Dramatiker und hat mit seinem Drama *Sterbender Cato* (1732) auch selbst ein Beispiel zu geben versucht. Bedeutsam war Gottsched indes vor allem als Literaturreformer und -organisator.

Die literarische Produktion der deutschen Aufklärung blieb daneben vergleichsweise bescheiden. In der Lyrik florierten moralisch-erbauliche Lehrdichtung und physikotheologische Naturbetrachtung. Große Popularität genoß Christian Fürchtegott Gellert, der in Dramen, moralischen Vorlesungen, Lehrgedichten, Fabeln und geistlichen Liedern die ihm eigene Verbindung von Rationalismus und Innerlichkeit artikulierte. Christoph Martin Wieland zeigte in seinem Erziehungs- und Bildungsroman *Geschichte des Agathon* (1766/67), wie Gefühl und Sinnlichkeit in einer natürlichen, vernünftigen Humanität zu harmonischem Ausgleich gelangen. Als Kulminationsgestalt der deutschen literarischen Aufklärung rangiert Gotthold Ephraim Lessing, dessen vielgestaltiges Werk in dichterischer und poetologischer ebenso wie in theologischer und philosophischer Hinsicht von herausragender Bedeutung geworden ist.

Neben und nach der im engeren Sinn aufklärerischen Literatur machten sich zunehmend komplementäre, den Aufklärungsprozeß ihrerseits dynamisierende Tendenzen bemerkbar, die gegen einseitig rationalistische Dominanzen den Primat der Empfindsamkeit einklagten und einbrachten. Ein religiös-säkulares Naturgefühl, bisweilen überschwenglich, ja tränenselig zelebriert, verband sich mit schwärmerischem Freundschaftskult und feinsinnig-sentimentaler Selbstanalyse. Zur Haupt-

[10] J. Ch. GOTTSCHED, Ausführliche Redekunst, 1736, 326.

gattung der Empfindsamkeit entwickelte sich neben der Lyrik der (Seelen-)Roman, der, zumal in den bevorzugten Typen des Brief- und Reiseromans, die erzählte Handlung zum bloßen Rahmen gefühlvoller Betrachtungen werden ließ, am eindrücklichsten in Johann Wolfgang von Goethes Briefroman *Die Leiden des jungen Werthers* (1774). Eine vergleichbare literarische Breitenwirkung erlebte die empfindsame Dichtung Friedrich Gottlieb Klopstocks und zumal dessen monumentales Epos *Der Meßias*, das, durch John Miltons *Paradise lost* (1667) inspiriert und nach jahrzehntelanger Arbeit 1772 vollendet, die Leidensgeschichte Jesu bis zur Himmelfahrt nacherzählt und den kunstvoll durchgebildeten Hexameter in die deutsche Lyrik eingebracht hat.

Kaum weniger vielgestaltig als die Physiognomie der gesamten Epoche erscheint das Profil der in Deutschland betriebenen Aufklärungstheologie. Eine monolithische Einheit der christlichen Reflexionsarbeit hat es zu keinen Zeiten gegeben und schon gar nicht während des langen 18. Jahrhunderts. Vielmehr begegnet *die* Theologie der Aufklärung stets nur in einer disparaten Vielfalt synchroner Erscheinungsformen. Der in den älteren Lehrbüchern meist ungeprüft fortgeschriebene Schematismus, der im 18. Jahrhundert die Haupttypen der theologischen Aufklärung einander phasenhaft ablösen läßt, ist nichts weiter als ein am historiographischen Reißbrett entworfenes, realitätsfernes Konstrukt. Tatsächlich hat es Vertreter eines theologischen Wolffianismus nicht nur in Konkurrenz zum Halleschen Pietismus, sondern bis in die Jugendzeit Friedrich Schleiermachers gegeben. Und auch die mit dem periodologischen Verlegenheitsbegriff der Übergangstheologie angesprochene Variante war längst nicht nur als Transformationsprodukt im Stabwechsel der Hauptepochen präsent. Lediglich für die Neologie, also die Hauptströmung der deutschen Aufklärungstheologie, deren Spätausläufer noch in die Anfänge des 19. Jahrhunderts hineinreichen, ließe sich die Gründungszeit mit einigem Recht auf die Jahre um 1750 datieren. Dagegen ist der theologische Rationalismus, der etwa in Gestalt von Julius August Ludwig Wegscheider noch dem Schleiermacher der *Glaubenslehre* vitalen Widerpart bot, keineswegs auf die nachkantische Spätphase der Aufklärungstheologie eingeschränkt, stellt vielmehr, beginnend mit Johann Konrad Dippel oder Johann Christian Edelmann, ein durchgehendes Strukturmoment der Theologie jener Zeit dar. Mit einer gewissen Verzögerung begegneten all diese Spielarten einer aus dem Mutterboden des Protestantismus genährten aufklärerischen Glaubensreflexion dann übrigens auch im katholischen Raum.

Und selbst diese vielgestaltige Theologie der Aufklärung beherrschte im Zeitalter der Aufklärung durchaus nicht konkurrenzlos das Feld. Neben ihr fristete ein schlichtes, undogmatisches, biblisches Luthertum weiterhin sein behagliches Dasein. Desgleichen durchlebten die konfessionellen Spätorthodoxien, exemplarisch repräsentiert durch Figuren wie Valentin Ernst Löscher oder Johann Melchior Goeze, eine anhaltende, kraftvolle Blüte. Etliche religiöse und theologische Randgruppen, bisweilen in radikaler Zuspitzung, kamen noch allenthalben hinzu. *Die Theologie der Lessingzeit*, die Karl Aner in seinem damit bezeichneten Buch von 1929 auf die Neologie enggeführt hatte, präsentierte sich in Wirklichkeit in einer höchst komplexen, heterogenen, von keinem vorausgehenden Zeitalter jemals erreichten oder geduldeten Pluralität.

Eine historiographische Konzentration auf die Neologie ist allerdings insofern durchaus legitim, als die damit bezeichnete theologische Richtung tatsächlich das sachliche Zentrum und die Reifegestalt der vielfältigen theologischen und kirchlichen Bemühungen um Aufklärung darstellte. Ihre Repräsentanten erhoben die religiöse Erfahrung zum maßgeblichen Kriterium theologischer Urteilsbildung, leiteten eine konsequente historisch-kritische Bibelwissenschaft ein und bemühten sich um eine gleichermaßen traditions- wie zeitgemäße Verbindung von Glaubensüberlieferung und modernem Bewußtsein. Dergestalt zielten sie auf die programmatische Vergewisserung und

Stärkung einer individuellen, durch eigene Erfahrung und Reflexion verifizierten Religiosität sowie auf einen dem Wesen des „ganzen Menschen" entsprechenden Ausgleich von Verstand und Gefühl. In diesem Bemühen kam es ebenso mit dem philosophischen wie mit dem landläufigen Geist der Zeit überein, daß auch die Vertreter der Neologie von der Überzeugung durchdrungen waren, der Mensch sei zu seiner fortwährenden moralischen Verbesserung, ja Vervollkommnung fähig, wobei das Adjektiv *moralisch* im Sprachgebrauch des 18. Jahrhunderts nicht nur die kasuistische Befolgung irgendeines Sittengesetzes, sondern in einem ganz umfassenden Sinn die Summe aller Selbst-, Welt- und Gottesbezüge des Menschen markierte.

An den theologischen Fakultäten konnte neologisches Gedankengut vor allem auf denjenigen Feldern gedeihen, die von der gegebenen Bekenntnisbildung am wenigsten tangiert schienen, also kaum und allenfalls verhalten in den dogmatischen Disziplinen, um so mehr hingegen in der exegetischen und historischen Forschungsarbeit. Dadurch vertiefte sich nunmehr das eklektisch-polyhistorische Interesse, dem die Vätergeneration vielfach verpflichtet war, zusehends in die systematisch betriebene historische Kritik aller überzeitlichen Geltungspostulate, und die konsequente Historisierung der biblischen und dogmatischen Absolutheitsansprüche ließ am Ende auch hier, indem die theologische Lehrbildung auf das lebenspraktisch Relevante vereinfacht wurde, die Religion als eine „Führerin des wirklichen gewöhnlichen Lebens"[11] erscheinen. Die evangelisch-theologischen Fakultäten in Halle, Frankfurt/Oder, Leipzig, Jena und Göttingen spielten dabei die entscheidenden Rollen. Allerdings zog die akademische Ausformung der Neologie wesentlich breitere Kreise: Vertreter anderer Wissenschaftszweige – etwa der seit 1778 in Halle lehrende Philosoph Johann August Eberhard – waren an ihr ebenso beteiligt

[11] J.J. Spalding, Ueber die Nutzbarkeit des Predigtamtes und deren Beförderung ([1]1772; [2]1773; [3]1791), hg. von T. Jersak (SpKA I/3), 2002, 261,8f.

wie Theologieprofessoren anderer Universitäten, etwa in Altdorf, Erlangen oder Tübingen. Erst recht aber sind die Absichten und Impulse der Neologie dadurch wirksam geworden, daß die von ihr kultivierte Religionsdebatte in die bürgerliche Öffentlichkeit getragen und durch die aufblühenden literarischen Periodika, namentlich durch Moralische Wochenschriften und Rezensionsorgane, vervielfältigt wurde. Selbst die zeitgenössische Dichtung war, jedenfalls zu Teilen, unverkennbar von direkten neologischen Prägungen bestimmt.

Nicht minder bedeutsam, ja in ihrer Tiefen- und Breitenausstrahlung zweifellos wirkmächtiger noch als die aufklärerisch gesinnten theologischen Professoren und Journalisten, traten allenthalben in Deutschland kirchenleitende Persönlichkeiten hervor, die in ihrer religionstheoretischen und -praktischen Arbeit die Impulse der Neologie fruchtbar zu machen versuchten. Wenn die aktive Präsenz dieser Kirchenmänner auf einzigartige Weise in Preußen und hier wiederum in Berlin kulminierte, so entsprach dies den politischen und gesellschaftlichen Gegebenheiten der Zeit: In friderizianischem Klima konnte ungleich freier und deutlicher zur Entfaltung gebracht werden, was auch in anderen deutschen Territorien die modernen Kräfte des Protestantismus bewegte. Daß Berlin zugleich ein Zentrum der popularphilosophischen und literarischen Aufklärung darstellte, kam den dort wirkenden Geistlichen, soweit sie sich der Neologie verpflichtet wußten – und das waren die meisten –, selbstverständlich vielfach zugute. Freilich darf umgekehrt auch die stimulierende Potenz, mit der sie die außertheologischen Spielarten der Berliner Aufklärung inspirierten, nicht unterschätzt werden.

Innerhalb der stattlichen und namhaften Gruppe der Kirchenmänner, die in Berlin die theologische Richtung der Neologie repräsentierten, genoß Johann Joachim Spalding unangefochten die höchste Verehrung. In seiner pastoralen Amtsführung, aber auch in seiner weit ausstrahlenden religionspublizistischen Wirksamkeit verstand er es wie kein anderer neben ihm, die Anliegen der Neologie lebenspraktisch zu plausibilisieren. Die ausgleichende, warmherzige Integrationsfähigkeit, die ihm eigen war, schien ihm den Ehrentitel eines Königs oder Patriarchen der Neologie ebenso anzuempfehlen wie die geistvolle Originalität seiner klaren religionstheologischen Zentrierung oder seine anmutige, unprätentiöse Sprache, von der sich die Menschen, zumal aus dem gebildeten Bürgertum, unmittelbar affiziert zeigten und der namhafte Sprachmeister der Zeit – bis hin zu Kant und Goethe – einhellig neidloses Lob zollten. Ein besonderer Vorzug lag überdies in seiner Begabung zur Freundschaft, die sich in seinem vertrauten Austausch mit zahlreichen Vertretern der literarischen, philosophischen und theologischen Aufklärung in ganz Deutschland und selbst mit der preußischen Königin Elisabeth Christine, der Gattin Friedrichs des Großen, bewährte.

In eminenter Weise eignet darum dem Leben und Werk Johann Joachim Spaldings exemplarischer Reiz. Dabei bliebe eine an den theologischen Hauptthemen orientierte, systemhafte Rekonstruktion der Gedanken, die er als Theologe und Kirchenmann zeitlebens zum Ausdruck gebracht hat, wirklichkeitsfern und abstrakt, weil sie weder der Kraft seiner Persönlichkeit, die der von ihm entfalteten Theologie Leben und Farbe gab, noch den geschichtlichen Umständen, die ihn prägten, herausforderten und zur Bearbeitung drängten, zureichend gerecht werden könnte. Demgegenüber bietet eine historische, annähernd chronologisch verfahrende Spurenlese den erheblichen Vorzug, daß sie in der Person dieses Meistertheologen beispielhaft aufweisen kann, wie sich Aufklärungstheologie im Vollzug kenntlich und, um dafür ein Lieblingswort Spaldings zu wählen, zusehends „nutzbar“ gemacht hat. Dergestalt mag sein Lebens- und Denkweg zu handfester Anschauung bringen, was die fortschrittliche Theologie seiner Zeit einst bewegte und was als deren Anregung und vitales Erbe anhaltend wirksam geblieben ist.

II. Aufbrüche (1714–1749)

1. Herkunft und Jugend

Spalding hinterließ, wie etliche seiner Zeitgenossen, eine Autobiographie. Ungewöhnlich war dabei allerdings, daß er seine *Lebensbeschreibung*[1] weder zu publizieren gedachte noch in einem Zug niederschrieb. Die Aufzeichnungen, die Spalding im Alter von 43 Jahren begann, führten über die Schilderung seiner ersten drei Lebensjahrzehnte zunächst nicht hinaus. Fünf Jahre später, kurz nach dem Tod seiner innig geliebten ersten Frau Wilhelmine, fügte er ein paar Seiten hinzu. Dann sollte ein Vierteljahrhundert vergehen, ehe er den Faden abermals aufnahm und schließlich, nach drei weiteren Unterbrechungen, im August 1790 bis auf die Höhe der Zeit ausspann. Danach änderten sich Ton und Stil seiner Notizen. Seit 1791 notierte Spalding jeweils an seinem Geburtstag, dem 1. November, alljährlich kurze Betrachtungen des vergangenen Jahres, zuletzt am 1. November 1802. Den Eintrag unter dem Datum seines letzten Geburtstags 1803 war er, bis auf die Unterschrift, zu diktieren gezwungen.

Dieser Wechsel in der Erzählhaltung ist biographisch bedingt, doch als das Auseinandertreten einer glanzvoll erinnerten beruflichen Karriere und privatisierender Ruhestandsgrübelei wird man ihn schwerlich erklären können. Vielmehr hat Spalding auch die Schilderung seiner äußeren Wirksamkeit als Pfarrer in Vorpommern, als populartheologischer Schriftsteller sowie als einflußreicher, gestaltungsfreudiger Berliner Kir-

[1] J. J. Spalding, Lebensbeschreibung von ihm selbst aufgesetzt (in: Ders., Kleinere Schriften 2: Briefe an Gleim – Lebensbeschreibung, hg. von A. Beutel / T. Jersak [SpKA I/6–2], 2002, 105–240).

chenfürst ganz in den Duktus einer persönlichen Lebensrechenschaft eingebettet. Den harschen Angriff, den das gegen Spalding gerichtete Pamphlet *An Prediger. Funfzehn Provinzialblätter* (1774) unternahm[2], hatte dessen anonymer, aber rasch erratener Verfasser Johann Gottfried Herder damit zu rechtfertigen gesucht, daß er zwischen dem „bescheidne[n], stille[n] Spalding" und dem „Phantom von literarischem Spalding"[3] einen kategorialen Unterschied postulierte. Wilhelm Abraham Teller, der Berliner Kollege und Freund Spaldings, widersprach ihm energisch: „Spalding der Mensch und der Gelehrte und der Schriftsteller [ist] so ganz nur Ein Mann [...], wie ich fast keinen weiter kenne"[4]. Auch anderen Weggefährten Spaldings war dieses Urteil aus dem Herzen gesprochen.

Die Familie wußte von der Existenz der autobiographischen Niederschrift, bekam sie aber erst nach Spaldings Ableben zu Gesicht. Sein jüngster, 1762 geborener Sohn Georg Ludwig, der inzwischen als Professor für griechische und hebräische Sprache am Berliner Gymnasium zum Grauen Kloster bestallt war und zudem der Preußischen Akademie der Wissenschaften angehörte, ergänzte das Manuskript um etliche Dokumente und gab *Johann Joachim Spalding's Lebensbeschreibung von ihm selbst aufgesetzt* noch im Sterbejahr des Vaters 1804 in den Druck.

Nach einer knappen Kundgabe der Intention, die ihn zu einem Abriß seines Lebens bewegte, setzt die Schilderung Spaldings mit dem Tag seiner Geburt ein. Das ist insofern überraschend und merkwürdig, als die Papiere ausdrücklich „für meine Nachbleibenden"[5] abgefaßt waren, ihnen nun aber die

---

[2] S.u. IV.5.

[3] J.G. Herder an J.J. Spalding, 8.6.1774 (in: J.G. Herder, Briefe. Gesamtausgabe 1763–1803, Bd. 3, 1985, 97). – S.u. IV. 5.

[4] W.A. Teller an J.G. Herder, 22.9.1774 (in: Impulse. Aufsätze, Quellen, Berichte zur deutschen Klassik und Romantik 13, 1990, 274–278), 276.

[5] Spalding, Lebensbeschreibung (s. Anm. 1), 107,20.

tradierenswerte Vorgeschichte der Familie, die Spalding präsent gewesen sein mußte, mit keinem Wort überlieferten.

Die älteste Spur findet sich auf den britischen Inseln. Schon vor der ersten christlichen Jahrtausendwende ist in der mittelenglischen Landschaft Lincolnshire eine Stadt namens Spalding bezeugt. Nach ihr pflegte man dann auch die Menschen, die aus ihr stammten, zu nennen. Seit dem 13. Jahrhundert läßt sich in Schottland eine angesehene, weit verzweigte Sippe dieses Namens nachweisen. Der Bedeutung des altgermanischen Wortes *Spalding*, das aus den Vokabeln *spal/spel* (für *sprechen*) und *ding/thing* gefügt ist und damit etymologisch auf einen Sprecher bei der Gerichtsversammlung zurückführt, scheint der berühmte Kanzelredner Johann Joachim Spalding in besonderer Weise gerecht geworden zu sein. Auch in seiner lebenslang gepflegten, durch entsprechende Neugier, Bildung und Lektüre dokumentierten Anglophilie dürfte sich eine weit zurückweisende Familientradition lebendig erhalten haben.

Im Jahre 1590 wurde im schottischen Blair als einziges Kind des Mühlenbesitzers William Spalding und dessen Ehefrau Elisabeth Chalmer, deren Vater anscheinend in einen Mordprozeß verstrickt war, der Sohn Georg (Jürgen) Spalding geboren. Wie nicht wenige Landsleute seiner Generation, die unter der nach den Freiheitskämpfen neu etablierten Vorherrschaft Englands zu leiden hatten, kehrte auch er seiner schottischen Heimat den Rücken. Etliche Glieder des Geschlechts Spalding zogen damals nach Schweden, nach Nordamerika oder in einen der deutschen Ostsee-Anrainerstaaten. Georg (Jürgen) Spalding wandte sich 1624 nach Mecklenburg und fristete dort in der Ackerbürger- und Handelsstadt Malchin als Kaufmann sein ferneres Leben. Aus seiner Ehe mit Margarete Dagelitz, der Tochter eines ebenfalls aus Schottland nach Mecklenburg emigrierten Kaufmanns, gingen sechs Kinder hervor. Der Erstgeborene, der den Vornamen Johann trug und zum Großvater des bedeutenden theologischen Aufklärers werden sollte, brachte es bereits zum Bürgermeister von Malchin und heiratete die ortsansässige Pfarrerstochter Dorothea Goldschmidt. Nicht wenige aus ihrer zahlreichen Nachkommenschaft gehörten wiederum dem lutherischen Pfarrerstand an, darunter der jüngste, 1681 in Malchin geborene Sohn Johann Georg.

Nachdem er an der Landesuniversität Rostock ein Studium absolviert hatte, zog Johann Georg Spalding in die südlich von Stralsund gelegene Kleinstadt Tribsees. Dort amtierte er erst als Schulrektor, um 1725 zunächst in die zweite, drei Jahre später dann in die erste Pfarrstelle am Ort einzurücken. Seine Ehefrau Catharina Ilsabe Lehment war eine Tochter des Joachim Lehment, der bis zu seiner Erkrankung im Jahre 1722 über Jahrzehnte hinweg das Pastorat in Tribsees versehen hatte. Sie starb, noch vor ihrem Vater, kaum 30-jährig im April 1723. Die zweite Ehe, die Johann Georg Spalding dann mit Margareta Elisabeth Niehenck, einer Enkelin des einflußreichen, zuletzt in Rostock lehrenden Theologieprofessors Johann Friedrich König, einging, blieb kinderlos. Dagegen waren ihm aus erster Ehe sechs Kinder erwachsen. Der Älteste, Gebhard Spalding (1712–1756), schien als Rektor und zweiter Pfarrer von Tribsees die Laufbahn des Vaters zu wiederholen, starb dann allerdings schon im 44. Lebensjahr.

Als Zweitgeborener kam am 1. November 1714 Johann Joachim Spalding zur Welt. Er trug die Namen der beiden Großväter und sollte, obschon von keineswegs ungebrochen robuster Natur, ein wahrhaft biblisches Alter erreichen. Vier weitere Geschwister stellten sich ein, von denen die Brüder Carl Wilhelm (1718–1772) und Bernhard Heinrich (1723–1771) das Erwachsenenalter erreichten, während der 1717 zur Welt gekommene Bruder Carl Friedrich und die 1721 geborene Schwester Ilsabe Dorothea jeweils nach wenigen Monaten dem Kindstod erlagen.

Aus der Jugend Johann Joachim Spaldings ist nur sehr wenig bekannt. Unterricht empfing er, wie in Gelehrtenfamilien damals nicht unüblich, anfangs vom Vater, danach vom Tribseeser Schulmeister Johann Georg Ritter, der ihn mit der lateinischen, griechischen und hebräischen Sprache vertraut machte und dessen einfühlsamer Religionsunterricht offenbar nicht wenig dazu beitrug, daß Spalding rückblickend von sich sagen konnte, es seien ihm „die Empfindungen von Gott und dem Gewissen schon frühe sehr stark in mein Herz" eingepflanzt worden[6]. Den Unterricht, der ihm schließlich noch auf dem Gymnasium zu Stralsund erteilt wurde, empfand er dagegen als wenig förderlich.

Aus späteren Äußerungen läßt sich ersehen, daß Spalding bereits in frühen Jahren durch eine intensive Vaterbeziehung geprägt wurde und ihn daneben, nicht nur wegen des geringen Altersunterschieds, mit dem älteren Bruder Gebhard eine innige Geschwisterliebe verband, in etwas abgesetzter Weise auch mit dem vier Jahre jüngeren Bruder Carl Wilhelm. Allerdings widmete Spalding in seiner *Lebensbeschreibung* der eigenen Kindheit und Jugend nur wenige Zeilen. Den frühen Tod der Mutter sowie die Eindrücke, die ihr Ableben im Gemüt des Achtjährigen doch unzweifelhaft ausgelöst haben mußten, erwähnte er dabei mit keinem Wort.

2. Studium

Wie schon der Vater, absolvierte auch Spalding ein Studium an der Universität Rostock. Zusammen mit seinem Bruder Gebhard immatrikulierte er sich dort zu Ostern 1731, also 16-jährig, an der philosophischen und theologischen Fakultät. Die beiden Fachbereiche hatten sich seit der Wende zum 18. Jahrhundert als eine Hochburg der strengen lutherischen Spätorthodoxie etabliert. Es mochte nicht zuletzt mit dieser restaurativen, alle neueren Entwicklungen perhorreszierenden Orientierung zusammenhängen, daß die Universität Rostock damals einen rasanten frequentiellen Niedergang zu erleiden

[6] SPALDING, Lebensbeschreibung (s. Anm. 1), 116,3f.

hatte. Auch Spalding empfand den akademischen Unterricht als enttäuschend, bezichtigte die dargebotene orthodoxe Schulwissenschaft als „kaltsinnig“ und monierte insbesondere die völlige Vernachlässigung der kirchenhistorischen Disziplin. Zwar scheint es durchaus Versuche gegeben zu haben, die an der Universität Jena sich formierende moderne Übergangstheologie zaghaft zu rezipieren. Jedenfalls wurde deren namhafter Vertreter Johann Franz Buddeus, der die lutherische Lehrtradition mit den geistigen Herausforderungen der Zeit zu vermitteln suchte und dabei ein eklektisches Wissenskonzept mit deutlicher anthropologischer und praktischer Akzentuierung verfolgte, nun auch in Rostock zur Kenntnis genommen.

Frontalen Widerspruch erfuhr hingegen die auch auf theologische Gegenstände ausgreifende Lehre des Philosophen Christian Wolff. Dieser hatte sich an der Universität Halle einen überragenden Ruf und weit ausstrahlenden Einfluß erworben, war dann aber aufgrund einer Intrige der dortigen, pietistisch geprägten theologischen Fakultät im Herbst 1723 des Landes verwiesen worden und verwaltete nun als gefeierter Asylant an der Marburger Universität seinen akademischen Ruhm. Im Zuge der anhaltenden Polemik, der Wolff in Rostock seinerzeit ausgesetzt war – gegen ihn habe man, heißt es in der *Lebensbeschreibung*, insgesamt „als gegen ein Ungeheur, welches man nur vom Hörsagen kennete“, geeifert[7] –, scheint freilich auch Spalding schon damals eine gewisse Kenntnis von dessen Lehre erhalten zu haben.

Dem Unterricht in der dogmatischen Theologie lag ein bald 70 Jahre altes Lehrbuch zugrunde: die 1664 erschienene, seit 1719 in 14. Auflage verfügbare *Theologia positiva acroamatica, synoptice tractata* von Johann Friedrich König. Anders als die gängigen Kompendien seiner Zeitgenossen besteht dieses Werk nur aus einer Serie unkommentiert aufeinander folgender Thesen. Doch ist ihm gerade durch solche kompakte Übersicht-

---

[7] AaO 116,29f.

lichkeit der Versuch geglückt, eine klare, faßliche Komprimierung der ausgereiften lutherisch-orthodoxen Lehrbildung vorzulegen. Ungeachtet des Umstands, daß König der Großvater seiner Stiefmutter war, hat Spalding die auf jenes klassische Lehrbuch bezogene Paukerei weder als beglückend noch auch nur als hilfreich erfahren. Nicht weniger mißfiel ihm die damit verbundene pauschale Abwehr des pietistischen Reformprogramms und der innerprotestantischen Unionsbestrebungen, von denen in den 1730er Jahren, weit über König hinausgehend, die kirchliche und theologische Debattenlage tangiert war.

Seinen wichtigsten akademischen Lehrer, gegenüber dem er gleichwohl deutliche Reserve bewahrte, fand Spalding in Franz Albert Aepinus. Nachdem er in Rostock und Jena studiert und später in Ratzeburg als Rektor der Domschule amtiert hatte, war Aepinus 1712 als Professor nach Rostock berufen worden, wo er zunächst an der philosophischen, seit 1721 dann für annähernd drei Jahrzehnte, in zusehends dominierender Stellung, an der theologischen Fakultät lehrte. Eben zu der Zeit, als Spalding sein Studium aufnahm, rückte er zudem noch in kirchenleitende Ämter ein, wodurch die notorische Überlastung, die Spalding an ihm bemerkte, wohl zu erklären ist. Seine Theologie war streng lutherisch orientiert, was eine konsequente Abwehr aller mystischen, pietistischen und rationalistischen Tendenzen – das letztere manifestierte sich insbesondere in seinem literarischen Kampf gegen Wolff und den zum Freidenkertum neigenden Johann Konrad Dippel – zur Folge hatte. Unter seinen zahlreichen Schriften ragt die 1714 vorgelegte *Introductio in philosophiam* hervor, in der Aepinus eine umfassende systematische Enzyklopädie aller Wissenschaften entwarf. Es wäre denkbar, daß Spalding für sein späteres Interesse an einer theologischen Enzyklopädik schon daraus die ersten Impulse empfing.

Spalding würdigte den Dozenten als einen fleißigen, besonnenen, rechtschaffenen Lehrer, hob auch dessen freie, unparteiische Denkungsart unumwunden hervor und billigte ihm durchaus einen „Geist der Mäßigung und der wirklichen Frömmigkeit“ zu. Daß sein Lehrvortrag schulmeisterlich war und über „ein trockenes Werk des Verstandes und noch mehr des Gedächtnisses“ nicht hinauskam, erkannte Spalding als ein allgemeines Gebrechen seiner Dozenten, das bei Aepinus noch vergleichsweise moderat ausgeprägt sei. Wenn er dann aber die bittere Klage hinzufügte, der Lehrer sei außerstande gewesen, seine eigene Mäßigung und Frömmigkeit auch bei den Zuhörern zu erwecken, so zeigte sich darin die Frustration einer Studienerwartung, die weniger auf wissenschaftliche Unterweisung, um so mehr hingegen auf religiöse Erbauung gerichtet schien. Auch die in Rostock intensiv betriebene Predigtlehre, bemerkte er rückblickend, habe ihn nicht affiziert. Religiöse Gemütsnahrung boten ihm allerdings „verschiedene rechtschaffene Prediger“, die in der Stadt tätig waren und „ihren Vortrag auf den rechten Zweck richteten“[8].

So lag es wohl gleichermaßen an der antiquierten Lehrweise, die in Rostock gepflegt wurde, wie an dem ungestillten Verlangen, dort eine Vitalisierung der eigenen Frömmigkeit zu erfahren, daß Spalding in seinem Studium weder selbständige Orientierung noch theologische Urteilssicherheit fand. Vielmehr sympathisierte er nacheinander, entwicklungspsychologisch kaum überraschend, mit ganz unterschiedlichen Lehrbildungen, zeitweise sogar mit dem unitarischen Sozinianismus, ohne in alledem über „eine sehr dunkele Kenntniß“ hinauszugelangen[9]. Die universitären Gepflogenheiten kannten damals weder eine Mindeststudiendauer noch ein verpflichtendes Abschlußexamen. Im Spätsommer 1733, nach fünf Semestern, brach Spalding die akademische Ausbildung ab.

---

[8] AaO 116,30–117,20.
[9] AaO 117,21–33.

3. Hauslehrer und Privatier

Zwischen dem Hochschulbesuch und der Einweisung in eine Pfarrstelle lag zumeist ein langer, mühsamer Weg. Weil das geistliche Amt eine aussichtsreiche Plattform für den Sozialaufstieg bot, war das Theologiestudium notorisch überfrequentiert; die Kandidaten- und Pfarrstellenzahlen klafften dementsprechend weit auseinander. So waren die Aspiranten oft jahrelang dazu genötigt, mit der kärglich dotierten Tätigkeit als Katechet, Informant, Lehrer, Erzieher oder Hilfsprediger ihr Dasein zu fristen. Für Spalding begann ein 16 Jahre anhaltendes biographisches Interim. Dabei wechselte er mehrfach zwischen verschiedenen Hauslehrerstellen und längeren Aufenthalten zu Hause, die ihm neben der beruflichen Unterstützung des Vaters, der sich inzwischen aus dem Schul- ins Pfarramt verändert hatte, breiten Raum zur autodidaktischen Bildungsvertiefung beließen.

Im letzten Viertel des Jahres 1733 war er als Hauslehrer bei einem niederen Landadeligen engagiert, doch die Aufgabe, dessen kleine Kinder zu unterrichten, behagte ihm ebenso wenig wie die äußere Lage, in die er dabei geriet. Seine Stimmung war derart eingetrübt, daß er sich bald voller Selbstmitleid „für einen großen Kreuzträger“ hielt[10]. Verzagt kehrte er nach dem Weihnachtsfest in das Haus seines Vaters zurück.

Geistige Anregung fand er bei Gottlieb Schulz, der in Tribsees die zweite Pfarrstelle versah und dem damals aktuellen theologischen Wolffianismus anhing. Dessen Bibliothek stand ihm offen, und so las Spalding mit wachsender Begeisterung Schriften von Christian Wolff, gegen den seine Rostocker Lehrer einst heftig polemisiert hatten, sowie einige Hauptwerke der in Tübingen lehrenden Wolffianer Georg Bernhard Bilfinger und Israel Gottlieb Canz. Bald glaubte er darin auch eigene theologische Heimat gefunden zu haben. Daneben freilich be-

[10] AaO 118,10f.

drückten ihn die beruflichen Umstände seines Vaters, der offenbar, nicht zuletzt wegen seiner „leicht aufzubringenden Gemüthsart“[11], in der Gemeinde etlichen Widrigkeiten ausgesetzt war. Den Rückblick auf jene unsteten Jahre hat die Beteuerung, er habe sich niemals in leichtfertige „eitele Frölichkeit“ und Zerstreuung oder ein „lasterhaftes Leben“[12] verloren, als ein regelmäßig wiederholter Kehrvers begleitet. Ob der ältere Spalding, der sich seiner Jugend erinnerte, damit einige lebenslustige Eskapaden, die nicht in das Bild des angesehenen, sittlich gefestigten Kirchenmannes zu passen schienen, in nachträglicher Selbststilisierung kaschieren wollte, könnte man fragen. Ein enger Jugendfreund, von dem noch die Rede sein wird[13], hat diese Frage ausdrücklich gestellt.

Im Frühjahr 1734 zog Spalding nach Greifswald. Dort, in der vorpommerschen Universitätsstadt, sollte er 18 Monate bleiben und wichtige neue Impulse empfangen. Zunächst wohnte er als Hauslehrer bei Albert Georg Schwarz, den man kurz zuvor als Professor der Eloquenz und Poetik nach Greifswald berufen hatte. Jetzt fand Spalding an der pädagogischen Arbeit sowie am Umgang mit seinem gelehrten Mentor und Gastgeber durchaus Gefallen. Erst recht aber faszinierte ihn die Bekanntschaft mit Peter Ahlwardt, der unlängst den philosophischen Doktorgrad erworben hatte und in geistreicher Entschiedenheit der gegen den Wolffianismus opponierenden empirischen Erkenntnisphilosophie Andreas Rüdigers anhing. Spalding, dessen eigene philosophisch-theologische Urteilsfähigkeit noch immer nicht zureichend gefestigt schien, ließ sich zunächst mitreißen, kehrte dann aber, weil ihm die Philosophie Rüdigers „so schwer, so verwickelt, und so willkürlich“ vorkam, wieder zu den Grundsätzen seines in Tribsees aufgenommenen Wolffianismus zurück. Im übrigen sah er sich allenthalben, wie es in der *Lebensbeschreibung* so trefflich heißt, dem

[11] AaO 118,25f.
[12] AaO 118,29; 121,15.
[13] S.u. II.7.

Umgang mit Menschen ausgesetzt, „die entweder die sinnliche Lustigkeit oder die gelehrte Hadersucht zu ihrer Hauptsache machten“[14].

Die Lehrtätigkeit im Hause Schwarz war auf die Dauer eines Jahres befristet. Danach blieb Spalding für ein weiteres halbes Jahr noch in Greifswald, um sich nun die dort gebotenen akademischen Möglichkeiten ungeteilt nutzbar zu machen. Diese Entscheidung gründete vornehmlich in der Bekanntschaft mit Timotheus Lütkemann, der wie Spaldings Vater aus Malchin stammte. Nach pastoralen Anfängen in Norddeutschland hatte Lütkemann 1706 in Stockholm Arbeit gefunden, erst als Pfarrer an der dortigen deutschen Kirche, zuletzt gar als schwedischer Oberhofprediger. Im Herbst 1734 kehrte er als Generalsuperintendent von Vorpommern und Professor der schönen Wissenschaften in seinen einstigen Studienort Greifswald zurück. Spalding faßte den ehrgeizigen Plan, als erster unter Lütkemanns Vorsitz eine akademische Disputation abzuhalten, und kam darin, von Lütkemann bereitwillig unterstützt, auch zum Ziel[15].

Die konzentrierte wissenschaftliche Arbeit, die dazu nötig war, befestigte bei Spalding drei Grundeinsichten, die sich dann als die Basis seiner später ausgeformten theologischen Positionierung erweisen sollten. So überzeugten ihn jetzt die Wahrscheinlichkeitsbeweise für die Wahrheit der christlichen Offenbarung. Zudem fand er die Überlegenheit des Christentums zumal in dessen „Sittenlehren und Trostgründen“[16] dokumentiert – also in demjenigen dualen Prinzip, das er später formelhaft als „Besserung und Trost“ und die jüngere, auf ihm fußende Theoriebildung als „Motive und Quietive“[17] ausdrük-

---

[14] SPALDING, Lebensbeschreibung (s. Anm. 1), 119,15.19f.

[15] S.u. II.4.

[16] SPALDING, Lebensbeschreibung (s. Anm. 1), 120,28.

[17] Vgl. etwa A. NIEBERGALL, Wie predigen wir dem modernen Menschen? Erster Teil: Eine Untersuchung über Motive und Quietive, [4]1920.

ken sollte. Überdies erkannte er das „redliche Gemüth“[18] eines Menschen als die unentbehrliche Voraussetzung, um diesen von der Wahrheit der christlichen Religion aufrichtig überzeugen zu können.

Im Herbst 1735 kehrte Spalding abermals und auf längere Zeiten nach Hause zurück. Dort suchte er als Hilfsprediger seinen Vater zu unterstützen. Darüber hinaus pflegte er gern, auf längeren Spaziergängen und in seiner Kammer, die Einsamkeit mit sich selbst. Er versuchte sich in kleinen Schriften, gleichsam ersten philosophisch-literarischen Etüden, auch entstand, unter tätiger Anleitung seines Rostocker Lehrers Peter Christian Kämpfer, eine zwei Bogen füllende philosophische Dissertation[19]. Der Gedanke an weitere Anstellung trat vorderhand ganz zurück. Statt dessen erging sich Spalding träumend in verschiedenen Berufsphantasien. Einerseits erwärmte ihn der Gedanke, ein Gott stilles, gewidmetes Leben zu führen. Andererseits bewegte ihn die Vorstellung, „daß es schön sey, ein Philosoph, und noch dazu ein Wolfianer zu seyn“[20]. Dann wiederum ließ er den Reizen, ein allseits verehrter Schriftsteller werden zu wollen, ungehinderten Lauf. Die Monate, einer um den anderen, gingen ins Land.

Schließlich zog er wiederum als Informator in das Haus eines namentlich nicht überlieferten Landedelmanns. Die dort verbrachten drei Jahre kondensierten sich zu einer vergnügten Erinnerung. Dem Fortgang seines Selbstbildungsprogramms gab das von Valentin Ernst Löscher besorgte Rezensionsorgan *Unschuldige Nachrichten von Alten und Neuen Theologischen Sachen*, auf das er im Bücherschrank eines benachbarten Pfarrers gestoßen war, neue Impulse, und das dadurch geweckte Interesse an „Bücherkunde und Journallektüre“ blieb seitdem „so ziemlich mein Steckenpferd“[21].

---

[18] SPALDING, Lebensbeschreibung (s. Anm. 1), 120,31.

[19] S.u. II.4.

[20] SPALDING, Lebensbeschreibung (s. Anm. 1), 121,25f.

[21] AaO 123,16–20.

Zum Jahresbeginn 1740 sah man Spalding erneut in Tribsees, nun freilich im Hause des Bruders Gebhard logierend, der kürzlich, als indirekter Nachfolger des Vaters, das Rektorat der Stadtschule übernommen hatte. Für zwei Predigerstellen, die damals in Wismar und Stralsund vakant geworden waren, zog man Spalding kurzzeitig in Betracht. Doch die Hoffnung, die er beide Male damit verband, erwies sich als trügerisch, und daß sie dann nicht in bittere Enttäuschung umschlug, schrieb er einer ihn seinerzeit beherrschenden „glückliche[n] Gleichgültigkeit"[22] zu. So fand sich weiterhin reichliche Muße für eigene wissenschaftliche und literarische Arbeit.

Überdies begann Spalding nun, die Sprache seiner Vorfahren zu erlernen. Dabei war seine Aneignung des Englischen nicht allgemeinem Bildungstrieb, sondern dem konkreten Interesse an Anthony Ashley Cooper Earl of Shaftesbury geschuldet. Wie Spalding auf das Werk des englischen Moralphilosophen aufmerksam wurde, ist nicht mehr zu klären. Jedenfalls aber hat ihn die Textwelt, die dort bereitstand, und näherhin die von Shaftesbury geübte „Art zu denken und zu schreiben"[23] sogleich affiziert. Bald war er sprachkundig und außerdem kühn genug, eine Übersetzung des einflußreichen Buches *The Moralists. A Philosophical Rhapsody*, das der englische Denker 1705 publiziert hatte, in Angriff zu nehmen[24]. Dieses neue, umfassende Bildungserlebnis überdeckte zunächst seine aktive Wolff-Rezeption. Doch unterschwellig blieb der Einfluß Christian Wolffs, der nun in eine dicht verwobene Gemengelage mit der Shaftesbury-Rezeption einging, weiterhin bei ihm präsent.

Im Frühsommer 1742 trat Spalding bei der Familie von Wolfrath, die auf der Insel Rügen in Plüggentin residierte, einen drei Jahre währenden Dienst als Hauslehrer und Gesellschafter an. Eine anhaltende Verbundenheit erwuchs daraus und erst recht

[22] AaO 124,5.
[23] AaO 124,22f.
[24] S.u. II.5.

aus der Bekanntschaft mit Carl Heinrich Berend Graf von Bohlen, der dem Hause Wolfrath freundschaftlich nahestand. Er sollte sich später als einflußreicher, wohltätiger Förderer Spaldings erweisen. Allerdings führte die erste Hilfe, die er ihm zuwenden wollte, nicht zum Erfolg, denn sein Bestreben, für Spalding die Stelle eines Gouvernementpredigers in Stralsund einzurichten, scheiterte schließlich daran, daß der Stadtmagistrat das Vorhaben am schwedischen Hof, dem Stralsund seit dem Frieden von Stockholm (1720) erneut unterstand, erfolgreich zu hintertreiben wußte.

Im Hause Wolfrath konnte Spalding seine Tätigkeit als Schriftsteller und Übersetzer vertiefen. Den Höhepunkt dieser Phase markierte indessen der im Frühjahr 1745 angetretene, zweimonatige Aufenthalt in der Universitätsstadt Halle, wohin er den jungen Herrn von Wolfrath als Gesellschafter zu begleiten hatte. Dabei fehlte es offenbar „weder an Vergnügen noch Nutzen“[25]. Längeren Zwischenhalt machte man unterwegs in Berlin. Dort öffneten die von Graf Bohlen ausgestellten Empfehlungsschreiben manche vornehme Tür. Am eindrücklichsten war Spalding die dadurch gestiftete Begegnung mit August Friedrich Wilhelm Sack. Dieser bedeutende Kirchenmann, der wenig später ein Gründungsdokument der Neologie publizieren sollte[26], war im Vorjahr zum Ersten Hof- und Domprediger des Hauses Hohenzollern ernannt worden. Spalding zeigte sich von der geistigen Souveränität, die Sack eigen war, tief beeindruckt, zumal er „eine besondere Offenherzigkeit und uneingeschränkte Liebe zur Wahrheit damit verknüpft fand“[27]. Noch konnte er nicht ahnen, daß er später mit diesem Mann eine sehr enge berufliche und sogar familiäre Verbindung eingehen würde.

---

[25] Spalding, Lebensbeschreibung (s. Anm. 1), 127,15f.

[26] A.F.W. Sack, Vertheidigter Glaube der Christen, 8 Stücke, 1748–1751, ²1773.

[27] Spalding, Lebensbeschreibung (s. Anm. 1), 127,21–23.

Am Zielort der Reise kam es zur Begegnung mit namhaften Vertretern der philosophischen, theologischen und juristischen Fakultät. Allein von Siegmund Jacob Baumgarten bekannte Spalding rückblickend: Er „ward mein Held“[28]. Baumgarten, ein überragender, polyhistorisch gebildeter Geist, war die akademische Leitfigur im Übergang von Pietismus und Wolffianismus zur Neologie; Voltaire, der ihn 1754 in Halle besuchte, soll ihn als „die Krone der deutschen Gelehrten“ gerühmt haben. Aus seiner Schule gingen einige der bedeutendsten deutschen Aufklärungsdenker hervor, aber auch – so mit Johann Melchior Goeze – Vertreter der lutherischen Spätorthodoxie. Spalding war von den geschmeidigen Umgangsformen, die Baumgarten an den Tag legte, ebenso eingenommen wie von dessen stupender Gelehrsamkeit. Eben deshalb irritierte ihn freilich auch, daß Baumgarten „gegen Personen und Lehrsätze, welche gleichsam nicht unter seinem Schutze gestanden“, in unerbittlicher Strenge zu Felde zog. Überhaupt fand er Anlaß, „die Sectirerey in allen Arten von Wissenschaften“[29] als ein großes akademisches Übel der Zeit zu beklagen. Eine flüchtige Begegnung mit Wolff blieb ohne tieferen Eindruck.

Während der Buchmesse fuhr Spalding von Halle auf einige Tage, um neue Kontakte zu knüpfen, in das benachbarte Leipzig. Dabei traf er auch mit dem renommierten, seine Eitelkeit kaum verbergenden Schriftsteller und Dichtungstheoretiker Johann Christoph Gottsched zusammen, von dem Spalding in lakonischer Treffsicherheit feststellte: „Bey den verbindlichsten Höflichkeitsbezeugungen schien er das Gefühl seiner Größe niemals zu verlieren“[30].

Im Sommer 1745 ging er nach Tribsees zurück. In Hamburg, das auf dem Retourweg aus Halle besucht worden war, hatte Spalding „mit Freuden die glückseligen Wirkungen der Frey-

[28] AaO 127,25.
[29] AaO 128,4f.11f.
[30] AaO 128,32–34.

heit“[31] bestaunt. In längeren Besuchsaufenthalten wurde jetzt die Verbundenheit mit den Häusern Wolfrath und Bohlen vertieft. Durch Vermittlung des Grafen ergab sich dann auch eine auf 18 Monate befristete, höchst anregende Berufstätigkeit in Berlin[32].

Danach nahm Spalding abermals am Ort seiner Herkunft Quartier. Die Möglichkeit, in Schweden oder Preußen auf Dauer beschäftigt zu werden, schlug er aus, weil er sich inzwischen auf das pastorale Berufsziel fixiert hatte. Bald darauf zerschlug sich die Aussicht, unweit von Tribsees in eine Dorfpfarrei einzutreten, an der Ungunst des Patronatsherren. So unterstützte Spalding weiterhin als Hilfsprediger seinen Vater. Dieser litt inzwischen an schwerer Herzinsuffizienz, wurde monatelang von schmerzhafter Körperwassersucht gepeinigt und starb am 19. Februar 1748.

Während der Kranken- und Sterbepflege des Vaters verfaßte Spalding mit der *Betrachtung über die Bestimmung des Menschen* seine erste selbständige Schrift[33]. Dann wechselte er seinen Aufenthalt mehrfach zwischen dem Haus Wolfrath und den Quartieren Graf Bohlens in Gnatzkow und Stralsund. Attraktive Berufschancen blieben nicht aus: Christian von Berg, Landvogt der Uckermark, wollte ihn als Pfarrer auf sein Gut Schönfeld berufen, der preußische Generalmajor Christoph Ludwig von Stille suchte Spalding, den er in Berlin schätzen gelernt hatte[34], als Feldprediger in seinem Regiment zu gewinnen. Indessen mochte er den auswärtigen Angeboten aus einer „vielleicht übertriebene[n] Liebe zu meinem Vaterlande“[35] nicht folgen. Im Frühjahr 1749 bezog Spalding dann endlich sein erstes, im heimatlichen Vorpommern gelegenes Pastorat[36].

---

[31] AaO 129,11 f.

[32] S. u. II.6.

[33] S. u. II.8.

[34] S. u. II.6.

[35] Spalding, Lebensbeschreibung (s. Anm. 1), 135,6 f.

[36] S. u. III.1.

4. Frühe Schriften

In seinem dritten Lebensjahrzehnt brachte Spalding ein schmales, doch ansehnliches literarisches Œuvre hervor. Zwar blickte er aus seiner Reifezeit recht abschätzig darauf zurück: Seine Erstlingsschrift marginalisierte er als „sehr unerheblich“[37], und daß die Serie kleiner Aufsätze, die er wenig später verfaßte, kaum Beachtung fand, sei ihm „itzo eben so angenehm [...], als der gegründetste Beyfall jemanden seyn mag“[38]. Doch die Bedeutungslosigkeit, die Spalding seinen publizistischen Anfängen beimaß, war weit übertrieben. Zumindest einige von ihnen stießen auf prominente Beachtung und Wertschätzung, und sie allesamt sind als Zeugnisse seiner geistigen Selbständigkeit, die sich nun, zugleich drängend und spielerisch, zu entfalten begann, von Interesse[39]. Im übrigen sollte dabei in Rechnung gestellt werden, daß einige der damals gedruckten Texte möglicherweise verloren oder aufgrund ihrer anonymen Veröffentlichung heute nicht mehr zu identifizieren sind.

Als Schriftsteller debütierte Spalding im Oktober 1735, kurz vor seinem 21. Geburtstag, mit einer als Disputation formatierten akademischen Abhandlung. Ihr Thema war brandaktuell und betraf die leidenschaftlich geführte Debatte um die als religions- und christentumsfeindlich verrufene Bibelauslegung der englischen Deisten, genauer: um deren Bestreitung der den Wundertaten Jesu zugebilligten historischen Glaubwürdigkeit und theologischen Dignität. Die Kontroverse hatte mit dem *Discourse of Free-Thinking* (1713) des englischen Philosophen Anthony Collins, der Wunderberichten jedwede Beweiskraft absprach, begonnen und bald weite, nach Westeuropa und

[37] Spalding, Lebensbeschreibung (s. Anm. 1), 120,13.

[38] AaO 122,7–10.

[39] Für diesen Abschnitt ist die vorzügliche Arbeit von G. Raatz, Johann Joachim Spaldings „Bestimmung des Menschen“ (1748) – eine genetisch-systematische Rekonstruktion, Diss. masch., Leipzig 2012, eingehend und dankbar konsultiert worden.

Deutschland ausgreifende Kreise gezogen. Zuletzt hatte sich die Auseinandersetzung im Streit um Thomas Woolston, der in zwei *Discourse[s] on the Miracles of our Saviour* (1727/29) für eine konsequent allegorische Auslegung der Wunder Jesu plädierte, noch einmal zugespitzt. Spalding hingegen sah in den Wundern Jesu die sichersten Dokumente seiner göttlichen Sendung und darum in den zeitgenössischen Deisten die Zerstörer des christlichen Religionsfundaments[40].

Der Ansatz, den Spalding für seine apologetische Abhandlung wählte, war originell. Weil ihm ein Zeuge umso glaubwürdiger galt, je ferner oder feindseliger er der Sache, die er bezeugte, gegenüberstand, griff er auf eine Aussage des spätrömischen Kaisers Julianus Apostata zurück. Dieser hatte während seiner kurzen Regierungszeit (361–363) den Versuch unternommen, die alten römischen Religionen gegen das seit der Konstantinischen Wende zusehends privilegierte Christentum wieder zu revitalisieren. Dessen insofern ganz unverdächtige Feststellung, Jesus habe Kranke geheilt und Dämonen beschworen, nahm Spalding zum Angelpunkt seines wundertheologischen Nachweises der Göttlichkeit Jesu.

Nachdem er diese Spezialfrage geklärt glaubte, weitete Spalding die Schrift ins Grundsätzliche, indem er vier Bedingungen geltend machte, denen der Wahrheitsanspruch einer Religion und zumal des Christentums zu genügen habe. Demnach müsse eine auf Wahrheit pochende Offenbarungsreligion ihre Anschlußfähigkeit an die natürliche Religion sicherstellen, sich ferner als ein unentbehrliches Hilfsmittel zur Erlangung der ewigen Glückseligkeit erweisen, zudem die Tugendhaftigkeit des Menschen ermöglichen und erleichtern und schließlich auch die zeitliche Glückseligkeit der Menschen befördern.

In der Explikation dieser religionstheologischen Kriteriologie hatte Spalding nicht allein seine extensive und intensive

---

[40] Vgl. J.J. Spalding, De calvmnia Jvliani Apostatae (1735; in: Ders., Kleinere Schriften 1, hg. von O. Söntgerath [SpKA I/6–1], 2006, 1–37), 3,1–4,16.

Vertrautheit mit der aktuellen deutsch-, englisch- und französischsprachigen Forschungsliteratur unter Beweis gestellt, sondern zugleich denjenigen drei Begriffen, die in seinem späteren Werk basale Bedeutung erlangen sollten, eine zentrale argumentationsstrategische Funktion zugewiesen. In seiner Hochschätzung der *natürlichen Religion* aktualisierte sich das von Christian Wolff eingeführte Interesse, das Konzept der den religionsphilosophischen Diskurs bislang dominierenden natürlichen Theologie als Stärkung des praktischen Offenbarungsglaubens nutzbar zu machen. Eine analoge Zentralstellung sollte auch der von Spalding hier erstmals ertastete Begriff der *Tugend* gewinnen. Erst recht aber deutete sich darin eine nachmalige Leitidee an, daß Spalding in doppelter Weise auf den Begriff der *Glückseligkeit* rekurrierte[41]. Dessen innerweltliche Sinnebene korrespondierte mit einem Hauptaspekt der aufklärerischen Staatszweckdebatte, der transzendente Bezugsrahmen hingegen mit dem aufklärungstheologischen Konzept einer durch die irdische Lebensführung determinierten, unendlich fortdauernden Ewigkeit. Timotheus Lütkemann, der die akademische Qualifikationsarbeit damals betreut hatte, mochte von der wissenschaftlichen Bildung und Ernsthaftigkeit, die darin dokumentiert war, beeindruckt gewesen sein. Er konnte nicht ahnen, daß sie sich als die Keimzelle eines Lebenswerks, in dem der geistige Ertrag der Aufklärungstheologie kulminierte, erweisen sollte.

Ein halbes Jahr später, im Frühsommer 1736, erwarb Spalding den philosophischen Doktorgrad. Mit 32 Druckseiten war seine Dissertation noch ein wenig kürzer geraten als die im Vorjahr erschienene Disputation. Der Rostocker Philosoph Peter Christian Kämpfer, der als Dozent zu Spaldings Lehrern gezählt hatte und 1735 in ein ordentliches Professorat eingerückt war, mentorierte die Arbeit. Daß sie die Metaphysik zu

[41] Vgl. J.H. Claussen, Glück und Gegenglück. Philosophische und theologische Variationen über einen alltäglichen Begriff, 2005, 275–325.

ihrem Gegenstand wählte, entsprach ebenso dem Lehrgebiet Kämpfers wie den Interessen des ambitionierten Nachwuchswissenschaftlers. In ihr dokumentierte sich erstmals die dann zeitlebens bewährte Fähigkeit Spaldings, reale Gegensätze und erst recht scheinbare Widersprüche zu harmonisieren. In diesem Fall suchte er die darin liegende Ambivalenz zu entschärfen, daß die in Rostock gepflegte Philosophietradition einen strikt antiwolffischen Kurs steuerte, er selbst jedoch unterdessen ein glühender Anhänger dieses Denkers geworden war. Als gelehrter Verfasser zeigte er sich mit den Schriften Wolffs, die er bis zu den jüngst erschienenen Titeln aufmerksam rezipiert hatte, und darüber hinaus mit der einschlägigen Fachliteratur bestens vertraut.

Spalding rekonstruierte zunächst die unmittelbare Vorgeschichte der seinerzeit in Deutschland vertretenen Metaphysik. Als aktueller Referenztext diente ihm dabei die *Oratio pro utilitate et necessitate metaphysicae* (1734) des in Leipzig lehrenden Wolffianers Gottsched. Etliche weitere Gewährsmänner, darunter Johann Andreas Schmidt, bei dem Aepinus einst in Jena studiert hatte, traten dann noch hinzu. Diese Genealogie der gegenwärtigen Metaphysik war geschickt arrangiert. Aus ihr entwickelte Spalding gewichtige Affinitäten zwischen der Rostocker und der durch Wolff geprägten Lehrtradition. Zumal in dem Bemühen, die Metaphysik als einen Schutzwall gegen die anbrandende atheistische Religionskritik auszubauen, kämen sie fugenlos überein. Dergestalt war Spalding nachhaltig um Vermittlung zwischen den Denkwegen der Rostocker Lehrer und ihres unterdessen geistig emanzipierten Schülers bemüht.

Die Intention, die darin erkennbar geworden war, setzte sich fort, nun allerdings nicht mehr im lateinischen Paragraphenstil akademischer Abhandlungen, sondern in einer Reihe von deutschsprachigen Journalbeiträgen, die gattungsspezifisch eine gehörige Bandbreite abdeckten und eine vitale, wenn auch vorerst noch spielerisch erprobte Gestaltungskraft offenbarten.

Den Anfang markierte eine launige literarische Etüde. Ihr Titel war zugleich Programm: *Der Wolffischen Philosophie Bittschrifft an die Academie zu R** ans Licht gestellet von Einem Liebhaber der Wahrheit* (1738). Mochte die letzte Wendung auf die unlängst in Leipzig um den sächsischen Minister Ernst Christoph Graf von Manteuffel gegründete Societas Alethophilorum, diese der Popularisierung der Wolffischen Philosophie verpflichtete Gesellschaft der Wahrheitsfreunde, anspielen, so standen die beiden Asterisken unzweifelhaft für Spaldings Heimatuniversität Rostock, in welche die personifizierte Philosophie Wolffs Einlaß begehrte. Abermals wird das Schulhaupt der Aufklärungsphilosophie von jedem Verdacht, er sei ein Gegner des Christentums, freigesprochen und ganz im Gegenteil als die Speerspitze gegen alle „Irreligioniste[n]", „Freydencker", „Atheist[en]" und „Ungläubige"[42] identifiziert: „Niemand hat den Unglauben und die stoltze Thorheit der Atheisterey mit stärckeren Waffen, als ich, bestritten"[43].

Zugleich rückt jetzt eine zweite gemeinsame Front, die in der Dissertation nur andeutend zur Sprache gekommen war, in den Blick. Denn auch im Kampf gegen den Halleschen Pietismus, der einst seine Vertreibung veranlaßt hatte und dessen norddeutsche Tiefausläufer inzwischen nach Mecklenburg und Vorpommern gelangt waren, weiß sich Wolff mit den Kollegen aus Rostock verbunden. Sein Hauptvorwurf zielt auf die programmatische Irrationalität, die dort erwiesen und gepflegt werde. „Man hat sich ohngefehr seit einem halben Jahrhundert mit dem abgeschmackten Einwurffe geschleppet, daß es bey der Seligkeit auf die Beschaffenheit der Erkenntniß und der Begriffe von göttlichen Dingen gar nicht ankomme: Ein untrügliches

[42] J.J. SPALDING, Der Wolffischen Philosophie Bittschrifft an die Academie zu R** ans Licht gestellet von Einem Liebhaber der Wahrheit (1738; in: DERS., Kleinere Schriften 1 [s. Anm. 40], 76–95), 78,4–14.

[43] AaO 91,16–18.

Merckmahl, daß man wider die Vernunfft handelt!"[44] Als das probateste Mittel zur Abwehr empfiehlt die Wolffische Philosophie demgegenüber unbedingte sachliche Klarheit und terminologische Deutlichkeit: „Ein Anhänger von mir hat nicht leicht Gefahr, ein Enthusiast zu werden"[45]. Die Pietisten hingegen brächten „Verwirrung in die Begriffe, die ich deutlich gemacht"[46]. In aufklärungstypischer Metaphorik kommt der Gegensatz dann auf den Punkt: „Sie scheuen das Licht [...]. Die Enthusiasterey liebet die Dunckelheit, und ist ein Dunst Cörper, der bey dem Lichte verschwindet"[47].

Der kurz danach entstandene Aufsatz *Die Vortheile der Herrschaft einer gesunden Weltweisheit* (1738/41) verfolgte dasselbe Ziel, war aber insofern literarisch anders gewandet, als Spalding nun die Form eines Briefes wählte, in welchem er dem „wertheste[n] Freund"[48] Zacharias David Schulemann, der soeben in Jena magistriert worden war, eine Traumgeschichte erzählte. Deren szenische Dramatisierung spielte wiederum mit der Lichtmetaphorik, ließ eine stattliche Zahl personifizierter Eigenschaften auftreten und miteinander streiten und bewies einmal mehr die schriftstellerische Originalität und Experimentierfreude ihres Verfassers. Erneut plädierte Spalding für eine positive theologische Rezeption der von Wolff entfalteten Metaphysik, die sich als Bollwerk gegen die atheistischen Religionsspötter ebenso bewähre wie gegen die „Verwirrung der neuen Heiligen"[49], die aufgrund ihrer pietistischen Irrationalität eine unversöhnliche Feindschaft zwischen Vernunft und Offenbarung erdichteten. „Ein Ungläubiger", stellte Spalding

[44] AaO 78,29–34.

[45] AaO 91,32f.

[46] AaO 90,30f.

[47] AaO 91,22; 92,1f.

[48] J.J. Spalding, Die Vortheile der Herrschaft einer gesunden Weltweisheit, in einem Traume (1741; in: Ders., Kleinere Schriften 1 [s. Anm. 40], 117–126), 117,6.

[49] AaO 126,12f.

fest, „thut [...] der wahren Religion nicht mehr Schaden, als ein Schwärmer“. Gegen beide gelte es darum, unbeirrt an der Rationalität der Religion festzuhalten: „Das Christenthum fordert nicht von uns, daß wir aufhören sollen, vernünftig zu seyn; sondern es erhöhet unsere natürlichen Kräfte“[50].

Während die Verteidigung der Philosophie Wolffs in der Folgezeit an Bedeutung verlor, erweiterte sich bei Spalding das pietismuskritische Arsenal. Dazu hatten ihn nicht zuletzt biographische Umstände veranlaßt. Als Hauslehrer kam er nun vermehrt mit dem mecklenburgischen und vorpommerschen Landadel in Berührung. Dort traf er auf eine ihm neue Form pietistischer Frömmigkeit, die er zumal bei den Damen der vornehmen Häuser wahrnehmen und studieren konnte. Als literarischer Reflex dieser religionssoziologischen Erfahrung erschien das *Schreiben eines Pommerschen Geistlichen an eine vornehme Frau von der Staats-Gottseligkeit* (1740). Der Titel, der ihm später selbst unverständlich erschien, ist insofern erklärungsbedürftig, als der von Spalding geprägte Ausdruck der „Staats-Gottseligkeit“ nicht etwa im Sinne einer politischen Theologie oder Zivilreligion zu verstehen war, sondern auf eine solche Spielart der Frömmigkeit abzielte, mit der sich, wie man so sagt, „Staat machen“ läßt. Der als Motto voranstehende apokryphe Bibelvers „Willst du Gott dienen, so laß es dir Ernst sein, auf daß du Gott nicht versuchest“ (Sir 18,23) ließ an der Richtung, die der Text nehmen würde, kaum einen Zweifel. Die Elemente der von Spalding bei Hof beobachteten Frömmigkeit, von denen er insonderheit eine demonstrative religiöse Empfindsamkeit, den Rekurs auf das eigene Bekehrungserlebnis, die „innerliche Versicherung der Gnade“ und die „Ergötzlichkeiten, die in dem Augenblicke der Vereinigung mit Christo empfunden werden“[51], erwähnte, demaskierte er als äußerlich ange-

---

[50] AaO 126,13–15.23–25.

[51] J. J. Spalding, Schreiben eines Pommerschen Geistlichen an eine vornehme Frau von der Staats-Gottseligkeit (1740; in: Ders., Kleinere Schriften 1 [s. Anm. 40], 96–116), 101,8–12.

legte Gewohnheiten und Frömmigkeitsmoden, die jeder inneren Ernsthaftigkeit entbehrten und darum als Ausdruck einer unmoralischen, ehrsüchtigen Heuchelei zu verurteilen seien.

Solches rationalitätsfeindliche Frömmigkeitsgehabe kontrastierte Spalding mit seinem Konzept wahrer, ernsthafter Gottseligkeit. Während „diese falschen Andächtigen [...] dem Pöbel [...] in den Erkäntnissen des Christenthums mit solcher Gleichgültigkeit ähnlich bleiben", komme es darauf an, daß man „die Lehren des Christenthums nicht vor das Gedächtniß, sondern vor den Verstand lernet", um dergestalt „durch deutliche Begriffe der göttlichen Wahrheiten" eine authentische Frömmigkeit zu erlangen, „die nicht auf ein blosses Nachsagen gegründet ist"[52]. Es wäre, meint der „Pommersche Geistliche", doch allemal unvernünftig, wenn „ein Frauenzimmer, das nach einer vernünfftigen Artigkeit strebet, gänzlich unterliesse, die Gründe einer richtigern Sitten-Lehre kennen zu lernen"[53]. Noch schien Spalding eine in Sachen der Religion waltende starre Antithetik von Gefühl und Verstand zu vertreten. In seiner großen, zwei Jahrzehnte später geführten Auseinandersetzung mit der trivialpietistischen Empfindungskultur[54] urteilte er darüber dann wesentlich differenzierter.

Im August 1741 weilte Spalding zu Hause in Tribsees. Eine Aussicht, demnächst als Pfarrer oder auch nur als Hauslehrer in Stellung zu kommen, bestand nicht. Da erheiterte ihn unvermutet eine postalische Sendung aus Leipzig. Als Absender firmierte Johann Joachim Schwabe, der dort die Schriftleitung der soeben eröffneten, von Juli 1741 bis Juni 1745 erscheinenden Monatsschrift *Belustigungen des Verstandes und des Witzes* übernommen hatte. Dieses nicht unbedeutende Periodikum, über das Gottsched die Aufsicht führte, bot anfangs zumeist unautorisierte Wiederabdrucke von bereits andernorts publizierten Beiträgen – die Rede vom „literarische[n] Piraten-

52 AaO 112,2.8–29.
53 AaO 113,30–32.
54 S.u. III.6.

tum"[55] ist nicht aus der Luft gegriffen. Nun war im Augustheft des Jahres 1741 der Brief an Schulemann, den Spalding drei Jahre zuvor publiziert hatte, nachgedruckt worden. In der Leipziger Gesellschaft der Alethophilen, der auch Gottsched angehörte, galt Spalding schon länger als ein dem Geist Christian Wolffs verpflichteter Bundesgenosse. Schwabe übersandte also das Augustheft „nebst einem sehr höflichen Schreiben"[56] an den Privatgelehrten in Tribsees und lud ihn zu künftiger Mitarbeit ein. Spalding sah sich durch dieses ehrenvolle Angebot – die Monatsschrift versammelte namhafte Beiträger aus verschiedenen Disziplinen – nachhaltig aufgemuntert, ließ es merkwürdigerweise dann aber doch bei einem einzigen Aufsatz, den er dort publizierte, bewenden. Seine *Gedanken über die Verleumdung und die Spötterey*, die im März 1742 erschienen, waren nicht mehr auf religionstheologische Apologetik, sondern auf das literarästhetische Phänomen der französischen Moralistik gerichtet, dem er, zumal in der Gestalt des François de La Rochefoucauld, eine destruktive, spöttische, aus Neid geborene Verleumdungsabsicht attestierte. Zu diesem Zweck hatte er sich tief in die französische Literaturgeschichte des 17. Jahrhunderts eingearbeitet.

Davon zeugte auch ein weiterer Aufsatz, der *Von dem Recht der Critik über die moralischen Fehler sinnreicher Schriften* (1744) handelte, nun allerdings in die Greifswalder Monatsschrift *Critische Versuche zur Aufnahme der deutschen Sprache* eingerückt war. Die „Verbesserung des Geschmacks"[57], die Spalding darin propagierte, war auf einen ästhetisch-poetolo-

[55] F. Ulbrich, Die Belustigungen des Verstandes und des Witzes. Ein Beitrag zur Journalistik des 18. Jahrhunderts (Probefahrten. Erstlingsschriften aus dem deutschen Seminar in Leipzig, Bd. 18), 1911, 180.

[56] Spalding, Lebensbeschreibung (s. Anm. 1), 124,14 f.

[57] J.J. Spalding, Von dem Recht der Critik über die moralischen Fehler sinnreicher Schriften (1744; in: Ders., Kleinere Schriften 1 [s. Anm. 40], 137–144), 138,23.

gischen Kontext bezogen, folgte freilich zugleich einem ethischen Impetus. Denn weil der Endzweck aller Kunst nun einmal darauf gerichtet sei, „den Menschen auf eine angenehme Art zu bessern [...], so sind die Kunstrichter auch deswegen zu einer besondern Schärfe gegen die Beleidigungen der Tugend verbunden, weil dadurch der Geschmack verderbet, und der Geist zu dem wahren Erhabenen unfähig gemacht wird“[58].

Der Eindruck, Spalding habe in seinen Frühschriften einen linearen Entwicklungsgang von religionsphilosophischen zu ästhetischen Fragen genommen, wäre verfehlt. Vielmehr lag den Beiträgen allesamt eine etüdenhaft spielerische, unverbindlich umhertastende, lustvoll erprobende Absicht zugrunde. Eben dadurch sollten sie sich als kleinste Bausteine eines sehr viel größeren Ganzen erweisen, das ihrem Verfasser damals noch nicht annähernd vor Augen stand.

5. Übersetzungen

Die berufsfreien Jahre nutzte Spalding intensiv und kontinuierlich zu autodidaktischer Bildungsvertiefung. Sein jugendlicher Ehrgeiz, ein Schriftsteller werden zu wollen, fand sich dabei zugleich angestachelt und diszipliniert. Die ausgreifende Lektüre religionsphilosophischer Schriften, die nicht auf muttersprachliche Produkte beschränkt blieb, sondern auch französische und englische Druckwerke einbezog, hatte ihn, der „ein schlechtes Buch [...] nicht gerne machen“ wollte, „empfinden oder ahnden gelernet, daß etwas viel dazu gehöre, ein gutes zu machen“. So beschied er sich vorerst mit der Erkenntnis, „daß ich mich darauf einschränken müsse, durch Uebersetzung besserer Werke, als ich selbst hervorbringen könnte, dem deutschen Publikum zu nützen“[59]. „Ich bin“, hieß es in einem Brief

---

[58] AaO 139,16f; 142,32–143,2.

[59] Spalding, Lebensbeschreibung (s. Anm. 1), 142,27–143,2.

vom Dezember 1750, „jetzo wieder ein Uebersetzer, wozu mich die Natur bestimmet zu haben scheinet“[60].

Der Anfang seines Englischstudiums fiel in das Jahr 1741. Bald darauf übertrug Spalding zwei Schriften des englischen Moralphilosophen Shaftesbury ins Deutsche. Dessen Hauptwerk *The Moralists. A Philosophical Rhapsody* (1705, ^{4}1727) erschien 1745 unter dem Titel *Die Sitten-Lehrer oder Erzehlung philosophischer Gespräche, welche die Natur und die Tugend betreffen.* Zwei Jahre darauf folgte mit der *Untersuchung über die Tugend* die Übertragung der Schrift *An Inquiry, concerning Virtue or Merit* (1711). Mit beiden Schriften hatte Shaftesbury der englischen und bald auch der kontinentalen Erörterung anthropologischer sowie ethischer Fragen entscheidende Impulse vermittelt. Anders als etwa Thomas Hobbes oder John Locke sah er die Verfaßtheit des Menschen in einem günstigen Licht: Sofern durch widrige Umstände oder Einflüsse nicht verhindert, seien die dem Menschen von Natur aus eigenen Triebe der Sozialität und des Wohlwollens dazu imstande, ein mit dem ästhetischen Sinn für das Wahre, Schöne und Gute verbundenes sittliches Gefühl (*moral sense*) auszubilden. Die als autonom postulierte menschliche Sittlichkeit gründe nicht etwa in der Religion, könne sich mit ihr aber durchaus harmonisch verbinden. Und die Tugend des Menschen erweise sich darin, daß der harmonische Ausgleich von egoistischen und sozialen Antrieben mit der natürlichen Ordnung der Welt in Übereinstimmung komme.

In der jüngeren Gelehrtengeneration der 1740er Jahre wurde Shaftesbury emphatisch verehrt, und auch bei Spalding fanden die Lehren des englischen Denkers „etwas mit ihm so sympathisirendes in meiner Seele, daß ich ganz von ihm hingerissen ward“[61]. Eine Nuance nüchterner, doch bei ungebrochener Zustimmung notierte das von unbekannter Hand stammende,

[60] Briefe von Herrn Spalding an Herrn Gleim (1771; in: J.J. Spalding, Kleinere Schriften 2 [s. Anm. 1], 1–102), 65,3 f.

[61] Spalding, Lebensbeschreibung (s. Anm. 1), 124,27–30.

vielleicht sogar von Spalding fingierte *Schreiben an den Ubersetzer* der *Sitten-Lehrer*, die „Grundsätze des Grafen von Schaftesbury von der Natur und den Bewegungsgründen der Tugend" hätten in dieser Schrift „ihren Platz gefunden und machen vielleicht [...] derselben hauptsächlichsten Inhalt aus. Ich gestehe es Ihnen, daß ich davon eingenommen bin. Die moralische Empfindung hat meiner Meinung nach so etwas grosses, und mit der weisen Güte des Schöpfers sowol, als mit der Erfahrung so übereinstimmendes an sich, daß ich sie als eine ungezweifelte Sache ansehe"[62].

Seiner zweiten Shaftesbury-Übersetzung stellte Spalding dann gar einen 35 Druckseiten füllenden Aufsatz voran, in dem er das System des Grafen bündig zu rekonstruieren versuchte. Während der Mensch wie alle Geschöpfe von Neigungen bestimmt werde, sei er allein in der Lage, die eigenen Neigungen reflexiv wahrzunehmen und in sittlicher Orientierung zu steuern. Auf solcher „moralischen Empfindung", die man ebensogut als „moralischen Geschmack", „innerliches Licht" oder „Gewissen" ansprechen könne, beruhe die eigentliche Tugend des Menschen. Und als ahne er die später von Immanuel Kant skizzierte Figur der „regulativen Idee" schon voraus, schrieb Spalding voller Begeisterung, die von Shaftesbury entwickelte Sittenlehre sei so „edel und liebenswürdig", daß man sie „wahr zu seyn wünschen müßte, wenn sie es auch nicht wäre!"[63]

Allerdings ging Spalding insofern nicht unerheblich über seine Vorlage hinaus, als er den von Shaftesbury vertretenen Deismus in ein theistisches Gesamtkonzept überhöhte. Erst dadurch werde sich der „eigene Geschmack von dem Guten und

---

[62] [N. N.], Schreiben an den Ubersetzer (in: Die Sitten-Lehrer oder Erzehlung philosophischer Gespräche, welche die Natur und die Tugend betreffen. [A]us dem Englischen des Grafen von Schaftesbury übersetzt. [N]ebst einem Schreiben an den Ubersetzer, 1745, 3–22), 16.

[63] J.J. Spalding, Schreiben des Uebersetzers an Herrn – – – (1747; in: Ders., Kleinere Schriften 1 [s. Anm. 40], 173–195), 177,7–19.

Bösen so viel reiner behalten“[64], die moralische Empfindung in Lauterkeit wahren und dergestalt ein Tugendmotiv ausbilden lassen, welches „das Gute deswegen, weil es gut ist, und Gott um sein selbst willen zu lieben“[65] imstande sei. Allein darin gründe denn auch das wahre, Zeit und Ewigkeit umfassende menschliche Glück. Wenn sich Spalding in einem vier Jahrzehnte später ausgestellten Brief an Kant von dem System Shaftesburys distanzierte[66], so mochte dies auf einem taktischen Entgegenkommen, das er dem Autor der *Grundlegung zur Metaphysik der Sitten* (1785) – er hatte das Buch kurz zuvor vom Verfasser erhalten und auch gelesen – schuldig zu sein glaubte[67], oder auch nur auf einem Selbstmißverständnis beruhen. In Wahrheit kann der kräftige, bleibende Einfluß, den er dem englischen Moralphilosophen verdankte, kaum hoch genug eingeschätzt werden[68].

Parallel zu seiner Arbeit an Shaftesbury übertrug Spalding zwei französischsprachige Werke. *Des Herrn von Silhouette Schreiben von der Stärke und Schwäche der menschlichen Vernunft, und von der Nutzbarkeit einer geoffenbarten Religion* erschien 1746. Étienne de Silhouette, dessen Originalausgabe nicht mehr nachweisbar zu sein scheint, trat insbesondere als Finanzminister unter Ludwig XV. sowie als französischer Übersetzer der englischen Schriftsteller Alexander Pope und William Warburton hervor. In einem kurzen Vorbericht rühmte Spalding die klare offenbarungstheologische Stoßrichtung dieser Schrift, die eine willkommene Unterstützung im Kampf gegen Deismus und Freigeisterei darstelle. So könne Silhouette

---

[64] AaO 181,33–182,1.

[65] AaO 184,15f.

[66] Vgl. J.J. Spalding an I. Kant, 8.2.1788 (in: Kant’s Briefwechsel, Bd. 1: 1747–1788, ²1922, 527f).

[67] Vgl. J. Schollmeier, Johann Joachim Spalding. Ein Beitrag zur Theologie der Aufklärung, 1967, 166.

[68] Vgl. dazu die ausgezeichnete, detaillierte Erkundung durch Raatz (s. Anm. 39), 58–93.

die intellektuelle Selbstgenügsamkeit der Deisten durch den Nachweis erschüttern, daß sie „das, was anders woher bekannt ist, mit ihren Grundsätzen in eine gewisse Verbindung [bringen], und alsdenn glaubt man, dieses alles sage die sich selbst gelassene Vernunft“[69]. Tatsächlich aber leiste die göttliche Offenbarung „eine sonst nicht zu habende Verbesserung in der Welt“[70]. Demgemäß forderte Spalding die „Freygeister“ dazu auf, die von ihnen in Anspruch genommene Aufklärung reflexiv werden zu lassen[71]. Dergestalt könne man umstandslos zeigen, daß der Unglaube der Deisten jederzeit „mehr von ihrem Herzen als von ihrem Verstande herrühret“[72]. Daß dem Leser indessen eine recht umständliche, beschwerliche Lektüre bevorstehe, verschwieg Spalding nicht. Das Werk des niederländischen Arminianers Jean Le Clerc *De l'Incrédulité [...]* (1696, [3]1723), das Spalding unter dem Titel *Untersuchung des Unglaubens, nach seinen allgemeinen Quellen und Veranlassungen* verdeutscht hatte, kam durch Vermittlung von Baumgarten 1747 in Halle zum Druck.

Die beiden folgenden Übertragungen gingen jeweils auf eine Anregung von außen zurück. Die Weidmannsche Verlagsbuchhandlung hatte ihn um eine deutsche Ausgabe des soeben erschienenen Werkes *Discourses on [...] Natural Religion and Social Virtue* (2 Bde., 1749/52) aus der Feder des englischen Theologen Jacob Foster gebeten. Spalding willigte ein, weil er darin abermals den Nachweis geführt sah, der Mensch habe „eine innerliche ursprüngliche Empfindung für die Wahrheit, wie für

[69] J.J. Spalding, Bericht des Uebersetzers an den Leser (1746; in: Ders., Kleinere Schriften 1 [s. Anm. 40], 165–172), 169,12–15.

[70] AaO 168,21–25.

[71] „Eben darum, weil unsere Vernunft von demjenigen selbst, was unter ihr Gebiet gehöret, so wenig deutliche und gewisse Erkenntniß hat, eben darum ist eine besondere Aufklärung ihrer Einsichten so nöthig“ (aaO 169,20–23).

[72] AaO 172,16–19.

die Tugend"[73]. Seine Übersetzung (2 Bde., 1751/53) werde den Gutwilligen „das tröstliche und unentbehrliche Gefühl von der Gottheit" verstärken, wogegen er denen, die „darnach streben, wie die Thiere zu leben, und zu sterben", nichts anderes bieten könne „als mein Mitleiden und mein Gebet"[74]. Nach der Veröffentlichung zeigte sich Spalding doppelt unzufrieden: Die „entsetzliche[n] Druckfehler", die das Buch aufwies, ärgerten ihn, zudem bereute er jetzt, wegen seiner damaligen Flitterwochen auf eine ausführliche Vorrede verzichtet zu haben[75].

Im Vorwort seiner Übertragung der antideistischen Dialoge, die der englische Bischof Francis Gastrell im Jahre 1708 hatte ausgehen lassen und die rasch weitere Auflagen erfuhren, hob Spalding einerseits anerkennend hervor, daß der Verfasser die Fairneß besaß, die Argumente seiner Gegner so stark wie möglich zu machen, und suchte andererseits die dabei gewählte, meist der „Kindheit der Wissenschaften" zugewiesene Form des Dialogs literarisch zu rehabilitieren. Deren kunstmäßige, an Platon und Cicero orientierte Beherrschung sei derart anspruchsvoll, daß nicht wenige Autoren der Gegenwart in die vermeintliche „Männlichkeit systematischer Abhandlungen"[76] auswichen. Die durch Baumgarten angeregte Übersetzung[77] erschien unter dem Titel *Richtige Vorstellung der Deistischen Grundsätze in zwo Unterredungen zwischen einem Zweifler und einem Deisten* (1755) und war um drei Briefe aus der Feder Spaldings, „welche den Streit über die Religion betreffen"[78], ergänzt.

---

[73] J.J. SPALDING, Vorbericht des Uebersetzers (1751; in: DERS., Kleinere Schriften 1 [s. Anm. 40], 197 f.), 197,18–20.

[74] AaO 198,9–14.

[75] Briefe an Gleim (s. Anm. 60), 81,25–31.

[76] J.J. SPALDING, Vorbericht des Uebersetzers (1755; in: DERS., Kleinere Schriften 1 [s. Anm. 40], 251–254), 252,17–32.

[77] Vgl. Briefe an Gleim (s. Anm. 60), 96,20–24.

[78] J.J. SPALDING, Anhang einiger Briefe, welche den Streit über die Religion betreffen (1755; in: DERS., Kleinere Schriften 1 [s. Anm. 40], 255–290).

Zwei weitere Übertragungen, an denen er arbeitete, blieben Fragment. Daß er die *Théorie des sentiments agréables* (1747) aus der Feder des Louis Jean Lévesque de Pouilly, die ihn durch ihre Verbindung von Ästhetik und Moral fasziniert hatte, nicht wie geplant[79] dem deutschen Markt vorlegte, schob Spalding im wesentlichen auf einen „Mangel der Zeit"[80]. Anders verhielt es sich mit den *Essais sur divers sujets de litterature et de morale* (1741) des französischen Abtes Nicolas Charles Joseph Trublet. Im Jahre 1742 hatte Spalding bereits einige Bogen seiner Übersetzung zum Druck gebracht. Dann aber erhielt sein Greifswalder Verleger Johann Jacob Weitbrecht einen Protestbrief, in dem Christiana Mariana von Steinwehr darauf pochte, sie habe „bereits vor einigen Jahren eine fertige Uebersetzung dieses Werks ankündigen lassen"[81]. Obschon diese Datierung wenig glaubhaft erschien, da das französische Original erst im Vorjahr publiziert worden war, ließ Spalding der Dame großmütigen Vortritt, so daß deren vierbändige deutsche Ausgabe dann 1744 tatsächlich bei Weitbrecht verlegt wurde[82].

Die letzte Übersetzung, die Spalding anfertigte, galt dem Werk *The Analogy of Religion, Natural and Revealed [...]* (1736, ^{4}1770) des in Durham als Bischof amtierenden Joseph Butler. Sie erschien 1756 unter dem langwierigen Titel *Bestätigung der natürlichen und geoffenbarten Religion aus ihrer Gleichförmigkeit mit der Einrichtung und dem ordentlichen Laufe der Natur. Nebst zwo kurzen Abhandlungen von der persönlichen Identität und von der Natur der Tugend.* Spalding hatte schon länger auf eine Übersetzung dieses Buches, dem er „einen vorzüglichen Werth unter den unzählichen Vertheidi-

---

[79] Vgl. Briefe an Gleim (s. Anm. 60), 35,13–17.

[80] AaO 42,26–29.

[81] Spalding, Lebensbeschreibung (s. Anm. 1), 126,6–12.

[82] Des Abtes Trublet [...] Versuche über verschiedene Gegenstände der Sittenlehre und Gelehrsamkeit. Aus dem Französischen übersetzt, 4 Bde., 1744, ^{2}1766.

gungen der Religion"[83] beimaß, gehofft und sich, darin enttäuscht, schließlich selbst an die Arbeit gemacht. Im „Geist der reinen Vernunft, der Wahrheit und der Redlichkeit" habe Butler der Religion „einen unwidersprechlichen praktischen Einfluß auf das Herz und Verhalten"[84] bescheinigt und die Argumente der Religionskritiker als jeder natürlichen Erfahrung widerstreitend entlarvt. Indessen verhehlte er auch nicht die Schwierigkeiten, die sich mit der Lektüre verbanden. Wer sich noch immer, als sei der blanke Wolffianismus nicht längst überwunden, an „der äußerlichen Form von Demonstration und geometrischer Lehrart" berausche und darum auf „den engern Gesichtskreis erlernter Systeme und gewohnter Methoden" beschränkt bleibe[85], werde die dem englischen Empirismus verpflichtete Darstellungsweise des anglikanischen Bischofs kaum zu goutieren wissen. Im übrigen, fügte Spalding mit feinem Spott noch hinzu, sei „nicht zu läugnen, daß Leichtigkeit der Schreibart nicht der Vorzug ist, den man diesem Buche beylegen darf". Kurzum: Die Leser sollten dessen gewärtig sein, daß sie bei dieser „Abhandlung mehr, als bey einem Schauspiel, oder bey einer Erzählung, zu denken haben"[86].

Die Übertragung, die Spalding allein um der Sache willen schließlich auf sich genommen hatte, kostete ihn erhebliche Mühe und Zeit. Entsprechend ungehalten war er über die in die *Göttingische[n] Anzeigen* eingerückte Notiz, der Verlag „habe sich ein Verdienst damit erworben, das Werk *übersetzen zu lassen*". Seine „kleine Eigenliebe" sah sich durch die damit implizit erhobene Unterstellung, er lasse sich „als einen gedungenen Arbeiter in Uebersetzungsfabriken" mißbrauchen, durchaus gekränkt[87]. Doch der Anflug von Eitelkeit war rasch verflogen,

---

[83] J.J. Spalding, Vorbericht des Uebersetzers (1756; in: Ders., Kleinere Schriften 1 [s. Anm. 40], 291–301), 292,9f.

[84] AaO 300,18f.; 294,11f.

[85] AaO 294,3f.; 297,12–17.

[86] AaO 298,12–14; 299,18–22.

[87] Spalding, Lebensbeschreibung (s. Anm. 1), 144,35–145,7.

und daß Spalding keine weiteren Übersetzungen vorlegte, hatte gewiß andere Gründe. Zum einen nahm ihn das Amt, das er bald darauf in Barth antrat[88], weit mehr als die bis dahin versehene Dorfpfarrei in Beschlag. Zum anderen aber schien er sich, bestärkt durch den Erfolg seiner Schrift über die *Bestimmung des Menschen*[89], nun doch auch selbst als einen Schriftsteller zu verstehen. Fünf Jahre nach der Übertragung des Butler entstand seine erste eigene, umfassende Monographie[90].

Gleichwohl repräsentieren die Übersetzungen einen gewichtigen Teil seines Lebenswerks. Ihre Bedeutung ist, summarisch gebündelt, von dreifacher Art. Sie trugen in erheblichem Maß dazu bei, daß die westeuropäische religionsphilosophische Literatur auch im deutschen Sprachraum zur Kenntnis genommen und eingehend rezipiert wurde. Zudem bezog Spalding aus den Werken, die er verdeutschte, wichtige anhaltende Impulse für sein eigenes theologisches Denken, das sich in jenen Jahren zu bleibender Gestalt stabilisierte. Darüber hinaus sollte auch der lexische Gewinn, der seiner Muttersprache dabei zuteil wurde, nicht vergessen sein. So brachte Spalding, um nur drei Beispiele zu erwähnen, die Vokabeln „Selbstneigung" (für *self-affections*)[91] und „Selbstsucht" (für *selfishness*)[92] erstmals in den deutschen Wortschatz ein. Insonderheit aber verdanken wir den Begriff „Tatsache", mit dem er 1756 die von Butler gebrauchte Wendung „matter of fact" wiedergab, der sprachschöpferischen Kreativität Spaldings[93].

---

[88] S.u. III.2.

[89] S.u. II.8.

[90] S.u. III.6.

[91] SPALDING, Schreiben des Uebersetzers an Herrn – – – (s. Anm. 63), 175,20.

[92] AaO 188,34f. – Die Notiz bei J. u. W. GRIMM (Deutsches Wörterbuch, Bd. 16, 1905, ND 1984, 495 s.v.), die Vokabel sei „erst 1759 entstanden", ist entsprechend zu korrigieren.

[93] Vgl. R. STAATS, Der theologiegeschichtliche Hintergrund des Begriffes „Tatsache" (ZThK 70, 1973, 316–345).

6. Sekretär in Berlin

Im Frühjahr 1745, als man auf der Dienstreise nach Halle für einige Tage Quartier in Berlin gemacht hatte, öffnete sich dank der Empfehlungsschreiben Graf Bohlens für Spalding manches ehrwürdige Haus[94]. Während ihm die dadurch gestiftete Bekanntschaft mit dem reformierten ersten Hofprediger Sack tief imponierte, dürfte die Aufwartung, die er dem mit Bohlen befreundeten schwedischen Botschafter Carl Freiherr von Rudenskjöld machte, eher einen pflichtschuldigen Höflichkeitsbesuch dargestellt haben. Indessen war der Eindruck, den er dort hinterließ, durchaus günstig. Als der Sekretär des Botschafters im Herbst krankheitshalber aus dem Amt scheiden mußte, ließ Rudenskjöld über Graf Bohlen anfragen, ob Spalding vorübergehend in diese Stellung einrücken wolle. Dieser fand „so viel Geschmack" an der Aussicht, „die Welt von einer andern und mir sonst ziemlich fremden Seite kennen zu lernen"[95], daß er sogleich in Stralsund einen vierwöchigen Privatkurs belegte, um der schwedischen Sprache wenigstens ansatzweise mächtig zu werden.

Gegen Jahresende traf er dann in Berlin ein. Als Dienstherr war Rudenskjöld „von feinen Sitten und einnehmend"[96], und die Tätigkeiten, die Spalding bei ihm zu versehen hatte, wurden ihm bald geläufig. Im übrigen füllten sie die Tage bei weitem nicht aus, so daß ihm reichlicher Spielraum zu eigener Arbeit und zu den Vergnügungen, welche die Stadt vielfältig bot, noch verblieb.

Zunächst suchte Spalding theologische Kontakte zu pflegen und neu zu knüpfen. So ergab sich ein Umgang mit Johann Peter Süßmilch, der 1742 in die Propstei zu St. Petri und wenig später gar in die Preußische Akademie der Wissenschaften eingerückt war. Mit seinem aus theologischem Interesse initiierten

---

[94] S. o. II.3.

[95] Spalding, Lebensbeschreibung (s. Anm. 1), 129,28–30.

[96] AaO 130,4 f.

Standardwerk *Die göttliche Ordnung in den Veränderungen des menschlichen Geschlechts, aus der Geburt, dem Tod und Fortpflanzung desselben erwiesen* (2 Bde., 1740, ^{3}1765) hatte er sich als Begründer der wissenschaftlich verfahrenden demographischen Statistik bereits einen Namen gemacht. Als Süßmilch 1767 nach vierjähriger schwerer, durch einen Schlaganfall verursachter Krankheit gestorben war, widmete ihm Spalding, unterdessen in Berliner Kollegenschaft stehend, eine warmherzige Trauerpredigt[97]. Auch mit dem annähernd gleichaltrigen reformierten Theologen und Publizisten Johann Heinrich Samuel Formey, der in Berlin am Französischen Gymnasium als Lehrer bestallt war, ergab sich anregende persönliche Nähe, die allerdings bald darauf dadurch ein wenig getrübt wurde, daß Formey in seiner freien französischen Übersetzung der *Bestimmung des Menschen*[98], die er 1750 vorlegte, den Namen des Autors verschwieg.

Insonderheit aber fand Spalding in Sack einen prägenden theologischen Mentor. Die Passage in seiner *Lebensbeschreibung*, die davon berichtet, wurde 1757 notiert, also noch unbeeinflußt von der kollegialen und dann sogar familiären Verbundenheit, die sich später einstellen sollte. Unbeschränkt konnte Spalding die große Bibliothek des Hofpredigers nutzen, auch zeigte er sich von dessen umfassender Gelehrsamkeit tief beeindruckt und zusehends eingenommen von der freundschaftlichen Güte und Zuwendung, die Sack ihm erwies. Der Umgang war anhaltend, intensiv und insofern auch nachhaltig stabilisierend, als Spalding, ermutigt durch „die Freymüthigkeit, die in allen seinen Reden herschte, wo beständig das Herz und die Empfindung zu sprechen schien", seinen schon seit Jahren be-

[97] Vgl. J.J. Spalding, Gedächtnißpredigt auf Herrn Johann Peter Süßmilch […] (1767; in: Ders., Predigten größtentheils bey außerordentlichen Fällen gehalten [1775], hg. von M. van Spankeren / Ch. E. Wolff [SpKA II/4], 2011, 86–103).

[98] S.u. II.8.

stehenden „etwas scheue[n] Hang, so zu denken“[99], allmählich in eine klare eigene, zu Sack durchaus affine Positionierung zu überführen vermochte. Gewiß hat Sack in jenen Gesprächen auch schon die Umrisse seines Hauptwerks *Vertheidigter Glaube der Christen*, das ab 1748 sukzessive erscheinen und eine geradezu geschwisterliche Ähnlichkeit mit der dann auch von Spalding entfalteten apologetischen Religionstheologie aufweisen sollte, mit ihm erörtert. Lediglich die Grenzen der religiösen Toleranz, die er bei Sack vorfand, schienen Spalding erweiterungsfähig, und in der Bemerkung, „wie glücklich stünde es mit der Religion, wenn ein jeder vor allen Dingen strenge gegen sein eigenes Herz, und gelinde gegen den seiner Meinung nach irrenden Bruder wäre, insonderheit, wenn man aller menschlichen Wahrscheinlichkeit nach nicht anders glauben kann, als daß derselbe mit einem Gemüthe voll Aufrichtigkeit und Wahrheitsliebe irret“, dürfte wohl implizit eine verhaltene Kritik an dem reformierten Hofprediger anklingen. Sei doch, wie Spalding hinzufügte, allemal die durch keine konfessionellen oder positionellen Schranken begrenzte „freye Untersuchung“ der Wahrheit das „einzige [!] Mittel“, um in Sachen des Christentums „zu einer reinen und vernünftigen Überzeugung“[100] gelangen zu können.

Noch vor der Mitte seines Berlinaufenthalts ergab sich eine folgenreiche Veränderung des geselligen Lebens. Sie hat Spaldings theologischen Umgang zwar nicht alterniert, ihm aber doch eine ganz andere Dimension noch hinzugefügt. Wohl im April 1746 begegnete er aus Zufall in einer Berliner Buchhandlung dem jungen anakreontischen Dichter Johann Wilhelm Ludwig Gleim, der im Vorjahr aus Halle in die preußische Metropole gezogen war, um dort bei Prinz Wilhelm von Brandenburg-Schwedt die Sekretärsstelle zu versehen. Literarisch waren sie einander bereits bekannt: Spalding schätzte den „Geist

[99] Spalding, Lebensbeschreibung (s. Anm. 1), 130,12–14; 131,11–13.

[100] AaO 130,26–131,4.

und Witz“[101], den Gleim mit seinem *Versuch in scherzhaften Liedern* (2 Bde., 1744/45) und anderen kleinen Stücken erwiesen hatte, und dem Dichter war Spalding als Shaftesbury-Übersetzer bereits geläufig. Rasch wurde Freundschaft geschlossen, man blieb fortan unzertrennlich. Zwar urteilte Spalding aus dem Abstand der Zeiten leicht reserviert, im persönlichen Umgang habe sich Gleim „wegen der gar zu großen Lebhaftigkeit seiner Einbildungskraft weniger angenehm [erzeigt], als in seinen Schriften“. Gleichwohl hob er dessen redliches Herz und freie Gesinnungen anerkennend hervor. Auch habe er sich durchaus – ein hintersinniges Kompliment! – „auf den Werth der Wahrheit und des Gewissens“[102] und auf das Recht der Religion aufmerksam machen lassen.

Tatsächlich aber dürfte die Freundschaft damals von unbeschwerter Intensität und Ausgelassenheit geprägt worden sein. Am 9. Mai sandte Spalding an Gleim ein Billett, um „Ihnen zu sagen, daß die fünf Tage, da ich Sie nicht gesehen, mir so lang dünken als die fünf Monate, die ich in Berlin zugebracht, ehe ich so glücklich geworden, Sie kennen zu lernen“[103]. Bereits Ende Juni schrieb Gleim an den Freund Johann Peter Uz, er pflege engsten Umgang mit Spalding und sei „fast täglich mit ihm zusammen, entweder zu philosophieren oder die hiesigen Mädchen witziger zu machen. Wir möchten gern ein Arkadien stiften, aber es fehlt uns an einer Tonne Goldes“[104]. Die meisten Tage verliefen wohl derart, daß Spalding zu Hause seinen Geschäften nachging, während Gleim bei ihm saß, Verse schmiedete oder Briefe abfaßte, ausführlich unterbrochen durch gemeinsame Tafelfreuden und einen abendlichen Gang

---

[101] AaO 131,15.

[102] AaO 131,17–24.

[103] Briefe an Gleim (s. Anm. 60), 2,3–6.

[104] J.W.L. Gleim an J.P. Uz, 30.6.1746 (zit. nach G. Wappler, „Sie sind ein ungestümer Freund“. Menschen um Gleim, Bd. 1, 1998, 167).

„in die Komödie“[105] oder zu anderen Lustbarkeiten, die Berlin damals bot.

Im ungestümen Einklang der Herzen entwarf man hochfliegende Pläne. So erwogen Spalding und Gleim, wie es sich wohl anstellen ließe, die Publikationslizenz aller in Preußen gedruckten Schulbücher zu erlangen. Mit dem Erlös des utopischen Unterfangens sollte dann eine bibliophile Editionsreihe deutscher Klassiker, beginnend mit Martin Opitz, begründet werden. Der Traum war apart, blieb aber irreal, und dies wohl nicht nur in Ermangelung des dafür unentbehrlichen Startkapitals[106].

Gleim bezog Spalding umgehend in seinen anakreontischen Freundeskreis ein. Kurz nachdem sie sich kennengelernt hatten, reisten sie zu Ewald Christian von Kleist, der in Potsdam als Premierleutnant seinen Militärdienst versah. Spaldings Urteil über ihn erging umgekehrt zu dem über Gleim: So sehr sich Kleist durch seine Oden und andere Dichtungen „hochachtungswürdig gemacht“ habe, so „war er es noch mehr durch seinen Charakter, der etwas sanftes, rechtschaffenes und großmüthiges in seinem ganzen Verhalten zeigte“[107]. Dem künstlerischen Freundschaftsbund, der sich um Gleim gebildet hatte, gehörten etliche weitere Mitglieder an, darunter der Hofmeister des preußischen Kronprinzen und späteren Königs Friedrich Wilhelm (II.) Nikolaus Béguelin, der literarisch ambitionierte Staatsdiener Johann Wilhelm Bergius, der in der Schweiz geborene preußische Hofrat und spätere Kirchenlieddichter Ernst Samuel Borchward oder der auch als Komponist hervorgetretene Jurist Christian Gottfried Krause, darüber hinaus wohl ebenso, wie sich aus den intensiven Briefwechseln der Freunde erschließen läßt, die jungen Literaten Karl Wilhelm Ramler, Johann Georg Sulzer und Uz.

---

[105] J. W. L. Gleim an E. Ch. von Kleist, 9.8.1746 (zit. nach ebd.).

[106] Vgl. [K. A. Böttiger], Erinnerung an Spalding (Der neue teutsche Merkur 1805, Bd. 1, 273–288), 286.

[107] Spalding, Lebensbeschreibung (s. Anm. 1), 131,24–30.

Eine konstitutive Gemeinsamkeit des Freundeskreises bestand in der glühenden Verehrung des Grafen Shaftesbury. Dabei schien sich Spalding rasch hohes Ansehen und innige Beliebtheit erworben zu haben. Man bedrängte ihn, nach *The Moralists* nun das gesamte Werk des Engländers zu übersetzen, und die Freunde, die einander allesamt nach illustren Persönlichkeiten titulierten, sprachen ihn untereinander mit dem Spitz- und Kosenamen „Graf Shaftesbury" an[108]. Dieses amicable Milieu wird die in Berlin ausgefertigte Übersetzung der Schrift *An Inquiry* sowie die ihr vorangestellte gelehrte Studie[109], deren Abschluß Spalding auf den 6. Februar 1747 datierte, spürbar beflügelt haben.

Als er Ende März von Berlin wieder in seine norddeutsche Heimat zurückkehrte, zeigte sich Gleim tief betrübt „über den Abschied eines Freundes, ohne den ich fast ein Jahr lang nicht einen Tag lang zugebracht habe"[110]. Der Diplomat Rudenskjöld war von der Fähigkeit und Person seines scheidenden Sekretärs derart angetan, daß er ihm gleich mehrere Aussichten, in Schweden oder Preußen Staatsdiener zu werden, eröffnete. Spalding schien dies durchaus in Erwägung gezogen zu haben, hielt dann aber doch, wohl nicht zuletzt unter dem Einfluß von Sack[111], an seinen pastoralen Berufswünschen fest. Nach seinem Tod notierte der Sohn Georg Ludwig Spalding in einem literarischen Nachruf:

> Welchen Stand er auch gewählt hätte, er würde gewiß die Menschen seines Kreises auf ihre größte Angelegenheit mächtig aufmerksam gemacht haben, und man kann mit Wohlgefallen bey dem Bilde verweilen, wie er wohl als Geschäftsmann etwa im diplomatischen Fache, das

---

[108] K. W. Ramler an J. W. L. Gleim, August 1746 (zit. nach RAATZ [s. Anm. 39], 120).

[109] S. o. II.5.

[110] J. W. L. Gleim an J. P. Uz, 25.4.1747 (zit. nach WAPPLER [s. Anm. 104], 167 f.).

[111] Vgl. J. C. LAVATER, Reisetagebücher, hg. von H. WEIGELT. Teil 1: Tagebuch von der Studien- und Bildungsreise nach Deutschland 1763 und 1764 (TGP VIII.3), 1997, 51.

zunächst ihm offen stand, gelebt und gewirkt hätte, mit seinem zarten Frömmigkeitssinne, der zu tief in ihm lag, um jemals unter Geschäften oder Gesellschaften zu verschwinden, und der zu lichtvoll und kräftig war, um jemals in Knechtsglauben auszuarten, wodurch sonst oft fromme Weltleute sich abfinden[112].

Vier Jahre, nachdem Spalding Berlin wieder verlassen hatte, wandte ihm Rudenskjöld noch einmal sein Wohlwollen zu. Nun brachte er auf verschlungenen Wegen, die wiederum über Graf Bohlen und jetzt sogar über den schwedischen Thronfolger Adolf Friedrich geführt hatten, zustande, daß Fürstin Johanna Elisabeth von Anhalt-Zerbst dem jungen Theologen die Stelle eines Reisepredigers offerierte, der den noch minderjährigen Prinzen Friedrich August nach Lausanne und von dort aus nach Frankreich und England begleiten sollte. Doch Spalding, der unmittelbar vor seiner Verheiratung stand, winkte ab, auch wenn er das Angebot als überaus ehren- und reizvoll empfand[113]. Indessen kam die Abneigung noch hinzu, aufgrund von Beziehungen und also nicht in objektiver Würdigung seiner eigenen Fähigkeiten befördert zu werden. So schlug er kurz darauf auch die aus verwandtschaftlicher Begünstigung geborene Möglichkeit, in Greifswald eine theologische Professur anzutreten, kurzerhand aus. In selbstgewisser Unabhängigkeit lachte er über derartige „schimerische Glückseligkeiten“ und wischte sie mit einem scherzhaften „Cosi va il mondo!“ hinweg[114].

7. Anakreontische Tändelei

„In einen gewissen, für lebhaft und geistreich gehaltenen, Ton der läppischen Tändeley“ habe er sich aus Schwäche, seinem

[112] Spalding, Lebensbeschreibung (s. Anm. 1), 213,28–214,4.

[113] Vgl. aaO 136,25–137,6.

[114] J.J. Spalding an J.W.L. Gleim, 6.7.1751 (Briefe an Gleim [s. Anm. 60], 77,19f.; vgl. aaO 76,13–77,25).

natürlichen Charakter zuwider, „auf einige Zeit und gegen einige Personen [...] hinein ziehen" lassen[115], gab Spalding im Frühjahr 1771 sichtlich angespannt in etlichen Zeitungen kund. Die öffentliche Selbstkritik des nunmehr in hohen Ämtern und Ehren stehenden Kirchenmanns war durch ungewöhnliche Veranlassung provoziert worden: Auf der Leipziger Ostermesse gingen die *Briefe von Herrn Spalding an Herrn Gleim*, anonym herausgegeben, in den Verkauf. Spalding, der davon nichts hatte ahnen können, zeigte sich schockiert und empört und war von der Publikation seiner schwärmerischen Jugendepisteln zweifellos peinlich berührt.

Als Urheber dieser literarischen Indiskretion kommt, wie schon Anna Louisa Karsch und andere Zeitgenossen seines Umgangs wohl wußten[116], allein Gleim in Betracht. Mit eigener Hand hatte er in den Autographen, die heute im Gleimhaus zu Halberstadt einliegen, eine Anmerkung zugefügt, zudem die Auswahl der Schreiben getroffen und darin mit rotem Strich die zur Veröffentlichung bestimmten Passagen markiert. Die anonyme Bloßstellung des Gefährten wird am ehesten als ein aus verletztem Freundschafts- und Ehrgefühl geborener Racheakt zu verstehen sein.

Nach dem Abschluß seiner ersten Berliner Phase (1745–1747) stand Spalding mit allen Gliedern des dortigen Freundeskreises auf Jahre hinaus in höchst angeregter, dichter Korrespondenz. Aufgrund besonderer Umstände haben sich allein die an Gleim gerichteten Schreiben annähernd vollständig erhalten. Sie gewähren erhellenden Einblick in die damals von den Freunden kultivierte anakreontische Tändelei. Schon während der 1730er Jahre hatte ein Kreis um Gleim unter dem Einfluß der Lyrik Friedrich von Hagedorns damit begonnen, sich im Zeichen des

---

[115] J.J. SPALDING, Stellungnahme zur Herausgabe seiner *Briefe an Gleim*, 6.5.1771 (AdB 15/1, 1771, 328f.), 329.

[116] Vgl. „Mein Bruder in Apoll". Briefwechsel zwischen Anna Louisa Karsch und Johann Wilhelm Ludwig Gleim, hg. von R. NÖRTEMANN, Bd. 2, 1996, 387–390.

zum sokratischen Weisen stilisierten griechischen Dichters Anakreon mit eigenen literarischen, zumeist lyrischen Versuchen von der didaktisch-rationalistischen Poesie der Gottschedschule programmatisch zu distanzieren. Die Serie der von Spalding an Gleim gerichteten Briefe setzt mit dem 3. April 1747 ein[117] und führt bei zunächst großer, dann stetig abnehmender Dichte bis in den Januar des Jahres 1757. Bald nach Spaldings Weggang aus Berlin war Gleim als Sekretär des Domkapitels nach Halberstadt übersiedelt. Dadurch und noch dazu dank eines 1756 übernommenen Kanonikats am Stift Walbeck bei Helmstedt konnte er, finanziell zureichend situiert, in seinem Halberstädter „Hüttchen“, das freilich ein gediegenes Bürgerhaus war, den Traum einer anakreontischen Existenz Wirklichkeit werden lassen. Im Laufe der Zeit gewann seine dort geleistete literarische Integrations- und Vermittlungsarbeit gegenüber der eigenen Produktion zunehmend an Bedeutung.

„Biographisch sind die Briefe unergiebig“[118], urteilte einst, durchaus anfechtbar, Joseph Schollmeier. Das blanke Gegenteil ist der Fall! Repräsentieren sie doch das unmittelbare Lebenszeugnis eines Rollenspiels, das Spalding ein ganzes Jahrzehnt hindurch in vergnügter Ausgelassenheit, die immer wieder auch unmittelbarer Offenheit Ausdruck gab, unterhielt. Die Übergänge zwischen Fiktion und Realität waren fließend: „Ob die Sprache“, hieß es einmal, „in welcher ich hier schreibe, mein Ernst ist oder nicht, das weiß ich selbst nicht“ (23.6.1750)[119]. Im gleichen Brief unterbrach Spalding kurz darauf die eigene

[117] J.J. Spalding an J.W.L. Gleim, 3.4.1747 (Das Gleimhaus, Handschriftenbestand, Signatur: Hs.A 3791). Es ist unerfindlich, weshalb Gleim ausgerechnet diesen ersten Brief von seiner späteren Edition ausschloß.

[118] Schollmeier (s. Anm. 67), 242.

[119] Der Einfachheit halber werden Zitate aus Briefen, die in dem Band *Briefe an Gleim* (s. Anm. 60) dokumentiert sind, nur nach dem Abfassungsdatum nachgewiesen.

ungezügelte Fabulierungslust mit dem selbstkritischen Einwurf: „Was das für ein verfluchtes Geschwätz ist!“ Die zwischen den Freunden gewechselten Schreiben wurden auch dem jeweiligen Familien- und Freundeskreis zur Kenntnis gegeben. Schon bald hatte man sich wegen des erheblichen Nachportos, das die unklaren Postrouten nicht selten zur Folge hatten, darauf verständigt, „unsere Briefe künftig ganz unfranquiret [zu] senden“ (16.3.1748). In dem aus Spaldings Hand überlieferten Konvolut lassen sich zwanglos vier thematische Schwerpunkte unterscheiden.

Fast unentwegt dokumentieren die Briefe einen intensiv zelebrierten anakreontischen Freundschaftskult. Zwar blieb die direkte Anrede stets auf das förmliche „Sie“ und den Nachnamen beschränkt. Gleichwohl wurde dabei immer wieder eine derart unmittelbare, geradezu intime Nähe beschworen, daß darin selbst homoerotische Konnotationen bisweilen im Spiel zu sein schienen. Die in Berlin gestiftete „Enthusiasterey der Freundschaft“ sollte auch im anderen Medium unvermindert bestehen bleiben: „Ich lese Ihre Briefe, und ich sehe dabey in das Innerste Ihres Herzens hinein. Ich kann Ihnen nicht genug sagen, was ich bey den Empfindungen, die ich in allen vieren ausgedruckt fand, selbst für Empfindungen gehabt. Es ist gleichsam eine innere Ergiessung von Zärtlichkeit, deren Wollust durch eine jede Vergleichung erniedriget würde“ (11.5.1747). Gleim seinerseits sah sich dabei beständig ermahnt, den Bund mit Spalding bei den anderen Freunden ebenso vital zu erhalten. In deren Gesellschaft solle er stets auch von ihm sprechen, desgleichen die namentlich zitierten Getreuen an ihre beständige Liebe zu Spalding gemahnen, dazu etwa Krause bestellen, „daß ich ihn in Gedanken zärtlichst küße“ (11.5.1747), oder gegenüber Ewald von Kleist darauf drängen, „daß er mich nicht vergesse, auch wenn ich an dem äussersten Rande der Ostsee ein Landpriester seyn sollte“ (25.7.1747).

Insonderheit aber übermittelte Spalding an den Briefempfänger beschwörende Treueformeln, die mitunter gar ins Religiöse tendierten. „Ich bin“, schlossen einige frühe Schreiben, „im Leben und Tode“ (8.3.1749) oder „so lang ich lebe, und auch in dem zukünftigen Reiche der Wahrheit Ihr getreuester Spalding“ (25.7.1747). Fortgesetzt versicherte er dem Gefährten, „daß ich Sie aufs zärtlichste liebe“ (12.3.1749). Diese Tendenz, sich der bleibenden Verbundenheit zu vergewissern, verstärkte sich mit dem Abstand der Zeiten. Wehmütig gestand Spalding, „daß ich Ihre Freundschaft in Berlin noch nicht genug genossen. Wir hätten mehr von unsern Herzen reden können [...]. Warum haben wir es nicht getan? [...] So wollen wir noch unsere Empfindungen gegen einander auswechseln, mein theurer Gleim, und uns lieben und glücklich seyn“ (8.1.1751). „Lassen Sie uns“, hieß es zwei Jahre später, „von Freundschaft sprechen, [...] von dem edelsten, was der Himmel zum Trost des menschlichen Lebens auf die Erde gesandt hat“ (18.1.1753).

Parallel dazu häuften sich nun freilich die Klagen über postalische Säumigkeit. Im März 1748 hatte Spalding noch ganz unbeschwert mitgeteilt, es gebe „hier in der Woche nur einen Posttag, und wenn ich des Montags Abends einen Brief bekomme, so bin ich die ganze Woche vergnügt“ (16.3.1748). Bald aber, nachdem es fast ein halbes Jahr lang nichts zu lesen gegeben hatte, machte sich gegenüber „einem solchen Verbrecher“ eine durch Ironie nur halbherzig kaschierte Bitterkeit breit: „Sie sind der Gleim nicht mehr, der so voller Zärtlichkeit war, der so viel Freundschaft gegen mich hatte; der mir so oft die Freude machte, an mich zu schreiben“ (21.9.1748). Und später: „Um Gottes willen quälen Sie mich nicht länger mit einem so unwilligen, verächtlichen oder kaltsinnigen Stillschweigen!“ (5.5.1750). Und dann gar, wenn auch wiederum humorvoll gebrochen, sarkastisch: „Wenn Ihnen etwa Ihre Frau gestorben ist [...], so melden Sie es doch nur Ihren Freunden, damit sie mit Ihnen weinen können. Wir wollen insgesamt ganz trostlos weinen und Ihnen eine neue und bessere wünschen“ (15.12.1750).

Bald freilich kehrten sich die Verhältnisse um, denn anders als Gleim hatte Spalding nun tatsächlich die Ehe geschlossen, und mit leichter Hand bat er dafür um Verzeihung, daß er dem Freund diesen wichtigen Schritt erst nach Monaten mitteilte (23.11.1751). Danach häuften sich bei Spalding, der einst so beständig auf Zuschrift des Freundes gedrängt hatte, die augenzwinkernden Ausflüchte: „Es wird Ihnen als eine Aufweckung aus dem Schlafe vorkommen, wenn Sie am Ende dieses Briefes meinen Namen sehen, da Sie doch die Hand schwerlich mehr kennen werden" (18.1.1753). Ein Wiedersehen, das etwa durch eine Reise von Gleim nach Stettin realisiert werden sollte, kam über den beständig modifizierten Planungsstand nicht hinaus. Noch im Februar 1751 schrieb Spalding: „Um Gottes willen machen Sie Ihr Versprechen wahr, daß wir diesen Sommer zusammen kommen wollen" (5.2.1751). Dann freilich fiel der „Congress", wie Spalding beiläufig mitteilte, dem Umstand zum Opfer, daß er unbedacht den eigenen Hochzeitstermin just auf die von den Freunden verabredeten Besuchstage gelegt hatte (6.7.1751).

Gleichwohl fand sich Spaldings Ehefrau von Anfang an in die Verbindung mit Gleim einbezogen. Schon im Vorfeld der Heirat schrieb er an den Freund: „Ich küsse Sie und gedenke dabey daran, was ich bey dem ersten Kusse meines Mädchens empfinden werde" (5.2.1751). Und nachdem der erste Kuß des Mädchens erobert war, wurde bald eine scherzhafte Erpressung daraus: „Sie würde mir immer ein Dutzend Küsse mehr geben, wenn ich sagte, daß ich Briefe von Gleim hätte" (6.7.1751). Alsbald hatte die Braut alle Zuschriften des Freundes gelesen und dessen Lieder auswendig gelernt. Nach der Heirat suchte Spalding die eigene Briefsäumigkeit dadurch zu entschuldigen, daß er in seiner Wilhelmine „jemand habe, mit dem ich viel von Ihnen spreche, so bin ich doch nicht so sehr strafbar wie sonst" (3.7.1752).

Einen weiteren zentralen Themenkreis markierte die Literaturkritik. Dabei dominierte wie selbstverständlich die eigene anakreontische Geschmacksprägung. Spalding übersandte Abschriften von Gedichten aus seinem Umfeld, die mit dem literarischen Bestreben der Gruppe zu harmonisieren schienen (20.8.1747), und verfolgte die Produktion der Freunde mit dem allergrößten, wenn auch nicht kritiklosen Interesse. So fand er die Nachricht, daß Kleists *Frühling* nun gedruckt wurde, zwar „unvergleichlich“ (8.3.1749), konnte indessen auch tadelnd fragen, ob in einem Carmen von Lucas Friedrich Langemack „das Herz nicht zu wenig [...] spricht“ (3.11.1747). Das Lob, in Gleims *Fabeln* habe ihm „besonders das wahre und grosse Moralische gefallen“, brachte er nur zögernd vor, weil er sich nicht gern bei der „Predigersprache“ erwischt wissen wollte (21.1.1757).

Auch Spaldings eigene Arbeiten, voran seine *Bestimmung des Menschen*, wurden noch vor der Drucklegung im Briefverkehr eingehend erörtert. Daß Sacks *Vertheidigter Glaube* nicht allein im Erscheinungsdatum, sondern zumal in der materialen Ausrichtung seiner *Bestimmung des Menschen* sehr nahe kommen würde, war ihm bewußt. Die leise Sorge, er könnte als dessen „Nachahmer“ gelten (16.3.1748), zerstreute sich nach der Lektüre der ersten Stücke. Die Schrift gefiel ihm ausnehmend und regte ihn zu weiteren religionstheologischen Reflexionen an: „Ich glaube zwar, daß die Religion nicht den Hauptzweck hat, uns in dieser Welt eigentlich vergnügt, sondern ordentlich zu machen; Allein eben dabey hat gewiß ein gründlicheres Vergnügen statt, als sonst bey einer Lebensverfassung in der Welt“ (13.6.1748).

Die Erwägung, ein „gute[s] Wochenblatt“ zu begründen (4.5.1748), war eine Laune des Augenblicks, und die in Stralsund eröffnete „Gesellschaft zur Uebersetzung englischer Werke“ (18.1.1753), die doch sein aktives Interesse hätte wecken können, beobachtete er nur aus der Ferne. Auch sonst verhielt sich Spalding gegenüber der zeitgenössischen Literaturproduktion aufmerksam, aber rezeptiv. Bald ergriff ihn, wie viele seiner Generation, die Begeisterung für Friedrich Gottlieb Klopstock und dessen stückweise publiziertes Versepos *Der Meßias*. So sehr Spalding bei der ersten Lektüre ins Schwärmen geraten konnte, bewahrte er sich doch einen kritischen Blick, wenn ihm „das Wunderbare etwas gar zu sehr gehäuft“ (21.9.1748) oder in einer bestimmten Strophe „das Silbenmaaß sowol, als die Deutlichkeit“ ein wenig zu leiden schien (5.2.1751). Die weiteren Lieferungen des *Meßias* erwartete er begierig und verfolgte mit Genugtuung die weithin positive publizistische Literaturkritik. Dazu bat er Gleim um Übersendung anderer, noch ungedruckter Arbeiten Klopstocks.

Besonderes Interesse hegte er an der Person des Dichters, mit dem er übrigens auch in direktem brieflichen Austausch stand. „Und wo ist er itzo?“ (3.7.1752), begehrte Spalding mehrfach von Gleim zu erfahren. Ein Pfarramt, fürchtete er, würde nur dazu führen, dessen „großen Dichtergeist zu zerstreuen und zu ermatten“, weshalb er denn auch „Fürsten und Nationen“ in die heilige Pflicht rief, Klopstock durch eine Pension für die ungeteilte Fortsetzung seiner literarischen Arbeiten von jedem bürgerlichen Broterwerb freizustellen (16.7.1750)[120]. Spalding kannte die vorliegenden Teile des *Meßias* annähernd auswendig, und als er sie einmal zusammen mit seinem Schwiegervater und seiner Braut rezitierte, brach man miteinander, durchaus zeittypisch[121], in empfindsames Weinen aus (6.7.1751). Indessen wußte Spalding solche Erregungsbereitschaft auch kühl zu nutzen: „Schicken Sie mir ja“, bat er Gleim, „die versprochene Abschrift von Klopstocks Briefe an seine Geliebte. Ich will ihn meiner Freundin vorlesen, und sie dadurch noch zärtlicher machen“ (5.2.1751).

Darüber hinaus bleibt erstaunlich, wie breit und differenziert Spalding die Gegenwartsliteratur seiner Zeit rezipiert hat. Christoph Martin Wielands *Zwölf moralische Briefe in Versen*

---

[120] Tatsächlich bekam Klopstock vom dänisch-norwegischen König Friedrich V. bereits 1751 den Titel und das Gehalt eines Legationsrats verliehen.

[121] Vgl. Das weinende Saeculum. Colloquium der Arbeitsstelle 18. Jahrhundert (Beiträge zur Geschichte der Literatur und Kunst des 18. Jahrhunderts 7), 1983.

(1752), die soeben erschienen waren, verdrossen ihn wegen der „entsetzliche[n] Gelehrsamkeit in den Anmerkungen" (3.7.1752). Über Johann Jacob Bodmers Epos *Noah ein Heldengedicht* (1752), das er bereits vorab zur Kenntnis bekam, sprach er ein generelles Verdikt: „Billig sollte nach dem Meßias kein deutsches Heldengedicht mehr gemacht werden" (11.2.1750). Noch pauschaler ging Spalding mit den Produktionen der „durch ein fremdes Clima in Unordnung gebrachten französischen Köpfe" am friderizianischen Hof ins Gericht. Angelegentlich erkundigte er sich, „ob Maupertius schon Voltairen umgebracht hat" (25.5.1753), und nach der umgehend erfolgten Lektüre des *Discours sur le bonheur* (1748), den Julien Offray de La Mettrie in einem Potsdamer Verlagshaus publiziert hatte, drohte er scherzhaft, er wolle „den König schelten [...], wo diese Bestie vom Scribenten nicht aufgehängt wird" (8.3.1749).

Aufgrund seiner anakreontischen Schulung verfügte Spalding über eine ausgeprägte metrische Sensibilität. Als er von Uzens Gedicht *Der Frühling*[122] eine Abschrift erhielt, stieß er sich an einem bestimmten Vers und fragte Gleim: „Ist [...] der gezeichnete Dactyl rein?" (3.11.1747). Überhaupt schien ihm „die Freyheit und der Mißbrauch mit den Hexametern [...] itzo [...] etwas zu weit zu gehen" (18.1.1753), und die zunehmende lyrische Einförmigkeit, die er beobachtete, wurde ihm unleidlich: „Alles will mit Gewalt Hallerisch und Miltonisch seyn, und wird darüber, ich weiß nicht was" (4.5.1748). „Es ist, als wenn sie alle Klopstocken ausschrieben. Es ist einerley Ton, einerley Denkungsart; man siehet nichts originales" (3.7.1752). Auch vom raschen Wechsel der literarischen Moden war seiner Meinung nach nichts zu erwarten. „Ich bin bange", klagte er Gleim, „daß auf eine Fluth von epischen und anakreontischen Gedichten in martervollem Silbenmaaß eine Fluth von witzigen Briefen folgen wird, die nicht weniger martern" (25.5.1753).

[122] J.P. Uz, Der Frühling (in: [Ders.], Lyrische Gedichte, 1749, 7–9).

Die Möglichkeit einer beruflichen Veränderung wurde in den Briefen an Gleim ebenfalls ausgiebig erörtert. Im Laufe dieses epistolarischen Jahrzehnts erreichten Spalding etliche auswärtige Stellenangebote, bei denen zumeist Gleim, der den Freund in seine Nähe ziehen wollte, die Hände im Spiel hatte. Besonders ehrenvoll war die 1748 eröffnete Aussicht, bei dem preußischen Generalmajor von Stille eine Feldpredigerstelle zu übernehmen: „Ein Gleim und vielleicht auch ein Stille könnten mich bey nahe aus der Welt locken". Doch der Gedanke, er würde „die Ruhe, worin ich hier lebe, und an welche sich mein Geschmack immer mehr gewöhnet hat", alsbald verlieren, machte ihn „zittern" (16.3.1748) und schloß jede Veränderung aus.

Entsprechend quittierte Spalding die zwei Jahre später ergangene Einladung, an Gleims Wohnort Halberstadt die zweite Predigerstelle an der dortigen Domkirche zu übernehmen. Gegenüber dem Freund Nicolaus Maaß äußerte er sich ganz unverblümt: „Ich bin gar nicht dazu gemacht, daß man mich nach entfernte und solche Oerter ruft, wo ich unbekannt bin". Zudem habe er „nicht einmal in Halle studiret", was damals praktisch zur Voraussetzung der Übernahme einer gehobenen Pfarrstelle in Preußen geworden war. Im übrigen würden „die Leute in Halberstadt" auf einen Prediger, „den man aus einem der äussersten Winkel Deutschlands dahin kommen lassen", gewiß abschätzig herabsehen, und von der „Demüthigung, als damit nothwendig verknüpft seyn muß", war er sicher, daß sie „für mich tödtend seyn würde". So bat er den gemeinsamen Freund Nicolaus Maaß, er möge doch bei Gleim dafür eintreten, „daß er mir die *bizarerie* meines Charakters vergebe" (28.1.1750). Bald danach wandte sich Spalding auch direkt an den Vermittler und warb um Verständnis für seine selbstbestimmte Immobilität: „Ich hätte die selige Independenz aufgegeben, in welcher ich hier fast ebenso gut, als auf dem Lande lebe [...]. Nein, mein liebster Freund, lassen Sie mich in einer ruhigen Dunkelheit [...]. Wie kann ich glücklicher seyn, als wenn ich unbelästigt und unbemerkt durch das Leben hindurch schleiche?" (25.3.1750).

Zumal aus der letzten, unverkennbar ironisch gefärbten Wendung muß Gleim erkannt oder erahnt haben, daß Spalding ihm allenfalls die halbe Wahrheit zu offenbaren bereit war. War doch der Traum, als Schriftsteller oder Übersetzer bekannt zu werden, längst noch nicht ausgeträumt. Wenige Jahre später sollte sich Spalding durchaus dazu verstehen, seine „Independenz" aufzugeben und sich als leitender Geistlicher von breiter Öffentlichkeit „belästigen" und „bemerken" zu lassen. Auffallend war zudem, daß Spalding gegenüber Christian von Berg, der als Landvogt der Uckermark und Senior des Hochstifts zu Halberstadt die Stellenofferte ermöglicht und autorisiert hatte, ganz anders argumentierte. Übrigens hatte von Berg kurz zuvor auch Gleim, mit dem er eng befreundet war, seit sie in Berlin im selben Hause gewohnt hatten, die Halberstädtische Anstellung vermittelt. Ihm gegenüber begründete Spalding, umrahmt von ehrerbietiger Danksagung, seine Absage mit einem völligen „Mangel der Wißenschaft und Erfahrung". Überdies könne er „das Urtheil und Verlangen meiner hiesigen Eingepfarrten nicht ganz gleichgültig ansehen", und außerdem würde „meine schwache Stimme in einer großen Kirche die Zuhörer und mich selbst in eine verdrüßliche Verlegenheit setzen"[123]. Dies alles bezeugt eine erhebliche taktische Elastizität, mit der Spalding seine damalige Unlust auf Veränderung zu kaschieren verstand, und seine „schwache Stimme" sollte später, nebenbei bemerkt, durchaus in der Lage sein, sich in den beiden größten Berliner Predigtkirchen Gehör zu verschaffen.

In analoger Weise wies Spalding zugleich das von Sack vermittelte Angebot ab, in der preußischen Metropole an St. Nikolai eine untergeordnete Predigerstelle zu übernehmen[124], und

---

[123] J.J. Spalding an Ch. von Berg, 9.3.1750 (Das Gleimhaus, Handschriftenbestand, Signatur: Hs.A 3830).

[124] Vgl. Briefe an Gleim (s. Anm. 60), 23,10–16 (16.3.1748); 47,22–25 (28.1.1750); 50,30–51,4 (11.2.1750).

die fünf Jahre später wiederum von Gleim vermittelte Möglichkeit, in dem unweit von Halberstadt gelegenen Ort Ströbeck ein Pastorat anzutreten, kam für ihn ebenfalls nicht in Betracht (22.4.1755).

Nachdem sich die beiden Anakreontiker schon in Berlin damit vergnügt hatten, „die hiesigen Mädchen witziger zu machen", nimmt es nicht wunder, daß auch dieser Themenkreis breiten Raum in ihrer späteren Korrespondenz einnahm. Nahezu in jedem zweiten Brief forderte Spalding den Freund auf, doch endlich seine diesbezügliche Scheu abzulegen. „Sie sind in Halberstadt nicht vergnügt. Gewiß fehlet Ihnen nichts als ein Mädchen. Nehmen Sie sich denn doch ein Mädchen! [...] Oder meinen Sie, daß man die Freunde nicht wieder sieht, die einmal ein Mädchen haben?" (8.3.1748). Für sich selbst wollte Spalding zunächst allerdings nichts davon wissen. Wenige Wochen nach seiner Abreise aus Berlin übermittelte er Gleim die „gute Nachricht [...], daß ich noch nicht verliebt bin" (11.5.1747). In dieser Hinsicht werde er „immer philosophischer, wofern Gleichgültigkeit und Philosophie einerley ist". Genieße doch allemal derjenige die angenehmsten Empfindungen, der „ein gutes Gewissen, ein gutes Buch, eine gute Aussicht, und gute Freunde hat" (8.3.1748). Nicht lange danach freilich änderte sich die Empfindungslage. „Ich habe", gestand er im Mai 1748, „seit einiger Zeit den Frühling [...] gefühlet. Wahrlich ich hab ihn sehr tief in der Seele gefühlet" (22.5.1748). In keuscher Verliebtheit berichtete er etliche Monate später, er habe im Hause Bohlen „eine artige Comtesse zum Abendmal vorzubereiten", und knüpfte an das Adjektiv *artig* einige gewollt verräterische Betrachtungen an (15.1.1749). Ein Jahr später allerdings kam er dergestalt auf die „Hauptsache" zu sprechen: „Liebster Freund, ich habe noch kein Mädchen". Seinen Ansprüchen konnte einstweilen offenbar keine genügen. „Warum sind hier in meinem Lande die Mädchen so seltsam, daß sie das nicht alles haben, was mein Mädchen haben muß. Der einen fehlt die Gestalt, der andern Verwandschaft, dieser Verstand, und jener

Geld". Ob das letztgenannte Kriterium eher spaßhaft gemeint war, beließ Spalding dabei in der Schwebe, indem er fortfuhr, er halte, „an statt der ehemals vorgehabten edlen Lust ein armes Mädchen glücklich zu machen, es itzo für ganz was artiges und vernünftiges [...] fünf bis sechstausend Reichstaler zu heyrathen" (11.2.1750)[125].

Wiederum ein Jahr später dann wurde es ernst. Nachdem er auf den gemeinsamen Freund Sulzer verwiesen hatte, der den beiden, obwohl unter ihnen der Jüngste, mit einer eigenen Freundin zuvorgekommen sei, fügte Spalding in verdeckter Andeutung hinzu: „Wen[n] Sie noch etwas zögern, so werde ich Ihnen auch vorkommen. Mehr müßen Sie dießmal noch nicht wißen" (15.12.1750). Und kaum war die Beziehung zu Wilhelmine Gebhardi dann aufgenommen, fand sein verliebtes Schwärmen, das dem Freund dieses „allerliebste gute junge Mädchen" anpries, kein Ende mehr: „Meine junge Freundin kömmt aus den beßten Händen, [...] und da ihr dabey die Natur Anlage genug zum Witz gegeben hat, so will ich [...] ihr so viel Geschmack lehren, als ich immer selbst habe oder erlangen kann" (5.2.1751).

Die fortgesetzten Versuche, auch den Freund in die Liebe zu weisen, waren nun durch die inzwischen erworbene eigene Erfahrung sichtlich anders grundiert. In Pommern jedenfalls, hieß es jetzt, sei die Auswahl vorzüglich, und wenn Gleim hier auf Brautschau gehe, dann wolle „meine Kleine [...] Ihre Werberin werden" (23.11.1751). Die Liebeserfahrung, lockte Spalding ein wenig altklug, sei „zitternswerth", aber doch allemal glücklicher, als „ein von Liebe leeres Herz behalten zu haben" (3.7.1752). Den vaterstolzen Bericht von den Wonnen, die ihm seine Erstgeborene schenkte, brach er mit der Bemerkung ab, er wolle dem Freund „nicht länger Dinge aus einer höhern Welt

[125] Vgl. dazu die etwas anders gelagerte Kriteriologie, die Spalding in seinem Schreiben vom 8. Januar 1751 erstellte (Briefe an Gleim [s. Anm. 60], 67,13–27).

predigen, welche zu fassen Sie in Ihrer hagestolzischen Widrigkeit nicht fähig sind" (18.1.1753).

Endlich schien die Hoffnung, die Spalding für seinen Freund hegte, erfüllt: „Sie sind verheyrathet, mein allerliebster Gleim"! Daß er dabei, wie Gleim später in eigenhändiger Fußnote grimmig hinzufügte, nur einem „falsche[n] Gerücht" aufgesessen war, konnte Spalding nicht ahnen. In volltönender Liebesemphase feierte er die neue Gemeinsamkeit: „Lassen Sie uns unser Geschick preisen, das uns der Höchsten und seligsten Freuden in diesem Leben würdig gefunden hat. Es gehet doch nichts darüber, wenn man der Gegenstand von der ganzen Zärtlichkeit eines edlen Herzens ist". Nachdem dann noch allerhand anderes zu besprechen war, schloß der Brief mit einem die „Hauptsache" wieder aufgreifenden Gruß: „Leben Sie wol, mein liebster Freund, in dem neuen Lande der Freundschaft und der Freude, davon Sie itzo ein Bürger geworden" (25.5.1753).

Der Briefwechsel mit Gleim ist im Januar 1757 zum Erliegen gekommen. Sechs Jahre später, am 17. September 1763, erhielt Spalding dann erstmals wieder ein Schreiben des Freundes. Er antwortete postwendend, zeigte sich freudig bewegt und berichtete von den inzwischen eingetretenen Lebensveränderungen, zumal von dem frühen Tod seiner geliebten Frau Wilhelmine[126]. Das fortdauernde Interesse an Gleim, das dieser lange Brief dokumentiert, war nun ersichtlich anders grundiert. Der von Gleim berichtete Plan, er wolle sich der Tragödienform zuwenden, fand Spaldings lebhaften Beifall, verbunden allerdings mit der bezeichnenden Mahnung, Gleim möge „alles in wirklichem Ernst auf dasjenige hinlenken, was eine menschliche Seele in der That edel und groß macht"[127]. Anders als Gleim war Spalding von der spielerisch-empfindsamen Leichtigkeit, die

---

[126] S.u. III.3.

[127] J.J. Spalding an J.W.L. Gleim, 21.9.1763; Abschrift J.C. Lavater (AdB 15/1, 1771, 330f.), 331.

den zurückliegenden Austausch durchweht hatte, inzwischen spürbar abgerückt.

Doch die Freundschaft schien zunächst fortzudauern. Das 1762 gedruckte Gedicht *An Herrn Spalding*[128] beschwor noch einmal die Nähe von einst. Dann beklagte sich Gleim, zwischen Scherz und Ernst kunstvoll changierend, am 18. Juli 1764 bei Spalding, daß er von dessen erneutem Wechsel nach Berlin aus der Zeitung habe erfahren müssen[129]. Die Entfremdung zwischen den Jugendfreunden schritt langsam, aber unaufhaltsam voran. Im Februar 1766 bilanzierte Gleim, an Uz gewendet: „Spalding ist, seitdem er Propst ist, ganz umgekehrt, widergeboren, wie Sie wollen“[130]. Das unautorisierte Erscheinen der *Briefe an Gleim*, das möglicherweise durch einen konkreten peinlichen Vorfall verursacht worden war[131], hat dann den Bruch zementiert. Im Fortgang des langen Lebens, das beiden vergönnt war, kam es zu keiner Annäherung mehr.

Spalding stand mit seiner Empörung über jene epistolographische Indiskretion nicht allein. Johann Gottfried Herder nannte das Ereignis ein „Bubenstück“, Johann Georg Jacobi und andere äußerten sich ganz entsprechend. Andererseits wurde die dadurch bekannt werdende Facette im Charakterbild Spaldings zumal in der jüngeren Generation wohlwollend und freudig begrüßt. Christian Friedrich Daniel Schubart zog aus der Briefpublikation die Erkenntnis, „daß der große Mann auch im Schlafrocke liebenswürdig ist“. Und Herder notierte unmittelbar nach der Lektüre, er sei „durch ihn, den Landpriester in diesen Briefen, dem seine Wilhelmine sein höchstes Gut ist, mehr erbauet worden, als durch alle Predigten des

---

[128] J.W.L. Gleim, Sieben kleine Gedichte nach Anakreons Manier, 1762 (Nr. 2).

[129] Vgl. Wappler (s. Anm. 104), 170.

[130] Zit. nach ebd.

[131] Eine Zusammenfassung des Berichts, den Friedrich Nicolai im Jahre 1808 öffentlich machte, bietet A. Beutel, Einleitung (in: Spalding, Kleinere Schriften 2 [s. Anm. 1], XIX–XXXII), XXVIf.

Oberkonsistorial Raths; denn dort ist Redlichkeit des Herzens in bestimmter Situation, anscheinlich, charakteristisch, handelnd: hier doch nur ein dämmernd Gepränge allgemeiner Lehren“[132].

8. „Die Bestimmung des Menschen“

Ein schmales Heft, 1748 in Greifswald erschienen, begründete Spaldings Ruhm[133]. Die zunächst anonym publizierte *Betrachtung über die Bestimmung des Menschen* avancierte zu einer der erfolgreichsten Buchveröffentlichungen des 18. Jahrhunderts. In ihr hatte ein Leitwort und „eine Basisidee der deutschen Aufklärung“[134] maßgebende Gestalt angenommen. Daß Spalding zu Lebzeiten vornehmlich als Verfasser dieses Erfolgsbuchs im öffentlichen Bewußtsein geblieben ist, entsprach seiner Selbsteinschätzung: Noch als Greis fand er, sich jenes Erstlings erinnernd, „die Sicherheit des Weges, den ich gegangen war“, zu „meiner erfreulichen Bestärkung und Aufmunterung“ verbürgt[135]. Als Anleitung zu einem tugendhaften Leben gab der Basler Geschichtsphilosoph Isaak Iselin 1770 den schlichten Rat, man möge im letzten Monat eines jeden Jahres den

---

[132] Für Einzelnachweise vgl. aaO XXV. XXVIII.

[133] Das Folgende stellt die komprimierte Zusammenfassung meiner entsprechenden Studie dar (A. BEUTEL, Spalding und Goeze und „Die Bestimmung des Menschen“. Frühe Kabalen um ein Erfolgsbuch der Aufklärungstheologie [in: DERS., Reflektierte Religion. Beiträge zur Geschichte des Protestantismus, 2007, 186–209]). Für allfällige Einzelnachweise, kontextuelle Erhellung und Forschungsbezüge sei darauf verwiesen.

[134] N. HINSKE, Eine antike Katechismusfrage. Zu einer Basisidee der deutschen Aufklärung (in: DERS. [Hg.], Die Bestimmung des Menschen [Aufklärung 11/1], 1999, 3–6).

[135] J.J. SPALDING, Religion, eine Angelegenheit des Menschen ([1]1797; [2]1798; [3]1799; [4]1806), hg. von T. JERSAK / G.F. WAGNER (SpKA I/5), 2001, 1,3–14.

neuen *Phaedon* (1767) von Moses Mendelssohn lesen „und in dem ersten die Bestimmung des Menschen"[136].

Der Aufschwung, den die philosophische Anthropologie im Verlauf des 18. Jahrhunderts genommen hatte, verdankte dem Frühwerk Spaldings einen wesentlichen Impuls. Ausschlaggebend war dafür nicht zuletzt die literarische Form, welche die Frage nach der Bestimmung des Menschen nicht mehr in akademischer Gelehrsamkeit, sondern allgemeinverständlich oder, gemäß einer seit der Jahrhundertmitte nachhaltig expandierenden Gattung, popularphilosophisch traktierte und damit die „Literarisierung der Philosophie in praktischer Absicht"[137] wirksam vorantrieb. Nicht ohne Grund wurde die unprätentiöse, klare und eingängige Sprachgestalt der *Bestimmung des Menschen* sogleich als mustergültig empfunden. Repräsentativ war das Urteil Johann Caspar Lavaters: „Wir kennen wenig deutsche Schriftsteller, die ihrer Sprache so viel Ehre machen. Hier scheinet sie zur höchsten Vollendung gestiegen zu seyn"[138]. Für Spalding lag das Erfolgsgeheimnis in der ganz natürlichen „Einfalt und Wahrheit der Gesinnungen und des Ausdrucks", die seinem „Aufsatz", wie er die Frühschrift zu nennen pflegte, Gestalt verliehen[139].

Nicht allein die titelgebende Wendung, sondern auch das damit spezifisch markierte Sachinteresse hatte Spalding in die philosophische Erörterung eingebracht. Für die dadurch initiierte Wirkungsgeschichte stellte die 1763/64 zwischen Thomas Abbt und Moses Mendelssohn ausgetragene Debatte um *Die*

[136] [I. Iselin], Rez. J.J. Spalding, Die Bestimmung des Menschen, [9]1768 (AdB 11/2, 1770, 261 f.), 262.

[137] A.U. Sommer, Sinnstiftung durch Individualgeschichte. Johann Joachim Spaldings „Bestimmung des Menschen" (ZNThG 8, 2001, 163–200), 166.

[138] J.C. Lavater, Rez. J.J. Spalding, Die Bestimmung des Menschen, [7]1763 (Vollständige und kritische Nachrichten von den besten und merkwürdigsten Schriften unserer Zeit nebst zur Gelehrsamkeit gehörigen Sachen 1763, St. 2, 71–88), 72.

[139] Spalding, Lebensbeschreibung (s. Anm. 1), 134,22–29.

Bestimmung des Menschen das bekannteste und wohl auch bedeutendste, jedoch längst nicht das einzige Beispiel bereit. Interessanterweise scheint die Wendung in den letzten Jahren des 18. Jahrhunderts noch einmal intensiv und, gleichsam als ein Brückenschlag von der Aufklärung zur Frühromantik und zum Deutschen Idealismus, epochenübergreifend erörtert worden zu sein. Johann Gottlieb Fichte hat das Jugendwerk Spaldings beifällig zitiert und sich im übrigen ausdrücklich dazu bekannt, daß *Die Bestimmung des Menschen* des „ehrwürdige[n] Vater[s] Spalding [...] den ersten Keim der höhern Speculation in meine jugendliche Seele" geworfen habe[140]. In seiner 1800 erschienenen popularphilosophischen Schrift hat Fichte nicht nur die Überschrift, sondern auch die bis auf Descartes' *Meditationes* (1641) zurückweisende literarische Form und wichtige Elemente der Argumentationsstruktur fortgeschrieben.

Von der 7. Auflage an, die 1763 erschien, gab sich Spalding als Verfasser seines Erfolgsbuchs, dessen Titel er zugleich auf *Die Bestimmung des Menschen* verkürzte, namentlich zu erkennen. Im Laufe der Zeit hat er es dann um etliche Beigaben erweitert sowie den Text seit der 7. Auflage mehrmals, teilweise erheblich, verändert und ausgeschrieben. Insgesamt wird man von elf rechtmäßigen Auflagen ausgehen können. Hinzu kamen, für Autor und Verleger gleichermaßen ärgerlich, mindestens sieben Raubdrucke. Nachweisbar sind außerdem je eine schwedische, russische und lateinische, ferner zwei niederländische und sechs französische Übersetzungen. Damit lassen sich für *Die Bestimmung des Menschen* im 18. Jahrhundert insgesamt mindestens 29 Auflagen nachweisen.

Mit dem Versprechen, die den Berliner Freunden offenbar bereits mündlich entwickelten „Gedanken über die Bestimmung des Menschen" aufzuzeichnen[141], war Spalding Ende

---

[140] J.G. FICHTE, Gesamtausgabe, hg. von R. LAUTH / H. GLIWITZKY, Supplement zu Nachgelassene Schriften Bd. 5, 1977, 446f.

[141] SPALDING, Lebensbeschreibung (s. Anm. 1), 133,20–25.

März 1747 nach Hause zurückgekehrt. In den am Kranken- und Sterbebett des Vaters durchwachten Nächten reifte die literarische Etüde zur Vollendung heran. Am 3. November 1747, unmittelbar nach seinem 33. Geburtstag, sandte er das Manuskript an Gleim nach Berlin und bat die Freunde um kritische Rückmeldung: Selbst wenn sie „die gänzliche Unterdrückung dieser Blätter" für tunlich hielten, könnte dies „für die Welt und für mich" doch nur vorteilhaft sein[142].

Am 4. Mai 1748 berichtete Spalding an Gleim, das Manuskript sei nun bei dem Greifswalder Verleger Weitbrecht im Druck. Für die erwogene, aber aus Scheu zurückgehaltene Widmung an den Generalmajor von Stille, zu der ihn Gleim soeben ermuntert hatte, war es damit zu spät. Schon am 22. Mai meldete Spalding das Erscheinen des Bandes: „Ach mein Freund, was ist es ängstlich, sich drucken zu lassen. Es sind immer mehr Fehler der Gedanken und des Ausdrucks auf einem gedruckten als auf einem geschriebenen Bogen, wenn gleich der Setzer nichts versehn hat". Um „fremden Richtern zu entwischen"[143], wollte Spalding einen möglichst großen Teil der Erstauflage, die 350 Exemplare umfaßte, an seine nachsichtigen Freunde verteilen. Mehrere von ihnen gingen nachweislich auch an Gleim. Im September beklagte sich Spalding, daß der Freund auf etliche ihm übersandte Briefe und Buchexemplare noch immer nicht reagiert habe.

Das Büchlein war einem ganz unpolemischen, auf existentielle Selbstvergewisserung abzielenden Duktus verpflichtet. Durch Shaftesbury angeregt, wählte auch Spalding die literarische Form des Selbstgesprächs. Mittels eines inneren Dialogs sollte ein „Ich" die ihm naturhaft gegebene Bestimmung ergründen und damit zugleich den Leser zu aufgeklärtem Selbstdenken anregen. Die popularphilosophische, allein auf empirische Evidenz gegründete und darum auf offenbarungstheolo-

---

142 Briefe an Gleim (s. Anm. 60), 16,26–17,5.

143 AaO 32,8–15.

gische und andere Autoritätsrekurse verzichtende Schrift wandte sich nicht an Christen, sondern an den Menschen schlechthin. Wie das als Motto vorangestellte Persius-Zitat, so folgt auch der Gedankengang zunächst einer von Shaftesbury vorgezeichneten Spur. Ausgehend von der Frage, „warum ich da bin, und was ich vernünftiger Weise seyn soll" (1,20f.)[144], rekurriert das Ich, über das Streben nach Reichtum und Ehre hinausgreifend, alsbald auf die Natur. Zwar findet es den „Trieb zum Vergnügen [...] tief in meiner Seele" (2,30f.), doch wird es bald darauf der Endlichkeit alles sinnlichen Vergnügens gewahr. Selbst „ein ordentlicher Wollüstling" (5,18) – welch herrliche Wendung! – erfahre seine sinnliche Befriedigung letztlich als defizitär. Das damit angewandte Verfahren wiederholt Spalding auf allen Stufen der über Sinnlichkeit, Vergnügen des Geistes, Tugend und Religion zum vernünftigen Unsterblichkeitspostulat emporführenden Skala des Denkens. Jedesmal würdigt er die erreichte Stufe zuerst in ihrer positiven Bedeutung, um sodann ihre Grenzen zu erkunden und dadurch auf die nächsthöhere Stufe geführt zu werden, auf der die vorausgehende Stufe nicht etwa dualistisch negiert, sondern als ein den Aufstieg konstituierendes Erkenntnismoment in das größere Ganze integrativ eingebracht wird.

Über der „Sinnlichkeit" steht für Spalding das Streben nach Vervollkommnung des eigenen Geistes. Defizitär erweist sich jedoch auch dieses „Vergnügen" insofern, als der dabei verfolgte eigene Nutzen nicht den einzigen „Zweck [...] meiner Sele" (7,11f.) ausmachen kann. Die damit in den Blick rückende Moralität erschließt dem sich selbst ergründenden Ich die „Triebe [...] zu dem, was sich schickt" (8,17f.), die „Triebe des Rechts und der Güte" (9,26), als eine „ursprüngliche Einrichtung meiner Natur" (11,1f.). In der dadurch freigesetzten Vorstellung eines vollkommenen Geistes „erweitert sich meine erstaunte

---

[144] Die in den Fließtext eingefügten Stellennachweise beziehen sich auf J.J. Spalding, Die Bestimmung des Menschen ([1]1748–[11]1794), hg. von A. Beutel / D. Kirschkowski / D. Prause (SpKA I/1), 2006.

Sele bis zum Unendlichen“ (15,29f.). Die religiöse Wendung des Moralitätsgedankens macht das Gewissen als die Stimme Gottes kenntlich, „die sich ohne Unterlaß in dem innersten Grunde meiner Sele hören lässet“ (17,10–12). Diese Einsicht erschließt dem Ich die sittliche Pflicht, nach Übereinstimmung seiner Natur „mit den Absichten der höchsten Regierung“ (17,19) zu trachten, und zugleich die Beruhigung, sich in den verwirrenden Rätseln des Lebens „den Fügungen desjenigen überlassen“ zu können, „der alles nach seinem Willen lenket, und dessen Wille immer gut ist“ (19,5–7).

Bereits in dieser Verknüpfung – nicht Identifikation! – von Moralität und Religion hatte Spalding eine die Denkspur Shaftesburys verlassende Anverwandlung von Leibniz-Wolffischen Ideen vollzogen. Erst recht wählte er dann in der Begründung seines Unsterblichkeitspostulats einen neuen, auf Kant vorausweisenden Weg. Zum einen lasse die in der Welt wahrzunehmende „Disharmonie“, deren Erscheinungsformen Spalding in ungeschminkter Drastik benennt und durch die sich sein „Begriff von einer herrschenden Ordnung […] gänzlich [verwirret]“ (20,3f.), die Erwartung einer späteren „vollkommene[n] Zusammenstimmung“ und „vollständige[n] Aufklärung“ (20,20.26f.) unabweisbar erscheinen: „Es muß eine Zeit seyn, da ein jeder das erhält, was ihm zukömmt“ (20,10f.). Zum anderen transzendiere die Einsicht in die eigene moralische und geistige Perfektibilität alle Grenzen der Endlichkeit: „Ich bin also für ein anderes Leben gemacht“ (22,15). Bereits für Spalding dienten die axiomatischen Gottes- und Unsterblichkeitsvorstellungen gleichsam als regulative Ideen: Der Begriff des „ganzen Lebens“ mache „dieses Leben“ erst wahrhaft schätzenswert, indem er dazu anhalte, „von einer jeden Sache immer so zu denken, wie ich einmal in der zukünftigen Welt und in den letzten Augenblicken des itzigen Lebens davon werde denken müssen“ (23,17–20). Daß der Mensch dazu bestimmt ist, „rechtschaffen, und in der Rechtschaffenheit glückselig zu seyn“ (25,1f.), bedeutet dem zu seiner Bestimmung vorgedrungenen Selbsterkunder eine so wichtige Einsicht, „daß ich mich aufs möglichste hüten würde, sie falsch zu finden, wenn sie es auch seyn könnte. Es ist mir zu viel daran gelegen, daß sie wahr sey“ (24,20–22). Die transzendentalphilosophische Relevanz dieser abschließenden Äußerung taucht den gesamten Text in ein eigenes, von den meisten Rezipienten bis heute nicht wahrgenommenes oder abgeblendetes Licht.

Der Versuch, „fremden Richtern zu entwischen“, ist Spalding allerdings gründlich mißglückt. Bereits zwei Monate *vor* dem Erscheinen der Erstauflage hatte der spätorthodoxe Theologe und Baumgarten-Schüler Johann Melchior Goeze eine streitbare Entgegnung verfaßt, die dann im Herbst 1748 zusammen mit einem Wiederabdruck des inkriminierten Büchleins in Halle erschienen ist. Auf welchen Wegen er an das in Gleims Freundeskreis kursierende Manuskript der *Bestimmung des Menschen* gelangt war, ist nicht mehr eindeutig zu klären.

Aus den Initialen des Verfasser- und Ortsnamens hatte Spalding mühelos den Autor dieser gegen ihn gerichteten Streitschrift erraten. Als Gleim ihm wenig später das Geheimnis entdeckte, war er nicht überrascht. Umgehend entwarf er einen an Goeze adressierten Verteidigungsbrief, von dessen Expedierung er sich dann aber durch die Freunde Sulzer und Gleim abhalten ließ. Im März 1749 bekräftigte Spalding noch einmal die Absicht, das Schreiben zurückzuhalten, behielt sich aber die Möglichkeit einer Veröffentlichung in den *Pommersche[n] Nachrichten von gelehrten Sachen* noch vor, um dadurch, an der literarischen Öffentlichkeit weithin vorbei, „das fortfahrende Murren verschiedener Geistlichen hier im Lande, die eben so denken, wie er [i. e. Goeze]“[145], zum Schweigen zu bringen. Indessen fand es Spalding „bald rathsamer, einen Streit zu vermeiden, davon der Nutzen nicht groß seyn konnte“[146].

---

[145] Briefe an Gleim (s. Anm. 60), 42,9–16.

[146] Spalding, Lebensbeschreibung (s. Anm. 1), 134,1–3.

Stattdessen fügte er der 1749 erschienenen Neuauflage einen *Anhang* hinzu, in welchem er den von Goeze geworfenen Fehdehandschuh zwar aufnahm, den Angriff jedoch nicht polemisch erwiderte, sondern in die konstruktive Erläuterung der eigenen Position überführte. Damit suchte Spalding zu zeigen, daß der offenbarungstheologische Rahmen, den Goeze so vehement eingeklagt hatte, für ihn die selbstverständliche, wenn auch stillschweigend positionierte Voraussetzung war. Indem Spalding den Druck von 1749 als die dritte Auflage seiner Schrift zählte, hatte er die Goeze-Edition als zweite Auflage seiner *Bestimmung des Menschen* nostrifiziert.

Den Zweck des *Anhang[s]* erklärte Spalding, den wahren Anlaß verschleiernd, als Reaktion auf eine illegitime Rezeption seiner Schrift, in der sie zur deistischen Verunglimpfung des christlichen Glaubens mißbraucht worden sei. Nur ungern kehre er zu jener längst ausgetragenen Kontroverse zurück. Lediglich fünf Hauptbeweise wolle er rasch dafür erwähnen, daß sein Konzept nicht etwa in Konkurrenz zur Offenbarungsreligion stehe, sondern im Gegenteil jedermann „zu der aufrichtigsten und tiefsten Hochachtung gegen die Lehre Christi" (200,1 f.) bewege.

Zum einen sei „die Religion der H[eiligen] Schrift" der beste Zeuge für die Wahrheiten der vernünftigen Religion, mit deren Zielvorgabe – nämlich „Besserung und Glückseligkeit" – die [!] „Stifter unsers Glaubens" nahtlos übereinstimmten (200,7–16). Es sei ihm denn auch schlechthin unbegreiflich, wie man einerseits die natürliche Religion wertschätzen und andererseits eine „Glaubenslehre" (200,20) verachten könne, welche die natürliche Religion allererst deutlich, wirksam und vollständig mache.

Zum anderen habe sich spätestens in der breit geführten Deismus-Debatte unhintergehbar erwiesen, „daß keine natürliche Religion in der Welt seyn würde, wenn keine geoffenbarte wäre" (202,5–7). Sei doch die menschliche Vernunft schlechterdings außerstande, sich aus eigenen Kräften zu Gott zu erheben. Erst die göttliche Ur-Offenbarung sowie deren neutestamentliche Präzisierung hätten eine natürliche Gotteserkenntnis möglich gemacht, weshalb auch „die natürliche Religion da am besten erkannt […] wird, wo das Licht des Evangeliums die Geister aufgeklärt hat“ (202,19–21).

Die sich daraus ergebende Dankesschuld gegen die göttliche Güte verpflichte ferner dazu, „den eigenthümlichen Lehren des Christenthums“ (204,13 f.) Gerechtigkeit widerfahren zu lassen. Den materialen Mehrwert christlicher Religion erkannte Spalding in neuen Wahrheitsbeweisen, neuen Bewegungsgründen und vor allem neuen Vertrauensursachen, die angesichts des nun einmal herrschenden Verderbens ganz unentbehrlich seien. Durch das „Hinabsteigen in uns selbst“ (32,12) entdeckten wir unsere untilgbare Schuld gegen Gott. Die dadurch ausgelöste Reue und Scham lasse die Menschen empfänglich werden für die „Versicherungen des Evangeliums“, die Spalding in der Skizze einer geradezu anselmisch anmutenden Versöhnungslehre reformulierte: Um die kosmische Ordnung wiederherzustellen, habe Gott „einen Mittler verordnet […], dessen Tod zu einem allgemeinen Opfer für die Sünden der Menschen“ und zum „Pfande ihrer Wiederaufnehmung gereichen soll“ (208,9.16–19). Je höher ein Mensch von seiner Bestimmung denke, desto unentbehrlicher seien ihm die „göttlichen Anweisungen“ (210,1 f.), die ihm dazu verhelfen.

Überdies erweise sich die Unersetzlichkeit der christlichen Offenbarung darin, daß die Lobredner der natürlichen Religion „nichts weniger als Andächtige und Heilige sind“ (210,14 f.). Zureichende Willenskraft und eine „gutgeartete Sele“ zu gewinnen, sei der Natur des Menschen verwehrt. Für Spalding war darum jeder, der die natürliche Religion gegen die christliche auszuspielen versuchte, ein verachtenswürdiger Betrüger (210,13–212,12).

Weshalb sei dann aber, fragte Spalding schließlich, das „Wesentliche und Eigenthümliche des Christenthums“, das er in den Themen Buße, Versöhnung und Gnade konkretisierte, in seiner *Bestimmung des Menschen* gar nicht erwähnt? (214,4–

19). Schlicht deshalb, weil dort ein anderes Thema, nämlich „die Geschichte der Empfindungen eines ehrlichen Mannes" (214,7f.) erzählt worden sei. „Mich dünkt: Wer die gerade Strasse nach einem Orte bezeichnen will, der macht sich nicht verbindlich, die Wege und Mittel anzuzeigen, wodurch ein Verirrter wieder darauf zurück gebracht werden kann. Dieß ist eigentlich eine Arbeit von ganz anderer Art" (214,14–19).

Den Wunsch, Spalding möge auch diese „Arbeit von ganz anderer Art" noch in Angriff nehmen, weil er wie kein anderer zu ihr prädestiniert sei, hatte Iselin in seiner Rezension von 1770 zum Ausdruck gebracht. Näherhin regte er Spalding zur Abfassung eines Andachts- und Gebetsbuches an[147]. Zwar ist es dazu, wie man weiß, nicht gekommen. Jedoch bietet die umfangreiche, einst breit rezipierte Predigtpublikation Spaldings einen veritablen Ersatz. Eine theologiegeschichtliche Würdigung wäre empfindlich verkürzt, wenn sie allein dessen religionsapologetische Abhandlungen berücksichtigen würde und nicht ebensogut auch die populartheologische Predigtarbeit. Unausgeführt blieb übrigens ebenso der von Spalding um 1763 erwogene Plan, als Fortsetzung seiner *Bestimmung des Menschen* ein Buch über *Das Christenthum eines ehrlichen Mannes* zu schreiben, in welchem er die Übereinstimmung der „eigenthümlichen Lehren des Christenthums [...] mit den Absichten der natürlichen Religion und der Bestimmung des Menschen" zu zeigen gedachte[148].

Den *Anhang* hat Spalding bis zur vorletzten, 1774 erschienenen Auflage tradiert. Erst in der letzten von ihm besorgten Ausgabe, die 1794 herauskam, ist er entfallen. Goeze war 1786 gestorben, der unterdessen fast ein halbes Jahrhundert zurückliegende Konflikt längst Geschichte geworden. Doch lebte die Intention des *Anhang[s]* in zwei anderen Ergänzungen fort.

---

[147] Iselin (s. Anm. 136), 262.

[148] Lavater, Reisetagebücher (s. Anm. 111), 491; ähnlich aaO 599.706f.

Seit der 9. Auflage (1768) ließ Spalding dem Text eine knappe *Einleitung* vorangehen, die den „Mensch[en], der in dem Folgenden spricht" (39,3), eingehend charakterisierte. Er sei christlich erzogen und habe sich in der „Unschuld seiner angehenden Jünglingsjahre" (39,7) die ererbte Offenbarungsreligion zu eigen gemacht. Dann aber sei sein Kinderglaube durch verführerische Vergnügungen, aufkeimende Zweifel und „Sophistereyen des Unglaubens" (39,23) ins Wanken geraten. In dieser Zerreißprobe habe er sich auf eine vorurteilslose, in ihrem radikalen Aufklärungspathos an den Eingang der cartesischen *Meditationes* erinnernde Suche nach der „Bestimmung des Menschen" begeben. Daß diese Suche in selbstverständlicher Kenntnis des christlichen Glaubens vonstatten geht, war damit auf neue Weise zum Ausdruck gebracht.

Diese Voraussetzung hat Spalding in den 1794 neu eingefügten *Schlußgedanken* autobiographisch verifiziert. Rückblikkend sah er sich in dem einst eingeschlagenen Denkweg noch immer bestärkt: „Unangenehme Umstände", darunter gewiß auch das Sterbelager des Vaters, hätten ihm damals den „Widerstand gegen stark versuchende Thorheiten" erleichtert (217,24–27). Dankbar sei er vornehmlich dafür, daß ihn die „Fürsehung" (217,34) in christianisierten Verhältnissen habe aufwachsen lassen. Mochte der genossene „christliche Unterricht" auch mit „unverständlichen Gedächtnißformeln" und „unfruchtbaren Spitzfindigkeiten" vermengt worden sein, so habe das darin enthaltene „einfache, unverkennbare Wahre und Gute" doch bleibenden Eindruck auf ihn gemacht, indem es sein Urteilsvermögen zu schärfen und seine Vernunft „mit dem recht verstandenen Geiste des Christenthums" zu versöhnen vermochte (219,7–33).

Als wolle er den Wunsch des 1782 verstorbenen Iselin postum zu Ehren bringen, beschloß Spalding die *Schlußgedanken* mit einem langen Gebet. Darin faßte er seine in jenem alten Streit explizierten Denkvoraussetzungen noch einmal doxologisch zusammen. In geradezu hymnischer Sprache dankte er

Gott für seine Teilhabe an der „unendlichen Seligkeit [...]: O daß ich doch nie diese meine so gänzliche Abhängigkeit von dir vergessen [...] möge!“ (221,10.26–29). Von Gott geleitet zu werden, sei Ehre, Glück und Trost seiner „vernünftigen Natur“ (221,39). Er möge ihn denn auch voranbringen „auf dem Wege, der deiner und meiner Natur gemäß ist“ (223,10f.).

Spaldings *Bestimmung des Menschen* und der *Vertheidigte Glaube* von Sack, die kurz nacheinander im Jahre 1748 erschienen, eröffneten die Hauptphase der deutschen Aufklärungstheologie. Während Sack es im wesentlichen dabei bewenden ließ, wurde Spaldings Erstling zur Matrix eines reichen, in konsistenter Erweiterung sich entfaltenden Lebenswerks. In der jüngsten theologiegeschichtlichen Forschung wird die epochale Bedeutung jener Schrift, die sich mit Fug und Recht als ein neologisches Gründungsdokument ansprechen läßt, zusehends wieder entdeckt[149].

---

[149] Vgl. nur C. Tippmann, Die Bestimmung des Menschen bei Johann Joachim Spalding (MThSt 114), 2011; L. A. Macor, Die Bestimmung des Menschen als philosophische Grundfrage der Theologie in der Aufklärungszeit. Johann Joachim Spalding als Beispielfall (ThGl 103, 2013, 342–362); Raatz (s. Anm. 39). – Für die internationale Wiederentdeckung der Schrift vgl. nur J.J. Spalding, La vocazione dell'uomo. Prima traduzione con testo tedesco originale a fronte delle edizioni 1748, 1763 e 1794, hg. von L. Balbani / G.L. Petrone, 2011.

III. Pfarrer in Vorpommern (1749–1764)

1. Lassan

Das Städtchen Lassan in Vorpommern, halbwegs zwischen Wolgast und Anklam am westlichen Ufer der durch das Achterwasser fließenden Peene gelegen, geht auf eine Gründung in der zweiten Hälfte des 13. Jahrhunderts zurück. Während des Nordischen Krieges (1700–1721) hatten russische Soldaten den kleinen Ort mehrfach geplündert und dabei auch die alten Stadturkunden vernichtet. Zur Mitte des 18. Jahrhunderts stand Lassan unter schwedischer Herrschaft und war von kaum mehr als 1.000 Menschen, die sich auf etwa 200 Häuser verteilten, bewohnt. Die nach lübischem Recht organisierte Verwaltung versah der Magistrat, dem die beiden Bürgermeister und vier Ratsherren angehörten. Das Kirchspiel Lassan umfaßte auch elf benachbarte Flecken, darunter den Stammsitz der Grafen von Bernstorf.

Auf einem Hügel im Westen der Stadt thront, alles andere überragend, die mächtige, dem Evangelisten Johannes geweihte Kirche. Ihr Backsteinchor datiert aus dem späteren 13. Jahrhundert und öffnet sich in eine dreischiffige spätgotische Halle, an die sich ein kräftiger, wiederum spätgotischer Kirchturm noch anschließt. Als besondere Schmuckstücke des Innenraums stechen der 1727 von Elias Keßler erstellte barocke Altaraufsatz mit neutestamentlichen Motiven und die zeitgleich vom selben Meister errichtete, von Engeln getragene hölzerne Kanzel hervor. Zwei Kinder Spaldings vermachten der Kirchengemeinde im Jahre 1821 ein offenbar sehr lebensnahes Ölportrait ihres Vaters, das seitdem an der nördlichen, die Sakristei abgrenzenden Chorwand zu sehen ist.

Im April 1748 verstarb, knapp 70jährig, Joachim Willers, der in Lassan annähernd vier Jahrzehnte lang den evangelischen Pfarrdienst versehen hatte. Die Wahl des Nachfolgers fiel aus Gründen, die in das Dunkel der Geschichte getaucht sind, auf Spalding. Am 10. März 1749 erhielt er die königliche Vollmacht auf das dortige Pastorat. Zwei Monate später, am Tag der Himmelfahrt Christi, wurde er durch den Greifswalder Generalsuperintendenten Jacob Heinrich von Balthasar, zu dem sich bald darauf verwandtschaftliche Beziehungen ergeben sollten – er war in erster, sehr kurzer Ehe mit einer Schwester des künftigen Schwiegervaters von Spalding verheiratet –, in sein Amt eingeführt. Als zweiter Pfarrer, der zugleich das Rektorat der Stadtschule innehatte, befand sich seit 1744 Christoph Balthasar Banekamp, der später nach Wolgast versetzt wurde, am Ort. Diese Personalkonstellation sollte sich als überaus glücklich erweisen. Banekamp scheint den neuen, um etliche Jahre jüngeren Vorgesetzten von Anfang an in unverstellter, herzlicher Loyalität, die sich schon bald zur Freundschaft vertiefte, aufgenommen und begleitet zu haben. „Die Rechtschaffenheit seines Herzens", notierte Spalding rückblickend, „und seine Einsichten in den Sachen des Geschmacks und der Gelehrsamkeit ersetzten mir sehr gut, was sonst an dem Umfange des Ortes fehlete"[1].

In großer, ernster Gewissenhaftigkeit widmete sich Spalding den Obliegenheiten des Amtes, das er so lange ersehnt hatte. Zwar konnte er sich gegenüber Gleim von dem spöttisch-sarkastischen Ton, der sich zwischen ihnen eingespielt hatte, augenscheinlich nicht lösen: Es sei doch eine „traurige Vorstellung [...], ein Priester in einer kleinen Stadt zu werden", schrieb er ihm, und kurz darauf immerhin, daß er hier „einem Haufen einfältiger Leute so ziemlich gefalle. [...] Ich kann fast keine

[1] J. J. Spalding, Lebensbeschreibung von ihm selbst aufgesetzt (in: Ders., Kleinere Schriften 2: Briefe an Gleim – Lebensbeschreibung, hg. von A. Beutel / T. Jersak [SpKA I/6–2], 2002, 105–240), 135, 27–30.

andere Gedancken auf der Kantzel mehr haben, als die grade dahin zielen, dergleichen Gattung von Menschen eine vernünftige Gottesfurcht einzuprägen“[2]. Tatsächlich aber war er ob der Aufmerksamkeit, die seine Gemeinde ihm schenkte, und der „vielfältigen Aeußerungen und Beweise der Liebe, des Vertrauens und der Werthschätzung gegen mich“ tief beglückt. Von durchaus exemplarischer Evidenz erschien eine Begebenheit, die er zeitlebens nicht mehr vergaß. Auf einem Spaziergang durch die Felder begegnete ihm wenige Wochen nach Dienstantritt eine einfache alte Frau, die freudig auf ihn zutrat, ihm in spontaner Herzlichkeit die Hand drückte und dafür dankte, daß sie aus seinen Predigten „so gut vernehmen könnte, und daraus immer mehr lernte, wie es mit dem Christenthum recht seyn müßte“. Allerdings nagten auch beständig die Skrupel an ihm, daß „bey einem größeren natürlichen Maße von Thätigkeit und Muth noch viel ein mehreres [...] von mir haben geschehen können und sollen“[3].

„Einige ungezwungene freundschaftliche Bekanntschaften“[4] gaben den Jahren im Landpastorat weiteren Reiz. So hielt sich im Sommer 1751 ein Pfarramtsanwärter, der dann nach einer Zwischenstation in Göttingen eine durch Spalding vermittelte Anstellung als Hofmeister fand, einige Monate lang bei ihm auf. Später bot er einem Sohn des Grafen von Bohlen, der von seinem Erzieher begleitet wurde, mentorales Quartier. Nachhaltige Bedeutung gewann der Umgang mit dem uckermärkischen Gutsbesitzer Georg Friedrich von Arnim auf Suckow, den Spalding als einen „großen Gönner und Kenner der Gelehrsamkeit“ schätzen lernte und auf dessen Anwesen er mit dem als „deutschem Plato“ gefeierten Philosophen Johann Georg Sulzer, der ihm, durch Gleim vermittelt, schon seit Jah-

---

[2] Briefe von Herrn Spalding an Herrn Gleim (in: SPALDING, Kleinere Schriften 2 [s. Anm. 1], 1–102), 44,15–17 (12.3.1749); 49,18–23 (11.2.1750).

[3] SPALDING, Lebensbeschreibung (s. Anm. 1), 141,28–142,7.

[4] AaO 139,30f.

ren ein regelmäßig frequentierter Briefpartner geworden war, nun endlich auch in persönlichen Austausch kam[5]. Weitere Geselligkeit ergab sich durch die eigene Familie, die Spalding nach zwei Jahren „einsamen Lebens“[6] gegründet hatte[7]. So boten die Besuche, die man wenigstens im Jahresturnus auf etliche Tage dem Schwiegervater in Stralsund abstattete und zu denen etliche weitere Familienmitglieder sich einfanden, „eine höchst angenehme und aufmunternde Abwechselung“, und die verwandtschaftlichen Gegenbesuche gewährten in der Abgeschiedenheit des Ortes nicht minder anregende Unterhaltung[8].

Ein gewisser Hang zur Schüchternheit, den er niemals ganz überwunden oder gebändigt hat, prägte zumal seine Zeit in Lassan. Er fühle sich schwach, unerfahren und entscheidungsscheu, gestand Spalding in einem Freundesbrief; das „wirkliche Bewußtseyn meiner Mittelmäßigkeit“ halte ihn demütig und bescheiden[9]. So fochten ihn auch die ehrenvollen Rufe, die ihn von auswärts erreichten, letztlich nicht an. Lediglich von der Möglichkeit, bei August Adolph Graf von Kamenke in Berlin eine üppig dotierte, bequeme Stelle als Hausgeistlicher anzutreten, bedauerte er, daß sie ihm nicht schon früher angetragen worden war, bevor er in Lassan pastorale Verantwortung übernommen hatte. Im übrigen aber dankte er Gott, daß dieser „die Reize von Titeln und Stellen und dem damit verknüpften Ansehn seit langer Zeit für mich sehr schwach gemacht, und mir dagegen eine so viel lebhaftere Empfindlichkeit für die natürlichen einfältigen Freuden der Menschlichkeit gegeben hat“[10].

Und solche Freuden genoß er ausgiebig, mit Vorliebe an den Reizen der Landschaft, in die er versetzt war. Immer wieder konnte er darüber ins Schwärmen geraten, daß ihm sein Amts-

---

5 AaO 135,34–136,5.
6 AaO 135,34f.
7 S.u. III.3.
8 Spalding, Lebensbeschreibung (s. Anm. 1), 145,35–146,7.
9 AaO 137,15–19.
10 AaO 137,25–30.

zimmer und die Laube im Garten den Ausblick über „Felder, Wiesen, Gehölze, nahe und entlegene Dörfer, ein grosses Gewässer, und das darüber hinaus liegende Land“[11] bis zu einem weiten Horizont freigaben. Dabei transzendierte sich die „Andacht zum Unbedeutenden“ (Sulpiz Boisserée), die ihm so viel Heiterkeit und Vergnügen gewährte, unversehens ins Religiöse: „Indem wir rund um uns her gleichsam mit der sichtbaren Gottheit in der Natur umgeben sind, so freuen wir uns, daß sie unserer Freude ohne Mißfallen zusiehet, und wir freuen uns zugleich auf eine noch unendlich schönere Natur“[12].

Intellektuelles Vergnügen kam freilich auf verschiedene Art noch hinzu. So unterhielt Spalding mit den literarisch ambitionierten Freunden aus der Berliner Zeit ausgiebige Korrespondenz. Auch studierte er geflissentlich die lateinischen und griechischen Klassiker, stieß dabei jedoch immer wieder an seine Grenzen und machte es der ganz unzureichenden schulischen Ausbildung, die ihm den nötigen philologischen Elementarunterricht, wie er meinte, schuldig geblieben war, zum bitteren Vorwurf, daß ihm der „geübte kritische Geschmack, der den wahren Humanisten ausmacht“, weder zu Gebote stand noch durch nachträgliche eigene Anstrengung zu erreichen war[13]. Umso intensiver las er darum, was in deutscher, französischer oder englischer Sprache an literarischen und wissenschaftlichen Neuerscheinungen auf den Markt kam, und freute sich an dem beständigen Zuwachs seiner polyglotten Privatbibliothek, den er zu guten Teilen der Wohltätigkeit seines Freundes von Arnim verdankte. Zudem errichtete Spalding zusammen mit Banekamp und einigen interessierten Vertretern des Landadels eine Lesegesellschaft, die sich insbesondere der Sammlung aktueller französischsprachiger Publikationen verschrieb. Dar-

---

[11] Briefe an Gleim (s. Anm. 2), 97,23–28.

[12] AaO 91,19–24.

[13] Spalding, Lebensbeschreibung (s. Anm. 1), 140,1–16.

über hinaus gewährte ihm die eigene Beschäftigung als Autor und Übersetzer[14] kontinuierliche Freude.

Ein einziger schwerer Schicksalsschlag überschattete die sonst so ungetrübt heitere Zeit in Lassan. Inmitten seines 44. Lebensjahres verstarb am 28. März 1756 Spaldings älterer Bruder Gebhard, mit dem er schon immer, verstärkt seit der in Rostock verbrachten gemeinsamen Studienzeit, in engster geschwisterlicher Liebe verbunden war. Gebhard Spalding hatte 1742 im heimatlichen Tribsees die zweite Pfarrstelle angetreten; aus seiner 1751 mit Anna Regina von Olthoff, der Tochter des Landsyndikus von Schwedisch-Vorpommern, geschlossenen Ehe war der Sohn Erich Anton Spalding (* 1752) hervorgegangen. Das durch den Tod Gebhards freigewordene Pastorat übernahm dann im Folgejahr der jüngere Bruder Carl Wilhelm Spalding, der bis dahin am Ort, ebenfalls in der Nachfolge Gebhards, als Schulrektor tätig gewesen war.

Im Zentrum der Amtsgeschäfte, die Spalding zu versehen hatte, stand, wie seinerzeit üblich, der regelmäßige Predigtdienst. Der dabei angeschlagene Ton schien ihm anfangs recht unpassend zu sein, weil er zu seiner Gemeinde eigentlich viel vertrauter und freundschaftlicher, als es ihm offenbar möglich war, hätte reden wollen. Dieses Ungenügen führte er auf drei Gründe zurück: seinen mangelnden Sprachmut, die ihm aus der Studienzeit noch immer anhaftende spätorthodoxe Prägung und zudem „die damals in den dortigen Gegenden gebräuchliche Kanzelsprache“[15]. Seine in Lassan gehaltenen Predigten sind allesamt verloren, weshalb sich das selbstkritische Urteil, das Spalding, der später als einer der bedeutendsten Kanzelredner seiner Epoche berühmt wurde, über die eigenen homiletischen Anfänge fällte, nicht überprüfen läßt. Allerdings erweckt die Abschiedspredigt, mit der er am dritten Ostertag, dem 12. April 1757, von seiner Gemeinde schied, einen gänzlich

---

[14] S. o. II.4.–5.

[15] Spalding, Lebensbeschreibung (s. Anm. 1), 141,6–19.

anderen Eindruck. Sie stellt das früheste Dokument seines lebenslang wahrgenommenen Kanzeldienstes dar und läßt sowohl in sprachlicher wie in theologischer Hinsicht bereits wesentliche Konturen seiner späteren Verkündigungspraxis erkennen. Auf Wunsch der Gemeinde gab er „dies verlangte öffentliche Denkmal unserer Verbindung, mit einem Herzen voll Liebe" (1,10–12)[16], alsbald in den Druck.

Die Predigt ist klar strukturiert, von etlichen biblischen Zitaten und Anspielungen durchwoben und in eine sehr warmherzige Tonart gefaßt. Das Letztere wird durch den besonderen Anlaß gewiß noch verstärkt worden sein. Gleich eingangs gesteht Spalding, sein ganzes Gemüt sei durch die Vorstellung angegriffen, daß man sich heute, „dem größten Theile nach, [...] zum letzten male sehen soll" (2,27f.). So wolle er seine Gefühle jetzt auch zu zügeln suchen, damit er nicht von einer „zu starken Empfindung und Bewegung dabey" (3,20f.) übermannt werde.

Der erste, deutlich umfangreichere Teil der Predigt widmet sich der Auslegung des für diesen Sonntag vorgesehenen Evangeliums. Allerdings beschränkt sich Spalding in der zur Verlesung gebrachten Erzählung von der Erscheinung des Auferstandenen (Lk 24,36–47) dann auf einen einzigen Halbvers, in welchem Christus seine Jünger auffordert, sie sollten „in seinem Namen Buße und Vergebung der Sünden" (Lk 24,47a) predigen lassen. Nach einer summarischen Klärung des daraus gezogenen Themas – das Wort Buße bezeichne den „Weg zum Frieden und zur Glückseligkeit des Geistes", und das Ziel dieses Weges werde durch die Vergebung der Sünden erreicht (4,14–17) – folgt Spalding dem damit zwanglos skizzierten Gedankengang. Prinzipielle Bedeutung erlangt die Auslegung durch sein Bemühen, daß „ich" mit dieser Predigt, auf die acht

---

[16] Die nachfolgend in den Fließtext eingestellten Quellenangaben beziehen sich auf J.J. Spalding, Abschiedspredigt zu Lassahn, 12.4. 1757 (in: Ders., Einzelne Predigten, hg. von A. Beutel / O. Söntgerath [SpKA II/6], 2013, 1–16).

Amtsjahre in Lassan zurückblickend, „von der Führung meines Amtes unter euch, bey dem Beschlusse desselben, Rechenschaft ablege" (4,6f.).

Zunächst erläutert Spalding das Stichwort der Buße. Damit sei „nicht anders, als Aenderung und Besserung des Sinnes vom Bösen zum Guten" (4,20f.) gemeint. Allerdings vollziehe sich Buße nicht etwa nur als ein punktueller, gar einmaliger Akt, sondern, wie er in stillschweigender Anspielung auf die erste Ablaßthese Luthers hinzufügt, als ein „das ganze Leben und Verhalten" (4,32f.) umgreifender Prozeß. Eben deshalb habe er auch „beständig" auf die „unumgängliche Nothwendigkeit gedrungen, der gewohnten herrschenden Sündenliebe abzusagen und wahrhaftig gut gesinnet zu werden" (5,16–19), und die Gemeindeglieder unentwegt dazu angehalten, daß sie, anstatt sich mit bloß „äusserlichen Werke[n] des Gottesdienstes und der Andacht" zu begnügen, sich immer wieder einer „genaue[n] unpartheyische[n] Erforschung" des eigenen Gewissens und Gemüts unterziehen (5,23–33). Mochte dieses pastorale Insistieren der Gemeinde vielleicht auch zu streng erschienen sein, so habe er ihr „doch kein leichter Christenthum, keinen bequemern Weg zum Himmel lehren können, als den das ewige Wort der göttlichen Wahrheit lehret" (6,28–30).

Solche bußtheologische Unerbittlichkeit stelle indessen durchaus keinen Selbstzweck dar, zumal „der noch gar kein Christ ist, der es nur bloß aus Zwang und Furcht ist". Vielmehr sei damit der einzige Weg beschritten, der zu den „Glückseligkeiten des Christenthums", welche mit der Vergebung der Sünden freigesetzt werden, führen kann (7,25–31). Solche Glückseligkeiten realisierten sich in dem „innerlichen Frieden des Gewissens" und in der Gewißheit, „eine freudenvolle Zukunft [...] hoffen zu können" (7,34–8,2). Parallel dazu gebraucht Spalding schon in Lassan eine von ihm dann immer wieder bevorzugte Formulierung, in der erkennbar wird, wie konsequent er den einst betriebenen anakreontischen Freundschaftskult in die religiöse Metaphernwelt transformiert hat. Denn als Inbegriff der durch die Sündenvergebung gewährten Glückseligkeiten definiert er nun, diese bestünden schlicht darin, „Gott zum Freunde zu haben" (7,32), also „mit Gott und mit seinem Gewissen in Freundschaft" zu stehen (8,14f.). Schließlich begründet Spalding die Beharrlichkeit seiner Predigt von Gesetz und Evangelium mit dem zentralen aufklärungstheologischen Motiv, es sei ihm zutiefst darauf angekommen, die ihm anvertrauten Christenmenschen „zu der *eigenen* Empfindung und Erfahrung zu bringen" (9,5–8)[17], sie also zu autonomer religiöser Evidenzwahrnehmung zu ermächtigen. Mit alledem habe er „nach meinem beßten Vermögen" dazu beizutragen versucht, „Menschen zu Gott zu führen, sie gut und glücklich zu machen" (9,23–25). Eine knappe, in zwei rhetorische Fragen gefaßte pastoraltheologische Selbstverständigung beschließt dann den ersten, der Textauslegung gewidmeten Predigtteil: „Mit was für Augen müßte ich noch jetzo, da ich dies rede, mich selbst ansehen, wenn ich das Amt des Geistes als ein Gewerbe getrieben hätte? wenn ich nur darum die Geschäfte eines Predigers verrichtet hätte, um in der Welt Brodt, Ehre und Gemächlichkeit zu haben?" (9,30–35)

Anschließend übermittelt Spalding der Gemeinde seine „liebreichen Wünsche" (11,12) und erstattet den bei solcher Gelegenheit üblichen Dank. Seine Wünsche faßt er unter den Gruß, mit dem der Auferstandene zu den Jüngern kam: „Friede sei mit euch!" (Lk 24,36). Das ziele zuerst auf den „göttliche[n] und geistliche[n] Friede[n], der in der Freundschaft mit eurem Schöpfer und in der Ruhe eures Gewissens bestehet" (11,33–12,1) und der ihm, dem scheidenden Gemeindepfarrer, die „freudige Hoffnung" gewähre, „euch alle dermaleinst vor dem Throne der Herrlichkeit Gottes wieder zu finden" (12,18–20). Doch gelte der Wunsch nicht minder dem irdischen Frieden, und dies sowohl unter öffentlichem wie unter privatem Aspekt. In der ersten Hinsicht gebe es allen Grund zu der Dankbarkeit,

---

[17] Hervorhebung von mir.

daß die eigene Gegend von den Drangsalen des Siebenjährigen Krieges (1756–1763) einstweilen verschont blieb[18]. In der anderen Hinsicht macht Spalding klar, doch behutsam auf konkrete Probleme in Lassan aufmerksam, indem er einen „zum Theil herrschende[n] Geist der Zwietracht, der Feindseligkeit und des Widerwillens, der eure Gemüther so oft gegen einander abgeneigt macht", mit der Mahnung zu „Einigkeit, Vertrauen und liebreicher Zuneigung" kontrastiert: „Seyd freundschaftlich, aufrichtig, leutselig, einer gegen den andern, so wird gewiß auch [...] der Gott der Liebe und des Friedens mit euch seyn" (13,4–23). In diesen Wünschen werde er durch die „thätigen Proben" (14,4f.) der Liebe und Zuneigung, die ihm die Gemeinde so reichlich erwiesen habe, zusätzlich noch bestärkt.

In wohlerwogener Abfolge übermittelt Spalding abschließend sechsfachen präzisen, jeweils in einen Segenswunsch mündenden Dank. Er gilt zunächst den „Hochadelichen Eingepfarrten dieser Gemeine" (14,22), danach, besonders herzlich und ausführlich, dem Kollegen Banekamp „für alle Ihre Freundschaft, wodurch mir hauptsächlich mein hiesiges Leben angenehm geworden" (15,3–5), sodann der örtlichen Obrigkeit, der Bürgerschaft und der Kirchengemeinde. Am Ende steht, alles umfassend, der Dank an Gott „für alles das Gute, was ich auch in Lassahn diese Acht Jahre durch an Leib und Seele genossen" (16,19–21).

Diese acht Jahre hatten Spalding vielleicht die glücklichste, jedenfalls aber die unbeschwerteste Zeit seines Lebens geschenkt.

---

[18] Bereits im September 1757, wenige Monate nach dieser Abschiedspredigt, sollten die Kampfhandlungen dann auch die vorpommersche Ostseeküste bis in das benachbarte Anklam erreichen.

2. Barth

Der neue Wirkungsort, 25 Kilometer westlich von Stralsund, lag auf einer sanften Anhöhe am Barther Bodden, ringsum von Schwemmland umgeben. Nach dem Dreißigjährigen Krieg war die Stadt unter schwedische Oberherrschaft gekommen. Zur Mitte des 18. Jahrhunderts gehörten ihr etwa 2.500 Einwohner an, die sich überwiegend von Landwirtschaft, Fischerei und dem in mehreren Werften betriebenen Schiffsbau ernährten. Das längst verfallene, einst stattliche Renaissanceschloß wich 1733 dem Neubau eines Adeligen Fräuleinstifts, das bis 1945 Bestand hatte. Eine massive Stadtmauer umgab die annähernd kreisrunde Siedlung, die ein gitterförmiges Straßennetz strukturierte. Die große spätgotische Hallenkirche St. Marien überragte weithin sichtbar den Ort.

Der dort als leitender Geistlicher installierte Lorenz Christoph Wudrian wurde im Frühjahr 1757 zur Ruhe gesetzt, allerdings nicht, wie Spalding später mildsinnig notierte, „wegen Alters und Schwäche“[19], sondern aufgrund eines handfesten Disziplinarverfahrens. Am 24. April bezog Spalding als erster Pfarrer und Vorsteher der Synode das neue Amt. Die Aufsicht über die ihm unterstellten Geistlichen des Kirchenkreises schuf kaum einmal ernste Probleme; nur die Verfügung, obrigkeitliche Mandate von der Kanzel herab zu verlesen, weckte mitunter deren auf die Ehre des eigenen Standes pochenden Widerspruchsgeist[20]. Der regelmäßige Kanzeldienst, den Spalding zu versehen hatte, umfaßte die Sonntags- und Wochengottesdienste in St. Marien, gelegentlich auch auf den Nachbardörfern und in dem „Kloster“ genannten Fräuleinstift. Daß seine Bestattungspredigten nicht „eitle und nichtsbedeütende Lobsprüche“ auf die Verstorbenen lieferten, sondern die „Erwek-

---

[19] Spalding, Lebensbeschreibung (s. Anm. 1), 146,32f.

[20] Vgl. J.C. Lavater, Reisetagebücher, hg. von H. Weigelt, Teil 1: Tagebuch von der Studien- und Bildungsreise nach Deutschland 1763 und 1764 (TGP VIII.3), 1997, 556.

kung zu einer christlichen Vorbereitung auf den Tod“[21] zu ihrer Hauptsache machten, schien manches Mißfallen erregt zu haben. Spalding bedauerte die Abschaffung einer dem Abendmahl vorausgehenden Pflichtbeichte und erwog, ob es nicht frömmigkeitsfördernder sein könnte, „wenn man alternativ vor den Communionstagen eine gewiße Anzal der Communikanten zu sich kommen ließ und ihnen auf eine besondere Art das sagte, was der Beichtvater seinem Beichtkind sonst im Stul zu sagen pflegt“[22]. An jedem Dienstag, frühmorgens um 7 Uhr, unterwies er die Konfirmanden. Eine Modernisierung der Katechismen erschien ihm dringend erforderlich, doch hatte er nicht vergessen, daß sein Vater schon bei der kleinsten Abänderung des Gewohnten zahlreichen „dummen Klagen“[23] der Eltern und Vormünder ausgesetzt war. Am liebsten hätte er den Unterricht ganz auf die religiöse Gewissens- und Verstandesschulung der Heranwachsenden ausgerichtet.

Pietistische Traditionen waren in Vorpommern zur Mitte des 18. Jahrhunderts noch immer lebendig. Spalding begegnete ihnen abwägend und differenziert. Festgelegte Erbauungsstunden hielt er für problematisch, da sie teils eine „gesezliche Ängstlichkeit“, teils Heuchelei, eitlen Stolz und „Verdammungssucht“ provozierten[24]. Überhaupt, meinte er, neige ein in überheblichem Parteigeist befangener Pietismus dazu, „die Mittel der Religion zum einzigen Zweck“ zu erheben[25]. Dabei erinnerte er an Philipp Jakob Spener, der von seiner in Frankfurt am Main geübten Konventikelpraxis alsbald wieder abgerückt sei. Auch andere Repräsentanten dieser Frömmigkeitsrichtung, namentlich Gottfried Arnold und Johann Albrecht Bengel – bezeichnenderweise allerdings nicht August Hermann Francke, dessen Hallescher Pietismus in Pommern prä-

[21] AaO 471.
[22] AaO 614.
[23] AaO 127.
[24] AaO 479.
[25] AaO 579.

gend geworden war –, bedachte er mit Respekt. Zur Vergewisserung und Stärkung der individuellen Religiosität schienen ihm Hausandachten ein vorzügliches Mittel zu sein. Bei seinen seelsorgerlichen Haus- und Krankenbesuchen traf er immer wieder auf Beispiele einer tiefen, ungeheuchelten Frömmigkeit. Ersichtlich gerührt berichtete Spalding

> von den sanftmütigen Klagen einer armselig geplagten Frau über ihren Mann, der sie und ihre Kinder mit den entsetzlichsten Faustschlägen bis aufs Blut bloß aus Bosheit belegt, den sie aber deßenungeachtet zwey Jahre mit der größten Geduld trägt und sich kaum hat entschlißen können, es nur Spalding zu sagen; sie wäre schon einige Mal vor seiner Thür gewesen, aber dann hätte sie immer aufs neüe wieder versuchen wollen, ob es zu dulden wäre. Große Sele! Und dieß Schicksal wiederfährt einer Frau, die ihrem ersten Mann in einer vierjährigen Krankheit mit einer unermüdeten Wachsamkeit und Treü beygestanden und ihm doch noch nie genug gethan zu haben glaubte![26]

Die in Barth eröffneten Lebensumstände brachten manche Verbesserung. Die pekuniäre und naturale Alimentierung – er verfügte über eigenes Weideland und etliche Kühe – war deutlich gesteigert, auch bevölkerten erheblich mehr Menschen, die zudem nicht alle nur dem untersten Stand angehörten, den Ort. Hinzu kam „der Umgang mit mehreren Personen von Verstand und Sitten" in verschiedenen „sich daselbst aufhaltenden adlichen Familien, in dem dortigen Magistrat, und in andern anständigen Häusern"[27], der einen anregenden Austausch über Fragen der Politik, Kunst und Literatur möglich machte. Im übrigen erleichterte jetzt auch räumliche Nähe die gegenseitigen Verwandtschaftsbesuche.

Zu den besonders willkommenen Gästen, die regelmäßig im Barther Pfarrhaus verkehrten, zählten Georg Friedrich von Arnim, der Freund aus Lassaner Zeit, und Johann Gottlieb Picht, der sich als Feldprediger eines preußischen Offiziers in der Stadt aufhielt. Erst recht beglückte Spalding der briefliche

---

[26] AaO 510.

[27] Spalding, Lebensbeschreibung (s. Anm. 1), 147,9–13.

und persönliche Umgang mit Sabine Elisabeth Oelgard Gräfin von Bassewitz. Sie war eine umfassend gebildete, kluge, urteilssichere Frau, unterhielt eine geistreiche Korrespondenz mit Voltaire und verfügte über beachtliche musikalische und literarische Virtuosität. Ihre Manuskripte, darunter das *Frauenzimmergeschwätze nach Durchlesung des Phädon*, beeindruckten Spalding sehr, und er war sicher, daß sie erhebliche publizistische Aufmerksamkeit würde erzielt haben, wenn sie nicht aus Scheu und Bescheidenheit jeden Gedanken einer Veröffentlichung strikt von sich gewiesen hätte. Etliche Veränderungen und Erweiterungen, die Spalding in der zweiten Auflage (1764) seiner *Gedanken über den Werth der Gefühle in dem Christenthum*[28] vornahm, gingen nachweislich auf ihre Anregungen zurück[29]. In der positiven Bilanz jener in Barth verbrachten Jahre beansprucht der neunmonatige Aufenthalt, den die drei jungen Schweizer Johann Caspar Lavater, Johann Heinrich Füssli und Felix Hess im Hause Spalding verbrachten, ein Kapitel für sich[30].

Bei alledem blieb auch für die eigene Kultivierung des Intellekts zureichend Raum. Spalding ergab sich weiterhin der Lektüre aktueller philosophischer, theologischer und literarischer Neuerscheinungen, vertiefte sich aber auch gern in Reisebeschreibungen, Anekdotensammlungen und Kuriositäten der unterschiedlichsten Art. Mehrere Zeitungen und Journale kamen regelmäßig ins Haus. Daneben setzte er seine schriftstellerische Tätigkeit fort, verfaßte eine Monographie und etliche Aufsätze[31] und entwarf weit über seine zeitlichen Grenzen hinausreichende Pläne, darunter, in augenscheinlicher Korrektur seiner früheren anakreontischen Neigung, den Entwurf einer Abhandlung über *Die Thorheit und Leichtsinnigkeit der tän-*

[28] S.u. III.6.
[29] Vgl. Briefe an Gleim (s. Anm. 2), 14,16–15,23.
[30] S.u. III.7.
[31] S.u. III.5 u. 6.

delnden und Wollust eregenden Poesie[32]. Dazu genoß und allegorisierte er die Schönheiten der Natur, unternahm ausgedehnte Spaziergänge, prüfte dabei auch den Stand der Ernte und bestieg gern den Turm seiner Marienkirche, von dem aus der Blick bei klarem Wetter über den Darß und die Halbinsel Zingst ins offene Meer reichte, nach Osten hingegen bis nach Stralsund.

Das Barther Glück war nicht ungetrübt. Bittere Schicksalsschläge trafen Spalding im eigenen Hause[33]. Einen Kollegen von dem Format Banekamps fand er bei weitem nicht wieder. Und der Siebenjährige Krieg, der Lassan noch verschont hatte, tobte von 1757 bis 1762 mit voller Wucht auch in Barth. Die militärische Hoheit wechselte mehrfach zwischen schwedischen Verteidigungs- und preußischen Eroberungstruppen. Dabei kam es wiederholt zu Plünderungen und noch ärgeren Gewalttaten in der Stadt. Indessen erkannte Spalding „das größte Uebel [...] dieses von unserer damaligen Seite eben so kostbaren als fruchtlosen Krieges [...] in der Verschlimmerung der Sitten des Volks in unserer Provinz, von welcher ich auch an meinem Orte ein betrübter Zeuge seyn mußte". Die parteiliche Unterscheidung von Freund und Feind geriet für ihn dadurch ins Wanken, daß er unter den preußischen Soldaten gute „Ordnung, Mannszucht und strenge Subordination" wahrnehmen konnte, „welche auf der andern Seite in großem Maße fehleten; und dieser Mangel veranlassete manche Plage, die man von denen, welche eigentlich zum Beschützen da waren, billig nicht hätte erwarten sollen"[34].

Auswärtige Angebote zur Veränderung gingen weiterhin bei ihm ein. Wenig verlockend war dabei der von seinem früheren Vertrauten, dem Berliner Propst Johann Peter Süßmilch, unterbreitete Vorschlag, das dritte und damit unterste Diakonat an der dortigen Petrikirche zu übernehmen – ein Vorschlag, den

[32] Vgl. LAVATER, Reisetagebücher (s. Anm. 20), 91.
[33] S. u. III.3.
[34] SPALDING, Lebensbeschreibung (s. Anm. 1), 148,22–26.15–21.

„anzunehmen ich natürlicherweise keine Ursache finden konnte“[35]. Zwei heimatliche Aufstiegschancen kamen allerdings noch hinzu. Der in Greifswald residierende pommersche Generalsuperintendent Jacob Heinrich von Balthasar, der Spalding einst in sein Lassaner Amt eingeführt hatte, war am 2. Januar 1763 verstorben. Einige ihm wohlgesonnene Regierungsbeamte, denen das vom schwedischen König zu ratifizierende Besetzungsrecht zustand, hatten Spalding als Nachfolger Balthasars ausersehen und erbaten nun seine förmliche Erklärung, eine Berufung in die Generalsuperintendentur, mit der das Prorektorat der Universität Greifswald und die erste theologische Professur verknüpft waren, annehmen zu wollen. Spalding winkte umgehend ab, wozu „theils das gegründete Bewußtseyn meines Mangels an zünftiger akademischer Gelehrsamkeit, theils meine schon lange gehegte Abneigung gegen das akademische Professorleben“[36] den Ausschlag gab. Daraufhin wurde Laurentius Stenzler, der bis dahin als Theologieprofessor und Pastor an St. Marien in Greifswald tätig gewesen war, am 9. März 1763 berufen und am 20. Mai in das Leitungsamt eingeführt.

Wenig später erkundigte sich Stenzler bei Spalding, ob er ihn als Nachfolger in seinem bisherigen Amt vorschlagen dürfe. Spalding, der darauf offenbar nicht eindeutig reagiert hatte, erhielt am 27. Juli die entsprechende Vokation. Sie stürzte ihn in ernstliche Skrupel, welche erkennen lassen, daß seine Ablehnung einer akademischen Laufbahn offenbar doch nicht ganz unerschütterlich feststand. Am 1. August zog er immerhin die Möglichkeit in Betracht, daß er sich als Hochschullehrer, im übrigen von Kollegen entlastet, vielleicht darauf beschränken könnte, „jungen Studenten die Wichtigkeit der Religion überhaupt, die besondern Pflichten ihres künftigen Amtes u.s.w. vorzustellen und sie überhaupt zu tugendhaften Menschen zu

[35] AaO 154,17–21.
[36] AaO 154,9–12.

machen"[37]. Tags darauf fand er abermals an dem Gedanken, „die Bildung rechtschaffener Geistlicher" unterstützen zu können, einigen Reiz, fürchtete sich andererseits aber auch vor der Gefahr, aus uneingestandener Eitelkeit seinen Barther Dienst zu verlassen und hinterher dann womöglich seufzen zu müssen: „O wäre ich wieder bey meiner Gemeine"[38] – ein Seufzer übrigens, der ihm später, als er sich nach Berlin verändert hatte, tatsächlich entfuhr[39].

Wieder einen Tag danach teilte er Stenzler in ehrerbietigen, bescheidenen Sätzen seine Ablehnung mit[40]. Ein weiterer, nun privater Brief an Stenzler ging mit derselben Post ab. Hier bekräftigte er, auch wenn „einiger Nuzen von mir darin zu erwarten seyn mögte, daß ich nach meinem beßten Vermögen suchen würde, das Practische der Religion bey den Studierenden zu befördern", die gefällte Entscheidung. Sein Gewissen könne es ihm schlechterdings nicht erlauben, eine Stelle anzunehmen, „die ein anderer mit ungleich größerer Geschiklichkeit und Nuzbarkeit bekleiden würde". Zwei konkrete Personalvorschläge, wer dieser Andere sein könnte, fügte er ungefragt bei: entweder der als Gymnasiallehrer in Coburg tätige Erhard Andreas Frommann, auf den ihn der Leipziger Theologieprofessor Johann August Ernesti aufmerksam gemacht habe, oder aber, als Kandidat aus der Heimat, Hermann Andreas Pistorius, der als Pfarrer auf Rügen bestallt war[41]. Tatsächlich kam dann bereits am 11. September der Helmstedter Professor Johannes Ernst Schubert zum Zuge.

Spalding blieb von der Angelegenheit noch auf Tage belegt. Einerseits geißelte er nun die Greifswalder Professoren sehr drastisch als „eine zalreiche Gesellschaft liederlicher Trink-

---

[37] Lavater, Reisetagebücher (s. Anm. 20), 190.

[38] AaO 201 f.

[39] Vgl. Spalding, Lebensbeschreibung (s. Anm. 1), 160,17–24.

[40] Eine Abschrift dieses Briefes bietet Lavater, Reisetagebücher (s. Anm. 20), 202 f.

[41] Eine Abschrift dieses zweiten Briefes findet sich aaO 207 f.

und Spielbrüder", andererseits vertiefte er sich in Erwägungen zu einer zeitgemäßen Studienreform: Anstatt in den Vorlesungen lediglich Dinge abzuhandeln, die aus Büchern schon sehr viel länger und besser bekannt seien, wäre es ungleich nützlicher, „wenn jeder Professor eine gewisse Anzal junger Leüte um sich hätte und nur ihre Lecture dirigirte" und sich danach „mit ihnen darüber unterredete und Rechenschaft von ihnen forderte"[42]. Einen durchaus selbstbewußten hochschuldidaktischen Kompetenzanspruch, gepaart mit dem Bewußtsein selbständiger theologischer Verantwortung, wird man aus alledem ohne Zweifel entnehmen können.

Ein Vergleich der jeweils letzten Predigt, mit der sich Spalding von seiner Lassaner und Barther Gemeinde verabschiedet hat, bringt zutage, daß die jetzige Amtsführung um etliches schwieriger, vielleicht auch, für beide Seiten, belastender war. In seiner Antrittspredigt hatte er der neuen Gemeinde bei noch ungetrübter Hoffnung versichert, seine ganze pastorale Tätigkeit werde darauf abzielen, „eüch der Freündschaft Gottes und darinn aller wahren Wolfahrt theilhaftig zu machen. Zu dem Ende nehme ich hiemit nochmal die feierliche Verbindlichkeit auf mich, eüch den ganzen Rath Gottes von eüerer Seligkeit bekannt zu machen, und mit Wißen und Wollen nichts zu verschweigen, was da nöthig und nützlich seyn könnte, eüch auf die Bahn des Lebens zu führen"[43].

Sieben Jahre später, im Juni 1764, als sein Wechsel nach Berlin[44] längst entschieden war, bestieg Spalding dann zum letzten Mal die Kanzel von St. Marien. Natürlich war es, wie damals in Lassan, ein bewegender Augenblick, und er bat ausdrücklich dafür um Nachsicht, daß er es jetzt, von der Situation überwältigt, „an der sonst gewöhnlichen Förmlichkeit und Ordnung

---

[42] AaO 216. 296.

[43] Abschriftlich erhalten in: J.C. Lavater an seine Eltern, 10.–19.7.1763 (Zentralbibliothek Zürich, FA Lav. Ms. 570, Nr. 27).

[44] S.u. III.8.

des Vortrags gänzlich fehlen lasse" (8,8f.)[45]. Habe er doch „hier in Barth einen Aufenthalt gefunden, der meinem Geschmack und meiner Denkungsart so völlig angemessen war. [...] Ich hätte gar zu gerne auch meine Asche hier bey der Asche dererjenigen gelassen, die mir theuer gewesen sind. Aber das ist nicht der Wille der Fürsehung gewesen, der wir alle unterworfen sind, und der wir uns also auch gutwillig unterwerfen müssen" (17,5–7.18–23). Seine Abschiedsbotschaft faßte Spalding in den selbstgewählten johanneischen Predigttext „Ich habe keine größere Freude als die, daß ich höre, wie meine Kinder in der Wahrheit wandeln" (3Joh 4). Damit sei keinesfalls eine nur äußerlich bleibende religiöse Rede- und Handlungsweise gemeint, vielmehr „die wirkliche Rechtschaffenheit, die wirkliche Richtung der Seele auf das, was ihr wahres und höchstes Gut zu seyn verdienet" (9,5–8).

In unumwundener Offenheit, die seine ihrerseits gerührten Zuhörer gewiß befremdete, vielleicht gar brüskierte, gestand Spalding daraufhin ein, die Ungewißheit, ob seine pastoralen Bemühungen segensreich seien, habe ihn des öfteren übermannt. Zwar könnte er auch etliche Beweise des Gegenteils anführen, und wenn er bisweilen unvermutet „in mancher armseligen Hütte Redlichkeit und Liebe, Geduld und Vertrauen auf Gott, angetroffen" und „das treueste beßte Herz gegen Gott und Menschen" gefunden habe, „so ist das mir selbst zu einem Himmel geworden" (13,16–21). Doch insgesamt seien seine Erfahrungen mit der Barther Gemeinde weit hinter seinem Hoffen und Wünschen zurückgeblieben: „Ich habe noch immer eine Menge gesehen, die die Welt zu ihrem Gott machen, und die ungescheut den Lüsten ihres Herzens nachwandeln" (11,9–11). Darum beschloß er seine siebenjährige Barther Amtstätig-

---

[45] Die nachfolgend in den Fließtext eingestellten Quellenangaben beziehen sich auf J.J. Spalding, Barthische Abschiedspredigt (1764; in: Ders., Predigten größtentheils bey außerordentlichen Fällen gehalten [1775], hg. von M. van Spankeren / Ch. E. Wolff [SpKA II/4], 2011, 5–20).

keit mit dem Wunsch: „Werdet insgesamt immer bessere Christen, damit ihr immer glücklichere Menschen werden möget. Welche Freude für mich, wenn ich auf die Art immer mehr höre, daß ihr in der Wahrheit wandelt!" (15,19–23).

Dann, als die Predigt bereits an ihr Ende gelangt schien, fügte Spalding noch den überraschenden Vorschlag hinzu, in dieser Abschiedsstunde einen „wirklichen ernstlichen Bund mit einander [zu] machen": „Lasset uns also noch jetzo bey dieser Gelegenheit, da wir zum letztenmahle so beyeinander sind, vor dem Angesichte des allmächtigen Gottes [...] einander versprechen, das zu seyn, was wir um unsers eigenen Glücks willen seyn sollen" (16,2–10). In der Zuversicht, daß wenigstens ein Teil von ihr diesen Bund einhalten werde, ließ er die Gemeinde zurück: „Lebet auf ewig wohl!" (19,22). Das waren bewegte, herzoffene Worte, in denen sich Glaube und Nüchternheit, Hoffnung und Realismus, Liebe und Leiden untrennbar ineinander verwoben.

3. Familienleben

Die Krönung des irdischen Glücks erfuhr Spalding in seiner Familie. Dazu kam es allerdings, für seinen Berufsweg nicht ungewöhnlich, vergleichsweise spät. Die Beschwernis, der ein Geistlicher jener Zeit ausgesetzt war, bestand darin, daß eine Ehe in der kirchlichen Festanstellung allererst ihre ökonomische Basis fand, jedoch für eine funktionierende Amtsführung eigentlich auch die unentbehrliche Voraussetzung darstellte. Die ersten beiden Jahre seines Pastorats zu Lassan versah Spalding als Junggeselle. Einzelne amouröse Verbindungen, die ihm Freunde des öfteren nahelegten, schienen ihm allesamt nicht zu behagen. Im Dezember 1750 erging dann gegenüber Gleim erstmals eine gewisse Andeutung. Sechs Wochen später begann Spalding zu schwärmen: „Ich werd' Ihnen was von meinem Mädchen erzählen. Von Ihrem Mädchen? sagen Sie.

Haben Sie denn ein Mädchen? Ja, wahrhaftig hab ich eines, ein allerliebstes gutes junges Mädchen“[46]. Das war auf die 16jährige Wilhelmine Sophie Gebhardi (1734–1762) gemünzt, die Tochter des an der Stralsunder Marienkirche bestallten Pfarrers Brandanus Gebhardi, in dessen Haus er schon seit etlichen Jahren verkehrte. Offenbar gab die Familie von Bohlen den entscheidenden Anstoß dazu, daß Spalding in der Stralsunder Pfarrerstochter, die er fast von Kind auf gekannt hatte, nunmehr eine liebenswürdige und begehrenswerte junge Frau zu entdecken vermochte. Die Gräfin, gestand er Gleim, sei „die Stifterin meines Glücks“[47], und Graf Bohlen, der als Brautwerber beisprang, veranlaßte den Vater Gebhardi zu einer schriftlichen Heiratszusage. Daraufhin bat Spalding die junge Frau Mitte Februar 1751 um ihr „mündliches Ja“[48]. Bis dahin hatte er sie freilich nur „meine Gebhardin“ zu nennen vermocht: „Es ist ärgerlich, daß ich des Mädchens Vornahmen noch nicht weiß. Wie närrisch trocken klingt das: Gebhardin? Könnte ich nicht Julchen oder Hannchen oder Charlotte oder Friederike, oder so etwas sagen?“[49] Am 12. August, unmittelbar vor dem 17. Geburtstag der Braut, wurde Hochzeit gefeiert. Nun war aus „meine[r] Gebhardin“ Wilhelmine Sophie Spalding geworden oder, wie er sie meist liebevoll nannte, „die kleine Mina“[50]. Aparterweise hatte Spaldings älterer Bruder auf diesem Hochzeitsfest seinerseits die Frau seines Lebens, mit der er ein Vierteljahr später die Ehe einging, gefunden.

Für Spalding fing nunmehr „ein ganz neues Leben an“, und seine Mina wurde ihm „immer werther, und zu meiner Glückseligkeit unentbehrlicher“[51]. Offenbar hatte es die junge Frau alsbald verstanden, „ihren Geschmack so wol, als ihre Vergnü-

---

[46] Briefe an Gleim (s. Anm. 2), 70,5–8.
[47] AaO 74,11 f.
[48] AaO 70,8–12.
[49] AaO 74,4–8.
[50] Spalding, Lebensbeschreibung (s. Anm. 1), 138,12 f.
[51] AaO 138,21 f; 139,2 f.

gungen“ mit denen ihres deutlich älteren Ehemanns „übereinstimmend und gemeinschaftlich zu machen“[52]. Ihre von Jugend auf gepflegte Lesefreude begünstigte den gemeinsamen Austausch über literarische und philosophische Fragen, wobei Spalding insbesondere davon beeindruckt war, daß sie bei aller Lektüre stets Mittel fand, „eine jede Erkenntniß, die sie [...] erlangte, dahin brauchbar zu machen, daß sie dadurch edler denken und handeln lernte“. Nicht minder beglückte ihn das in seinen Augen der „Bestimmung ihres Geschlechts“ gemäße Betragen, das in geselliger größerer Runde jeden Anschein der „unerträglichen Abgeschmacktheit, belesen oder gelehrt scheinen zu wollen“, vermied[53].

Unter allen Büchern schätzte sie die Gedanken und Sprache der Bibel am meisten, und sie bezog daraus, wie Spalding fand, eine „aufgeklärte Tugend und Gottseligkeit“, die sie von spitzfindigem theologischem Raisonnement ebenso fernhielt wie von frömmelnder „Andächteley“[54]. In ihrer „Bemühung, die Religion beständig mit unserm ganzen menschlichen Leben in eine Verbindung zu bringen“, erkannte er „eine Seele, die mit Gott und seinen Absichten harmoniret“[55]. Sofern man den Berichten des Ehemanns trauen mag, war Wilhelmine von zarter, bisweilen anfälliger Konstitution, dabei aber eine warmherzige, gewitzte und lebenskluge, allseits hilfsbereite junge Pfarrfrau von einnehmender, natürlicher Lebensheiterkeit. Allerdings erlag sie offenbar hin und wieder ihrem in unmittelbarer emotionaler Heftigkeit aufbrausenden Temperament, verstand es dabei jedoch, wie Spalding sogleich hinzufügte, allemal,

---

[52] J.J. Spalding, An Se. Hochwürden Herrn Doctor Gebhardi in Stralsund (1762; in: Ders., Kleinere Schriften 1, hg. von O. Söntgerath [SpKA I/6–1], 2006, 303–314), 304,11–15.

[53] AaO 306,18–20; 305,7–10.

[54] AaO 305,18f.; 306,21–25.

[55] AaO 307,9–12; 308,13f.

durch redliche Selbsterkenntnis und das „Bestreben nach ihrer Besserung" jene „Ungemächlichkeit" zu bezähmen[56].

Im Lassaner Pfarrhaus kamen, kurz nacheinander, drei Töchter zur Welt. Die Älteste, Johanna Wilhelmina Spalding (1753–1832), war nach den Rufnamen von Gleim und der Mutter benannt. Sie vermählte sich 1770 mit Friedrich Samuel Gottfried Sack, der damals in Magdeburg als reformierter Prediger Dienst tat und 1777 als Oberhofprediger nach Berlin wechselte[57]. Die Zweitgeborene, Sophie Charlotte Spalding (1754–1767), von den Eltern meist Lotta gerufen, erlag 13jährig einer bösartigen Pockenerkrankung; sie scheint ein besonders liebenswürdiges, reich begabtes Mädchen gewesen zu sein. Luise Dorothea Spalding, im Februar 1756 geboren, verstarb kaum zweijährig, als die Familie erst unlängst nach Barth übersiedelt war. Nach der ungetrübt heiteren Zeit in Lassan wurde der elterliche Schmerz dadurch noch verdoppelt, daß nur drei Wochen nach ihr auch der bald nach der Ankunft in Barth geborene Sohn Friedrich Wilhelm Spalding im zehnten Lebensmonat zu Grabe getragen wurde. Zwei Jahre darauf kam Karl August Wilhelm Spalding (1760–1830) zur Welt. Man hatte ihn nach dem noch lebenden Bruder des Vaters benannt. Schließlich, am 8. April 1762, wurde den Spaldings als sechstes Kind der Sohn Georg Ludwig, dem eine glanzvolle Laufbahn bevorstand[58], geschenkt.

Drei Tage nach der Geburt des jüngsten Kindes, am 11. April 1762, erlag die Mutter Wilhelmine Sophie ihrer dabei erlittenen Schwächung. Wenig später machte sich Spalding an die Fortsetzung seiner fünf Jahre zuvor unterbrochenen *Lebensbeschreibung*. Sein Herz, notierte er dort, sei „durch das traurigste Schicksal meines Lebens verwundet worden"[59]. Und im zweiten Jahr der Trauer an Gleim: „Ich hatte zu viel Glück, zu viel

---

[56] Spalding, Lebensbeschreibung (s. Anm. 1), 138,25–139,2.
[57] S.u. IV.2.a.
[58] S.u. IV.2.a.
[59] Spalding, Lebensbeschreibung (s. Anm. 1), 132,12–14.

Freude für diese Erde. In der That, ich wußte noch nicht, was Kreuz hiesse [...]. Die heitern Stunden, die ich gehabt, kommen nicht mehr wieder“[60]. Im Mai 1762, unter dem unmittelbaren Eindruck dieses ihn zutiefst erschütternden Todes, veröffentlichte Spalding eine *Denkschrift auf seine verewigte Gattin, an ihren Vater*[61]. Derart versuchte er „gleichsam den Schatten von ihrer Seele vor meinem und meiner Freunde Gemüthe fest zu halten“[62]. Auf wenigen Seiten entwarf er ein tiefenscharf konturiertes Charakterbild der Verstorbenen, und die „gefühlvolle wehmüthige Dankbarkeit“, die auf diesen Memorialblättern Ausdruck fand, war ihm „so gar gewissermassen Gottesdienst“[63]. Anrührend schilderte Spalding die letzten Stunden seiner Frau, die noch mit ihrer „bereits sterbenden Hand“ darum bemüht war, ihm „die Thränen, in welchen sich Angst und Freude vermengten, von den Augen zu trocknen“[64]. Nachdem sie gestorben war, schienen ihm „der schwärzeste Vorgang“ niedergefallen und „alle meine irdischen Freuden [...] aus meinem Leben mit einmal hinweg geflohen zu seyn“[65]. Verzweifelt suchte er sich mit der Gewißheit der Vorsehung Gottes zu trösten: „Im Ganzen wird doch dieß alles recht und gut, und auch mir selbst, der ich es nun nur noch weinend glauben muß, gut seyn“[66]. Nach einem Vierteljahrhundert hatte sich die Trauer in abgeklärte Glaubensgewißheit verwandelt: „Empfindungen dieser Art“, schrieb er im August 1787, „müssen nothwendig mit zu unserer hiesigen Erziehung gehören; sonst könnte der gütigste Vater der Menschen sie nicht über uns verhängen“[67].

---

[60] J.J. Spalding an J.W.L. Gleim, 21.9.1763; Abschrift J.C. Lavater (AdB 15/1, 1771, 330f.), 330.

[61] Spalding, An Herrn Gebhardi (s. Anm. 52).

[62] Spalding, Lebensbeschreibung (s. Anm. 1), 139,7–9.

[63] Spalding, An Herrn Gebhardi (s. Anm. 52), 310,21–26.

[64] AaO 311,13–16.

[65] AaO 312,27–313,1.

[66] AaO 313,13–15.

[67] Spalding, Lebensbeschreibung (s. Anm. 1), 151,3–5.

Bis zu seiner Wiederverheiratung[68] waren die Kinder und der sich des öfteren im Barther Pfarrhaus aufhaltende Neffe Erich Anton allein auf Spalding gestellt. Die dabei von ihm geübte Erziehungsweise hat Lavater, als er für etliche Monate bei ihm zu Gast war[69], in einigen Tagebuch- und Briefnotizen unmittelbar festgehalten. Es scheint, als sei der Umgang, den Spalding mit seinen Kindern pflegte, von einer für damalige Zeiten ganz ungewöhnlichen Zutraulichkeit und Sanftmut geprägt worden. Die aufgeklärte Pädagogik, die er dabei praktizierte, trug offenbar ihre Früchte. Einen Kinderstreit zwischen den Mädchen suchte Spalding mit der milden Ermahnung zu schlichten: „Ach! meine liebe Töchtern, denkt nur ein wenig nach – wenn es noch so gut gemeint wäre, der Ton schickt sich weder für ein Frauenzimmer, noch viel weniger für eine Schwester; andere Leüte möchten leicht ein nicht vortheilhaftes Vorurtheil widder eüch bekommen; ihr könntet es eüch leicht angewöhnen; und an einem Frauenzimmer ist nichts untauglichers und unnatürlichers als etwas rohes und wildscheinendes". Und „wenn ein Gefäß oder Fensterscheibe zerbrochen wird, so sagt er mit dem gefaßtesten Gemüth: Straf genug, mein Kind, für deine Unvorsichtigkeit! Das ist alles", fügte Lavater hinzu, „und dadurch werden sie mehr beschämt und vorsichtiger gemacht, als durch Schläge"[70]. Die Liebe zu den Kindern überdeckte manchmal sogar die Trauer um die verlorene Gattin. Wenn Spalding sich reumütig dabei ertappte, daß er „oft einige Tage hintereinander seine selige Frau überall habe vergeßen [...] können", dann tröstete er sich in dem Gedanken, es könnte solche Zerknirschung der Verstorbenen, „gesezt, daß sie davon wüßte, gewiß nicht lieb seyn [...], weil dadurch die Thätigkeit der Selen geschwächt würde und man dadurch zu seinen Pflichten ganz untüchtig würde"[71].

---

[68] S. u. III.8.

[69] S. u. III.7.

[70] J. C. Lavater an seine Eltern, 10.–19.7.1763 (s. Anm. 43).

[71] LAVATER, Reisetagebücher (s. Anm. 20), 100.

4. Predigten

Der Kanzeldienst markierte das Zentrum der pastoralen Amtsführung Spaldings. Wollte man für seine Tätigkeit in Lassan und Barth neben dem regelmäßigen Sonntagsgottesdienst mindestens einen Wochengottesdienst ansetzen, dürfte er in jenen 15 Jahren, die Kasualreden nicht eingerechnet, etwa 1.700 Predigten verfaßt haben. Von ihnen fehlt heute nahezu jede Spur. Bis zu seinem Wechsel nach Berlin anno 1764 hatte Spalding lediglich drei seiner Predigten separat publiziert. Nun war er von den Barther Kirchgängern allerdings mehrfach gebeten worden, eine Sammlung von Predigten auf den Buchmarkt zu geben. Seine Entscheidung, dem Wunsch zu entsprechen, stand, einer darauf deutenden Notiz Lavaters folgend[72], spätestens im Sommer 1763 fest. Die Ausgabe erschien freilich erst zwei Jahre später und stellte damit ebenso ein Abschiedsgeschenk an seine Barther Gemeinde wie eine homiletische Visitenkarte im neuen, residenzstädtischen Wirkungskreis dar. Die Nachfrage war erheblich, zwei weitere Auflagen folgten kurz nacheinander.

Obwohl es in Barth offenbar auch kritische Stimmen gab, die „ihn als einen bloß philosophischen Tugendlehrer, der das eigentliche Christenthum nicht genug triebe", einschätzten[73], dürfte sein dort versehener Kanzeldienst doch überwiegend auf dankbaren Zuspruch gestoßen sein. Das von Sulzer gezollte Lob stand jedenfalls nicht allein: Spalding sei, schrieb er an Lavater, „fast der einzige, der Weise und Einfältige zugleich unterrichtet und erbauet, und der die Religion in dem Lichte vorstellt, worinn man sie, ohne unsinnig zu seyn, nicht verwerfen kann"[74].

---

[72] Vgl. J. C. Lavater an seine Eltern, 1.7.1763 (Zentralbibliothek Zürich, FA Lav. Ms. 570, Nr. 26).

[73] Lavater, Reisetagebücher (s. Anm. 20), 705.

[74] AaO 123.

Von dem starren Dispositionsschema der lutherisch-orthodoxen Homiletik hatte sich der Prediger Spalding allem Anschein nach längst gelöst. Seine Kanzelreden folgten durchweg einem klaren, leicht durchschaubaren Aufbau. Nach einer bündigen, aktuelle Glaubensfragen aufgreifenden Einleitung kam der für den jeweiligen Gottesdienst vorgesehene Bibeltext zur Verlesung, aus dem Spalding dann in kurzer Meditation ein präzises, eingängig formuliertes Predigtthema entwickelte. So sprach er, ausgehend von der Mahnung Jesu zur Demut und Selbstlosigkeit (Lk 14,1–11), über „Die Ehrbegierde", kam von der Heilung des Gichtbrüchigen (Mt 9,1–8) auf „Die Glückseligkeit eines beruhigten Gewissens" oder fand sich durch das Gleichnis vom großen Abendmahl (Lk 14,16–24) dazu veranlaßt, den „eingebildete[n] Widerspruch zwischen den Geschäfften der Welt und den Verbindlichkeiten des Christenthums"[75] zu erläutern. Die Durchführung schritt sodann einer schlichten, meist zwei- oder dreiteiligen Gliederung, die Spalding vorab der Gemeinde bekanntgab, entlang, mündete am Ende in eine allgemeine, aus dem Predigtthema geschöpfte Ermahnung und schloß mit einem wiederum thematisch ausgerichteten Kanzelgebet.

Es wäre abwegig, die konsequente Entscheidung zur Themen- oder Mottopredigt als eine Geringschätzung des biblischen Textes zu mißdeuten. Denn ausweislich der erhaltenen Kanzelreden waren seine Predigten allesamt durchgehend von biblischen Zitaten, Anspielungen und Paraphrasen durchtränkt, die sich längst nicht nur auf den zuvor verlesenen Perikopentext bezogen, sondern in die ganze Breite der Heiligen Schrift ausgriffen. Der von Spalding gepflegte Predigtstil war „klar und verständlich […], von zurückhaltendem Temperament, gelegentlich redundant, dabei jedoch gänzlich frei von dunklen Anspielungen und orakelhaften Aussprüchen, abwä-

[75] J.J. Spalding, Predigten (^{1}1765; ^{2}1768; ^{3}1775), hg. von Ch. Weidemann (SpKA II/1), 2010, 40–60. 21–39. 249–268. – Nachweise aus diesem Band finden sich direkt in den Fließtext eingefügt.

gend im Urteil, auf Überzeugung statt auf Überwältigung der Zuhörer angelegt, zu Selbsterkenntnis und moralischer Besserung anhaltend“[76]. Bereits am Montag begann Spalding den Predigttext des nächstfolgenden Sonntags zu meditieren. In der Ausarbeitung achtete er auf eine ungekünstelte, jede rhetorische Eitelkeit meidende, natürliche Sprachgestalt, deren Botschaft sich aus der Einkehr in sein eigenes Herz nährte und darum das Herz und Gewissen des Auditoriums zu berühren vermochte. Auch in Gestik und Stimmführung bemühte sich Spalding um ungezwungene, doch reflektierte Natürlichkeit.

Die intentionale Grundrichtung seiner Predigtarbeit zielte insgesamt darauf ab, den Hörern „die richtigen Erkenntnisse und die deutlichen Ueberzeugungen“ zu vermitteln, die dann „in der Folge die guten Wirkungen zur thätigen Rechtschaffenheit und mehreren Zukehrung zu Gott“ (74,2–5) freisetzen sollten. Dieses aufklärungstypische Bestreben, in den Begriffen und Sachen des Glaubens größtmögliche Luzidität zu gewinnen, war sich der Grenzen der menschlichen Vernunft wohl bewußt. Seien wir doch von Natur aus „zu eingeschränkt und zu schwach [...], den ganzen Umfang der göttlichen Absichten, und zu welchem Ende dieses und jenes geschieht, völlig zu übersehen“, und darum auch durchaus unfähig, „alles nennen [zu] können, was der Herr mit seinen Einrichtungen zu erreichen sucht, und was sich erst in einer andern Zeit der Aufklärung [!] und des Lichts vor unsern Augen mehr entwickeln wird“ (116,22–29). Der Rekurs auf „die tägliche Erfahrung [...], daß nicht alles das, was wahr ist, auch für uns nach seiner innern Beschaffenheit begreiflich seyn müsse“ (66,2–5), zielte nicht auf eine allgemeine philosophische Kritik der reinen oder praktischen Vernunft, sondern auf den neologischen Fundamentalkonsens, die „unfruchtbare[n] Spitzfindigkeiten“ und

---

[76] Ch. Weidemann, Der Prediger Spalding (in: Spalding, Predigten [s. Anm. 75], XXI–LIV), XXIII.

Spekulationen der kirchlich-dogmatischen und namentlich der christologischen Metaphysik für die predigtpraktische Basisarbeit als irrelevant auszuweisen, solange sie nicht dasjenige in den Mittelpunkt rückten, was die „Person des Erlösers [...] eigentlich *für uns* ist, was *wir* an ihm haben" (66,16–21). In dieser Absicht aktualisierte sich, gleichermaßen zeit- und traditionstreu, das reformatorische Prinzip des *pro nobis*.

Die derart von Spalding betriebene Glaubenslehre sollte die religiöse Mündigkeit jedes einzelnen Gemeindeglieds stiften und stärken. Dabei genüge es, betonte er, keineswegs, nur dem Vorbild anderer Menschen, selbst wenn sie noch so vertrauenswürdig und achtbar erschienen, gutgläubig zu folgen. Vielmehr pochte Spalding auf die unbedingte Notwendigkeit eigenen Nachdenkens und schonungslos authentischer, im Licht der biblischen Wahrheit sich vollziehender Selbsterkenntnis. Diese wiederum für die gesamte Neologie repräsentative Predigtabsicht gründete in der Überzeugung, daß wahrer Glaube niemals durch ein theologisches Evidenzpostulat zu erzwingen, sondern allein in der freien religiösen Einsicht des Einzelnen zu gewinnen sei. Mit solcher Verpflichtung zu unvertretbar eigener Glaubensrechenschaft habe Gott „gewissermaßen [...] einen Probierstein geben wollen, welche Seelen aufrichtig und gewissenhaft genug sind, das zu glauben und anzunehmen, was ein solches Uebergewicht von Glaubwürdigkeit für sich hat, und was so offenbar zur Verbesserung und zur Glückseligkeit der ganzen menschlichen Natur dienet" (164,10–15).

Die damit behauptete religiöse Entscheidungs- und Wahlfreiheit setzte die entsprechenden menschlichen Fähigkeiten unabdingbar voraus. Tatsächlich erkannte Spalding in anthropologischer Hinsicht eine unbestreitbare „natürliche Empfindung von Gerechtigkeit" (53,16f.) sowie „das Gefühl des Wahren und Guten" (226,26f.), „von Wahrheit und Recht" (12,14). Wenn er auch gelegentlich, überkommene Sichtweisen aufnehmend, von der Menschheit als einem „verschuldeten gefallenen Geschlecht" (170,20f.) reden konnte, so hatte er gegenüber der augustinischen und reformatorischen Anthropologie doch unverkennbar eine deutlich andere Akzentuierung vollzogen. Nach seiner Auffassung werde ein Mensch nicht mit dem unentrinnbaren Fluch der Erbsünde, sondern als ein noch unvollkommenes, aber zur Vervollkommnung bestimmtes Geschöpf Gottes geboren, das sich dann einem in freier Einsicht und ungeteilter Eigenverantwortung vollzogenen geistig-sittlichen Reifungsprozeß aussetzen müsse, damit es schließlich „in die Ordnung und in die Gewohnheit kömmt, worinn Gott es haben will" (255,13f.). Wer dagegen in falsch verstandener Glaubenspflicht darauf bestehe, der Mensch könne „gar nichts Gutes an sich erkennen" und solle die „Gaben oder Tugenden", die an ihm sind, als vermeintliche „Mängel oder Laster" diskreditieren, der würde „augenscheinlich wider das wesentliche Gesetz der Wahrheit handeln" (45,3–10) und damit nicht allein seinen Schöpfer beleidigen, sondern fatalerweise zugleich einem „Vorwande des Unglaubens" (86,25f.) Raum geben.

Die zentrale Herausforderung, vor die Spalding die ihm anvertrauten Gemeindeglieder zusammen mit allen Christenmenschen gestellt sah, bestand ihm zufolge in dem unablässigen Widerstreit von triebhafter Sinnlichkeit und moralischer Rechtschaffenheit. Mit jeder Predigt versuchte er deshalb, angesichts dieses anthropologischen Antagonismus religiöse Glaubens- und Lebenshilfe zu leisten. Das schloß eine vernünftige, erfahrungsbezogene Argumentationsweise allemal ein. Um sich als Prediger der Gemeinde nicht gegenüber, sondern zur Seite zu stellen, wählte er dabei in exemplarischer Absicht nicht selten die Singularform der ersten Person: „Ich weis es doch, wie sehr ich mich durch meinen Leichtsinn, durch die Befolgung meiner niedrigen Lüste geschändet habe" und dadurch „die Würde meiner eigenen Natur habe erniedrigen und beschimpfen können" (30,5–15). Da sich im Gewissen jederzeit die Stimme Gottes erhebe, machten sich die „Gottlosen", die „Lasterhaften" und „Wollüstigen" (198,15.30) allemal einer

„innerliche[n] Untreue gegen die Wahrheit" (84,12) schuldig. Insofern sei der Unglaube durchaus als eine „strafbare Schuld" anzusehen, da doch die „Zweifelsucht", die ihm zugrunde liege, ihrerseits stets durch ein „unordentliches Gemüth" (151,11–23) provoziert werde. Unermüdlich hielt Spalding seiner Gemeinde vor Augen, daß die Befriedigung sinnlicher Begierden „nur ein kurzes und flüchtiges" und darum bloß „vermeynete[s] Glück" (5,3–11) zu gewähren vermöge, und erläuterte ihr eindringlich die Mechanismen des dadurch in Gang kommenden Selbstbetrugs.

Wer „eine Vergebung [...] wegen solcher Untugenden verlangen wollte, die er nicht abzulegen willens ist", mache sich „im Grunde eine[r] Gotteslästerung" (241,25–29) schuldig. Wahre Glückseligkeit entspringe dagegen allein aus einer rechtschaffenen, aufrichtigen Reinheit des Herzens. Die Drohung mit einer Vergeltung im Jenseits, meinte Spalding, sei eigentlich gar nicht nötig, weil „in dem Urtheile eines jeden denkenden Gemüths" schon begründet liege, daß die „Flüchtigkeit der sichtbaren Vergnügungen" ohne bleibenden Wert sei: „Eine jede Stunde der Lust vergehet nach der andern". Demgegenüber habe die aus der Rechtschaffenheit fließende Seelenruhe dadurch Bestand, daß sie den Menschen aus seiner selbstverschuldeten Abhängigkeit von den „zufälligen Dingen" (99,17–25) des Lebens und also den kontingenten Voraussetzungen sinnlicher Freuden befreie.

Insofern sei von einem Menschen, der nach wahrer Glückseligkeit trachtet, nichts weiter zu fordern, als „daß er mit allem Ernst in das Gute willige, was er einsiehet, daß er mit aller Treue die Kräfte anwende, die ihm gegeben sind". Solche aus vernünftiger Einsicht erlangte Rechtschaffenheit hebe indessen, wie Spalding betonte, die Heilsnotwendigkeit der göttlichen Gnade und der durch den Tod Jesu bewirkten Erlösung keinesfalls auf, da doch, einem Gesprächsprotokoll Lavaters folgend, „alle Wirkungen, die aus dem System der Natur herkämen, im eigentlichsten und genauesten Verstand Gottes Wirkungen und die Veranstaltungen seines Willens wären"[77].

Mit der Überzeugung, allein schon die vernünftige Einsicht gebiete es, rechtschaffen zu leben, und mit dem Tadel eines Menschen, dessen Reue nicht aus Scham über das von ihm begangene Unrecht, sondern nur aus Angst vor einer jenseitigen Bestrafung entspringt, wollte Spalding einen organischen Zusammenhang zwischen dem irdischen und ewigen Leben durchaus nicht in Abrede stellen. Sei doch „das ganze Leben auf Erden [...] eine Vorbereitung und Erziehung zur Ewigkeit" (107,18–20). Insofern sah er das Gebot der Moralität durch die Erinnerung an den eschatologischen Horizont des Lebens zwar nicht begründet, wohl aber entscheidend verstärkt. In höchst anschaulicher religiöser Metaphorik rief er seiner Gemeinde zu, es nehme „der Knecht der Sünde das Feuer zu seiner Hölle schon mit sich aus der Welt, indem er die Gesinnungen und Neigungen behält, die er sich hier hat angewöhnet und herrschend bey sich werden lassen, und für die er doch jenseit des Grabes nie die allergeringste Befriedigung findet" (199,22–27). Indessen gelte für den „Wollüstigen" wie für den rechtschaffenen Frommen in gleichem Maße, daß seine Seele dereinst vor dem Richterstuhl Gottes „gleichsam ganz nackend und allein und völlig sich selbst überlassen [ist]. Da muß der Mensch sich sehen, wie er ist, er mag wollen oder nicht" (200,28–30). Eingängiger dürfte die Autonomie der religiösen Sittlichkeit und zugleich die ihr zugemessene eschatologische Relevanz damals von kaum einem Aufklärungsprediger formuliert worden sein.

Die letztgenannte Äußerung Spaldings mag einsichtig machen, daß er auf der Kanzel, obschon durchweg um emotionale Wohltemperiertheit bemüht, zuweilen starke affektive Ergriffenheit auslösen konnte. Unter dem Eindruck des tragischen Todes, den ein offenbar zu alkoholischen Exzessen verführter

---

77 Lavater, Reisetagebücher (s. Anm. 20), 63.

Geselle unlängst erlitten hatte, predigte er, wie von Lavater überliefert, in einem „feüirgen und recht apostolischen Ton"[78]. Und mehrfach hielt derselbe Predigtzeuge in seinem Tagebuch fest: „Er konnte sich der Thränen so wenig enthalten als seine ganze Gemeinde. Es war kein Mensch, der nicht Thränen vergoß"[79]. Gleichwohl bemaß Spalding den Erfolg seines Predigens nicht nach dem Grad der dabei erzeugten Gefühlswallung. Pastorale Genugtuung empfand er allein bei dem Bekenntnis von Kirchgängern, die ihm zutraulich offenbarten, er habe ihren moralischen und religiösen Gemütszustand trefflich und anrührend zu formulieren gewußt[80]. Gelegentlich zeitigte sein Predigtdienst darüber hinaus handfesten praktischen Nutzen, so beispielsweise bei einem Kaufmann, der seine Barther Kundschaft mit Wucherpreisen übervorteilt hatte und nun, von einer Bußtagspredigt aufgerüttelt, mit der Frage zu Spalding kam, „wie er sich alles des unrecht erworbenen Gutes entlästigen könnte [...]. Er sei bereit, keinen Heller davon bey sich zu behalten"[81].

5. Kleinere Schriften

Als Pfarrer in Vorpommern verfaßte Spalding weiterhin kleine Aufsätze meist moralischen und erbaulichen Inhalts, die er dann in den Journalen *Beyträge zum Nutzen und Vergnügen. Für die Leser der Pommer- und Rügenschen Intelligenzen* oder *Critische Nachrichten durch Johann Carl Dähnert*, die beide in Greifswald erschienen, zum Druck brachte. Da sie allesamt, was in den Periodika dieser Art durchaus üblich war, anonym publiziert wurden, läßt sich ihre Anzahl und thematische Streubreite nicht eindeutig ermitteln. Immerhin hatte der Sohn

[78] AaO 701.
[79] AaO 654.
[80] Vgl. aaO 215.
[81] AaO 61.

Georg Ludwig einige dieser Texte noch rechtzeitig zu identifizieren vermocht. Deren überwiegende Mehrzahl dürfte in den zu Lassan verbrachten Jahren entstanden sein. In Barth scheint Spalding, abgesehen von einer auch in ihrem äußeren Format achtbaren Monographie[82], kaum noch zu eigener literarischer Arbeit gekommen zu sein. Eine Reihe von Plänen blieb deshalb unausgeführt, darunter – neben dem Essay *Das Christenthum eines ehrlichen Mannes*, der die *Bestimmung des Menschen* fortsetzen sollte[83] – das interessante, weit vor dem Beginn einer Leben-Jesu-Forschung skizzierte Projekt, unter dem Titel *Leben und Character Jesu*, offenbar angeregt durch eine Predigtsammlung des englischen Theologen James Duchal, eine christologische Apologie zu verfassen, die „einem jeden aufmerksamen, nicht muthwilligen Deisten die Überzeügung gleichsam abnöthigen würde, daß er [sc. Jesus] eine höhere Intelligentz als ein bloßer Mensch und von Gott gesandt wäre“[84].

In den damals entstandenen literarischen Miniaturen ist die bildkräftige, geschmeidige, elegante Formulierungskunst Spaldings auf eine neue, selbst über die Sprachgewalt seiner Predigten noch hinausweisende Höhe gelangt. Drei Beispiele mögen in die populartheologische Absicht und Gestalt dieser Etüden, deren Wert Spalding rückblickend allerdings eher gering einschätzte, exemplarische Einsicht gewähren.

Das *Schreiben eines Vaters an seinen Sohn*[85] erschien 1755, also bereits etliche Jahre vor der Geburt eines eigenen männlichen Nachkommens. Den äußeren Anlaß, diese Kunstform zu wählen, boten jugendliche Krawalle, die sich kurz zuvor in Greifswald ereignet und neben ausschweifenden Trinkgelagen

---

[82] S. u. III.6.

[83] S. o. II.8.

[84] Lavater, Reisetagebücher (s. Anm. 20), 380; vgl. aaO 599.

[85] J. J. Spalding, Schreiben eines Vaters an seinen Sohn (1755; in: Ders., Kleinere Schriften 1 [s. Anm. 52], 237–243). – Zeilenscharfe Nachweise aus dieser nur sieben Druckseiten umfassenden Schrift dürften sich im Folgenden erübrigen.

offenbar auch aus akademischem Dünkel provozierte Zusammenstöße zwischen Studenten und Handwerksgesellen mit sich gebracht hatten. In der literarischen Maske eines Mahnschreibens an den eigenen Sohn, der soeben sein Studium aufgenommen hatte, hielt Spalding die akademischen Unruhestifter in Greifswald zu Ordnung und Mäßigung an.

In der fingierten Rolle des Studentenvaters greift Spalding zunächst den Begriff der Ehre auf, der in jenen Tumulten zur Legitimation der korporativen Überheblichkeit reklamiert worden war und den Spalding als einen „eben so gemeinen, als falschen und abgeschmackten Begriff von der Ehre" zu demaskieren sucht. Um sich in solcher Begriffsverwirrung auf die denotative Kenntlichkeit des Ausdrucks besinnen zu können, appelliert er an das, was jeder denkende Mensch „begreifen und empfinden" kann, „was vernünftig und recht ist, den Jüngling sowol als den Greis wahrhaftig glücklich macht". Gegenüber dem, was „Vernunft und Ordnung" als das „höchste Gesetz" erweisen, stelle der Popanz einer anmaßenden Universitätsehre lediglich eine verachtenswerte „Zusammenstellung vom Kindischen und Rasenden dar", und wenn man gar noch die Ausbrüche rhetorischer oder körperlicher Gewalt, die sich auf solche vermeinte Ehre beriefen, als den Erweis von Herzhaftigkeit glorifiziere, so sei dies nichts weiter als „die Herzhaftigkeit eines Auerochsen, der in einer blinden Wildheit nur Schaden zu thun sucht". Um den studentischen Ehrgeiz, „in einer Saufgesellschaft die meisten Flaschen ausleere[n]" zu können, sei es keinen Deut besser bestellt. Stattdessen drängt der literarische Vater, jenem „höchste[n] Gesetz" folgend, auf einen Wettbewerb um diejenige Ehre, die „auch ausser der kleinen Sphäre des Studentenlebens" Bestand habe und Beifall finde: zunächst von Seiten des eigenen Verstands und Gewissens, darüber hinaus dann „bey denjenigen, deren Beyfall etwas werth ist". Allein dadurch werde der Sohn „auch in dem späten Alter des Nachdenkens ohne Erröthung und Verdruß" sich seiner einstigen Universitätsjahre können erinnern lassen.

Indessen möchte sich der Vater durchaus nicht in die Rolle des moralistischen Spaßverderbers und „murrischen Sittenlehrers“ verwiesen sehen, wo es ihm doch allein daran gelegen sei, „daß die Ergötzlichkeiten der Jünglinge auch Ergötzlichkeiten vernünftiger Menschen seyn sollen“. Die lebensweltlichen Konkretionen, in denen sich dieser Ratschlag bewähren kann, illustriert er, durchaus exemplarisch, in viererlei Hinsicht. Besonders delikat erscheint ihm dabei das an sich verständliche Interesse, in „die Gesellschaften vernünftiger und wohlerzogener Frauenzimmer“ Eingang zu finden, weil dazu ein sehr hohes, bei Studienanfängern nicht unbedingt schon vorauszusetzendes Maß an Charakterstärke und schicklichen Umgangsformen gehöre. Weiterhin könnte „eine ordentlich eingerichtete Schaubühne“, also ein Theater mit sittlichkeitsförderndem Repertoire, einer über das jeweilige Studienfach hinausreichenden kulturellen Bildung höchst förderlich sein. Doch weil es dergleichen in Greifswald nicht gebe, sei dafür „das Lesen witziger und mit wahrem Geschmack geschriebener Werke“, am besten in der Gesellschaft einiger guter Freunde, noch immer der beste Ersatz. Erstaunlicherweise zählt Spalding sodann auch das Glücksspiel unter die „Ergötzlichkeiten“, die einem Studenten zuträglich sein können. Solange das Spiel dazu diene, die wissenschaftliche Arbeit erholsam zu unterbrechen und frische Kräfte für ihren Fortgang zu sammeln, werde dabei „eine Kleinigkeit von Geld und eine Stunde Zeit nicht schlechterdings zu bereuen seyn“. Allerdings sei jederzeit wache Vorsicht geboten, damit man sich aus diesem harmlosen „Zeitvertreib“ nicht in eine fatale Spielleidenschaft ziehen lasse und dadurch die besten Stunden vergeude, seine Finanzen ruiniere und am Ende gar „zu widrigen Neigungen der Gewinnsucht und des Betrugs gewöhnt“ werde. Das Wichtigste nennt der väterliche Studienratgeber zum Schluß: „Endlich, mein Sohn, [...] sey ein Christ, und verehre Gott“. Die unter Studenten verbreitete Neigung, „sich in Unglauben und Ruchlosigkeit groß [zu] dünken“, sei doch zumeist nur Ausdruck einer törichten

Mode. Hingegen „so lange du Verstand hast, so lange wirst du Religion haben“. Darin gründe nicht allein das eigentliche Glück des Menschen, sondern ebenso, wie Spalding, den eingangs erörterten Begriff wieder aufgreifend, hinzufügt, seine vornehmste Ehre. Dazu müsse es dem Sohn mit dem Christentum allerdings Ernst sein: „Laß auch die Religion bey dir ihre Kraft beweisen, und dein ganzes Leben regieren“. Dadurch werde er immer „die Narren bejammern können, die in dieser Welt mit Mühe und Schande daran arbeiten“, in der künftigen Welt unglücklich und ehrlos zu sein. Kurzum: „Lebe vernünftig, mein Sohn, so wirst du glücklich leben“.

Dieser kurze, aparte, stilistisch glänzende Text scheint bei aller literarischen Verfremdung doch sehr genau die eigenen Studienerfahrungen des Verfassers zu reflektieren. Zugleich taugt er als ein gefälliges Beispiel für die präzise Applikationsschärfe, in der Spalding seine schon früh konturierte Religionstheologie in einer konkreten Krisensituation zu lebenspraktischer Anwendung bringen konnte. –

In anderer, noch dazu ironisch gebrochener Maske vertritt ein ebenfalls 1755 publizierter Essay die These, *Daß man die Wissenschaften nicht erleichtern sollte*[86]. Einleitend berichtet Spalding von seinem literarisch fingierten Bemühen, aus eigener Kraft die Astronomie zu erlernen. Nachdem er mit dem Studium eines Fachbuches kläglich gescheitert war, weil darin zu viele Begriffe und Erkenntnisse dieser Disziplin bereits als selbstverständlich vorausgesetzt waren, hatte er sich ein Kompendium vorgenommen, das ihn erst einmal in die Anfangsgründe der Rechenkunst einführen sollte. Aber auch davon sah er sich alsbald überfordert, so daß er „in eine immer grössere Dämmerung gerieth, daß es endlich um mich ganz finster ward, und ich von allem, was ich las, fast nichts mehr verstand“.

[86] J.J. SPALDING, Daß man die Wissenschaften nicht erleichtern sollte (1755; in: DERS., Kleinere Schriften 1 [s. Anm. 52], 199–205). – Zeilenscharfe Nachweise aus dieser wiederum nur sieben Druckseiten umfassenden Schrift dürften sich im Folgenden abermals erübrigen.

Dieser kapitale Mißerfolg schürte zunächst seine Wut auf die Gelehrten des Faches, die dem Laien, der in ihre Wissenschaft eintreten wollte, jede didaktische Hilfe verwehrten. Bald jedoch gelangte er, selbstkritisch resignierend, zu der befreienden Einsicht, „daß es mir an Geschicklichkeit und Stärke des Verstandes zu dieser Art der Erkenntniß, und vielleicht auch an der erforderlichen Stetigkeit gefehlet hätte", und beglückwünschte sich zu dem dadurch erübrigten Aufwand an Mühe und Zeit, der doch nur vergeblich gewesen wäre.

Aus dieser Erfahrung zieht Spalding im Fortgang die generalisierende Konsequenz, man sollte „die anfänglichen Schwürigkeiten der Wissenschaften stehen lassen [...], um diejenigen gänzlich davon abzuschrecken, die nicht darüber hinkommen können". Diese Empfehlung richtet sich zumal an die drei höheren Fakultäten, weil doch sonst „ein jeder schwacher Kopf" zu dem Irrglauben verführt werde, es ließe sich die Wissenschaft der Theologie, Jurisprudenz oder Medizin ohne jede spezifische Begabung und Fertigkeit gleichsam mechanisch erlernen. Kaum weniger fatal wäre nach seiner Ansicht eine Ermäßigung der philosophischen Disziplinen, weil man dadurch nur jene „unerträglichen Jünglinge" produzierte, „die bey ihrer Rückkunft von der Universität einen ehrlichen Landmann, der im Grunde mehr gesunde Vernunft hat, als diese Philosophen, mit dem tiefsinnigen Paradoxon, daß seine Pferde den Wagen nicht fortziehen, sondern fortstoßen, in Erstaunen setzen". Um dem „lächerlichen Stolz und dem geschwätzigen Unsinn der Halbgelehrten" entgegenzuwirken, sei es allemal besser, den zu einer bestimmten Wissenschaft prädestinierten Genies höchste Anstrengung abzufordern, „als daß tausend Stümper, zur Entvölkerung des Ackers und der Handwerksstuben, Etwas von Mathematikern und Metaphysikern geworden sind". In merkwürdigem Kontrast dazu steht allerdings das Plädoyer, den Zugang zu den Naturwissenschaften durch die Hürde der alten Sprachen, die dafür doch weder nützlich noch erforderlich seien, nicht unnötig zu erschweren.

Überraschenderweise beschließt Spalding diese Einlassungen dann aber mit der schelmischen Bitte, der Leser möge nun selbst entscheiden, „ob alles obige im Ernst oder im Scherze gesagt sey". Der Hinweis ist irritierend, weil er die Lösung dieses hermeneutischen Rätsels in oszillierender Schwebe beläßt. Einerseits hatte Spalding in dieser Schrift so viele erfahrungsgesättigte und vernünftige Überlegungen angestellt, daß man das Ganze kaum als eine ironische Kontrafaktur würde ansehen können. Andererseits aber konterkarierte der Ruf nach unbedingter wissenschaftlicher Niveauwahrung jedes aufklärerische, auch von Spalding zeitlebens vertretene und praktizierte Popularisierungsprogramm. Vielleicht war sich der Autor nicht einmal seinerseits über den intentionalen Status seiner Etüde im Klaren. Insofern präsentierte dieser Text ein gewitztes, für Spalding eher ungewöhnliches Kabinettstück der besonderen Art, und das literarische Zwielicht, das damit entzündet war, steigerte noch zusätzlich den ästhetischen Reiz. -

Im Jahre 1758 verschied nach einem langen, christlich geführten Leben Johann Philipp von Normann. Er hatte bei Markgraf Christian Ludwig von Brandenburg-Schwedt als Hofmarschall Dienst getan und sich dann auf das Landgut seines Bruders zurückgezogen. Normanns Tod – er starb allem Anschein nach mit Gott, der Welt und sich selbst im Reinen – veranlaßte Spalding zu einer kleinen, rasch publizierten Erbauungsschrift über *Das glückliche Alter*[87]. Zwei Jahre später brachte der Berliner Theologe Johann Heinrich Samuel Formey den Text in einem unautorisierten, sorglos und fehlerhaft redigierten Nachdruck abermals auf den Markt. Als dann 1763 die vielfach erweiterte 7. Auflage der *Bestimmung des Menschen* erschien, präsentierte Spalding dort den Essay erneut, damit ihm, nach jenem „unangenehmen Nachdruck [...],

---

[87] J.J. Spalding, Das glückliche Alter (1758; in: Ders., Die Bestimmung des Menschen [^{1}1748–^{11}1794], hg. von A. Beutel / D. Kirschkowski / D. Prause [SpKA I/1], 2006, 246–277). – Nachweise aus dieser Schrift finden sich direkt in den Fließtext eingefügt.

durch die Befreyung von einer Menge verunstaltender Druckfehler, wenigstens seine wahre Gestalt wieder gegeben wird" (247 Anm.).

Zwar sei wohl jedes Lebensalter, diagnostizierte er eingangs, mit spezifischen Vorzügen und Nachteilen behaftet. Doch werde man gewiß am allerwenigsten behaupten können, „daß die letzte Periode der ordentlichen Lebensdauer, ein Zustand vollkommener Freude sey" (248,12–14). Anschaulich führte er deshalb die wichtigsten körperlichen, seelischen und sozialen Gebrechen des Alters vor Augen. Allerdings gebe es, wie Spalding fortfuhr, durchaus Mittel und Wege, um auch als Greis noch insgesamt glücklich leben und „einen an sich beschwerlichen Zustand erleichtern" (250,1) zu können. Dabei ließ er die kontingenten äußeren Umstände nicht außer Acht. So trügen Gesundheit und Wohlstand ebenso zur Annehmlichkeit des Alters bei wie die Freistellung von den Erwerbs- und Berufspflichten. Gleichwohl könne „die eigentlichste und beste Seeligkeit" des Alters nur „von innen, aus der Denkungsart, den Gesinnungen und Vergnügen des Geistes" (250,27–252,3) entspringen. In dieser Hinsicht unterschied Spalding drei „unstreitige sichere Quellen des Vergnügens beym Abend des Lebens" (252,11–13).

Das innerlich empfundene Glück des Alters gründe zum einen in der Möglichkeit, auf ein in Rechtschaffenheit und Gottesfurcht gefristetes Leben zurückblicken zu können. Dagegen verursache das „hingetändelte und hingesündigte Leben [...] ein unglückliches Andenken", weil die Seele „in der Folge der vorigen Zeiten, so viele leere ungenützte Stellen wahrnimmt, so viel Stunden und Tage, welche in der niedrigen Geschäftigkeit eigennütziger Absichten verstreichen, oder in dem Tumult thörichter Freuden vorbey gerauscht sind, [...] deren ganzes Verdienst darinn bestehet, daß sie eine Null im Leben ausmachen" (252,26–254,10). Je weniger ein alter Mensch noch zu sinnlicher Ablenkung und Betäubung seiner selbst fähig sei, desto bedrängender steige dann „ein scheußliches Heer von Missethaten [...] zu dem zu Betrachtungen und zum Ernst genöthigten Geist auf" (254,25–27). Ganz anders ergehe es hingegen dem Greis, der sich eines moralisch und christlich geführten Lebenswandels erinnern kann. Ihm werde dann die Gewißheit, daß er seine Berufspflichten treu und uneigennützig erfüllt, „ausgebreitete Menschenliebe" geübt, jederzeit nach „Wahrheit und Recht" gestrebt und sich in alledem um „das Wohlgefallen der Gottheit" (256,15–25) bemüht habe, ungetrübt reines Vergnügen zuteil. Solches „Zurücksehen auf ein wohlgeführtes Leben, ist gleichsam eine Verneurung der höheren Jahre" (258,4–6), und die daraus entspringende Freude werde zusätzlich noch durch das Bewußtsein gereinigt, „das[s] alles Gute an ihm ein Werck der Gnade ist" (258,18 f.).

Zum anderen gründe das Glück des Alters auch in einer dann erreichten Bezähmung und „wohl eingerichteten Ordnung der Leidenschaften" (260,5 f.). Um so erbärmlicher sei es demgegenüber, wenn ein Greis immer noch den sinnlichen Vergnügungen nachläuft, ohne die er nicht leben zu können glaubt und „die doch am wenigsten für ihm gehören" (160,19 f.). Mit solchem Selbstbetrug zerrütte er lediglich sein Gemüt und müsse darüber hinaus dessen gewärtig sein, daß er „in seinen eignen übel geordneten, und unbefriedigten Neigungen, seine beständige Henker bey sich nährt" (260,23–25). Glückhafte Gemütsruhe werde im Alter allein dadurch erreicht, daß man die Nichtigkeit aller sinnlichen Freuden, durch die „der Geist so heftig gereitzt, und doch zugleich so jämmerlich getäuscht wird" (262,19 f.), erkennt und darum in zunehmender „Gleichgültigkeit gegen die Dinge dieses Lebens" (262,1) zu einer inneren Gelassenheit und Erfüllung findet. In freier Verknüpfung stoischer, mystischer und augustinischer Motive zeichnet Spalding einerseits das Idealbild eines Geistes, „der gewissermassen sich selbst genug ist" (262,3 f.), und verweist andererseits das menschliche Herz, von dem er wohl weiß, daß es von Natur aus „mit unendlichen Begierden versehen" ist, auf Gott als den, der allein dieses Sehnen zu stillen und „das glückliche innere

Gleichgewicht, ohne welches die ganze Welt keine Ruh geben kann" (262,24–28), zu gewähren vermag.

Schließlich vollende sich das Glück des Alters in der „trostvolle[n] nahe[n] Erwartung einer bessern Zukunft" (264,3 f.). Der Mensch sei nun einmal „zur Unsterblichkeit geschaffen", und ohne die Hoffnung auf eine Zukunft, „die den Knoten auflöst, die Anlage unsrer vernünftigen Natur zur Vollendung bringt", bleibe das menschliche Leben ein Rätsel und eine Quelle beständiger, elender Verwirrung. Die unausweichliche Fragmentiertheit und Bruchstückhaftigkeit irdischer Existenz treibe den Ungläubigen zur Verzweiflung oder zu hoffnungsloser, nur noch die eigene Vernichtung herbeisehnender Resignation. Dagegen verfolge der Christ in unerschrockener Gelassenheit seinen im Alter unausweichlichen äußeren Verfall. „Aber unter diesen Trümmern der sichtbaren Natur schwingt sich der beste Theil, der der Gottheit verwandt ist, zu einem ihm würdigen Zustande empor, und genießet im Vorschmack schon die Seligkeiten der Zukunft, die sein Glaube ihm versichert" (266,17–21).

Der eingängige, auf jede literarische Stilisierung oder Maskerade verzichtende Duktus dieser Erbauungsschrift kommt dem Predigtton Spaldings recht nahe und wird den Lesern, zumal wenn sie die christlichen Voraussetzungen, die dabei in Anschlag gebracht wurden, zu teilen vermochten, gewiß als anrührend und tröstlich erschienen sein. Im übrigen ist auch in dieser Schrift über *Das glückliche Alter*, wie überhaupt in den Betrachtungen Spaldings, bemerkenswert, daß er existentielle Fragen niemals in punktueller Verengung, sondern stets nur im Horizont des gesamten, irdisches und ewiges Dasein umgreifenden Lebens zu bedenken und zu beantworten suchte.

6. „Gedanken über den Werth der Gefühle in dem Christenthum“

Im Jahre 1761, zur Mitte seiner in Barth zugebrachten Lebens- und Arbeitszeit, erschien Spaldings erste theologische Monographie. Die auf 182 Druckseiten entwickelten *Gedanken über den Werth der Gefühle in dem Christenthum*[88] waren das Resultat eines längeren Reflexionsprozesses, den die unmittelbare Begegnung mit einer damals in Mecklenburg und Vorpommern verbreiteten pietistischen Buß- und Bekehrungsfrömmigkeit ausgelöst hatte. Nachhaltige Ermunterung bezog er dafür aus der Lektüre der *Biblisch-dogmatische[n] Theologie*, die der Göttinger Philosophieprofessor und Aufklärer Anton Friedrich Büsching[89], der 1766 als Oberkonsistorialrat und Direktor des Gymnasiums zum Grauen Kloster nach Berlin wechseln sollte, im Jahre 1758 herausgebracht hatte. Unter dem Eindruck dieser Lektüre wagte es Spalding, sich brieflich an den „hochehrwürdige[n] und hochgelahrte[n]“ Verfasser zu wenden und ihm für seinen dort bewiesenen Mut zu danken, „das Elend der scholastischen Theologie, womit wir noch immer beschweret sind, öffentlich aufzudecken, und die Glaubenslehre auf ihre wahre biblische Einfalt zurückzubringen“. Danach entwickelte er Büsching seine Überlegung, daß allein eine vernunftgeleitete biblische Exegese dem jedenfalls in seinem Umfeld vorherrschenden Mißstand abhelfen könne, daß „alle scharfsinnige und gründliche Wißenschaft in der Gottesgelehrsamkeit theils durch gewiße kleine, und wenn ich so sagen darf, unmännliche Erbauungsübungen, theils durch eine

[88] J.J. Spalding, Gedanken über den Werth der Gefühle in dem Christenthum (^{1}1761–^{5}1784), hg. von A. Beutel / T. Jersak (SpKA I/2), 2005. – Nachweise aus dieser Schrift finden direkt in den Fließtext eingefügt.

[89] A.F. Büsching, Gedanken von der Beschaffenheit und dem Vorzug der biblisch-dogmatischen Theologie vor der alten und neuen scholastischen, und von theologischen Aufgaben, 1758.

gewiße Erfahrungstheologie verdrungen werden soll, welche letztere vielleicht sehr oft auf besondere in der Beschaffenheit dieses oder jenes Gemüths und Leibes gegründete [...] Gefühle hinauskömmt"[90].

Auf diese konkrete Herausforderung bezogen sich die Überlegungen Spaldings, die darum keinesfalls eine Kampfansage an den Pietismus insgesamt darstellten. Bestimmte pietistische Gruppen und Personen deutete Spalding zwar an, nannte sie aber niemals beim Namen, weil es ihm nicht um Parteienstreit, sondern um eine der Wahrheit verpflichtete Sacherörterung ging. Allein die Spielart der herrnhutischen Frömmigkeit schloß er mit überraschender Schärfe von seinen Betrachtungen aus: Die durch den kurz zuvor verstorbenen Nikolaus Ludwig Graf von Zinzendorf geformte Bewegung blieb ihm als eine „ungeheure [...] Schwärmerey", welche „die schädlichste Feindschaft gegen die Religion überhaupt, und besonders auch gegen die christliche" bewiesen habe (33,17–22), von vornherein disqualifiziert. Freundliche Würdigung erfuhr dagegen die von Philipp Jakob Spener begründete, ursprüngliche Gestalt des lutherischen Pietismus. Und den *Gnomon Novi Testamenti* des württembergischen Pietisten Johann Albrecht Bengel hat Spalding ganz selbstverständlich als ein wichtiges exegetisches Hilfsmittel gebraucht (61,2*). Kurzum: Nicht mit dem Pietismus insgesamt, nicht einmal mit dessen von Francke in Halle geprägter Version, sondern allein mit den daraus erwachsenen Ablegern, in deren Bekehrungsmethodismus er ein letztes, deformiertes „Ueberbleibsel" (36,14) erkannte, ging Spalding, erfüllt von tiefem Wahrheitsernst, ins Gericht.

Allerdings erschien ihm diese Auseinandersetzung keineswegs als partikular. Vielmehr nahm er für sich in Anspruch, den Streit mit dem Pietismus, der von der lutherischen Spätorthodoxie nur mit „höchst unerheblich[en]" (39,30), „spekulati-

[90] J.J. Spalding an A.F. Büsching, 16.9.1759 (Stadt Hannover, Autographensammlung, Unterbestand Culemann, Nr. 2120).

vischen“ (40,4) Fragen geführt worden sei, überhaupt erst auf sein sachliches, „die eigentliche höchste Angelegenheit des Menschen“ (40,3) betreffendes Zentrum bezogen zu haben.

Unter den Hauptschriften Spaldings bekleidet der *Werth der Gefühle* einen eigenen Rang. Manche erkannten darin sein „wissenschaftlich wertvollstes Werk“[91]. Mit den anderen Schriften teilt dieses Buch den populartheologischen Zuschnitt. Mehrfach hebt Spalding hervor, sein Beitrag wolle weder der wissenschaftlichen Theologie noch der „Weltweisheit“, sondern der „Aufklärung und Beförderung des praktischen Christenthums“ (2,2f.) dienen und sei darum für alle „verständige[n] und nachdenkende[n] Christen“ (20,10) und „bedachtsame[n] Liebhaber der Wahrheit“ (31,23f.) bestimmt. Gleichwohl sind die expliziten philosophischen und theologischen, näherhin die anthropologischen und religionspsychologischen Anleihen in diesem Fall wesentlich größer als bei ihm sonst. Für den Ausbau seiner eigenen Religionstheologie, der sich in den drei nachfolgenden Hauptwerken[92] eindrucksvoll dokumentiert, vermochte Spalding damit eine wesentliche Basisarbeit zu leisten.

Sein geniales Jugendwerk über die *Bestimmung des Menschen*[93] hatte zu der anthropologischen Wende, die in der Geschichte der deutschen Philosophie und Theologie um die Mitte des 18. Jahrhunderts zu beobachten war, entscheidende Anstöße erbracht. Nun inspirierte Spalding das wissenschaftliche Gespräch über den Menschen mit einem gewichtigen materialanthropologischen Beitrag. Eine drängende und zugleich reizvolle Forschungsaufgabe läge nach wie vor darin, Spaldings *Werth der Gefühle* motivgeschichtlich zu analysieren und in der Debattenlage der Zeit umsichtig zu verorten. Dadurch ließe sich dann auch der Eindruck fundieren, daß er den Traditions-

---

[91] H. NORDMANN, Leben und Werke des J.J. Spalding (BKGP 13 [i.e. 14], 1836, 34–70), 64.

[92] S.u. IV.5., IV.7. und V.2.b.

[93] S.o. II.8.

strom religiöser Empfindsamkeit nicht etwa durch einen rationalistischen Gegenentwurf konterkarieren, sondern in das Konzept einer umfassenden, den *ganzen Menschen* (244,16) wahrnehmenden Anthropologie integriert wissen wollte. Unübersehbar ist der Anspruch, den Spalding auf das Programm eines „Erfahrungschristenthums" (35,2f.) und die mit diesem verbundene Würdigung des ganzen, „Verstand und Herz" (17,18), „Ueberzeugung und Empfindung" (26,2) gleichermaßen einschließenden Menschen erhebt. Das kommt in seinem Bestreben, die dunklen Gefühle zu „aufgeklärte[r] Empfindung" (39,1) zu läutern, ebenso zum Ausdruck wie in der komplementären religiösen Zielbestimmung, wonach „die gänzliche Abhängigkeit des Menschen von Gott" (51,9f.) zugleich „erkannt" (51,11) und „gefühlt" (74,26f.) werden müsse.

Im Laufe der Zeit sind dem Buch, das mehrere kräftige Überarbeitungen erfuhr, drei Vorreden erwachsen: zur zweiten (1764), dritten (1769) und, äußerst knapp, zur vierten Auflage (1775). Die fünfte, 1784 erschienene Auflage blieb dann in der Textgestalt nahezu unverändert. Der Untersuchungsgegenstand wird in „Vorläufige[n] Erwägungen" und drei Hauptabschnitten entfaltet. Davon behandeln die ersten beiden, ähnlich umfangreichen Abschnitte nacheinander die Fragen, ob sich die Einwirkung des göttlichen Geistes unmittelbar in religiösen Gefühlen zu erkennen gebe und ob solche Gefühle zur Vergewisserung des Glaubens notwendig seien. Diesen doppelten Reflexionsgang ergänzt der letzte Abschnitt noch um „Vermischte Anmerkungen und Betrachtungen" (229,2).

Eine Strukturanalyse des Textes sieht sich dadurch erschwert, daß die lineare Gedankenentwicklung von vier quer gelagerten Leitmotiven durchwoben ist. Deren erstes betrifft die Erläuterung und Anwendung der von Spalding gewählten Untersuchungsmethode. Durchgehend setzt er seine Erwägungen dem doppelten Kriterium aus, ob und inwiefern sie der vernünftigen Natur und Erfahrung des Menschen sowie dem Zeugnis der Bibel gemäß sind. Während der erste Gesichtspunkt dem von Spalding zeitlebens gepflegten Denk- und Argumentationsstil durchaus entspricht, betreibt er hier die explizite biblische Verifizierung in einer für ihn einzigartigen Extensität. Wenn er für die „ungezwungene Erklärung einer Schriftstelle“ fordert, daß sie „der ursprünglichen Einrichtung unserer Natur gleichförmig ist“ (41,27–29), so liegt in dieser „vernünftige[n] Auslegungsregel“ (41,7f.) nichts weniger als eine rationalistische Bemächtigung der Heiligen Schrift. Ist doch die Auslegung der Bibel für Spalding allein darin vernünftig, daß sie ihre „Begriffe nicht hinein bringen, sondern sie lediglich daraus fassen und annehmen will“ (203,2f.). In der ausführlichen Erörterung einzelner Bibelstellen hat Spalding dieses Auslegungsverfahren eindrücklich exemplifiziert. Sie führt ihn zu dem exegetisch breit fundierten Resultat, daß die Bibel nirgendwo zu der Behauptung Anlaß gebe, irgendwelche übernatürlichen Empfindungen seien das untrügliche und zugleich notwendige Indiz dessen, daß der Geist Gottes im Menschen tätig ist. Dergleichen zu fordern beweise demnach nur, daß man „weder die heilige Schrift noch eine vernünftige Kenntniß der menschlichen Natur zum Führer“ (139,4f.) habe.

Das zweite Leitmotiv ist die aus dem ersten gezogene materiale Konsequenz einer zugleich vernünftigen und biblischen Kriteriologie des religiösen Gefühls. Für Spalding qualifiziert sich eine Empfindung allein dadurch als religiös, daß sie einerseits erkennbar aus dem Wort Gottes entstanden ist und andererseits die „rechtschaffene Richtung unserer Seele zu Gott“ unterstützt (120,9–16). Was das erste betrifft, so sieht Spalding, gut reformatorisch, in der *worthaften* Vermittlung der Gnade den ausschlaggebenden Grund dafür, daß die Gnadeneinwirkung gar nicht unmittelbar als solche empfunden werden kann. In dieser Hinsicht gleiche das Wort Gottes einem auf mich geworfenen Stein: Beide Male werde ich allein durch das Medium – ob nun Wort oder Stein – berührt und nicht durch den Akteur, der es zu mir in Bewegung versetzt (77,16–80,22). Infolgedessen deutet es Spalding, einen reformatorischen Kampfbegriff aufnehmend, als Ausdruck von „Schwärmerey", wenn man seine unerklärbaren Gefühle als eine *neben* dem Wort ergehende, direkte Einwirkung Gottes ausgibt (26,15–22) und damit alles, was in der Bibel von der Art und Weise des Handelns Gottes gelehrt wird, selbstherrlich ignoriert (79,30–35). Allein das Medium des Wortes bietet für Spalding die zureichende Gewähr dessen, daß Gott selbst an mir wirkt. Das hat er mit dem letzten Satz des Buches noch einmal kräftig pointierend zum Ausdruck gebracht: „Ich bin aufrichtig der Meinung: Rede, Herr, denn dein Knecht höret; nur muß ich gewiß seyn, daß es der Herr ist, der da redet" (262,27–29).

Das andere materiale Kriterium ergibt sich daraus unmittelbar: „Die Wirkungen der Gnade [lassen] sich nicht aus der Empfindung derselben, sondern nur aus ihren Abzweckungen und Folgen erkennen" (86,26–28). Diese intentionale Ausrichtung des Handelns Gottes am Menschen bestimmt Spalding als „die Wiederanrichtung der Ordnung in meiner durch die Sünde verwüsteten Seele" (107,19f.). Damit hat er in schlichten, eigenen Worten das Kernanliegen christlicher Theologie sachidentisch reformuliert. Der angemessene Umgang mit den eigenen religiösen Gefühlen erweist sich als notwenige Konsequenz: „Ich muß nicht sowol fragen: Wie sonderbar, wie übernatürlich ist mir zu Muthe? als vielmehr: Wohin führet mich diese Regung? Was bringt sie in meine Seele und in mein Verhalten? Was wird aus mir, wenn ich ihr folge?" (91,27–31). Anstatt sich in religiösen Empfindsamkeitsprotokollen, „meteorologischen Beobachtungen" der eigenen Seelenlage und der Wahrnehmung „noch so vieler besondern Erwecklichkeiten" autistisch zu isolieren, empfiehlt Spalding „die redliche Liebe Gottes und des Nächsten" als das einzig verläßliche „Merkmal der Begnadigung und Gemeinschaft Gottes in Christo" (222,5–223,28).

Angesichts des noch immer haltlos fortgeschriebenen Klischees, wonach Spalding, wie die Neologie insgesamt, das Christentum auf einen synergistischen Moralismus reduziert habe, verdient das dritte Leitmotiv dieses Buches besondere

Aufmerksamkeit: Spaldings durchgehende und dezidierte antipelagianische Selbstpositionierung. Im Grunde läuft es bei ihm sogar darauf hinaus, seinen Widerpart, also den trivialpietistischen Bekehrungsmethodismus, seinerseits als einen synergistischen Irr- und Abweg kenntlich zu machen. Gegen jede Fixierung auf die eigenen Buß- und Gnadengefühle erinnert er daran, „daß wir in dem ganzen Geschäfte unserer Bekehrung und unsers Heils alles gänzlich Gott und seiner Gnade zuzuschreiben haben“ (26,2–4). Und mehr noch: Nicht allein der Glaube mitsamt seinen Früchten (214,25–215,5), sondern auch die natürlichen Anlagen und Kräfte des Menschen sind für Spalding ein Ausfluß göttlicher Gnade (118,8–33). Anstatt darum dem „Gräuel“ des Pelagianismus, dieser „Abgötterey gegen sich selbst“, zu verfallen, solle man sich an der in 1Kor 4,7 offenbarten Einsicht orientieren: „Alle Ehre ist Gottes. […] Alles Gute ist von ihm“ (119,2–11.33).

Infolgedessen sei die religiöse Aufmerksamkeit nicht darauf, „wie er *sein* Werk an mir ausrichtet“, sondern auf die Frage, „wie ich das *meinige* thue“, zu konzentrieren (108,1–3). Was dem Menschen in dem Prozeß seiner Heiligung zu tun obliegt, vollzieht sich für Spalding nun aber schlechterdings *mere passive*; es „bestehet darin, der Wahrheit in meinem Gewissen nicht entgegen zu arbeiten […] und so auch werden zu wollen, als Gott mich haben und machen will“ (108,3–10). Dergestalt kommt Spalding zu dem der Erfahrung wie der Bibel gemäßen Ergebnis, daß die Bekehrung und fortdauernde Besserung „auf Seiten des Menschen […] etwas bloß leidentliches sey“ (218,6–8). Stärker und eindeutiger ist das antimeritorische *sola gratia* Luthers im Zeitalter der Aufklärung kaum einmal formuliert worden.

Ein weiteres Leitmotiv läßt sich schließlich darin erkennen, daß Spalding die Existenz religiöser Empfindungen gar nicht bestreitet, jedoch die faszinierte Fixierung auf solche Gefühle in das Interesse an deren Ursachen zu korrigieren sucht (52,21 f.). Gegen die widervernünftige Vorstellung einer nur punktuellen Tätigkeit Gottes, der gemäß er „hier eine Traurigkeit, dort eine Scham, dann eine Freudigkeit und Entzückung, und anderswo einen übernatürlichen Trieb zu dieser und jener Entschließung, hervorbringen sollte" (3,27–30), denkt Spalding einen umfassenden, gleichförmigen und beständigen Einfluß der Kraft Gottes, deren Erscheinungsweisen sich lediglich aufgrund der individuellen Rezeptionsmodi spezifizieren (3,4–7,2). So könne der Eindruck einer direkten, supranaturalen Empfindung des Wirkens Gottes bereits durch die sentimentale Disposition eines Menschen verursacht sein, der „schon zum voraus [...] immer in der aufmerksamen Erwartung von etwas Außerordentlichem und Göttlichem stehet" (56,7–9). Auch sei es mitunter aus intellektueller Trägheit zu erklären, daß sich ein Mensch lieber seinen undeutlichen, übernatürlich scheinenden Eindrücken überläßt, anstatt „durch Anstrengung der Aufmerksamkeit in diese Dunkelheit Licht zu bringen" (229,14–16). Zumal bei Pfarrern sei oft auch eine entsprechende Heuchelei zu beklagen, die zwischen deren „komödiantische[r] Andacht" (233,29) und weltläufiger Lebensart einen empörenden Kontrast entstehen läßt und Spalding zu der sarkastischen Bemerkung veranlaßt, man möchte „die Geistlichen, die dergleichen doppelte Personen vorstellen, sehr bitten, sich etwas besser mit sich selbst zu vereinigen" (233,34–234,3). Scharfsinnig erkennt Spalding darüber hinaus eine geschichtliche Dialektik zwischen freigeistigem Religionsspott und sentimentaler Bigotterie: „Da der Spötter zu wenig Gefühl von Jesu und seiner Religion hat, so denken sie, sie können davon nie genug haben. [...] Vermittelst dieser Art von Zusammenstoß und Reaction treiben sich Unglaube und Schwärmerey untereinander oft zu einer erstaunlichen Höhe hinauf" (231,19–24).

Nun will Spalding die subjektive Aufrichtigkeit religiöser Empfindungen gar nicht bestreiten, sondern lediglich davor warnen, daß man derartige Individuationen zu normativer Verbindlichkeit überhöht: „Beyspiele sind keine Regeln für alle" (142,12 f.). Während der Übertritt von einer fremden zur christlichen Religion auch einen umfassenden Gesinnungswandel erfordere, sei in christianisierten Gesellschaften viel eher ein allmählicher Entstehungs- und Reifungsprozeß des eigenen Glaubens wahrscheinlich, der sich kaum durch ein exaktes Ursprungsdatum und einzelne äußerliche Glaubenswerke als christlich verifiziere, umso mehr hingegen in der allem Handeln zugrundeliegenden Ausrichtung der Seele auf Gott.

Was einen pietistischen Bekehrungsmethodismus für Spalding suspekt macht, ist insbesondere der für bestimmte religiöse Empfindungen beanspruchte Wahrheitserweis: „Die Stärke des Eifers und der Entschließungen [ist] kein untrüglicher Beweis von der Richtigkeit des Grundes, aus welchem sie entspringen“ (240,13–15). Im übrigen seien „die mit einem solchen Geräusche geschehenden Bekehrungen“ meist weder vollständig noch dauerhaft (239,13 f.), und wer sich, gemäß pietistischer Kasuistik, von Tanz und Spiel fernhalte, sei dadurch noch nicht vor den sublimeren Folgen der Sünde gefeit (131,9–132,25). Eine wirkliche Besserung des Menschen sieht Spalding allein dadurch erreichbar, daß man ihm zur Ausbildung und Kultivierung einer individuellen, Verstand und Gefühl gleichermaßen einbeziehenden Frömmigkeit beständige Anleitung gibt (244,6–17). Seine eigene, aufgeklärte Religiosität hat Spalding kaum einmal so bündig zum Ausdruck gebracht wie in der Bestimmung dessen, was für die Religion an eigener Tätigkeit unentbehrlich sei: „Nachdenken und Gebet“ (232,23).

Spaldings *Werth der Gefühle* stieß auf erhebliche Resonanz. Im ersten, 1765 erschienenen Band der *Allgemeine[n] deutsche[n] Bibliothek*, die sich, unter der Leitung Friedrich Nicolais, rasch zum führenden deutschen Rezensionsorgan entwickeln sollte, stellte der neologisch gesinnte Pfarrer Friedrich Gabriel Resewitz die zweite Auflage der Schrift ausführlich vor. Im Horizont der populartheologischen Apologetik seiner Zeit maß er dem Werk ponderable Bedeutung zu: Spalding habe seine Ansichten „mit einer solchen Bescheidenheit“ präsentiert, „die ihn auch denen, die er bestreitet, liebenswürdig machen muß; und in einem so edlen, deutlichen und zugleich männlichen und der Würde der Sache angemessenen Ton des Vortrags, daß wir wünschen, alle theologischen Schriften möchten nach diesem Muster gebildet seyn"[94]. Dann skizzierte Resewitz die Grundlinien des Buches und erläuterte teilweise auch die mit der zweiten Auflage hinzugekommenen Erweiterungen. Nur hinsichtlich eines einzigen, marginalen Details bat er den Verfasser, „diese Hypothese noch einmal zu prüfen", doch sollte seine Nachfrage das Lob der „Kette vortreflicher Wahrheiten", die Spalding aufgereiht habe, durchaus nicht schmälern. Die dritte Auflage stellte Resewitz 1770 wiederum in der *Allgemeine[n] deutsche[n] Bibliothek* vor, wobei er sich weithin auf eine Erläuterung der neu eingefügten Teile beschränkte und im übrigen der Erwartung Ausdruck gab, daß die von Spalding geltend gemachten starken Gründe die „unzweckmäßige[n] Bekehrungsmethoden" gewiß weiter einschränken würden[95].

Freundliche Bezugnahmen gab es auch sonst. So schloß etwa die Besprechung eines anderen Buches mit der als Kompliment gemeinten Bemerkung, es handle sich hier um „Bestätigungen und Erläuterungen so viel richtiger Beobachtungen, die Hr. Spalding in seiner vortreflichen Schrift von dem Werthe der Gefühle gemacht hat"[96]. Außerdem lassen sich Übersetzungen in die holländische und dänische Sprache nachweisen.

Die namhaften Ergänzungen, die der zweiten und dritten Auflage zugefügt waren, brachten nicht, wie sonst bei Spalding

---

[94] [F. G. Resewitz], Rez. J.J. Spalding, Gedanken über den Werth der Gefühle in dem Christenthum. Neue, verbesserte und vermehrte Auflage, 1764 (AdB 1/1, 1765, 3–14). – Diese Rezension eröffnete sogar den ersten Band des bedeutenden Periodikums!

[95] [F. G. Resewitz], Rez. J.J. Spalding, Gedanken über den Werth der Gefühle in dem Christenthum. Dritte Auflage mit neuen Vermehrungen, 1769 (AdB 12/1, 1770, 163–171).

[96] [L. S. Noltenius], Rez. J. Orton, Nachrichten von dem Leben, Charakter und Schriften, des Philipp Doddridge [...]. Aus dem Englischen übersetzt, 1769 (AdB 14/1, 1771, 613f.).

üblich, substantielle Erweiterungen des Argumentationsgeflechts, sondern nahmen die gelegentlich ergangenen Vorhaltungen und Einwände zum Anlaß, das, was von Anfang an gesagt war, noch eingehender zu erläutern. Durchmustert man die heute zugänglichen, ausführlichen Gegenschriften, die Spaldings *Werth der Gefühle* binnen weniger Jahre auf den Plan gerufen hatte, so scheint zumal deren erste ihrem Streitpartner intellektuell durchaus entsprochen zu haben. Sebastian Friedrich Trescho, pietistisch orientierter Pfarrer im ostpreußischen Mohrungen, legte 1764 seine *Beurtheilung der Schrift: vom Werth der Gefühle im Christenthum* vor, in welcher er Spalding mit Häme und Spott übergoß und ihn bald einen Pelagianer, bald einen Sozinianer schalt. Obschon er gegen Spalding die Möglichkeit direkter, übernatürlicher Empfindungen, in denen sich die Gnade Gottes unmittelbar bemerkbar macht, eingehend zu erweisen suchte, blieb er der Denkweise Spaldings mehr, als ihm selbst wohl bewußt war, verbunden. Andere Gegenschriften kamen an Deutlichkeit und Urteilskraft bei weitem nicht an Spalding heran, und das gegen einen Rezensenten gerichtete Urteil des reformierten Berliner Hofpredigers Ludwig Samuel Noltenius, fast scheine es, „als ob Herr Schleef das Buch, das er widerlegen und verbessern wollte, gar nicht verstanden habe“[97], dürfte sich auch auf etliche weitere Entgegnungen ausweiten lassen.

In seiner Vorrede zur dritten Auflage hatte Spalding vermutet, das Buch werde „in zwanzig oder zehn oder vielleicht noch wenigern Jahren […] bereits vergessen seyn“ (24,9–11). Hinsichtlich der Aktualität seines Gegenstands, also des in Mecklenburg und Vorpommern seinerzeit verbreiteten halleschen Gefühlspietismus, mochte er damit recht behalten. Zugleich aber hat er die Bedeutung, die der Schrift nicht nur in der anthropologischen Debatte des 18. Jahrhunderts, sondern auch

---

[97] [L.S. NOLTENIUS], Rez. J. Schleef, Gedanken über den Werth der Gefühle in dem Christenthum, 1770 (AdB 15/1, 1771, 497–499).

für den organischen Ausbau seiner eigenen Theologie zukam, weit unterschätzt. Aus heutiger Sicht repräsentiert der *Werth der Gefühle* ein Schlüsselwerk der Aufklärungstheologie und zugleich eine markante Etappe auf dem Weg zu Friedrich Schleiermachers epochalem Jugendwerk *Über die Religion* (1799).

7. Lavater

Im Frühjahr 1762 war Spaldings geliebte Frau Wilhelmine verstorben[98]. Danach blieb er noch für annähernd zwei Jahre, bis zu seinem Wechsel in die preußische Metropole, als Witwer in Barth. Allerdings begann sich die tiefe innere Einsamkeit, in die er gestürzt war, bereits im Frühjahr 1763 zu lichten, als drei junge, aus Zürich stammende Männer auf etliche Monate in seinem Pfarrhaus Quartier nahmen. Eine intensive, anregende, alle Lebens- und Arbeitsaspekte einschließende Gesprächsgemeinschaft ergab sich daraus, und sie wurde, von manchem Außenstehenden argwöhnisch begleitet, ungeachtet des namhaften Altersunterschieds zwischen Gastgeber und Gästen als ein veritabler Freundschaftskult der Empfindsamkeit zelebriert. Die Episode hat in der Kunstgeschichte eine achtbare Spur hinterlassen, und für das intellektuelle Klima der Zeit ist sie als Musterbeispiel einer aufklärerischen Sodalitätsbildung erst recht bedeutsam geworden.

Das bei Spalding einkehrende Triumvirat bildeten Johann Heinrich Füssli (1741–1825), Felix Hess (1742–1768) und Johann Caspar Lavater (1741–1801). Während des gemeinsam in Zürich absolvierten Theologiestudiums hatten sie sich kennen- und schätzengelernt. Danach warteten sie als Predigtamtskandidaten auf Anstellung in ihrer Kirche. Im Herbst 1762 kam eine lokalpolitische Affäre ins Rollen, deren Ausgang ihre zeitweilige Exulierung als ratsam erscheinen ließ. Die drei Freunde

[98] S.o. III.3.

hatten gegen Felix Grebel, den Landvogt von Grüningen und Schwiegersohn des Zürcher Bürgermeisters Johann Jakob Leu, eine in Ton und Sache scharf gehaltene Anschuldigung wegen Amtsmißbrauchs formuliert und den Text zunächst in Gestalt eines anonymen Briefes an die Zürcher Regierung geleitet. Nachdem diese allerdings untätig geblieben war, überbrachten sie ihr Protestschreiben im November 1762 der kommunalen Öffentlichkeit. Das Flugblatt trug den Titel *Der ungerechte Landvogt, oder Klagen eines Patrioten*. Das Aufsehen war erheblich. Nun leiteten die Behörden, die sich dadurch zum Handeln gedrängt sahen, eine förmliche Untersuchung ein, woraufhin der Beschuldigte überführt, rechtskräftig verurteilt und mit empfindlicher Strafe belegt wurde. Zugleich freilich hatten die jugendlichen Ankläger wegen der harschen Art ihres Vorgehens Unmut auf sich gezogen. Um die atmosphärischen Folgen ihrer Intervention rasch vergessen zu machen, drängten die Familien auf eine befristete Dislozierung der Söhne. In dieser prekären Lage halfen die Dozenten Johann Jacob Breitinger und Johann Jacob Bodmer, der letztere noch dazu ein Onkel von Felix Hess, mit wertvollem, buchstäblich wegweisendem Rat: Sie empfahlen und vermittelten einen Bildungsaufenthalt bei Johann Joachim Spalding. Dieser hatte sich unter den aufklärerisch gesinnten Geistern in Zürich bereits ein ziemliches Ansehen erworben. Am 21. Januar 1763 annoncierte Lavater die Erwartungen der drei Freunde nach Barth: „Wir möchten unter Ihren heiteren Lehren uns zu wahren Gottesgelehrten bilden und die unverfälschte Milch der evangelischen Lehre in dem Schoß Ihrer Freundschaft genießen. Wir suchen Sp[alding] und in ihm Wahrheit und Tugend“[99].

Günstige Umstände machten es möglich, sich für die erste und längste Reiseetappe der Führung des Gymnasialprofessors Johann Georg Sulzer anzuvertrauen, der von einem Heimatur-

---

[99] Zit. nach H. NORDMANN, Spalding und seine Zeitgenossen (JBKG 26, 1931, 100–120), 104f.

laub in Winterthur nach Berlin wieder zurückkehren mußte. Nachdem man dort am 27. März 1763 angelangt war, blieben die Freunde auf vier Wochen noch in der Stadt und konnten dabei, von Sulzer protegiert, zahlreiche Repräsentanten der theologischen, philosophischen und literarischen Aufklärung kennenlernen, darunter August Friedrich Wilhelm Sack, Moses Mendelssohn und Friedrich Nicolai. Am 29. April setzten sie, nunmehr auf sich gestellt, die Reise fort; nach fünf Tagen, am 4. Mai, erreichten sie Barth.

Johann Heinrich Füssli war ein Sohn des Malers und Schriftstellers Johann Caspar Füssli. Sein intensives, sich genialisch gebärdendes Naturell mochte Spalding nicht durchweg geheuer gewesen sein: Füssli sei ihm damals, schrieb er rückblickend, „voll gelehrter Kenntnisse" erschienen, „aber auch eben so voll starken und fast ungestümen Feuers der Einbildungskraft und der Entschlossenheit, das ihn in Denkungsart und Betragen oft genug über das Conventionelle zu einer befremdlichen Originalität hinaustrieb"[100]. Im Herbst 1763 löste sich Füssli aus der arkadischen Idylle des Barther Pfarrhauses, um sich zunächst nach Berlin, bald darauf dann nach London zu wenden. Die 1770er Jahre verbrachte er größtenteils in Italien. Nach ausgiebigen, vornehmlich in Rom betriebenen Kunststudien kehrte er 1778 nach London zurück, wo er als (Historien-)Maler, Kunsttheoretiker und Mitglied der Royal Academy of Arts, zuletzt gar als deren *keeper*, zu hohen Ehren gelangte. Mit seinen Gemälden, aber auch als Übersetzer – bereits in Barth hatte er die in drei Bänden erschienenen Reisebriefe der Mary Wortley Montague ins Deutsche übertragen –, ferner als Lyriker und philosophischer Schriftsteller erwarb sich Füssli in der europäischen Kulturgeschichte einen namhaften, bleibenden Rang.

Hess und Lavater hingegen blieben bis Ende Januar 1764 bei Spalding. Dann reisten sie mit ihrem Gastgeber nach Berlin, verbrachten dort zusammen mit Füssli, der sie in der Metropo-

---

[100] Spalding, Lebensbeschreibung (s. Anm. 1), 152,3–7.

le erwartete, noch etliche weitere Tage in seiner Gesellschaft und kehrten Ende März wieder nach Zürich zurück. Felix Hess, zeitlebens von kränklicher Konstitution, verstarb bereits 26jährig am 3. März 1768. Er scheint ein hoch begabter, dem Geist der Aufklärung verpflichteter Theologe und Kirchenmann gewesen zu sein. Davon zeugt seine *Prüfung der philosophischen und moralischen Predigten*, die, durch Spalding vermittelt[101], 1767 im Druck erscheinen konnte, und nicht minder seine 1777 postum publizierte *Sammlung einiger Predigten*.

Lavater, der den Freund Hess noch wenige Monate vor dessen Tod in Zürich getraut hatte, nahm fortan einen besonderen Weg. Er amtierte als Pfarrer in seiner Heimatstadt, seit 1778 an der dortigen Hauptkirche St. Peter. Seine durch Spalding inspirierte neologische Orientierung begann bald einer schwärmerischen Christusverehrung zu weichen, die sich durch die eigene subjektive Wahrheitsempfindung bereits zureichend verifiziert glaubte und darum der Notwendigkeit einer diskursiven Konsistenzprüfung ebenso wie den Ansprüchen kirchlicher Lehrtradition gänzlich enthoben sah. Mit seiner eigentümlichen biblisch-spiritualistischen, empfindsamen Frömmigkeit vermochte er die entstehende Erweckungsbewegung nicht unerheblich zu prägen. Literaturgeschichtlich bedeutsam wurde Lavater, der zeitweise mit Goethe, Herder und Klopstock auf freundschaftlichem Fuße verkehrte, als ein aufklärungskritischer Wegbereiter des Sturm und Drang.

Neun Monate lang hatte Spalding die Zürcher Gäste im Haus. Als sich nach dem Weggang Füsslis im Herbst 1763 abzeichnete, daß Hess und Lavater ihren Aufenthalt über den Winter hinweg fortsetzen wollten, fand sich der Gastgeber in der ihn aufrichtig peinigenden Lage, für die von ihm bis dahin frei gewährte Kost und Logis nun doch, der Not gehorchend, ein bescheidenes Entgelt zu erbitten. Der Umstand erscheint beiderseits signifikant: Während die jugendlichen Hausgenos-

[101] Vgl. aaO 152,24–29.

sen offenbar niemals von sich aus auf den Gedanken verfielen, ihren Wirt pekuniär schadlos zu halten, schämte sich Spalding für seinen von ihm selbst als „dreiste" empfundenen Vorstoß, da ihm doch eigentlich, wie er meinte, „die Ehre" dieses Besuchs „billig die angenehmste Bezahlung seyn" sollte[102].

Für Art und Verlauf dieser Besuchszeit stehen zwei außerordentlich reichhaltige Quellen bereit. Beide verdanken sich der extensiven Schreibleidenschaft Lavaters. So führte er ein breites, täglich fortgesetztes Reisediarium, welches sich, abgesehen von den ersten sieben Wochen, vollständig erhalten hat. Darin pflegte er nicht nur die Eindrücke und Erlebnisse des Tages, sondern auch eingehende Exzerpte seiner Lektüren, darunter insbesondere die Manuskripte der Predigten Spaldings, festzuhalten. Zudem berichtete Lavater seinen Eltern in dichter, erhaltener, heute in der Zürcher Zentralbibliothek verwahrter Brieffolge von seinem täglichen Ergehen. Obschon diese beiden Quellenschätze, zumal in Anbetracht der schwärmerischen Gemütslage ihres Verfassers, selbstverständlich in kritischer Behutsamkeit rezipiert werden müssen, gewähren sie doch höchst wertvolle Einblicke in die atmosphärischen, alltagspraktischen und intellektuellen Konturen jener von tiefer Freundschaft und Frömmigkeit getragenen Symbiose auf Zeit.

Innerhalb des Zürcher Trios oblag Lavater offenbar unangefochten die tragende Rolle. Er war damals, erinnerte sich Spalding, „gewissermaßen das Orakel und der Führer der beyden andern, den sie mit einer beynah kindlichen Art von Werthschätzung achteten, ohne daß er sich davon im geringsten einiges Ansehn gab, indem immer die innigste brüderliche Vertraulichkeit unter ihnen in der ganzen Art ihres Umgangs herschte"[103]. Dabei profitierten die drei Pfarramtsanwärter gleichermaßen von den täglichen konkreten Einblicken in die Anforderungen und den Vollzug einer funktionierenden Pasto-

---

102 Lavater, Reisetagebücher (s. Anm. 20), 354f.; vgl. aaO 469.
103 Spalding, Lebensbeschreibung (s. Anm. 1), 153,2–8.

ralpraxis. Das Zusammenleben im Pfarrhaus gestaltete sich intensiv; Spalding berichtete, man sei „die neun Monathe hindurch […] wenigstens eben so viel Stunden bey als von einander"[104] gewesen.

War der Gastgeber dienstlich gebunden, übte sich Lavater gern in eigener literarischer Arbeit. Dabei entstanden, von Spalding mentoriert, zahlreiche Rezensionen, aber auch etwa eine Streitschrift gegen den seinerzeit noch spätorthodox orientierten Carl Friedrich Bahrdt, deren Drucklegung Spalding dann unterstützte, zudem die niemals publizierten *Briefe von der Besiegung der Wollust an einen Freund* oder die seelenkundlich auf sich selbst reflektierende *Geschichte meines Herzens.* Andere Projekte wie das Rezensionsorgan *Litteratur eines Landpredigers*, für das Spalding als Hauptbeiträger gedacht war, oder ein *Auszug aus der Bibel […] zum allgemeinen Gebrauch mit kurzen Erläuterungen und Anmerkungen*[105] kamen über den Planungsstand offenbar nicht hinaus. Daneben erwies Lavater in der Kopie oder Exzerption handschriftlicher Texte, die ihm der Gastgeber freimütig zur Verfügung stellte, anhaltenden Fleiß. Dies betraf ansehnliche Teile der Korrespondenz Spaldings, insonderheit aber dessen Predigtmanuskripte, von denen etwa 100 Stücke allein durch die getreue homiletische Buchhaltung Lavaters vollständig oder in Teilen tradiert worden sind – eine ganz exquisite, noch kaum genutzte Quelle, aus der die Basisarbeit dieses bedeutenden Kanzelredners der Aufklärung alltagsnah rekonstruiert werden könnte.

Allemal anregender waren indessen die *mit* Spalding verbrachten Tage und Stunden. Ende August 1763 reiste man auf knapp zwei Wochen in die Sommerfrische über Stralsund auf die Insel Rügen. Mehrfach versuchte Lavater seinen verehrten Gastgeber mit dem Zeichenstift zu portraitieren. Auch ließ er sich von ihm gern über dessen aktuelle Buch- und Journallek-

---

[104] AaO 153,28–31.

[105] Vgl. H. WEIGELT, Einleitung (in: LAVATER, Reisetagebücher [s. Anm. 20], 1–12), 7.

türen, die längst nicht nur auf das theologische Fach beschränkt waren, berichten. Daneben scheint Spalding ein versierter, pointenscharfer Anekdotenerzähler gewesen zu sein. Gelegentlich saß man über einem Brettspiel, dem sogenannten Neunstein, zusammen. Im Mittelpunkt des amicablen Vergnügens standen freilich ausgiebige Gespräche und Diskussionen, die Spalding immer wieder durch seine enzyklopädische Belesenheit und Bildung zu nähren vermochte.

Die Themenpalette war denkbar breit. Natürlich erheischten theologische Fragen ein vordringliches Interesse. Dabei erörterte Spalding mehrfach die Möglichkeiten und Modalitäten einer von ihm erhofften protestantischen Union. Auch der Gebrauch der Vernunft in der Bibelauslegung und namentlich der Kanzeldienst fanden anhaltende Aufmerksamkeit. Das Letztgenannte betreffend, ging es nicht nur um Probleme der allgemeinen sowie der praktischen Homiletik, sondern stets auch um konkrete Belange der zurückliegenden und erst recht der bevorstehenden Sonntagspredigt. Darüber hinaus interessierte man sich für Geographie und Länderkunde, wobei der auch biographisch bedingten Anglophilie Spaldings ein besonderer Stellenwert zukam, desgleichen für die Palingenese der Pflanzen und andere Gegenstände der Naturwissenschaft, ferner für den Preußenkönig Friedrich II. wie überhaupt für das politische Tagesgeschehen, aber auch etwa, ein pietistisches Reizthema aufgreifend, für die Vereinbarkeit von Musiktheater und Christentum: „Über dem Eßen", notierte Lavater, „sprachen wir [...] von der Berlinischen Oper. Spalding hielt es für gar nicht unanständig für uns, dahin zu gehen. Eine schöne Musik anzuhören wäre so wenig böse als das Lied einer Nachtigall"[106]. Das Persönliche, Alltägliche und Triviale – etwa hinsichtlich der Mottenbekämpfung durch „Terpentinöhl, oder Tabackorauch"[107] – kam ebenso zu seinem Recht, und einfühlend teilte

[106] LAVATER, Reisetagebücher (s. Anm. 20), 669.
[107] AaO 337.

man selbstverständlich auch die gesundheitlichen Nöte des Gastgebers: seine Vorliebe für die „Stontonischen Magentropfen“[108], seine Zahnprobleme oder den ihm regelmäßig verordneten Aderlaß.

Am Ende der in so vertrauter Gemeinschaft zugebrachten neun Monate fiel die Trennung nicht leicht, und man wußte, daß es ein Abschied auf immer sein würde. Am 9. Februar 1764 deponierte Lavater auf Spaldings Schreibtisch einen sentimentalischen Dankesbrief. Nachdem er noch einmal die Erlebnisse und Erfahrungen dieser ihn über alle Maße beglükkenden Nähe beschworen hatte, schloß er, zutiefst bewegt, mit den Worten: „Gedenke meiner in Deinem Gebet, und Deine Seele sey mir immer nahe. Ich umarme Dich tausendmal im Geiste und weine mehr um Dich, als Du siehest. O, bleibe mein Freünd bis auf Deinen lezten Athem – und dann erwarte Deinen Lavater in dem Himmel!“[109] Tags darauf trat ihm Spalding ein letztes Mal gegenüber. Er zeigte sich von den Abschiedsworten, die ihm Lavater übermittelt hatte, aufrichtig gerührt, schien im übrigen aber die Trennung sehr viel gefaßter auf sich zu nehmen. In väterlicher Fürsorge ermahnte er den scheidenden Hausgenossen, seine Gesundheit zu schonen und sich „nicht mit zu vielen Geschäften zu überhaüfen“[110]. Dann umarmte man sich, und Spalding entließ die Freunde Hess und Lavater mit dem für seine Frömmigkeit so bezeichnenden Segensgruß: „Ach, itzt sehen wir uns nur noch eine Stunde und dann nicht mehr; aber setzen Sie sich über die kurze Zwischenzeit weg, die uns voneinander trennt. Denken Sie auch, daß wir nur in demselbigen Hause wohnen. Zürich ist Ihr Apartement und Berlin das meinige“[111].

Brieflich blieb man auf viele Jahre hinaus in Kontakt, und die Art, in der ihm der damals 21jährige Lavater zu Barther Zeiten

[108] AaO 444.
[109] AaO 772.
[110] AaO 774.
[111] AaO 775.

begegnet war, behielt Spalding in ungetrübter Erinnerung: Niemals sonst habe er „eine solche Reinigkeit der Seele, eine solche Lebhaftigkeit und Thätigkeit des moralischen Gefühls, eine solche offenherzige Ergießung der innersten Empfindungen, […] eine solche heitere Sanftmuth und Annehmlichkeit in jedem Umgange, kurz, ein so edles, einnehmendes Christenthum kennen gelernet“[112]. Allerdings bemerkte Spalding durchaus den signifikanten theologischen Wandel, den Lavater kurz darauf zu vollziehen und der sich in dessen vierbändigen *Aussichten in die Ewigkeit* (1768–1778) auch literarisch zu dokumentieren begann. In der Form offener, an den Freund Johann Georg Zimmermann gerichteter Briefe bot Lavater dabei eine ausführliche, von greller Realistik getragene Schilderung des jenseitigen Lebens, die, im Analogieschlußverfahren auf Naturbeobachtung und biblische Zeugnisse rekurrierend, einen geradezu grotesken Grad an Handgreiflichkeit erreichen konnte und in der deutschen, teilweise sogar der europäischen Gelehrtenrepublik alsbald heftige Debatten auslöste. Dem viel zu früh verstorbenen Jugendfreund Hess, spekulierte Spalding, hätte er ohne weiteres zugetraut, daß er Lavater von der ihn später einnehmenden „enthusiastische[n] Hitze“ und „manchen Sonderbarkeiten würde zurückgehalten haben“[113]. In würdevoller Versöhnlichkeit schrieb Spalding im April 1777 an den Hausgenossen von einst: „Lieber, theurer Freund[.] Bey diesem Namen in seiner ganzen innigsten Bedeutung kann und soll es bleiben, was auch sonst für Entfernungen, allenfalls wirkliche Misverständniße, zwischen uns seyn mögen. Wir haben beide ein letztes Ziel, deßen bin ich in meinem Herzen und vor Gott gewiß, und dahin werden wir, ungeachtet der verschiedenen Wege, die wir vielleicht jetzo gehen, weil wir keinen einförmigen gehen können, am Ende schon wieder zusammen kommen. Wenigstens ist es Trost und Freude für mich, so zu

112 Spalding, Lebensbeschreibung (s. Anm. 1), 153,12–19.
113 AaO 152,24–153,2.

denken"[114]. Der Austausch setzte sich fort, und ein Jahrzehnt später drängte es Spalding abermals, die bleibende persönliche Wertschätzung, die er empfand, zu bekräftigen:

> Wir sind freylich seit vier und zwanzig Jahren in unsrer Denkungsart ziemlich weit aus einander gerathen, und Sie haben in der Zeit große Schritte, auf welchen ich Ihnen nicht folgen konnte, von mir hinweg gethan. Ob vorwärts oder seitwärts? Das kann keiner von uns beiden für alle Andern entscheiden. Aber der ehemalige neunmonathliche Hausgenoße und Freund meines Herzens, mit seinem hellen richtigen Verstandesblick und mit seiner geraden, offenen, einfachen Seele, stehet noch immer in dem achtungsvollesten und angenehmsten Andenken vor meinen Augen. Darum enthalte ich mich auch mit Fleiß des Urtheils über Manches, was mir hie und da in Ihrer nunmehrigen Art zu handeln unerklärbar und bedenklich vorkommt[115].

Lavater empfand die positionelle Veränderung, die sich bei ihm seit der räumlichen Trennung von Spalding ergeben hatte, selbstverständlich auch seinerseits. Da er jedoch von seiner Verehrung des einstigen Barther Gastgebers nicht ablassen mochte, suchte er zwischen theologischer Überzeugung und persönlicher Wertschätzung trennscharf zu unterscheiden: „Wenn je Wahrheitsliebe mit Freundesliebe gekämpft hat, so kämpfte sie hier"[116]. Spalding blieb ihm, ungeachtet aller sachlichen, insbesondere christologischen Differenzen, ein „edler, unvergeßlicher, theurer Mann": „Von keinem Menschen dürft' ich wohl mit so vieler Zuversicht behaupten, daß er durch die redlichste Wahrheitsliebe geleitet wird [...]. Ich denke nie ohne wehmüthige Entzückung an jene glükseligsten Tage meines Lebens, jene neun Monate in seinem Hause zurück"[117]. Spalding

[114] J.J. Spalding an J.C. Lavater, 14.4.1777 (Zentralbibliothek Zürich, FA Lav. Ms. 527, Nr. 34).

[115] J.J. Spalding an J.C. Lavater, 16.2.1788 (Zentralbibliothek Zürich, FA Lav. Ms. 527, Nr. 45).

[116] J.C. Lavater, Aussichten in die Ewigkeit 1768–1773/78, hg. von U. Caflisch-Schnetzler (J.C. Lavater, Ausgewählte Werke in historisch-kritischer Ausgabe, Bd. 2), 2001, 573.

[117] AaO 572f.

wurde nicht müde, den Entstehungsprozeß der *Aussichten in die Ewigkeit*, die nun der geistige Intimus von einst publizierte, mit kritischen Ratschlägen zu begleiten. Allein Lavater blieb von der wissenschaftlichen Rationalität, in der Spalding seine Bedenken vortrug, ganz unbeeindruckt, und auch die Mahnung, sich nicht leichtgläubig auf die Aussagen der neutestamentlichen Johannesoffenbarung zu stützen, da die exegetisch-theologische Dignität dieser Schrift derzeit in erhebliche Zweifel gezogen werde[118], irritierte ihn nicht.

Doch der hochachtungsvolle Respekt, den er der Person Spaldings entgegenbrachte, blieb davon unberührt. Er war der erste, dem Lavater die neuen Folgen seiner *Aussichten in die Ewigkeit* zustellen ließ[119], und die aufrichtigen Ehrenbezeugungen setzten sich fort. Schwärmerisch hieß es am 1. Juni 1768: „Spalding – ach! mit welchem heimwehähnlichen Schmerz denke ich an die goldenen Tage, die glüklichsten meines Lebens zurük, die ich mit zwey geliebten Freunden auf seinem Barthischen Pfarrhofe zugebracht [...]. – Der erhabene Menschenfreund, dessen bloßer Anblik zur Tugend begeisterte, und Ungläubige selbst von der Göttlichkeit der besten Religion wenigstens einige Augenblike zu überzeugen vermochte“[120]. Und am 15. Februar 1772 in aparter Verbindung von Lebenserinnerung und Jenseitserwartung: „Ein einziger Abend bey Spalding [...], wie weit kann der schon führen; wie manches Vorurtheil benehmen! Wie manche Lücke unserer Erkenntniß ergänzen ... Was wird uns ein Tag bey Paulus und Jesaias lehren!“[121] Selbst nach weiteren zwei Jahrzehnten konstatierte Lavater, als er den Ort Assen am Kleinen Belt erreicht hatte, in ungebrochenem Jubelton „die aüßerste Ähnlichkeit mit Barth in Schwedisch-Pommern, wo ich vor 30 Jahren 9 seelige Mo-

---

[118] Vgl. aaO 210.
[119] Vgl. aaO 399.
[120] AaO 15f.
[121] AaO 419.

nathe bey Spalding zubrachte"[122]. Kein Zweifel darum: Die gemeinsame Episode von Barth hatte syn- und diachron weitreichende theologische, mentale und kulturelle Wellen geschlagen.

8. Karrieresprung

Die Besuchszeit der Zürcher Freunde im Pfarrhaus zu Barth überlagerte sich mit dem Entscheidungsprozeß zweier Angelegenheiten, die für Spalding jeweils von existentieller Bedeutung waren und die er immer wieder eingehend mit seinen Gästen erörtert hat. Das eine betraf die Frage einer erneuten Eheschließung, das andere den ihm unverhofft angebotenen Karrieresprung nach Berlin.

Eine abermalige Heirat schien Spalding mittelfristig unabdingbar zu sein, vornehmlich wegen der Besorgung seiner Hauswirtschaft und der Erziehung seiner vier minderjährigen Kinder. Einstweilen stellte er dazu sehr nüchterne Überlegungen an: Es sei nötig, referierte Lavater die Reflexion, „mit kalter Vernunft [...] sich vorher den Character einer solchen Person [...] zu zeichnen [...], die er etwa, wenn er je gesinnet wäre, sich wieder zu verheyraten, wünschen mögte"[123]. Indessen halten die abstrakten Lebensplanungen nicht immer den Kontingenzen der Wirklichkeit stand. Das sollte Spalding bei seinem Verkehr im Hause des Rittmeisters von Sodenstern alsbald erfahren. Dieser hatte, um die Drangsale des Siebenjährigen Krieges zu mindern, seinen Landsitz verlassen und mit der Familie innerhalb der Stadtmauern von Barth Wohnung genommen. Spalding stand bald in vertrautem Umgang mit ihm, gemeinsam erörterte man die *Bestimmung des Menschen* und andere theologische, aber auch politische und lebenspraktische Fra-

[122] J.C. Lavater, Brieftagebuch von der Reise nach Kopenhagen 1793 (in: Ders., Reisetagebücher, hg. von H. Weigelt. Teil 2 [TGP VIII.4], 1997, 107–307), 177.

[123] Lavater, Reisetagebücher (s. Anm. 20), 73.

gen. Die drei Töchter des Rittmeisters, deren mittlere, Maria Dorothea von Sodenstern (1739/40–1774), der verwitwete Spalding dann schließlich zur Frau gewann, beteiligten sich ebenfalls an der vergnügten, über Monate fortgesetzten häuslichen Geselligkeit mit dem Pastor.

Am 24. September 1763 erhielt Spalding einen Brief, der sein Leben auf unabsehbare Weise verändern sollte. Als Absender firmierte Johann Samuel Diterich, seines Zeichens Archidiakonus, also zweiter Pfarrer an der Berliner Marienkirche. Der Inhaber der ersten Pfarrstelle zu St. Marien war in Personalunion stets auch Propst an der Berliner Nikolaikirche und damit der ranghöchste lutherische Geistliche im Lande Brandenburg-Preußen. In dieser Funktion stand zuletzt Johann Ulrich Christian Köppen, der, aus dem Umfeld des pietistischen August Hermann Francke hervorgegangen, von der untersten Pfarrstelle an St. Nikolai kontinuierlich aufgestiegen und schließlich am 20. April 1763 verstorben war. Im Auftrag des preußischen Ministers und Präsidenten des Oberkonsistoriums Karl Ludolf von Danckelmann überbrachte nun Diterich die Frage, ob Spalding bereit und willens sei, sich in der Nachfolge Köppens als Oberkonsistorialrat und Propst nach Berlin zu verändern. Wenn es für Pfarrer auch üblich war, an Kirchen mit mehreren, hierarchisch gegliederten Stellen beim Tod oder Weggang eines im nächsthöheren Rang stehenden Kollegen nach oben zu rücken, so bestand für die Wiederbesetzung der kirchlichen Spitzenposition doch keinesfalls ein Automatismus. Etliche Vorgänger Köppens waren aus anderen Kirchen Berlins oder Brandenburg-Preußens in die Propstei eingerückt, auch gab es immer wieder Zugänge aus benachbarten Territorien, am prominentesten mit Philipp Jakob Spener, der 1691 als Dresdner Oberhofprediger in die Spitzenposition des preußischen Luthertums einzog. Aus der ehrenvollen Einladung, die jetzt Spalding in Händen hielt, läßt sich ersehen, welche Wertschätzung und welchen Ruhm er augenscheinlich schon damals in der preußischen Hauptstadt und Kirche genoß.

Dieser freilich fand sich, nachdem er den Brief Diterichs gelesen hatte, „in der äußersten Verlegenheit“[124] vor. Der Gedanke, die heitere Bedächtigkeit seiner in Barth gefristeten pastoralen Existenz gegen eine höchst ungewisse, doch allemal unruhige Zukunft eintauschen zu sollen, setzte ihm zu. Auch wähnte er sich in seinen Kräften und Fertigkeiten weit überfordert, zumal ihn die Gesellschaft fremder, vornehmer Menschen stets schüchtern und scheu werden ließ und er sich angesichts der geistigen Atmosphäre, die in Berlin herrschte, für gänzlich unfähig hielt, „auf einen unvermutheten Einwurf eines Freygeists allemal geradezu eine richtige und probhältige Antwort zu geben“[125]. Im übrigen zog er die Belastbarkeit und Treue einiger Berliner Freunde, darunter namentlich Sack, durchaus in Zweifel. Dann freilich hielt Spalding auch wieder dagegen: Das offerierte Amt schien ihm nicht ohne Reiz, äußere Annehmlichkeiten bis hin zu dem in Berlin sehr viel leichteren Postverkehr lockten zudem, und so begann er vorgreifend schon einmal präventive Verhaltensgrundsätze für seine künftige Tätigkeit zu skizzieren. Immer wieder, meist stundenlang, erörterte Spalding das Für und Wider mit seinen Hausgenossen, die ihrerseits nicht müde wurden, ihm eine beherzte Annahme der Einladung nahezulegen. Es sei doch in hohem Maße bemerkenswert, urteilte Lavater, „daß ein Spötter der Religion, Friedrich [II.], dem eloquentesten Prediger der vornehmsten Stellen eine geben will!“[126] So gingen die Tage und Wochen ins Land. Dann schließlich, am 13. Oktober, drängte ein Eilbrief auf rasche Entscheidung. Nun bezähmte Spalding sein Zaudern und sagte zu. Umgehend unterzeichnete der preußische König die Vokation. Mehrfach, berichtete Spalding rückblickend in seiner *Lebensbeschreibung*, habe er sich „nachher über mich selbst, und über die hierin bewiesene Kühnheit gewundert, und

[124] AaO 394.
[125] AaO 396.
[126] AaO 420.

desto mehr Ursach gehabt, mit Freude Gott zu danken, daß der Erfolg davon so gut geworden ist“[127].

Kurz nachdem die Entscheidung gefallen war, kehrte Spalding wieder in das gesellige Haus des Rittmeisters von Sodenstern ein. Rundum wurde ihm zu der Beförderung gratuliert, und in heimlicher Freude bemerkte er für sich selbst, daß die Tochter Maria Dorothea dabei niedergeschlagen und traurig war. Offenbar schienen sich die zarten Gefühle, die er für sie empfand, nun auch auf ihrer Seite zu regen. Der Rittmeister trat auf Spalding zu und riet ihm nachdrücklich zu einer erneuten Heirat, dies allerdings – in Berlin! Spalding erschrak, weil er darin ein „Verwahrungsmittel“ des potentiellen Schwiegervaters zu hören glaubte, da doch die „liebenswürdige[n] Eigenschaften“ Maria Dorotheas „schon einige Zeit seiner Aufmerksamkeit würdig schienen“[128].

Am 15. November wurde ihm die Berliner Vokation zugestellt, unmittelbar darauf reichte er bei der Regierung in Stralsund seine Kündigung ein. In der Barther Gemeinde machte sich, als die Nachricht vom bevorstehenden Abzug ihres Pfarrers bekannt wurde, tiefe Traurigkeit breit. Die Bewohnerinnen des Adligen Fräuleinstifts setzten kurzerhand um, was in der Bürgerschaft mehrfach erwogen wurde: Sie sandten eine Bittschrift an die Regierung, mit der sie, natürlich folgenlos, eine Amtsentpflichtung ihres verehrten Pfarrers zu hintertreiben suchten. Derweil wurde Spalding von immer neuen Skrupeln geplagt. Bald wünschte er, die gefällte Entscheidung revozieren zu können, bald beruhigte er sich wieder in der Gewißheit, bei seiner Zusage nicht von eigennützigen Absichten geleitet worden zu sein. Gänzlich verstummte die Ahnung, sich auf eine Überforderung der ihm eigenen Kräfte und Fähigkeiten eingelassen zu haben, dabei jedoch nie.

---

[127] Spalding, Lebensbeschreibung (s. Anm. 1), 155,19–22.
[128] Lavater, Reisetagebücher (s. Anm. 20), 453.

Unterdessen trafen nacheinander etliche erfreute Begrüßungszuschriften aus Berlin bei ihm ein. Die wärmsten, aufrichtigsten kamen von Diterich, mit dem sich später eine sehr enge, von unbedingtem Vertrauen und nahtloser theologischer Übereinstimmung getragene Freundschaft ergeben sollte. Die Wahrhaftigkeit seiner geneigten Wertschätzung manifestierte sich übrigens nicht zuletzt darin, daß er das Angebot, seinerseits in die Nachfolge Köppens einzutreten, mit der Empfehlung, Spalding sei dafür der weit besser geeignete Kandidat, sogleich abgelehnt hatte und zudem verlauten ließ, er werde, „wenn ihm allenfalls diese Stelle gegeben werden sollte, sie Spaldingen übergeben"[129].

In programmatischer Ausrichtung reflektierte Spalding jetzt auf seine künftige Amtstätigkeit. Dabei widmete er sich zumal den Problemen, die aus der in Preußen herrschenden protestantischen Bikonfessionalität resultierten. Hatten sich doch die Spannungen, die seit 1613 daraus erwachsen waren, daß die Stände und überwiegende Teile der Bevölkerung weiterhin lutherisch blieben, das Herrscherhaus und die Mehrzahl der administrativen Eliten hingegen dem reformierten Glauben anhingen, noch längst nicht entschärft. Vielmehr bestimmten kontroverstheologische Streitschriften und Zänkereien, in die sich auch der reformierte Oberhofprediger Sack engagiert einbrachte, weiterhin das religionspolitische Klima. Spalding zeigte sich entschlossen, Versuche einer förmlichen Union der beiden protestantischen Kirchentümer keinesfalls unterstützen zu wollen, weil davon nur weiterer Konfessionsunmut ausgehen könne. Seine Befriedungsabsichten zielten vielmehr darauf ab, die Pfarrer der beiden Seiten zu einem theologisch vollauf harmonierenden Predigtton zu bewegen und damit im Kirchenvolk die Überzeugung zu nähren, zwischen Lutheranern und Reformierten bestünden überhaupt keine wesentlichen Positionsdifferenzen, sondern man habe „die ganze Verschie-

[129] AaO 727; vgl. aaO 493.

denheit nur in aüßerliche gemachte Ordnungen, in gewißen Kirchen zu communiciren, [zu] setzen". Kurzum: „Man laße also die aüßeren Unterscheidungen stehen, wenn nur einerley Gesinnungen in beiden Kirchen herrschen"[130].

Der anstehende Orts- und Amtswechsel verlieh nun auch dem Heiratsprojekt neue Dringlichkeit. Am 31. Dezember 1763 bat Spalding seine Auserwählte in einem durch Boten überbrachten Schreiben, sie möge ihm doch erlauben, daß er bei ihrem Vater um ihre Hand anhielte. Unter Hinweis auf ihre prekäre Gesundheitssituation und ihren Hang zur Melancholie lehnte Maria Dorothea von Sodenstern den Antrag, ebenfalls brieflich, tags darauf ab. Spalding war tief erschüttert und in Tränen aufgelöst. Indessen folgte am 5. Januar doch noch das erlösende Jawort. „Ach, mögten Sie einst [...] so und noch glüklicher werden, wenn's möglich ist"[131], rief er beseligt seinen jungen Hausgästen zu. Soweit man sich aus den wenigen Zeugnissen, die tradiert wurden, ein Bild machen kann, scheint die Sodenstern tatsächlich mit Schwermut geschlagen, dazu etwas hypochondrisch veranlagt und im übrigen von eher sprödem Charakter gewesen zu sein. Von ihrem Bräutigam verbat sie sich alle Geschenke: „Sie könne das Geld zu etwas Beßerm brauchen"[132]. Der Vater hatte ihr offenbar jede Lektüre versagt, weil er davon überzeugt war, die älteste, anscheinend gemütskranke Tochter „wäre durchs Lesen in den thörichten und verwirrten Zustand gerathen, in welchem sie sich nun schon einige Jahre befindet"[133]. Lavater berichtete seinem Bruder Diethelm: „Seine Sodenstern ist erst 24 Jahr alt, aber ihre Sele scheint tief in 40 zu seyn"[134]. Sie wiederum freute sich darauf, einen um mehr als zwei Jahrzehnte älteren Ehemann zu bekommen, weil sie sonst immer hätte „fürchten müßen, daß der Mangel der ju-

[130] AaO 536f.
[131] AaO 671.
[132] AaO 695.
[133] AaO 707f.
[134] AaO 723.

gendlichen Munterkeit, den sie an sich so sehr wahrnähme, einem jüngern Geblüt gar zu beschwerlich fallen würde“[135].

Zunächst freilich erblühte das frische Glück, man besuchte und schrieb einander, so oft es ging. Spalding bat seine Zürcher Hausgäste dafür um Verständnis, daß er fortan nur noch wenig mit ihnen umgehen könne. Die Basis der neuen Verbindung lag für ihn in der „Vereinigung unserer Herzen zur Tugend“[136], und ebenso wichtig erschien ihm der Umstand, daß die Braut seine verstorbene Frau Wilhelmine persönlich gekannt hatte und die Versorgung seiner Kinder liebevoll auf sich zu nehmen bereit war. „Eine Gattin, sagte er, die es nicht für ihre Freüde halten würde, mich oft und zärtlich von meiner Mina reden zu hören und die jemal deßen überdrüßig werden könnte, würde mir, bey den größten aüßern und innern Vorzügen, die sie sonst haben mögte, unertraglich seyn“[137].

Aparte Voraussetzungen also beiderseits für eine bevorstehende Lebensgemeinschaft! Spalding erstellte für seine Braut einen Lektüreplan, gab ihr die entsprechenden Bücher zur Hand und erteilte ihr dialogischen Religionsunterricht. Zugleich ließ er die Schweizer Hausgenossen in unbekümmerter Offenheit an allen Freuden und Wendungen seiner Verlobungszeit teilhaben, und selbst dem schwärmerischen Wunsch Lavaters, den gesamten Briefwechsel der Brautleute abschreiben zu dürfen, um ihn dereinst seiner eigenen Braut schenken zu können, wurde vorbehaltlos entsprochen. Am 2. März 1764 führte Spalding seine Sodenstern dann in Barth zum Altar.

Zuvor allerdings, Ende Januar, begab er sich auf etliche Wochen nach Berlin, um dort die genaueren Umstände der Amtstätigkeit, der es entgegenging, zu erkunden. Die herzliche Aufnahme, die ihm bei den alten Freunden zuteil wurde, beglückte ihn, anderes hingegen sorgte für herbe Ernüchterung. So schien ihm das Propsteigebäude zu St. Nikolai doch bloß eine „gar zu

---

135 AaO 699.

136 AaO 683.

137 AaO 691.

elende und bettelhafte Herberg"[138] zu sein. Auch die Berliner Geistlichkeit und insbesondere die Kollegen, mit denen er bald zu tun haben würde, boten ihm wenig Anlaß zur Freude: Zu einem erschreckend großen Teil, befand er, seien sie doch „sehr ungezogen und pöbelhaft"[139]. Bangen Herzens kehrte Spalding für die letzten Wochen wieder nach Barth zurück.

---

[138] AaO 744.
[139] AaO 767.

IV. Preußischer Kirchenfürst (1764–1788/91)

1. Arbeitsfelder

Wie in der kommunalpolitischen Administration, so war auch in der kirchlichen Verwaltungsstruktur der Charakter der preußischen Metropole als einer Doppelstadt festgeschrieben: An St. Nikolai residierte der Propst von Berlin, an St. Petri der von Cölln. Innerhalb der lutherischen Geistlichkeit belegte der erstere dabei den höchsten Rang, und wenn er seinem Kollegen zu St. Petri an Lebens- oder Amtsjahren voraus war, fielen ihm noch vermehrte Amts- und Repräsentationspflichten zu. Als Propst von Berlin hatte Spalding die Dienstaufsicht über alle Pfarrer des Kirchenkreises zu führen. Ein regulärer Pastoralbetrieb gehörte selbstverständlich dazu. An jedem Sonntagvormittag um 9 Uhr war der Hauptgottesdienst in der Nikolaikirche zu halten, doch die Predigtverpflichtung reichte darüber hinaus und war, ob am Sonntag oder in der Woche, nicht selten auch an St. Marien und anderen Gotteshäusern der Stadt zu erfüllen. Die seelsorgerliche Betreuung des Gemeindesprengels schloß allerlei Kasualgottesdienste und den Konfirmandenunterricht ein[1].

In seiner Funktion als Oberkonsistorialrat war der Propst von Berlin zugleich Mitglied der staatlichen Kirchenleitung. Spätestens seit 1736 bestand als Abteilung des Justizministeriums das Geistliche Ministerium. Zwei Minister standen ihm vor, der eine als Abteilungsleiter für reformierte Angelegenhei-

---

[1] Vgl. dazu exemplarisch J.J. SPALDING, Bey der Einsegnung der Kinder, 3.5.1773 (in: DERS., Barther Predigtbuch. Nachgelassene Manuskripte, hg. von A. BEUTEL / V. LOOK / O. SÖNTGERATH [SpKA II/5], 2010, 133–135).

ten, der andere – eine aparte Arbeitsteilung! – als Dezernent für lutherische und katholische Belange.

Beim Regierungsantritt Friedrichs II. (1740) wurde die lutherische Landeskirche in Preußen von mehreren dezentralen Behörden geleitet. In Berlin residierte das kurmärkische, in Küstrin das neumärkische Provinzialkonsistorium, daneben gab es Konsistorien einzelner Herrschaften wie beispielsweise in Sonnenwalde, Brühl oder Breslau[2]. Nachdem im März 1749 der Präsident und kurz darauf auch der Vizepräsident des kurmärkischen Provinzialkonsistoriums verstorben waren, wies Friedrich II. seinen Großkanzler Samuel Freiherr von Cocceji an, eine zentralisierende Modernisierung der lutherischen Konsistorialstruktur vorzubereiten. Analog zu der bereits 1694 innerhalb der französischen Kolonie etablierten Commission écclesiastique und dem 1713 eingerichteten deutsch-reformierten Kirchendirektorium war im Herbst 1750 mit dem Berliner Oberkonsistorium dann auch die gewünschte lutherische Zentralbehörde entstanden. Eine zeitgleich erlassene Instruktion regelte die Zuständigkeiten dieses Amtes, das im gesamten 18. Jahrhundert merkwürdigerweise niemals das Beiwort „königlich" trug, sondern stets nur als das „kurfürstliche Oberkonsistorium" tituliert wurde. Als Oberbehörde aller preußischen Provinzialkonsistorien oblag ihr zugleich die Funktion des seitherigen kurmärkischen Provinzialkonsistoriums. Dergestalt hatte das Oberkonsistorium die Anstellung der lutherischen Pfarrer im Land vorzunehmen, ferner Lehre und Wandel aller Pfarrer, Kandidaten und Studenten der Theologie zu beaufsichtigen. Die Bestallung und Überwachung der lutherischen Schulmeister in Preußen, die kirchliche Rechnungsprüfung und die Begutachtung von designierten Theologieprofessoren kamen noch jeweils hinzu.

---

[2] Vgl. K. Themel, Die Mitglieder und die Leitung des Berliner Konsistoriums vom Regierungsantritt des Kurfürsten Johann Sigismund 1608 bis zur Aufhebung des Königlichen Preußischen Oberkonsistoriums 1809 (JBBKG 41, 1966, 52–111), 86.

Das Leitungsgremium trat regelmäßig am Donnerstagvormittag in dem 1735 erbauten neuen Kollegienhaus Ecke Friedrichstraße / Unter den Linden zusammen. Die Konsistorialräume befanden sich in der ersten Etage; sie umfaßten einen Saal und die Partenstube, von der aus man auf den Balkon und in den Audienzsaal gelangte sowie in die Räume der Registratur. Nach dem Vorbild des Reichsfürstenrates in Regensburg lag rechts vom Chefpräsidenten die Bank der geistlichen, links von ihm die der weltlichen Räte.

Die Aufgaben des Propstes und Oberkonsistorialrates brachten es mit sich, daß Spalding auch das dreiteilige Examen der kurmärkischen Predigtamtskandidaten beaufsichtigen oder abnehmen mußte. Der erste Examensteil, das sogenannte Tentamen, fand jeweils im Haus und unter der Moderation eines der vier lutherischen Oberkonsistorialräte statt. Im Rahmen der Ordination aller kurmärkischen Nachwuchstheologen, die seit 1767 an St. Nikolai vollzogen wurde, erfolgte dann zugleich der zweite Examensteil. Die gestaffelte Qualifizierung vollendete sich schließlich in einer Prüfung der Kandidaten vor allen geistlichen Räten. Langeweile und Müßiggang waren für den Berliner Propst augenscheinlich nicht vorgesehen.

Die Beklemmung, in der Spalding, um das ehrenvolle neue Amt anzutreten, im Juni 1764 mit seinem Hausstand nach Berlin übersiedelte, muß erheblich gewesen sein. In seiner *Lebensbeschreibung* hat er das entsprechende Kapitel mit einer auffallend breiten Schilderung der als regelrechte „Krankheit"[3] diagnostizierten Schüchternheit, die ihn belastete, eingeleitet. Weil er „in eine Art von betäubtem Zustande"[4] gefallen war, mußte auf der Anreise für eine ganze Woche pausiert werden. Der erste Eindruck am Zielort machte die Sache nicht besser: Da sich die Renovierung des alten Propsteigebäudes noch hin-

---

[3] J.J. Spalding, Lebensbeschreibung von ihm selbst aufgesetzt (in: Ders., Kleinere Schriften 2: Briefe an Gleim – Lebensbeschreibung, hg. von A. Beutel / T. Jersak [SpKA I/6-2], 2002, 105–240), 158,33.

[4] AaO 156,32.

zog, wurde er mit seiner Familie für das erste halbe Jahr in die Wohnung Johann Crucigers, des vierten Pfarrers zu St. Nikolai, eingewiesen, ohne sich dort ausbreiten und den eigenen Hausrat verfügbar machen zu können.

Seine Befürchtungen fand Spalding zunächst vollauf bestätigt: „Man konnte des Verwunderns kein Ende finden, einen unbekannten Mann aus einer kleinen Stadt einer kleinen fremden Provinz zu einer solchen Stelle nach Berlin gerufen zu sehen“[5]. Verschiedentlich glaubte man neue, irrige Lehren von ihm zu hören, und den guten Zulauf, den seine Predigten alsbald gefunden hatten, meinten mißliebige Stimmen nur dadurch und durch das „weltliche Wortgepränge“, das man ihm vorwarf, erklären zu können. Als peinigend empfand er dazu auch die zahlreichen feinen Gesellschaften, denen er amts- und anstandshalber seine Aufwartung machen mußte und in denen er sich doch nur gehemmt fühlte; nicht selten glaubte er sich dabei wie ein gefangenes wildes Tier vorgeführt, das nun der ungenierten Neugier aller Anwesenden ausgesetzt war. Spalding haderte mit seiner „elenden Empfindung der Blödigkeit“[6] und versuchte sie durch den Umstand, daß er in seiner Kindheit und Jugend niemals in die Gepflogenheiten vornehmer Kreise eingeübt worden war und bis zu seinem 35. Lebensjahr keinen selbständigen Beruf ausgeübt hatte, entwicklungsgeschichtlich plausibel zu machen.

Den fatalen Mechanismus der Ängstlichkeit, die daraus resultierte, durchschaute er zwar, vermochte ihn aber einstweilen nicht zu durchbrechen. So ließ er sich durch das selbstgefällige Auftreten Anderer stets aufs Neue einschüchtern, und wenn er hinterher auch für sich selbst zu der Einsicht kam, er hätte wohl ebenso klug wie sie zu reden vermocht, dann war doch „diese kurze Stärkung des Selbstvertrauens schon bey der nächst wieder kommenden Gelegenheit durch den Eindruck von fremdem

[5] AaO 157,11–15.
[6] AaO 158,7f.

Glanz und Geräusch eben so völlig vernichtet, als wenn sie nie da gewesen wäre“[7]. Auch seine konservative Abneigung gegen rituelle oder routinelle Neuerungen erklärte er sich, jedenfalls teilweise, durch „diese Seite meines Charakters, die mir vor andern oft genug, wenn gleich nicht als Schuld, doch als Mangel, manchen Kummer gemacht hat“. Nicht selten verfiel er in eine „hypochondrische Stunde“[8] und quälte sich mit der Überlegung, wie es wohl anzustellen sei, wieder in die Beschaulichkeit seines früheren Dienstes zurückkehren zu können.

Es bleibt unerfindlich und dürfte allenfalls aus der ihm eigenen intellektuellen Spiel- und Verstellungslust zu erklären sein, daß Gotthold Ephraim Lessing dem eben nach Berlin gekommenen Geistlichen ein stolzes, hochmütiges Wesen nachsagte[9]. Am 9. August 1764, wenige Wochen nach seinem dortigen Dienstantritt, antwortete Spalding dem alten Freund Gleim, der sich darüber befremdet gezeigt hatte, daß ihm dieser Wechsel erst aus der Zeitung bekannt geworden war: „Freylich bin ich itzo in Berlin, aber in Berlin sind itzo für mich die goldenen Tage nicht mehr, die wir vormals darin lebten. [...] Wenn ich mit einmal 10 Bücher Papier voll Kirchen- und Schul-Visitations-Berichten [...] erhalte, die alle gegen den folgenden Tag durchgelesen und mit Anmerkungen begleitet seyn sollen – wie gleichet das gegen mein Aufenthalt in Barth, wo ich ungleich mehr zu reinem und anderer Menschen unmittelbarem Nutzen lebte“[10].

Mit einem festlichen Gottesdienst zu St. Nikolai wurde Spalding am 15. Juli 1764 in das neue Amt eingeführt. Jacob Ditmar, langjähriger Kantor an dieser Kirche, brachte dabei das von Georg Philipp Telemann jüngst komponierte *Oratorium vom*

---

7 AaO 158,29–32.

8 AaO 160,9–11.21.

9 Vgl. B. Maurach (Hg.), Die Briefe Johann Daniel Sanders an Carl August Böttiger, Bd. 1, 1990, 190f.

10 J. J. Spalding an J. W. L. Gleim, 9.8.1764 (Das Gleimhaus. Handschriftenbestand, Signatur: Hs. A 3828).

guten Hirten und vom Miethling, wahrscheinlich sogar als Berliner Erstaufführung, zu Gehör. Unverblümt gab Spalding in seiner Antrittspredigt die auf ihm lastende Bangigkeit kund. Mit Erstaunen finde er sich an dieser Stelle vor, da er sich doch stets nur zur Wirksamkeit „in einem kleinen eingeschränkten Kreise"[11] bestimmt glaubte. Während er dies aber allein mit sich und seinem Gott ausmachen müsse, suche er sich nun mit seiner neuen Gemeinde über das, „was uns auf beiden Seiten, euch sowol, als mich, am nächsten angehet" (22,26f.), zu verständigen. Aus dem für diesen Anlaß gewählten Predigttext Phil 3,14f. („Ich jage […] dem vorgesteckten Ziele nach, dem Kleinod, welches vorhält die himmlische Berufung Gottes in Christo Jesu. […]") destillierte er als Thema seiner Kanzelrede „die Gesinnung, bey welcher das Predigtamt eigentlich nutzbar werden kann" (24,9f.). Den Ausgangspunkt seiner Betrachtungen markiert die für evident ausgegebene Einsicht, der Mensch müsse, um glückselig zu werden, seinem Leben ein organisierendes, alles umfassendes Ziel setzen. Da sich „das Glück der Erde" jedoch allezeit fragmentiere, sei ein beständiges Glück nur in Gott zu erlangen: „Hierin finden wir den Himmel auf Erden und den Himmel in der Ewigkeit" (27,13.21f.). Und weil wir zu diesem Ziel „durch Jesum, unsern Herrn, angewiesen und fähig gemacht werden", komme es lediglich noch darauf an, „daß wir es recht suchen" (28,28–29,4). Ein irdischer Glücksverzicht sei damit durchaus nicht verbunden: „Die unschuldigen Vergnügungen des Lebens […] können, als Blumen, die auf der Bahn zu der bessern Freude gleichsam unter unsern Füssen wachsen, mitgenommen werden; nur daß sie uns nicht von dieser graden Bahn weglocken" (32,1–6). Nach einer warmherzigen, biblisch fundierten, sprachlich glänzenden

[11] J.J. Spalding, Berlinische Antrittspredigt, 15.7.1764 (in: Ders., Predigten größtentheils bey außerordentlichen Fällen gehalten [1775], hg. von M. van Spankeren / Ch. E. Wolff [SpKA II/4], 2011, 21–43), 22,15f. – Weitere Nachweise aus dieser Predigt finden sich direkt in den Fließtext eingefügt.

Ausführung dieses Predigtgedankens kommt Spalding am Ende wieder auf die eigenen Nöte zurück: Wenn die Gemeinde ihm nur seine „Mängel und Schwachheiten“ nachzusehen und dem angezeigten Weg des Glaubens und der Glückseligkeit zu folgen bereit sei, dann werde sich sein „Gefühl von Verlegenheit und Furcht [...] schon erleichtern [...]. Nehmet also mich, einen Fremdling unter euch, nehmet mein Herz und meine Bemühungen mit der Liebe an, womit ich an meinem Theile, mich euch und eurem Besten aufzuopfern, vor Gott bereit bin“ (39,1–22). Nach den allfälligen, hierarchisch gestuften Segenswünschen läßt Spalding seine Predigt in den Gebetsruf einmünden, Gott möge ihn „in allen meinen Umständen empfinden [lassen], daß ich ohne dich nichts, und durch dich alles vermag“ (42,28–30). Die Ansprache, mit der sich der neue Propst zu Berlin öffentlich vorstellte, ist ein Musterbeispiel aufgeklärter Kanzelkunst und zugleich der Hilferuf eines einsamen, dienst- und liebeswilligen Predigerherzens.

Die Antrittspredigt wurde rasch publiziert. Wegen der großen Nachfrage erschien sie nach wenigen Wochen bereits in zweiter, leicht verbesserter Auflage. Auch das literarische Echo war durchaus erheblich. So brachte der junge mecklenburgische Pastor Valentin Christoph Möller, der später als Verfasser zahlreicher theologischer und pädagogischer Schriften, aber auch von Gedichten und Lustspielen hervortreten sollte, eine in Dialogform gehaltene kritische Erörterung dieser Kanzelrede heraus. Zwar wird darin der neue Berliner Propst als ein „redlicher persönlicher Charakter“ mit „vorzüglichen Gaben“ und sogar als „eine[r] der größten Lehrer unsrer protestantischen Kirche“ gerühmt: „Spalding ist allenthalben Original“[12]. Doch die Antrittspredigt zieht gleichwohl harschen Tadel auf sich. Als ein „philosophische[r] Prediger“[13] sei Spalding eine zureichende exegetische Erklärung und religiöse Anwendung des

[12] [V. Ch. MÖLLER], Unterredungen über Zwo Predigten des Herrn Spaldings, 1765, 9f. 13.

[13] AaO 22.

biblischen Textes schuldig geblieben. Auch habe er die Zuhörer mit seiner „Bücher-Sprache" intellektuell überfordert: „In einer Societät der Wissenschaften hört man vielleicht gerne so reden"[14]. Als emsiger Mitarbeiter des von Friedrich Nicolai besorgten polyhistorischen Rezensionsorgans der *Allgemeine deutsche Bibliothek* machte der Quedlinburger Pfarrer Friedrich Gabriel Resewitz alsbald auf diese Kritik aufmerksam. Auch ihm erschien die Antrittspredigt zu philosophisch: „Der gemeine Mann versteht sie gar nicht, und die andern nicht recht. [...] Auf tiefsinnige Gründe der sittlichen Rechtschaffenheit [...] muß ein christlicher Prediger seine Lehren und Ermahnungen nicht bauen; sondern auf die Aussprüche Gottes, auf die Gewißheit seiner Verheissungen in Christo"[15]. Immerhin wußte er Spalding die einfühlende Rücksichtnahme auf den in Berlin kultivierten trivialen Rationalismus zugutezuhalten und nahm ihn am Ende sogar gegen die biblizistischen Einwände Möllers in Schutz: „Läugnet man deswegen einen Satz der Religion, weil man ihn nicht erwähnt hat, wo ihn ein anderer für schicklich findet? [...] Und muß man denn, es schicke sich oder nicht, von Jesu dem gekreuzigten reden, da selbst der Apostel Paulus, der doch von nichts anders wißen will, ihn nicht immer im Munde geführt hat?"[16]

Gegen Jahresende hatte Spalding sein regressives Heimweh nach Barth endgültig als eine „Chimäre"[17] durchschaut und sich mit den neuen Verhältnissen, die er vorfand, und den Herausforderungen, denen jetzt zu genügen war, leidlich versöhnt. Die grundlegend sanierte Propsteiwohnung (Nikolai-Kirchgasse 8) konnte bezogen werden[18] und gewährte bequemen

---

[14] AaO 20.

[15] [F.G. Resewitz], Rez. [V. Ch. Möller], Unterredung über Zwo Predigten des Herrn Spaldings (AdB 2/1, 1766, 149–153), 151 f.

[16] AaO 153.

[17] Spalding, Lebensbeschreibung (s. Anm. 3), 160,24.

[18] Im Herbst 1787 wurde sie abermals umfassend renoviert (vgl. Von verschiedenen nothwendigen Reparaturen in des Herrn Ober Consis-

häuslichen Raum. Im Kollegenkreis, aber auch aus der Berliner Gesellschaft wuchsen ihm ein paar aufrichtige Freundschaften zu. Der kirchliche Dienst begann erste Früchte zu tragen: Seine Gottesdienste wurden immer zahlreicher frequentiert, aus der Gemeinde und selbst von der Königin erreichte ihn vielfältig dankbarer Zuspruch in Wort und Tat. Schon im August hatte er Gleim die zaghafte Besserung seiner Befindlichkeit signalisiert: „Es muß doch wozu nütze seyn, daß ich hier bin, sonst wäre ich nicht hergekommen; und das sey mir genug. Die Vergnügungen meines häuslichen Lebens ersetzen mir sehr viel. Im Umgang mit meiner Frau, der dem Verstande und dem Herzen ein Genüge thut, und nur gute Hoffnung von heran wachsenden Kindern, das bedeutet auch schon etwas in der Wage der Glückseligkeit“[19].

Ein Jahr nach seinem Dienstantritt wurde Spalding in eine vierköpfige, hochkarätig besetzte Kommission berufen, der es auf Befehl des preußischen Königs oblag, das höhere Berliner Schulwesen zu evaluieren und allfällige Verbesserungsvorschläge auszuarbeiten. Die dadurch angestoßenen Reformen ermöglichten eine namhafte Modernisierung: Man führte die Gymnasien der beiden Stadtteile zusammen, unterzog die Klassenstruktur einer an den Unterrichtsinhalten orientierten Revision und berief den in der russischen Hauptstadt St. Petersburg als Prediger an einer deutschen Gemeinde tätigen Anton Friedrich Büsching, den bald eine herzliche Freundschaft mit Spalding verbinden sollte, zum Oberkonsistorialrat und Direktor des „Vereinigten Berlinischen und Cöllnischen Gymnasiums“. Nach fünf weiteren Jahren beteiligte sich Spalding an der Evaluation der Gymnasien in Stargard und Stettin, woraus wiederum eine effiziente Modernisierung dieser Schulen hervorging.

---

torial Rath Spaldings Wohnung auf dem Nicolai Kirchhof, 13.11.1787 [Landesarchiv Berlin, Signatur: A Rep. 004 Nr. 2996]).

[19] J.J. Spalding an J.W.L. Gleim, 9.8.1764 (s. Anm. 10).

Daneben engagierte sich Spalding für eine auf die theologischen Fakultäten gemünzte Studienreform. Im Zuge einer 1765 im Oberkonsistorium abgehaltenen Konsultation brachte er einen Vorschlag ein, der alsbald realisiert wurde und dem eine erhebliche wissenschaftsgeschichtliche Bedeutung zukommt. Durch Spalding angestoßen, wurden zwei regelmäßig wiederkehrende Vorlesungen in das akademisch-theologische Curriculum eingeführt. Das betraf sowohl das apologetisch orientierte Kolleg über „Die Wahrheit der Religion", das Hörern aller Fakultäten zugänglich war, als auch den neu installierten Vorlesungstypus der theologischen Enzyklopädie. Während das eine dem allgemeinen Bedürfnis, an dem breit geführten aufklärerischen Religionsdiskurs teilnehmen zu können, umsichtig Rechnung trug, sollte das andere, übrigens mit Folgewirkungen bis ins späte 20. Jahrhundert und möglicherweise sogar noch darüber hinaus, dazu beitragen, im Prozeß der seit dem beginnenden 18. Jahrhundert unentwegt fortschreitenden Ausdifferenzierung und tendenziellen Verselbständigung der theologischen Disziplinen den Sinn für die Einheit der Theologie wachzuhalten und neu zu schärfen. An der Universität Halle versah zunächst, durchaus widerwillig, Johann Salomo Semler diese von Spalding konzipierte Neuerung, wenig später dann der ebenfalls aufklärerisch gesinnte Theologe Johann August Nösselt, der dazu später auch publizierte und der auf die epochale theologische Enzyklopädie seines Schülers Friedrich Schleiermacher, die 1811 unter dem Titel *Kurze Darstellung des theologischen Studiums zum Behuf einleitender Vorlesungen* erstmals erscheinen sollte, prägenden Einfluß gewann[20].

Im Herbst 1769 führte die berufliche Belastung, der Spalding fortwährend ausgesetzt war, zu ernsten psychosomatischen Folgen. Anhaltende schwere Kopfschmerzen, häufig wieder-

---

[20] Vgl. M. van Spankeren, Johann August Nösselt (1734–1807). Ein Theologe der Aufklärung (Hallesche Forschungen 31), 2012, 55–82. 155–238 u. passim.

kehrende Schwindelanfälle und eine allgemeine geistige Lähmung gemahnten an die Grenzen der Leistungskraft. Notgedrungen ersuchte Spalding daraufhin am 12. Dezember den König, ihn doch wenigstens von den Pflichten der Landinspektion zu entbinden. Diese Aufgabe war nicht nur mit einer erheblichen Zahl an Dienstreisen verknüpft, sondern schuf auch durch eine Flut unerheblicher und darum törichter Eingaben, die allesamt zu bearbeiten waren, weitere Last. Glücklicherweise fand sich Johann Friedrich Siegismund Augustin, der eben erst auf das vierte Diakonat der Nikolaikirche berufen worden war, sogleich bereit, seinem Vorgesetzten, der ihm dafür aus den eigenen Einkünften ein gewisses Entgelt bot, das Amt der Landinspektion abzunehmen. Damit konnte das Geistliche Departement, nachdem Friedrich II. bereits am 19. Dezember gnädig zugestimmt hatte, dem Entlastungsantrag Spaldings umgehend entsprechen. Solches Entgegenkommen und noch dazu die „vortheilhaften Ausdrücke“[21], die das Ministerium der Bewilligung beifügte, sollten als ein Reflex der hohen Wertschätzung, die der Berliner Propst in Regierungskreisen genoß, nicht unterschätzt werden.

Aus der kirchenleitenden Tätigkeit Spaldings ergaben sich, ungeachtet der kontinuierlich zu erfüllenden Aufgaben, immer wieder einzelne, besondere Herausforderungen und Inanspruchnahmen. Dazu zählte die Amtseinführung und Bestattung[22] der an St. Nikolai und St. Marien, gelegentlich auch anderer in Berlin tätigen Kollegen ebenso wie die mit großen Ereignissen der Politik verbundenen kirchlichen Repräsentationspflichten, für die beispielhaft nur auf die öffentlichen Gebete, die den Bayerischen Erbfolgekrieg (1778/79) begleiten mußten[23], die Dankesfeier aus Anlaß des Friedens von Teschen

[21] Spalding, Lebensbeschreibung (s. Anm. 3), 165,27f.

[22] Einige dieser kollegialen Gedächtnispredigten sind abgedruckt in Spalding, Predigten bey außerordentlichen Fällen (s. Anm. 11), 86–190.

[23] Vgl. beispielhaft J. J. Spalding, Königlich Preußisches Kriegsge-

(1779)[24] oder den Gedächtnisgottesdienst zum Tode Friedrichs des Großen (1786)[25] verwiesen sei. Mehrtägige Feierlichkeiten, zu denen Spalding in der Klosterkirche eine Festpredigt beisteuerte[26], würdigten im Herbst 1774 das zweihundertjährige Bestehen des in den Räumlichkeiten eines ehemaligen Franziskanerkonvents untergebrachten Berliner Gymnasiums zum Grauen Kloster. Bei vornehmen Hochzeiten nahm man ihn ebenfalls gern in die Pflicht, so beispielsweise am 12. Mai 1776 für die Trauung des einer alten märkischen Adelsfamilie entstammenden Behrendt Friedrich August von der Marwitz, Hofmarschall des Prinzen Heinrich, mit Susanne Sophie Marie Luise von Dorville.

Der Propst zu St. Nikolai war in Personalunion stets auch Kurator des Schindlerschen Waisenhauses. Diese bedeutende Sozialeinrichtung ging auf den damals größten Berliner Privatunternehmer Severin Schindler zurück. Als Inhaber der Königlichen Gold- und Silbermanufakturen hatte er ein riesiges Vermögen erwirtschaftet. Davon kaufte Schindler 1725 das unweit von Berlin gelegene Rittergut Schöneiche, ließ alsbald die Dorfkirche ausbauen und 1730 ein Schulhaus errichten, das er, da seine Ehe mit Maria Rosina Bose kinderlos geblieben war, um ein Waisenhaus noch ergänzte. Nach dem Tod der Witwe translozierte man die Anstalt in die Berliner Friedrichsgracht. Anläßlich ihres 50jährigen Bestehens kam Spalding am 9. Mai 1780 die Festrede zu. Vor mehr als 20 Waisen und deren Betreu-

---

beth, 1778 (in: Ders, Kleinere Schriften 1, hg. von O. Söntgerath [SpKA I/6–1], 2006, 337f.).

[24] Vgl. J. J. Spalding, Am Dankfeste wegen des Teschenschen Friedens, 23.5.1779 (in: Ders., Neue Predigten. Zweyter Band [1784], hg. von M. van Spankeren / Ch. E. Wolff [SpKA II/3], 2009, 3–15).

[25] Vgl. J. J. Spalding, Gedächtnißpredigt auf Friedrich den Zweyten, König von Preußen, 10.9.1786 (in: Ders., Einzelne Predigten, hg. von A. Beutel / O. Söntgerath [SpKA II/6], 2013, 63–80).

[26] Vgl. J. J. Spalding, Bey der Jubelfeyer des Berlinischen Gymnasiums, 22.11.1774 (in: Ders., Neue Predigten. Zweyter Band [s. Anm. 24], 32–51).

ern gestand er, sein Herz werde „allemal mit einer überaus angenehmen Empfindung bewegt, so oft ich euch in diesem gesegneten Orte eurer Versorgung und Erziehung versammlet sehe". In warmherzigen Worten wandte Spalding die Aufmerksamkeit seines Publikums „den verehrungswürdigen Schindlern" zu, „diesen edeldenkenden und im wahren Verstande unvergeßlichen Ehegatten", darüber hinaus dann freilich auch dem, der in ihnen tätig geworden war: „Segnet, meine Geliebten, segnet mit Rührung und Dank das Andenken dieser eurer Wohlthäter. [...] Aber vor allen Dingen vergesset nicht, voll demüthiger und freudiger Dankbarkeit höher hinauf zu sehen, zu dem, in dessen Hand jene beiden mildthätigen Gemüther nur die Werkzeuge eurer Beglückung gewesen sind"[27].

Am 29. Oktober 1780 hielt Spalding die bald danach publizierte Einweihungspredigt in der neu erbauten Kirche St. Georg[28]. In der nordöstlich des Zentrums gelegenen Berliner Georgen-Vorstadt, die im letzten Drittel des 18. Jahrhunderts einen starken Bevölkerungszuwachs erlebte, war im Vorjahr die alte, gotische Georgenkirche wegen akuter Baufälligkeit abgerissen worden. Der zügig erstellte Neubau wurde teils durch Sonderzuweisungen des Königs, teils auch durch eine gemeindeweit durchgeführte Haus- und Kirchenkollekte finanziert und war in seiner künstlerischen Qualität durchaus bemerkenswert: Als Architekt firmierte der Berliner Oberbaudirektor August Gotthilf Naumann, Teile der Ausstattung wie den allegorischen Kanzelschmuck und das Altarbild *Petrus nach der Verleugnung*, das heute, nachdem die Georgenkirche 1945 mehrfach durch Bomben getroffen und ihre Ruine 1950 geschleift wurde, in der Berliner Parochialkirche aufbewahrt

---

[27] J. J. Spalding, An die Zöglinge des Schindlerschen Waisenhauses, nach den zurückgelegten ersten funfzig Jahren dieser Stiftung, 9.5.1780 (in: Ders., Kleinere Schriften 1 [s. Anm. 23], 343–347).

[28] Vgl. J. J. Spalding, Predigt zur Einweihung der neuen Georgenkirche in Berlin, 29.10.1780 (in: Ders., Einzelne Predigten [s. Anm. 25], 34–47).

wird, schuf der namhafte Berliner Künstler Christian Bernhard Rode.

Zweimal zog Spalding in eine vom König angeordnete Sonderkommission ein. Die eine hatte sich, höchst delikat, um die Scheidungssache des preußischen Kronprinzen Friedrich Wilhelm zu kümmern. Dieser war bereits früh zum Nachfolger des kinderlosen Monarchen designiert worden und sollte das Land von 1786 bis zu seinem Tod 1797 als Friedrich Wilhelm II. regieren. Auf Anweisung seines königlichen Onkels hatte er 1765, im Alter von 21 Jahren, seine Kusine, die 19jährige Prinzessin Elisabeth Christine von Braunschweig-Wolfenbüttel, geheiratet, diese Verbindung allerdings niemals, darin ebenso vom Selbstverständnis eines absolutistischen Herrschers wie von ungezügelter persönlicher Lebenszuwendung gesteuert, als eine exklusive Treueverpflichtung gedeutet. Als seine Gattin, nachdem 1767 die Tochter Friederike zur Welt gekommen war, sich dann ihrerseits auf eigene amouröse Wege begeben hatte, drängte ihr düpierter Ehemann sogleich auf Scheidung. Dem König, der ohnehin wenig auf seinen Neffen hielt, war die Angelegenheit in höchstem Maße zuwider. Nun sollte das gesamte Kabinett, ergänzt um zwei Obertribunalräte und zwei geistliche Oberkonsistorialräte, welche letztere in Gestalt des reformierten Oberhofpredigers August Friedrich Wilhelm Sack und des lutherischen Propstes Spalding hinzutraten, die peinliche Sache möglichst diskret und geräuscharm über die juristische Bühne bringen. Die Kommissionsmitglieder, berichtete Spalding, wurden gleich anfangs „durch eine förmliche Eidesleistung verpflichtet, das, was weiter, und in dem Innern dieser Verhandlung vorkommen würde, ohne die mindeste Entdeckung davon an irgend einen Menschen, mit in unser Grab zu nehmen“[29]. Am 21. April 1769 erfolgte die Scheidung, Elisabeth Christine wurde auf Lebenszeit – und sie lebte noch sieben Jahrzehnte! – ins ferne Stettin verbannt.

---

[29] Spalding, Lebensbeschreibung (s. Anm. 3), 164,35–165,4.

Der andere Untersuchungsauftrag bezog sich auf das südlich von Magdeburg gelegene einstige Benediktinerkloster Berge, das nach der Reformation in eine evangelische Klosterschule und ein Predigerseminar umgewandelt worden war[30]. Zu Beginn des 18. Jahrhunderts hatten dort unter dem Abt Joachim Justus Breithaupt pietistische Theologie und Pädagogik Einzug gehalten. Seit 1762 amtierte der ebenfalls dem halleschen Pietismus verbundene Johann Friedrich Hähn als Abt des Klosters Berge und Generalsuperintendent des Herzogtums Magdeburg. Unter der Leitung Hähns war es alsbald zu Problemen gekommen. Erbitterte Kompetenzstreitigkeiten zwischen Abt und Konvent machten sich breit, die streng pietistisch ausgelegte Unterrichts- und Erziehungsweise stieß zusehends auf Kritik, häufige Lehrerwechsel und die signifikant zurückgehende Schülerzahl brachten die einst blühende protestantische Lehrstätte in Verruf. Schließlich befahl der König am 10. Juni 1770 seinem Staatsminister Ernst Friedemann Freiherr von Münchhausen, eine Untersuchungskommission einzuberufen und für einen unverzüglichen Abzug von Hähn Sorge zu tragen: „Der abt", wußte Friedrich II., „tauget nichts. Man mus einen anderen in der stelle haben. Kein mensch will jetzo seine kinder da hin schicken weil der kerel ein übertribener pietistischer narr ist"[31].

So beauftragte Münchhausen nun Sack und Spalding, die sich erholungshalber bereits in Magdeburg aufhielten, sowie den aus Berlin hinzugezogenen Schulmann Johann Georg Sulzer mit der Klärung der Sachlage. Der dreiköpfige Untersuchungsausschuß nahm vom 25. bis zum 27. Juni 1770 im Kloster Berge Quartier, der Kommissionsbericht datierte vom 4.

[30] Vgl. dazu die feine, gebündelte Darstellung bei Ch. Spehr, Das Magdeburger Neologentreffen im Jahre 1770 (in: A. Beutel / V. Leppin / U. Sträter [Hg.], Christentum im Übergang. Neue Studien zu Kirche und Religion in der Aufklärungszeit [AKThG 19], 2006, 87–102), 89–94.

[31] Zit. nach aaO 91 f.

Juli. Darin würdigten die Visitatoren zwar den redlichen Fleiß wie überhaupt die lauteren Absichten Hähns, attestierten ihm indessen auch weitgehende organisatorische sowie pädagogische Erfolglosigkeit. Seine Lehrart, die mit keinem Wort als pietistisch klassifiziert wurde, sei kaum geeignet, den Schülern eigenes Denken und selbständigen Verstandesgebrauch nahezubringen.

Münchhausen, dem an einem halbwegs honorigen Abgang Hähns durchaus gelegen war, brachte als dessen Nachfolger den im Herzogtum Braunschweig-Wolfenbüttel wirkenden Neologen Johann Friedrich Wilhelm Jerusalem ins Gespräch, was Friedrich II. beifällig mit der Bemerkung „ist guht"[32] zu quittieren beliebte. Allein Jerusalem winkte ab, und so verblieb Hähn vorerst noch im Amt. Der König war über die „natürlich daraus entstehende etwanige Verzögerung seiner ungnädigen Absicht"[33] derart erbost, daß er Münchhausen umgehend die Leitung des Geistlichen Departements entzog und ihn zum Oberkurator der preußischen Universitäten zurückstufte. Spalding übrigens fand die Gerüchte um die „sogenannte pietistische Frömmeley" Hähns zwar „nicht ganz unwahr, aber ohne Zweifel sehr übertrieben"[34]. Dieser wurde dann im Juni 1771 zum Generalsuperintendenten von Ostfriesland und Direktor des Gymnasiums in Aurich berufen. Als Spalding im Jahr darauf zu Ohren kam, daß Hähn dort mit „herrschsüchtige[m] Verdammungsgeiste" über einen aufklärerisch gesinnten Prediger herfalle, meldete er dies gleich empört an Jerusalem: „Ich hoffe nicht, daß er den Pabst lange wird spielen dürfen"[35]. Nach kurzem, von dem Coburger Gymnasiallehrer Erhard Andreas Frommann versehenen Zwischenspiel trat 1774 der Aufklärungstheologe und -pädagoge Resewitz in die Leitung

---

32 Zit. nach aaO 93.

33 Spalding, Lebensbeschreibung (s. Anm. 3), 166,25f.

34 AaO 166,7–15.

35 J.J. Spalding an J.F.W. Jerusalem, 15.9.1772 (Niedersächsisches Staatsarchiv Wolfenbüttel, Signatur: 298 N 302, S. 59f.).

des Klosters Berge sowie die Generalsuperintendentur des Herzogtums Magdeburg ein. Damit war aus der vormals streng pietistischen Bildungsstätte eine dezidiert neologisch orientierte Anstalt geworden.

Spalding hatte die Person und Amtsführung Münchhausens sehr geschätzt, er rühmte ihn als das „Muster eines Ministers in Absicht auf Gelehrsamkeit, Geistesschärfe, Gerechtigkeit und Muth“[36]. Zu Karl Abraham Freiherr von Zedlitz, der Münchhausen noch 1770 als Chef des Geistlichen Departements ablöste, ergab sich kein auch nur annähernd vergleichbares Loyalitätsverhältnis. Von ihm wurde Spalding zu keiner einzigen vertraulichen Kommissionsarbeit mehr herangezogen. In der *Lebensbeschreibung* ist, nach dem Abzug Münchhausens, von den Oberkonsistorialgeschäften erst wieder in der streitbaren Ära Woellner die Rede[37].

2. Lebenskreise

a) Familie

Spalding war ein Familienmensch. Im vertrauten Umgang mit seinen Nächsten wußte er sich geborgen, aus ihm erneuerten und stärkten sich seine Kräfte, in ihm stabilisierte sich die Zuversicht seines Glaubens: „Das Gute auf Erden wird dadurch doppelt angenehm, das Widrige nicht halb so drückend, und die Abnahme des Lebens schreckenlos und ruhig“[38].

Dabei blieb er bis ins hohe Alter von insgesamt leidlich stabiler Gesundheit. Gleichwohl gemahnten ihn Sterbenachrichten aus dem Freundeskreis schon früh an die Begrenztheit des eige-

---

36 Spalding, Lebensbeschreibung (s. Anm. 3), 162,12–14.

37 S. u. IV.8.

38 J. J. Spalding an J. G. Zimmermann, 30.11.1782 (Gottfried Wilhelm Leibniz Bibliothek Hannover, Signatur: MS XLII, 1933, A. II, 87).

nen Lebens. Im Winter 1771/72, während der Niederschrift seiner Predigtlehre[39], hatte ihn „eine Art von Ahnung eilig fortgetrieben, daß ich vielleicht nicht viele Zeit übrig haben mögte, den Aufsatz zu vollenden"[40]. Über solche Todesvisionen und auch über die lähmenden Kopfschmerzen, die ihn sporadisch befielen, setzte er sich mit dem eisernen Willen, seiner Pflicht zu genügen, hinweg. Im Sommer 1774 schien er dem Zusammenbruch nahe: Immer häufiger suchten ihn Schwindelanfälle, Ohnmachten[41] und peinliche Vergeßlichkeit heim, eine „kränkelnde Kraftlosigkeit"[42] nahm ihn gefangen. Auf dringendes Anraten seines Arztes beantragte und erhielt er daraufhin „eine dreymonathliche Befreyung von meinen sämmtlichen Amtsgeschäften"[43]. Von Anfang Juli bis Ende September 1774 ruhte Spalding in „hypochondrischer Niedergeschlagenheit"[44] von aller Arbeit. Danach fand er sich zögernd bereit, auf die „natürliche Abnahme der Kräfte" Rücksicht zu nehmen und abgeklärte Gelassenheit einzuüben. „Ich sehe [...] die Bewegungen in der literarischen, auch selbst theologischen Welt um mich herum als so etwas an, was mich wenig mehr angehet", hieß es, nachdem er die Geschäfte einige Wochen zuvor wieder aufgenommen hatte, in einem Schreiben an Lavater[45].

---

[39] S.u. IV.5.

[40] J.J. Spalding an J.C. Lavater, 28.4.1772 (Zentralbibliothek Zürich, FA Lav. Ms. 527, Nr. 24).

[41] Vgl. die eindringliche Schilderung einer solchen Bewußtseinsstörung in Spaldings Brief an J.G. Sulzer vom 31.1.1772 (abgedruckt in Spalding, Lebensbeschreibung [s. Anm. 3], 236–140).

[42] AaO 172,18f.

[43] J.J. Spalding an F.A. Stroth, 24.6.1774 (in: Ch. Bultmann, „Die neue Sekte der Kraft- und Empfindungsmänner brauset gewaltig vorwärts". Johann Joachim Spalding in Briefen an einen jungen Theologen [in: Vernunft – Freiheit – Humanität. Über Johann Gottfried Herder und einige seiner Zeitgenossen. FS G. Arnold zum 65. Geburtstag, hg. von C. Taszus, 2008, 189–232], 211).

[44] Spalding, Lebensbeschreibung (s. Anm. 3), 172,22f.

[45] J.J. Spalding an J.C. Lavater, 8.11.1774 (Zentralbibliothek Zürich, FA Lav. Ms. 527, Nr. 29).

Auch in den folgenden Jahren versah Spalding seine Berufspflichten in der ungeteilten Konzentration seiner Kräfte, fühlte sich daneben freilich immer mehr „zu dem Uebrigen wie erstorben“[46]. Dabei vollzog sich seine theologische Existenz nun in einem zunehmenden Wechselspiel zwischen engagierter, tätiger, nicht selten auch initiativer Verantwortung und einer altersmilden Distanzierung von den Händeln und Irritationen des Tages. Angesichts der stürmend-drängenden Aufbrüche, welche die nächstfolgende Generation auch auf den Feldern von Kirche und Theologie zu inszenieren beliebte, gab er dem Neffen[47] Friedrich Andreas Stroth die Sehnsucht nach einem baldigen Stabwechsel kund: „Ich, als am Ende meiner Laufbahn stehend, sehe dieser wunderbaren Gährung gleichsam aus der Ferne zu, und hoffe, daß würdige Männer von muntern Jahren und Kräften die Rechte der Vernunft und des aufgeklärten Christenthums nicht werden fallen laßen“[48]. Und fast kokettierend hieß es im Januar 1783 gegenüber Lavater, er habe nunmehr den tiefen Abend des Lebens erreicht: „Ich bin, wie Sie vielleicht wißen, in meinem 69sten Jahre“[49]. Die eigene konstitutionelle Verfaßtheit beurteilte er nicht weniger ambivalent: Einerseits lebe er „gesünder und vergnügter, als ich es bei meinen Jahren zu erwarten Recht habe“[50], und tatsächlich hatte er über lange Zeiten hinweg nicht mehr als Obstipationsbe-

---

[46] J.J. Spalding an J.C. Lavater, 19.2.1781 (Zentralbibliothek Zürich, FA Lav. Ms. 527, Nr. 39).

[47] Genau genommen war Friedrich Andreas Stroth (1750–1785) ein Neffe zweiten Grades: Seine Mutter Maria Elisabeth Stroth geb. Spalding (*1716) war die Tochter des Tribseeser Bürgermeisters Andreas Spalding (1671–1741), der wiederum ein Bruder von Johann Georg Spalding (1681–1748), dem Vater Johann Joachim Spaldings, war.

[48] J.J. Spalding an F.A. Stroth, 4.2.1777 (in: Bultmann [s. Anm. 43], 225).

[49] J.J. Spalding an J.C. Lavater, 21.1.1783 (Zentralbibliothek Zürich, FA Lav. Ms. 527, Nr. 40).

[50] J.J. Spalding an N.N., 9.3.1776 (Germanisches Nationalmuseum Nürnberg, Historisches Archiv, Autographen K. 31).

schwerden sowie eine durchaus natürliche Abnahme der geistigen Spannkraft und Elastizität zu beklagen. Andererseits blieb ihm die Todesahnung allgegenwärtig; im Juni 1787, kurz vor dem anstehenden Sommerurlaub, war Spalding wieder einmal derart erschöpft, daß er auf eine Fortführung seiner literarischen Tätigkeit kaum noch zu hoffen wagte[51].

Maria Dorothea von Sodenstern, Spaldings zweite Ehefrau, verstarb am 20. Dezember 1774. Sie war zeitlebens von kränklicher Konstitution und dazu wohl auch von einem zu Schwermut und Traurigkeit prädestinierten Gemüt. Eine letzte heftige, relativ kurz andauernde Morbidität raffte sie schließlich hinweg. In Briefen an auswärtige Freunde verband Spalding die Todesnachricht mit einer noblen Würdigung der geistigen Nähe, in der sie verbunden gewesen waren, sowie der treuen Ersatzmutterschaft, die sie für seine Kinder von Anfang an übernommen hatte. Ein Vierteljahrhundert später, als er in der *Lebensbeschreibung* darauf zu sprechen kam, hieß es, vom überaus glücklichen Verlauf seiner dritten Ehe beschattet, dann freilich ganz nüchtern, die Lebensheiterkeit, die er sich aus der Verbindung mit Maria Dorothea von Sodenstern anfangs erhofft hatte, sei schon bald durch deren „körperliche Schwäche und durch den daraus entstehenden starken Hang zur Hypochondrie nicht wenig vermindert"[52] worden. Für ihn blieb der Todesfall, wovon er selbst überrascht war, ohne erkennbare psychosomatische Folgen[53].

So vergingen denn auch keine acht Monate, bis er abermals in die Ehe trat: Am 7. August 1775 wurde er mit Maria Char-

---

[51] Vgl. J.J. Spalding an W.F. Hufnagel, 2.6.1787 (Universitätsbibliothek Johann Christian Senckenberg, Frankfurt am Main, Signatur: Ms. Ff. W.F. Hufnagel).

[52] Spalding, Lebensbeschreibung (s. Anm. 3), 156,2–5.

[53] „Zu meiner eigenen Verwunderung ist meine Gesundheit in diesem meinen verlaßenen Zustande beßer gewesen, als ich sie natürlicherweise erwarten konnte" (J.J. Spalding an F.A. Stroth, 3.3.1775 [in: Bultmann, s. Anm. 43], 212).

lotte Lieberkühn (1749–1804), der Tochter des angesehenen, inzwischen verstorbenen Berliner Arztes Johann Nathanael Lieberkühn, eingesegnet. Angesichts der dreieinhalb Jahrzehnte, die das Lebensalter der beiden trennte, sprach der 60jährige Spalding von der „vertrauteste[n] Freundschaft", in die man miteinander getreten sei, „denn anders kann man doch eine Heyrath in meinem Alter nicht nennen"[54]. Als enge Freundin der Sodenstern hatte die junge Maria Charlotte Lieberkühn bereits des längeren im Hause Spalding verkehrt, und so wurde die dritte Ehefrau gleichsam zu einem „Vermächtniß"[55] der zweiten, die, als sie die Nähe ihres Todes zu erahnen begann, ihrem Gatten diese künftige Verbindung dringend nahegelegt hatte. Spaldings Kinder rieten, nachdem die Stiefmutter gestorben war, ihrerseits nachhaltig zu, und auch die Berliner Freunde begrüßten offenbar einhellig diesen Schritt. Für Spalding, dem noch 29 hingebungsvoll umsorgte Lebensjahre beschieden sein sollten, vollendete sich darin das irdische Glück. Auch seine Nachkommen fanden sich in ihm geborgen. Die graduelle Steigerung war dabei nicht zu verkennen, daß Spalding nun, deutlich volltönender als einst für die Sodenstern, in rühmender Dankbarkeit festhielt, Maria Charlotte Lieberkühn habe „als die liebreichste, sorgfältigste und mühevolleste Mutter meiner Kinder [...] um dieselben ein solches Verdienst, als sich vielleicht wenige leibliche Kinder von ihren Müttern erfreuen können"[56].

Im Juni 1770 begaben sich Spalding und der reformierte Oberhofprediger Sack mit ihren Familien nach Magdeburg, um dort eine erholsame Brunnenkur anzutreten. Dieses private Zusammensein zeitigte einschneidende Folgen. Gegen Ende des Aufenthalts trat Sack unvermutet auf seinen Berliner Kollegen zu und bat für seinen Sohn Friedrich Samuel Gottfried

---

[54] J.J. Spalding an F.A. Stroth, 13.6.1775 (aaO 215).

[55] J.J. Spalding an J.C. Lavater, 5.8.1775 (Zentralbibliiothek Zürich, FA Lav. Ms. 527, Nr. 31).

[56] Spalding, Lebensbeschreibung (s. Anm. 3), 174,6–9.

Sack, der bereits seit acht Jahren als reformierter Prediger in Magdeburg tätig war, in aller Form um die Hand von Spaldings ältester, damals 17jähriger Tochter Johanna Wilhelmina. Weil deren Mutter bereits verstorben war[57], ersuchte Spalding zunächst seinen Schwiegervater, den Stralsunder Superintendenten Brandanus Gebhardi, um Zustimmung und willigte dann seinerseits freudig in die Verbindung ein.

Bereits wenige Wochen nach der Verlobung, am 4. September 1770, vermählte Spalding in der Berliner Nikolaikirche das junge Paar. Die Trauung erregte erhebliches Aufsehen, denn die beiden protestantischen Konfessionen waren damals noch auf strikt-schiedliche Trennung bedacht, und daß nun gar der Sohn des obersten reformierten Würdenträgers in Preußen mit der Tochter des ranghöchsten lutherischen Geistlichen, ganz offensichtlich unter dem Beifall der Eltern, vermählt wurde, mußte als höchst ungewöhnlich und vielleicht sogar vorgreifend als eine unionistische Weichenstellung erscheinen. Dem bald darauf erfolgten Druck der Trauungspredigt[58] war eine Ode der seinerzeit recht bekannten Lyrikerin Anna Louisa Karsch beigefügt. Dabei entwarf sie in holprigen Versen, doch lauteren Herzens eine konfessionelle Versöhnungsvision:

> Mein Geist war in Entzückung mir entflogen,
> Er sah die Seele des Calvins
> Umarmt mit dem verklärten Luther,
> Wie Söhne, die von einer Mutter
> Zu gleicher Zeit gebohren sind. [...]
> Und mit erhabnem Ton,
> Rief Luther sein Verwundern, seine Freude,
> Durch alle Himmel hin, und sprach:
> „Der Vorbedeutung folgt ein groses Wunder nach.
> Mein Bruder, mein Calvin, wir beyde
> Erfahren künftig hin durch irgend einen Geist,

[57] S. o. III.3.

[58] Vgl. J. J. Spalding, Rede bey der Einsegnung des Herrn Prediger Sack mit seiner Tochter den 4ten September 1770 (in: Ders., Einzelne Predigten [s. Anm. 25], 17–24).

Daß unsre Brüder dort auf Erden
Vereint durch veste Bande werden
Die keine List, und keine Macht zerreißt.[59]

Der Dienst- und Wohnsitz in Magdeburg erlaubte nur wenige, dann jeweils längere Besuche der Elternhäuser. Spalding war überglücklich, als der Schwiegersohn gegen Ende des Jahres 1777 in die preußische Metropole berufen wurde und dadurch „meine Tochter aus der bisherigen Entfernung neben mir in einer Stadt zu wohnen kam“[60]. Friedrich Samuel Gottfried Sack wirkte nun als Hof- und Domprediger in Berlin, 1786 rückte er als reformierter Oberkonsistorialrat zu seinem Schwiegervater in das lutherische Oberkonsistorium ein. König Friedrich Wilhelm III. verlieh ihm 1816 den Titel eines Bischofs und ernannte ihn ein Jahr später zum preußischen Staatsrat. Der jüngere Sack gehörte zu den fortschrittlichsten Kirchenmännern seiner Zeit, im Geiste der späten Neologie setzte er sich nachhaltig für eine Verbesserung des Kirchen- sowie des Schulwesens ein.

Dem Ehepaar wurden acht Kinder geschenkt. Nachdem Spalding schon im Frühjahr 1771 dem Freund Lavater anvertraut hatte: „Meine Kinder in Magdeburg leben sehr vergnügt, und scheinen mir auf dieses Jahr den Großvaterstand zuzubereiten“[61], und man im Juli dann täglich mit der Niederkunft rechnen konnte[62], kam, nach einer leidvollen Todgeburt, im September des folgenden Jahres als erster Enkel Wilhelm Friedrich Sack (1772–1854) auf die Welt. Er sollte dereinst die juristische Laufbahn einschlagen und schließlich sogar Chefpräsident des Berliner Obertribunals werden. Dem Erstgeborenen folgten fünf Schwestern[63] und dann noch zwei Brüder, die bei-

[59] AaO 21,19–22,6 (Hervorhebungen getilgt).
[60] Spalding, Lebensbeschreibung (s. Anm. 3), 174,16–18.
[61] J.J. Spalding an J.C. Lavater, 12.3.1771 (Zentralbibliothek Zürich, FA Lav. Ms. 527, Nr. 21).
[62] Vgl. J.J. Spalding an J.C. Lavater, 16.7.1771 (Zentralbibliothek Zürich, FA Lav. Ms. 527, Nr. 22).
[63] Wilhelmine Charlotte Albertine (1774–1841), Caroline Albertine

de, gemäß der doppelten familiären Tradition, das theologische Fach wählten: Friedrich Ferdinand Adolph Sack (1788–1842) amtierte später als Oberkonsistorialrat sowie Hof- und Domprediger in Berlin, und der Jüngste, Karl Heinrich Sack (1790–1875), der sich zeitlebens der Aufgabe verpflichtet wußte, das geistige Vermächtnis seines lutherischen Großvaters fruchtbar zu machen, wurde als in Bonn lehrender Universitätsprofessor weit ausstrahlend bekannt.

Nach der Heirat seiner Tochter blieben Spalding nur noch die Knaben Karl August Wilhelm (1760–1830) und Georg Ludwig (1762–1811) im Haus. Ihr Aufwuchs machte ihm anhaltende Freude: „Meine Söhne", meldete er im Sommer 1771 an Lavater, „sind gesund; sie wachsen, und, wenn mich nicht die väterliche Partheylichkeit betriegt, nicht am Leibe allein"[64]. Nachdem sie zunächst der gelehrte junge Friedrich Gedike, der eigens dazu, von Gotthilf Samuel Steinbart empfohlen, 1775 nach Berlin gekommen war, als Hauslehrer unterwiesen hatte, verbrachten sie die höhere Schulzeit am Berliner Gymnasium zum Grauen Kloster, wo sie zumal von den Aufklärungspädagogen Büsching und Gedike, auf den sie dort wieder trafen, wertvolle Prägung erfuhren. Der letztere, quittierte Spalding höchst anerkennend, habe sich um seine Söhne „dadurch, daß er ihnen [...] einen fast enthusiastischen Geschmack an der griechischen Literatur beygebracht und sie darin nicht wenig fortgeführet, gar sehr verdient gemacht"[65].

Zu Ostern 1779 bezogen sie die Göttinger Universität; der Vater hatte ihnen Unterkunft im Hause des Klassischen Philologen Christian Gottlieb Heyne vermittelt. Während sich Lud-

---

Ulrike (1779–1824), Friederike Henriette (1781–1852), Eleonore Philippine Amalie (1783–1862) und Wilhelmine Charlotte Louise Sack (1785–1847).

[64] J.J. Spalding an J.C. Lavater, 16.7.1771 (Zentralbibliothek Zürich, FA Lav. Ms. 527, Nr. 22).

[65] J.J. Spalding an F.A. Stroth, 30.5.1778 (in: Bultmann [s. Anm. 43], 229).

wig der Theologie verschrieb – späterhin dann zudem, ja vornehmlich der Philologie –, zog es Karl in die Jurisprudenz, was Spalding, als bedürfe es dafür der Rechtfertigung, mit dem Umstand erklärte, daß „seine Aussprache sich nicht genug für öffentliche Vorträge schickt“[66]. Die Studienzeit in Göttingen war freilich nur als Propädeutikum vorgesehen, denn gleich anfangs hatte Spalding den in Halle lehrenden Semler, mit dem er persönlich bekannt war und in regem Briefwechsel stand, darauf vorbereitet, daß die Söhne zum vierten Semester an die Martin-Luther-Universität wechseln würden, und ihn bereits vorgreifend um deren fürsorgliche Betreuung gebeten[67]. In Halle waren sie dann, wiederum auf Vermittlung des Vaters, Kostgänger im Hause des von Spalding sehr geschätzten Aufklärungstheologen Nösselt. Nach vollendetem Studium kehrten die Söhne im Herbst 1782 aus Halle in das Haus ihres Vaters zurück.

Karl begab sich nun unverzüglich auf die berufliche Laufbahn: Er begann als Assessor am Kammergericht und fand sein späteres Auskommen als königlich-preußischer Justizrat, dann sogar als Kammergerichts-Sekretär in Berlin. Ludwig hingegen, der jüngste Sohn, machte sich, was der Vater auch dem anderen Sohn gern gegönnt hätte, im März 1785 auf eine ganzjährige Studien- und Bildungsreise durch Westeuropa. Sie führte ihn über Zürich, wo er bei Lavater einkehrte, nach Lausanne, ferner nach Straßburg, Paris und, ausgiebig, nach London, bis er im Frühling 1786 mit soliden Französisch- und Englischkenntnissen über Holland, dort einen letzten Aufenthalt einlegend, wieder in Berlin eintraf. Anstellung fand er danach erst als Erzieher des Prinzen Ferdinand von Preußen, ab 1787 dann als Lehrer der griechischen und hebräischen Sprache an seinem

[66] J.J. Spalding an J.C. Lavater, 15.2.1780 (Zentralbibliothek Zürich, FA Lav. Ms. 527, Nr. 38).

[67] Vgl. J.J. Spalding an J.S. Semler, 19.3.1779 (Landesarchiv Berlin, Signatur: Rep. 241, Bd. 3, Nr. 172).

alten Berliner Gymnasium, wo er schließlich zum ersten Professor aufrücken sollte.

Georg Ludwig Spalding brachte ein ansehnliches wissenschaftliches Œuvre hervor. Nach kleineren gräzistischen Studien und Editionen, darunter die *Midiana* des Demosthenes (1794), eröffnete er eine monumentale Ausgabe der von Quintilian verfaßten *Institutio oratoria*, die erst 1834, lange nach seinem Tod, zur Vollendung gelangte. Diese bedeutende Leistung brachte ihm die Mitgliedschaft in der Berliner Akademie der Wissenschaften, die dem Vater zeitlebens verwehrt geblieben war, ein. Gelegentlich übte er sich daneben auch im lyrischen Fach, etwa mit seinem *Versuch didaktischer Gedichte* (1804). Zudem publizierte er kurz nach dem Tod seines Vaters dessen *Lebensbeschreibung*, welcher er eine längere, warmherzige Würdigung des Verstorbenen beifügte. Seit 1792 war er mit Wilhelmine Louise Müller, der verwitweten Tochter eines in Berlin ansässigen Silberschmieds, in kinderlos bleibender Ehe verbunden. Am 7. Juni 1811 verstarb Georg Ludwig Spalding auf seinem Landgut in dem unweit von Berlin gelegenen Ort Friedrichsfelde. Da auch der Bruder Karl August Wilhelm keine Nachkommen hervorgebracht hatte, war der Mannesstamm mit dem Ableben der beiden erwachsenen Söhne von Spalding erloschen.

Die Berliner Propstei war über die Ehefrau und die Kinder hinaus familiär frequentiert. Der Neffe Erich Anton Spalding, einziger Sohn von Spaldings früh verstorbenem Bruder Gebhard[68], der schon in Barth auf längere Zeiten bei seinem Onkel gewohnt hatte, stand auch in Berlin, zumindest sporadisch, in dessen Obhut. Er scheint ein rechtes Sorgenkind gewesen zu sein. Im Frühjahr 1772, als er die Universität Halle bezog, hatte Spalding einen ortsnahen Bekannten gebeten, die „Geldwirthschaft“ seines Neffen zu übernehmen[69]. Kurz vor

[68] S.o. III.1.

[69] J.J. Spalding an F.A. Stroth, 2.5.1772 (in: Bultmann [s. Anm. 43], 207).

Weihnachten 1773 ging Erich Spalding dann als Legationssekretär nach Konstantinopel. Fünf Jahre später traf er, „dieser Leichtsinnige"[70], aus Gründen, die sich wohl nicht mehr erhellen lassen, in Petersburg ein. Danach verliert sich von ihm jede Spur.

Spaldings Bruder Carl Wilhelm, der zunächst im heimatlichen Tribsees die zweite Pfarrstelle versah, hatte bereits 1761 aus gesundheitlichen Gründen den Dienst quittieren müssen; seit 1766 lebte er dann, pflegebedürftig und zusehends schwächer werdend, in der Berliner Propstei. Er starb am 29. November 1772 und wurde auf dem Nikolai-Friedhof zu Grabe getragen. Bereits im Vorjahr war Bernhard Heinrich, Spaldings jüngster Bruder, in Petersburg einer Krankheit erlegen. Die Todesnachricht traf erst nach etlichen Wochen bei Spalding ein. Der Bruder hinterließ eine Ehefrau und einen zwei Monate zuvor geborenen Säugling[71]. Auch deren weiteres Schicksal dürfte im Dunkel der Geschichte unwiederbringlich versunken sein.

Wenn sich die Winter verzogen, begann Spalding bereits den freien Sommerwochen entgegenzuhoffen. Sie dienten ihm zur Wiederherstellung seiner bis an die Grenzen beanspruchten Kräfte und boten oft auch anregende geistige und gesellige Abwechslung. Etliche Male suchte er durch Brunnenkuren, so etwa anno 1781 in Bad Pyrmont, seiner strapazierten Gesundheit aufzuhelfen. Gern reiste man auch in das Haus der Tochter nach Magdeburg und von dort aus weiter nach Braunschweig, wo ihm der Umgang mit dem Schriftsteller und Übersetzer Johann Arnold Ebert und dem ihm „ewig theuern Jerusalem"[72], gelegentlich noch dazu mit dem berühmten Friedrich Gottlieb Klopstock und anderen „höchst schätzbaren Männern [...] so viel Nahrung und Vergnügen für die Seele, so viel Anlaß zu lernen und zu denken [war], daß ich auch darin [...] die Wohl-

[70] J.J. Spalding an F.A. Stroth, 16.12.1777 (aaO 228).
[71] Vgl. J.J. Spalding an F.A. Stroth, 2.4.1771 (aaO 202).
[72] Spalding, Lebensbeschreibung (s. Anm. 3), 175,18.

thätigkeit der göttlichen Fürsehung erkennen mußte, und gern erkannte“[73].

Besondere Höhepunkte markierten zwei Reisen in die alte Heimat, die Spalding, jeweils mit Teilen der Familie, im Jahre 1772 und dann „noch einmal in meinem Leben“ im Sommer 1779 nach Pommern und auf die Insel Rügen unternahm, „um mich unter meinen dortigen Angehörigen und in den Gegenden meiner Kindheit und meiner männlichen Jahre zu vergnügen“. Derart dem täglichen Getriebe enthoben, drängte sich ihm mit den glückhaften Erinnerungen zugleich das Bewußtsein der Flüchtigkeit alles Irdischen ins Gemüt: „Wie vergeht die Zeit und das Leben! Wie gut ists, auf etwas weiteres zu hoffen!“[74]

Im Jahre 1775 erstand Spalding in Charlottenburg, damals weit vor den Toren Berlins, ein kleines Quartier „auf der Hauptstraße des ländlichen, mit Grasplätzen und schattigen Linden vor den Häusern zur Ruhe einladenden“ Ortes[75]. Dorthin zog er sich in den wärmeren Monaten gern zurück, um Abstand von den Geschäften und, durch die Felder spazierend, Erholung an Leib und Seele zu finden. Dort sollte er dann auch, in trauter Gemeinschaft mit seiner Frau und aufgesucht von zahlreichen Besuchern, seinen letzten Lebensabend verbringen[76].

b) *Kollegen und Freunde*

Spalding war kein Einzelkämpfer. Als kommunikationsfreudiger Zeitgenosse suchte und pflegte er vielfältigen Kontakt. Von einem neologischen Netzwerk zu sprechen wäre dabei insofern kaum günstig, als sein intensiv betriebener Austausch nicht

---

[73] AaO 172,10–16.

[74] J.J. Spalding an J.C. Lavater, 13.3.1779 (Zentralbibliothek Zürich, FA Lav. Ms. 527, Nr. 37).

[75] [K.A. Böttiger], Erinnerung an Spalding (Der neue teutsche Merkur 1805, Bd. 1, 273–288), 276.

[76] S.u. V.1.

strategisch oder funktional motiviert war, sondern aufrichtigem Sachinteresse und teilnehmender Freundschaft entsprang. Intellektuelle Geselligkeit verband ihn vor Ort mit etlichen gleichgesinnten Kollegen, darüber hinaus freilich auch, wofür der Schriftsteller und Verleger Friedrich Nicolai oder der Mitbegründer der jüdischen Haskala Moses Mendelssohn nur die prominentesten Beispiele abgeben, mit Vertretern der literarischen und philosophischen Aufklärung.

Auswärtige Verbindungen suchte er durch einen weitgespannten, dichten Briefwechsel zu stabilisieren. In dankbarer Treue hielt er zu einstigen Weggefährten, namentlich Lavater, den Kontakt. Mit etlichen Protagonisten der Neologie entstanden nun ebenfalls rege Briefpartnerschaften. Neben Jerusalem, der ihm menschlich besonders nahe stand, galt dies etwa für Semler, Nösselt oder den ebenfalls in Halle lehrenden Johann August Eberhard, aber beispielsweise auch für den Erlanger Theologieprofessor Wilhelm Friedrich Hufnagel, dessen *Handbuch der biblischen Theologie* (1785) ihn nachhaltig beeindruckt hatte. Im Mittelpunkt dieser brieflichen Unterredungen standen die Fortschritte der gemeinsamen literarischen Arbeit und dabei insbesondere Fragen einer aufklärerischen Religionstheologie und Religionsapologetik, mitunter zudem konkrete, personenbezogene Anliegen der kirchlichen und akademischen Nachwuchsförderung.

In der letztgenannten Hinsicht engagierte sich Spalding zudem als umsichtiger Mentor. Er vermittelte Beihilfen und Stipendien[77], half bei Studienproblemen – „Sie werden wohl thun […], wenn Sie sich täglich einige Zeit nehmen, ein Stück aus einem guten lateinischen Schriftsteller […] mit Sorgfalt zu lesen, um die wahre römische Sprache immer mehr in Ihre Gewalt zu bekommen"[78] – und warnte begabte Kandidaten der Theologie vor dem zu frühen Eintritt in eine ländliche Pfarrstelle: „Es ist

---

[77] Vgl. etwa J. J. Spalding an F. A. Stroth, 9.7.1771 (in: BULTMANN [s. Anm. 43], 203–205).

[78] J. J. Spalding an F. A. Stroth, 24.10.1770 (aaO 200).

unläugbar, daß Ihr Fortgang in gründlichen Erkenntnißen dadurch gleichsam auf einmal werde abgebrochen, oder doch ausnehmend gehindert und geschwächt werden; [...] daß die Uebernehmung des Predigtamtes in so jungen Jahren fast unausbleiblich so wohl auf den Prediger selbst als auf die Gemeine einen nachtheiligen Einfluß hat"[79].

Vertrauten Austausch unterhielt Spalding auch mit einigen auswärtigen Philosophen, übrigens bei durchweg gegenseitigem Interesse. So diente er etwa dem als Leibarzt des englischen Königs in Hannover residierenden Johann Georg Zimmermann mehrfach mit theologiegeschichtlichen Auskünften, etwa zu Geschichte und Wesen der christlichen Mystik und zu der dafür hilfreichen Forschungsliteratur[80]. Selbst mit dem großen Immanuel Kant scheint es eine aufmerksame, anhaltende Fühlungnahme gegeben zu haben. Man bedachte einander mit den Neuerscheinungen aus eigener Feder, Spalding sandte Rezensionen, die in Berlin zur *Kritik der reinen Vernunft* (1781) erschienen waren, umgehend nach Königsberg[81], und als er sich im Frühjahr 1788 für die ihm zugeleiteten Schriften *Grundlegung zur Metaphysik der Sitten* (1785) und *Kritik der praktischen Vernunft* (1788) bei Kant bedankte, erklärte er sich zwar für außerstande, in Fragen der spekulativen Philosophie zureichend urteilen zu können, fügte dann aber sogleich eigene, durch die Lektüre angeregte Betrachtungen zum Verhältnis von Moralität und Religion noch hinzu[82].

Das in Spaldings Briefwechsel verhandelte Themenspektrum war denkbar breit. Neben den persönlichen und familiären Belangen stand oft der Austausch über literarische Pläne

---

[79] J.J. Spalding an F.A. Stroth, 9.7.1771 (aaO 204).

[80] Vgl. J.J. Spalding an J.G. Zimmermann, 30.11.1782 (Gottfried Wilhelm Leibniz Bibliothek Hannover, Signatur: MS XLII, 1933, A.II, 87).

[81] Vgl. J.J. Spalding an I. Kant, 16.8.1883 (in: Kant's Briefwechsel, Bd. 1: 1747–1788, ²1922, 347f.).

[82] Vgl. J.J. Spalding an I. Kant, 8.2.1788 (aaO 527f.).

und Arbeiten, ob von Absender und Empfänger oder auch von gemeinsam bekannten Dritten, im Mittelpunkt des Interesses. Der theologische Teil der Korrespondenz schloß selbstverständlich Nachrichten über aktuelle Stellenbesetzungen in Kirche und Hochschule ein. Darüber hinaus verfolgte Spalding mit wacher Aufmerksamkeit die Literatur seiner Zeit und zeigte sich beispielsweise über den Fortgang und Hintergrund des sogenannten Fragmentenstreits, den Lessing mit seiner Veröffentlichung der deistischen Reimarus-Fragmente 1774 ausgelöst hatte und in den sich bald eine ganze Reihe namhafter Zeitgenossen einmischte, stets aktuell informiert. Zuweilen kamen auch Tratsch und Trivialitäten zu ihrem Recht, und sei es nur bezüglich der Vorliebe für extravagante Kleidung, die einem Berliner Kollegen von Spalding verleumderisch nachgesagt wurde[83].

Neben alledem ging es im Briefwechsel mehrfach um pastorale Stellenvermittlung. Nachdem ihn der in Göttingen lehrende Christian Gottlieb Heyne brieflich seiner Freundschaft versichert und um Personalvorschläge für eine dort zu besetzende Predigerstelle gebeten hatte, unterbreitete Spalding am 20. März 1776 die ausführliche Expertise für drei Kandidaten, der auch das Leumundszeugnis eines anderen angesehenen Kirchenmannes noch beigefügt war. Wie bereitwillig und gewissenhaft Spalding in dieser Hinsicht als Mediator fungierte, wird aus der Bemerkung, die den Brief abschloß, ersichtlich: „Meine Freude würde sehr groß seyn, wenn ich bey dem natürlicher weise nicht weit entfernten Ziele meiner Laufbahn die Aussicht für die folgende Generation haben könnte, daß *nützliche Theologie* zum Beßten der Menschheit sich ohne Geräusch und Sturm allgemeiner ausbreiten werde; und ich ehre und segne schon itzt diejenigen, die ich, als neue Werkzeuge dieses zukünftigen großen Glücks, ansehe“[84].

---

[83] Vgl. J.J. Spalding an F.A. Stroth, 6.10.1778 (in: BULTMANN [s. Anm. 43], 231).

[84] J.J. Spalding an Ch. G. Heyne, 20.3.1776 (Niedersächsische

Der Vermittlungsdienst, den Spalding dem jungen, aus pietistischer Sozialisation zu neologischer Überzeugung durchgebrochenen Johann August Hermes erwies, ist von exemplarischer Qualität. Als Pfarrer im altmärkischen Jerichow strebte Hermes, nachdem er dort kurz nacheinander vier Kinder verloren hatte und überaus kärglicher Alimentierung ausgesetzt war, eine Veränderung an. Mit der Gastpredigt, die er gegen Ende des Jahres 1776 auf Spaldings Einladung hielt, bestätigte er auch in Berlin seine außergewöhnliche Kanzelbegabung. Allerdings bestand im Umkreis der Metropole damals keine Vakanz. Doch ergaben sich bald darauf in Ditfurt, einem Dorf in der Kirchenprovinz Sachsen, gewisse Chancen. Ditfurt unterstand dem vom Stift Quedlinburg wahrgenommenen Patronat, und mit der Stiftsäbtissin pflegte Spalding vertrauten Kontakt. Nun war der Ditfurter Pfarrer Johann Christoph Beyerstedt während des Neujahrsgottesdienstes 1777 in einem akuten Anfall von Altersschwäche auf der Kanzel zusammengebrochen. Zu dessen Entlastung beantragte die Gemeinde daraufhin einen Hilfsprediger. Spalding erkannte die Lage und zog bei Friedrich Andreas Stroth, der unterdessen das Rektorat des Quedlinburger Gymnasiums übernommen hatte, die allfälligen Auskünfte ein:

Es kömmt also darauf an, zu wißen: Ob der Gesundheitszustand des Emeritus von solcher Art ist, daß man natürlicher weise noch ein etwas langes Leben von ihm zu erwarten hat? Auf wie viel Einkünfte während seines Lebens, für den Adjunctus wohl zu rechnen sey? Ob die Ackerwirthschaft bey der Stelle von dem Prediger selbst betrieben werden müße, oder für Pacht an andere ohne beträchtlichen Schaden überlaßen werden könne? Und endlich, was sich von den Gesinnungen der Gemeine gegen einen aus der Fremde kommenden Prediger hoffen oder fürchten laße?[85]

Staats- und Universitätsbibliothek Göttingen. Abt. für Handschriften und seltene Drucke, Signatur: Cod. Ms. Heyne 126, Bl. 29f.).

[85] J.J. Spalding an F.A. Stroth, 25.2.1777 (in: Bultmann [s. Anm. 43], 226f.).

Die Antwort des Rektors stellte rundum zufrieden, eine ansehnliche Gehaltsaufbesserung war zu erwarten, und so trat Hermes im Sommer 1777 seinen durch Spalding vermittelten Dienst in Ditfurt an, bis er drei Jahre später zum Konsistorialrat und Oberpfarrer an der Quedlinburger Nikolaikirche aufsteigen sollte.

Im Lauf der Jahre veränderten sich die Pflichtenfülle und Arbeitskraft Spaldings allerdings umgekehrt proportional. Das zog nicht zuletzt seine Korrespondenzfreude in Mitleidenschaft, und das „mir [...] ehemals so liebe Geschäft des Briefschreibens"[86] wurde ihm zusehends schwer. Die postalische Säumigkeit, klagte er bisweilen in bitterer Selbstironie, sei eine ihm „fast zur Natur gewordene Sünde"[87].

Die engste Verbundenheit, gleichermaßen in menschlicher wie in theologischer Hinsicht, entwickelte Spalding vor Ort zu seinem Kollegen Wilhelm Abraham Teller, der 1767 als Propst an die Cöllner Petrikirche berufen wurde. Diese personale Fügung stellte insofern einen besonderen Glücksumstand dar, als damit die beiden leitenden lutherischen Geistlichen der Doppelstadt Berlin-Cölln in ungetrübt harmonierender Eintracht zu wirken vermochten. Niemals sonst waren für Spalding die engste Kollegen- und Freundschaft derart nahtlos zusammengekommen.

Als Spalding 1764 seinen Berliner Dienst angetreten hatte, stand an St. Petri Propst Johann Peter Sußmilch im Amt. Er hatte die Stelle seit 1742 versehen. In seinen späten Jahren litt er an den Folgen mehrerer Schlaganfälle. Zuletzt kaum noch diensttauglich, verstarb Süßmilch am 22. März 1767. Seine Gedächtnispredigt auf den Kollegen stützte Spalding auf das biblische Wort Ps 91,14–16, das dem Moribunden zusehends wichtig und trostreich geworden war. Dadurch und weil der Gemeinde das Schicksal ihres Predigers deutlich vor Augen

---

[86] J.J. Spalding an F.A. Stroth, 28.5.1776 (aaO 217).

[87] J.J. Spalding an F.A. Stroth, 4.2.1777 (aaO 222).

stand, lag es nahe, als Predigtthema „Die Stärkung der Religion unter harten Drangsalen des Lebens“[88] zu wählen. In warmherzigen Worten würdigte Spalding den Verstorbenen, dem seine umfassende, weit über die Theologie hinausgreifende Bildung allemal eine „Stütze der Verehrung“ gewesen sei, „die wir unserm Schöpfer und unserm Erlöser schuldig sind“, und der alle seine Kraft darauf konzentriert habe, seine Gemeinde durch den anhaltenden Predigtdienst und durch seine Schriften die Welt vor der „Ueberschwemmung des lasterhaften Unglaubens“ zu bewahren und damit „zur Demüthigung der laut schreyenden Freygeisterey“[89] beizutragen. In der „rühmliche[n] Geschäftigkeit, womit er in seinen verschiedenen Verhältnissen, als Mensch, als Freund, als Prediger und als Vorgesetzter, arbeitete“, habe Süßmilch eine so umfassende „Menschenliebe“ erwiesen, daß man als deren Quelle nichts anderes als die „Liebe Gottes“ und darum sein ganzes Wirken als den „beste[n] Gottesdienst“[90] zu erkennen vermöge.

Die Nachfolgeregelung gestaltete sich schwierig und erforderte Zeit. Zunächst wurde das vakante Amt dem in Berlin geborenen, damals in Quedlinburg als Prediger tätigen Resewitz angetragen. Dieser freilich hatte soeben einen Ruf als Pastor an der deutschen Kirche in Kopenhagen angenommen und sah sich, nachdem ihn die Aussicht auf eine ehrenvolle Rückkehr in seine Vaterstadt durchaus schwankend gemacht hatte, schließlich doch gehalten, an seiner bereits erfolgten Zusage nach Dänemark festzuhalten. Im Sommer 1767 fiel dann die Entscheidung auf den in Leipzig geborenen Teller, der seit 1761 als Generalsuperintendent und Theologieprofessor in Helmstedt amtierte.

---

[88] J.J. Spalding, Gedächtnißpredigt auf Herrn Johann Peter Süßmilch [...], den 5ten April 1767 in der Petri-Kirche gehalten (in: Ders., Predigten bey außerordentlichen Fällen [s. Anm. 11], 86–103), 89,7f.

[89] AaO 91,19f.; 92,12–24.

[90] AaO 94,28–95,1.

Kurz nach seinem dortigen Dienstantritt hatte Teller mit dem *Lehrbuch des Christlichen Glaubens* (1764) Furore gemacht. Um angehende Religionspädagogen in der Glaubenslehre zu unterweisen, rekonstruierte er darin das „einfache“ Evangelium, das damit in einen Gegensatz zur eingeführten Kirchenlehre gerückt wurde. Den dogmatischen Stoff disponierte er nicht mehr im herkömmlichen Lokalschema, sondern anhand der paulinischen Adam-Christus-Typologie (Röm 5). Zugleich unterzog er ihn einer konsequent biblisch und aufklärerisch orientierten Umformung, durch die sich etwa die Erbsünden-, Zweinaturen- und Trinitätslehre, denen Teller keinerlei praktische Erbauungseffekte, jedoch um so höheres Verwirrungs- und Konfliktpotential zuschrieb, als hinfällig erwiesen. Die dadurch ausgelöste Kritik war heftig – in Kursachsen wurde das Buch sogar indiziert – und teilweise, etwa in dem Vorwurf sozinianischer Häresie, ungerecht. Von einer geplanten Berufung an die Universität Halle hatte man aus Rücksicht auf die entfachten Wirbel rasch wieder Abstand genommen[91].

Nachdem die Wellen des Entrüstungssturms etwas abgeflaut waren, erhielt Spalding von Münchhausen, dem Chef des Geistlichen Departements, die Anweisung, sich über die Nachfolge Süßmilchs „in einen Briefwechsel mit Hrn. Teller einzulassen“[92]. So schrieb er ihm unter dem Datum des 31. Juli 1767 einen mit etlichen Komplimenten versehenen Einwerbungsbrief. In feiner Anspielung auf die durch das *Lehrbuch des christlichen Glaubens* entstandenen Wirren versicherte Spalding, daß jedenfalls in Berlin „durch den Schutz aufgeklärter Obern dem Verfolgungsgeiste seine Ausbrüche gewehrt“ würden und Teller hier eine Zufriedenheit und Nutzbarkeit schaffende Anstellung finden könne. Die unstreitbaren wissenschaftlichen Verdienste Tellers ließen eine Berufung um so dringlicher erscheinen, als er selbst, wie Spalding „ohne die

---

[91] Vgl. SPALDING, Lebensbeschreibung (s. Anm. 3), 163,22–164,24.
[92] AaO 164,10f.

geringste falsche Bescheidenheit" von sich gestand, an seinem jetzigen Wirkungsort „unter den eigentlichen Gelehrten gar keine Figur machen" könne. Wenn es abschließend hieß: „Sie werden hier Freunde finden, die Ihre Gelehrsamkeit und Ihr Herz zu schätzen wißen"[93], so sollte sich diese Prognose nicht zuletzt für die Person Spaldings als treffend erweisen. Aber auch sonst fand sich Teller bald nach seinem Aufzug in Berlin als Theologe und Kirchenmann anerkannt, obschon er „durch seine physisch schwere Aussprache"[94] in der liturgischen Amtsausübung ein wenig beeinträchtigt war – er hat nicht etwa gelispelt oder gestottert, sondern artikulierte sich, für Berliner Kirchgänger durchaus befremdend, in breiter sächsischer Mundart, wobei er immer wieder auch „Wörter verschluckte und Silben zerstückte"[95].

Teller war alsbald geneigt, dem Ruf zu folgen, doch die Zusage zögerte sich hinaus, weil seine Ehefrau durch den Gedanken, in die preußische Metropole zu übersiedeln, geängstigt wurde. Schließlich gelang es dem Oberhofprediger Sack, diese hemmende Sorge zu bannen. Wenngleich Berlin für den Erfahrungssatz „große Städte große Sünden" keine Ausnahme mache, schrieb er an Teller, so wolle er doch dafür die Gewähr übernehmen, „daß hier mehr wahres Christenthum und Tugend anzutreffen ist, als in vielen andern großen Städten". Zur weiteren Beruhigung verwies er, was in mehrfacher Hinsicht Interesse verdient, auf eine standesgemäße Analogie:

Die Frau OberConsistorial-Räthin Spalding ist mit einer gleichen Furchtsamkeit hieher gekommen, hat aber von dem, was sie gefürchtet, gerade das Gegentheil gefunden, und hält nunmehr Berlin nicht allein

---

[93] J.J. Spalding an W.A. Teller, 31.7.1767 (in: Carl Robert Lessings Bücher- und Handschriftensammlung, hg. von G. Lessing, Bd. 2, 1915, 287f.).

[94] Spalding, Lebensbeschreibung (s. Anm. 3), 164,13.

[95] Zit. nach U. Wiggermann, Woellner und das Religionsedikt. Kirchenpolitik und kirchliche Wirklichkeit im Preußen des späten 18. Jahrhunderts (BHTh 150), 2010, 62.

wegen seiner Schönheit, sondern vornehmlich wegen der hier anzutreffenden Vergnügungen eines vernünftigen gesellschaftlichen Umganges, der ohne allen Zwang und unschmackhaftes Gezierde ist, vor den eintzigen Ort, den sie sich, wenn sie ihn vorher gekannt und die Wahl gehabt hätte, gewünscht haben würde[96].

Am 17. Juli 1768 wurde Teller in sein Berliner Amt eingeführt. Spalding vollzog in der Petrikirche die feierliche Investitur. Dabei sprach er, durch den Predigttext 1Thess 2,13 nahegelegt, über „die gehörige Aufnehmung des göttlichen Wortes aus dem Munde eines christlichen Predigers"[97]. Er nahm die Kanzelrede zum Anlaß einer rechtfertigungstheologischen Grundsatzerklärung, in welcher er die reformatorische Basisrelation von Wort und Glaube, von Heilszusage und Heilsannahme, auf eingängige Weise zur Darstellung brachte. Am Ende empfahl er der Gemeinde den vormaligen Hochschullehrer als einen verläßlichen Seelsorger, dessen uneingeschränkte pastorale Vertrauenswürdigkeit durch „seine Gottesfurcht, seine Redlichkeit und seine Menschenliebe" verbürgt werde: „Dieß ist der Ruhm, den sein Verhalten überall bestätiget hat; ein Ruhm, der noch immer weit mehr werth ist, als die Vorzüge von Wissenschaft und Gelehrsamkeit, die ihm von dieser Seite mit Recht einen so allgemeinen und gegründeten Beyfall erworben haben"[98].

Vor der Einsegnung wandte sich Spalding am Altar stehend mit kurzen Worten direkt an Teller. Ihm sei nun angesichts des Amtes, in das er eintrete, und übrigens auch der Beurteilungen, denen er sich aussetze, in besonderer Weise Zuversicht und stabile Gemütsfassung nötig. Als Wegweisung diente ihm dabei der johanneische Satz „Ihr Lieben, so uns unser Herz nicht ver-

---

[96] A.F.W. Sack an W.A. Teller, 22.8.1767 (in: Lessings Bücher- und Handschriftensammlung [s. Anm. 93], 256).

[97] J.J. Spalding, Predigt, bey der Einführung des Herrn D. Wilhelm Abraham Tellers, Königl. Oberconsistorialraths, als Probstes zu Cölln an der Spree, 17.7.1768 (in: Ders., Predigten bey außerordentlichen Fällen [s. Anm. 11], 44–65), 47,12f.

[98] AaO 59,10–19.

dammet, so haben wir eine Freudigkeit zu Gott" (1Joh 3,21). Dergestalt ermunterte Spalding den neuen Kollegen, sich von den Meinungen und Urteilen der Menschen unabhängig zu halten und die ihm obliegende Verantwortung allein vor dem eigenen Gewissen und vor Gott wahrzunehmen. Das mochte, was das Leben in und mit der Gemeinde anlangte, ernüchternd geklungen haben und war wohl auch durch einschlägige Erfahrungen Spaldings gedeckt. Als wolle er den herben Ton, der dadurch in sein Kasualvotum gekommen war, wieder entschärfen oder doch wenigstens relativieren, drückte er danach seine Zuversicht aus, durch die „christliche Rechtschaffenheit" seines Sinnes und seines Verhaltens werde Teller „schon Gemüther finden [...], die Ihnen Recht wiederfahren lassen, die Ihnen ihren Beyfall, ihre Werthschätzung und Ihre Freundschaft zuwenden"[99]. In Spalding hatte der neue Propst zu St. Petri ein solches Gemüt längst gefunden.

c) *Preußischer Hof*

Dem Propst zu St. Nikolai oblag von Amts wegen die geistliche Betreuung des Herrscherhauses, freilich nur in dessen dem lutherischen Bekenntnis zugehörenden Teilen[100]. Dadurch kam Spalding mit der regierenden Königin Elisabeth Christine und über sie mit etlichen weiteren Familienmitgliedern der Hohenzollern alsbald in direkten Kontakt. Die Königin, vor der Spalding „oft bey ihrem gewöhnlichen Gottesdienste auf dem Schlosse, ordentlich aber und beständig nach ihrer jedesmaligen Kommunion, so lange Alter und Kräfte es mir verstatteten,

[99] AaO 65,10–17.

[100] Dieser Abschnitt fußt teilweise auf A. Beutel, Frömmigkeit als „die Empfindung unserer gänzlichen Abhängigkeit von Gott". Die Fixierung einer religionstheologischen Leitformel in Spaldings Gedächtnispredigt auf Friedrich II. von Preußen (in: Ders., Spurensicherung. Studien zur Identitätsgeschichte des Protestantismus, 2013, 165–187).

zu predigen hatte“, sparte ihm gegenüber nicht mit „unerwarteten Beweisen des Beyfalls und der Gnade“[101]. Das respektvolle Einvernehmen, das sich rasch zwischen ihnen eingestellt hatte, fand sich nicht zuletzt darin dokumentiert, daß Elisabeth Christine das erfolgreiche Jugendwerk ihres Seelsorgers *Die Bestimmung des Menschen* zweimal in selbstverfertigter französischer Übersetzung ausgehen ließ. Unter dem Eindruck ihres Todes hielt der greise Spalding anno 1797 fest, das Andenken der Königin werde „im Segen bleiben [...] als ein rührendes Muster der edelsten Geistesbeschäftigung, der eben so aufgeklärten als lebendigen Religiosität und einer ungewöhnlich thätigen Menschenbeglückung“[102].

Auch die Gedächtnispredigten auf den 1767 verstorbenen Prinzen Friedrich Heinrich Carl[103] und auf Prinzessin Louise Amalie, die 1780 verschied[104], bezeugen die überaus warmherzige, persönliche Verbundenheit Spaldings mit ihm nahestehenden Personen des preußischen Hofes. Namentlich die zweitgenannte Predigt ist, rhetorisch wie theologisch, ein Meisterwerk eigener Art, das gleich mit dem ersten Satz in die religiöse Höhenlage einweist: „Wenn Frömmigkeit vor dem Tode schützte, so hätten wir diese traurige Feyerlichkeit nicht“[105].

Doch zwischen König Friedrich II. von Preußen und Spalding blieb das Verhältnis zeitlebens kühl. Dem Theologen miß-

---

[101] Spalding, Lebensbeschreibung (s. Anm. 3), 161,4–10. – Einige der Predigten, die er in den Privatgemächern der Königin hielt, sind aus den handschriftlichen Manuskripten ediert worden in Spalding, Barther Predigtbuch (s. Anm. 1).

[102] J. J. Spalding, Lebensbeschreibung (s. Anm. 3), 205,22–26.

[103] J. J. Spalding, Predigt auf das Absterben des Prinzen Friedrich Heinrich Carl [...], 14.6.1767 (in: Ders., Predigten bey außerordentlichen Fällen [s. Anm. 11], 66–85).

[104] J. J. Spalding, Gedächtnißpredigt auf die Hochselige Prinzeßinn Louise Amalie [...], 1780 (in: Ders., Neue Predigten. Zweyter Band [s. Anm. 24], 16–31).

[105] AaO 17,14–16.

fiel ebenso die demonstrative Unkirchlichkeit des Monarchen wie die exorbitante Glorifizierung, die ihm zuteil wurde. Seine *Lebensbeschreibung* notiert, in sprechender Kürze, den lakonischen Satz: „Im August 1786 starb Friedrich der Zweyte, der große Mensch, wenn gleich immer noch Mensch“[106]. Schon vor seinem Berliner Dienstantritt hatte sich Spalding des öfteren über die freigeistige Religionsspötterei des Königs mokiert. Seine seit 1771 von verschiedenen Seiten betriebene Aufnahme in die Königlich Preußische Akademie der Wissenschaften scheiterte an der Ungnade des Königs; als der Akademiedirektor der philosophischen Klasse Johann Georg Sulzer 1777 – er starb, von Spalding tief betrauert, wenig später[107] – eine günstige Gelegenheit zu nutzen versuchte, um den König für Spalding einzunehmen, wischte dieser den Vorstoß mit einer zynischen Bemerkung hinweg.

Die skeptische Distanz, die er gegenüber seinem König durchgehend wahrte, überwand Spalding nur ein einziges Mal. Mochten die untertänigen Worte, die er in seiner Berliner Antrittspredigt dem Monarchen zudachte[108], bloß der formwahrenden Etikette geschuldet sein, so schien ihn beim Abschluß des Friedens von Teschen (13.5.1779) aufrichtige Freude überwältigt zu haben. Seine Dankespredigt geriet zu einem panegyrischen Lobgesang auf den königlichen „Friedens- und Freyheitsstifter“, den „großen Mann“, in welchem sich, als dem „Vater des Vaterlandes“, jünglingshafter Kampfesmut mit gemeinsinnigem Patriotismus auf einzigartige Weise verbinde: „Suchet die Fürsten, die ein gleiches thun“. Wer jetzt noch über

---

[106] SPALDING, Lebensbeschreibung (s. Anm. 3), 178,12f.

[107] Von einem der letzten Besuche am Sterbelager, bei dem er mit Sulzer trostreiche Gespräche führte und ihm auch Verse Paul Gerhardts, des barocken Kirchenlieddichters und früheren Pfarrers an St. Nikolai, vorsagte, berichtet J. J. SPALDING, Eine Abendstunde bei Sulzers Krankenbette aus einem Briefe an ... (in DERS., Kleinere Schriften 1 [s. Anm. 23], 339–341).

[108] Vgl. SPALDING, Berlinische Antrittspredigt (s. Anm. 11), 40,1–11.

partikulare Beschwernisse Klage führen und kleinliche Kritik üben zu sollen glaube, dessen Seele habe sich „ein unedler Geist der Unzufriedenheit und des Mißvergnügens" bemächtigt; nichts als „ehrerbietige Liebe" und „treuen Gehorsam" schulde man nunmehr dem König. Hatte er diesen noch eingangs als ein Werkzeug der „Fürsehung des Höchsten" erkannt – denn „*Gott* ist der Stifter unsers Friedens" –, so änderte Spalding in dem auf die Predigt folgenden Bittgebet die kausale Zuständigkeit: „Vergilt ihm [...] alles das Große und Gute, was *er* gethan hat"[109]!

Doch am Ende, in der am 10. September 1786 in der Nikolaikirche vorgetragenen Gedächtnispredigt auf den verstorbenen König, waren derartige religionspatriotische Anwandlungen längst wieder verflogen. Mit ihr unternahm Spalding vielmehr eine feinsinnig austarierte Gratwanderung zwischen pflichtschuldiger vaterländischer Ehrenbezeugung und sublimer religiöser Distanznahme. Schon der erste Satz eröffnete in deutlicher Anspielung auf den gängigen Beinamen des Königs die Antithese: „Wir wollen Gott, der allein groß ist und über Alles gebietet, [...] in Demuth anbeten". Während die Würdigung dessen, „was dieser König für Sich, für die Welt und für uns gewesen ist", in die Zuständigkeit der „Geschichtschreiber und Lobredner" falle, sollten „wir, die wir Christen sind", unseren Sinn „zu demjenigen hinauf erheben, der uns diesen König, und Ihm Seine Größe gab". Eingehend schilderte Spalding daraufhin für den verblichenen Fürsten, was Gott *an ihm* und was er *durch ihn* Großes getan habe. Eine Zwischenbilanz brachte die Betrachtungen dann auf den Punkt: Auch Friedrich II. war, in all seiner irdischen Größe, nichts weiter als ein Werkzeug des großen, allmächtigen Gottes.

Danach vertiefte Spalding seine dem konkreten Anlaß geschuldeten Überlegungen in eine religionstheologische Grund-

---

109 J.J. Spalding, Am Dankfeste wegen des Teschenschen Friedens, 23.5.1779 (in: Ders., Neue Predigten. Zweyter Band [s. Anm. 24], 3–15) (Hervorhebungen von mir).

satzerklärung. In wortgetreuer Vorwegnahme einer Wendung, die später durch Schleiermachers *Glaubenslehre* (1821/22; ²1830/31) bleibende Berühmtheit erlangen sollte, bestimmte er „die Empfindung unserer gänzlichen Abhängigkeit von Gott" als „den Anfang und die Grundlage aller wirklichen Religion". Die konstitutive Bedeutung dieses Gefühls erhärtete Spalding gleichsam ex negativo. Wo das Gefühl unserer schlechthinnigen Abhängigkeit von Gott nicht lebendig sei – „kurz: wo Religion fehlet" –, da könne es für den Menschen „nichts wirklich Befriedigendes" und also keine Glückseligkeit geben. Ein von Gott abgewandter Mensch verfehle sein „wahre[s] innerliche[s] Glück", für das ihm weder Weisheit noch irdisches Vergnügen, auch nicht Philosophie, Sarkasmus oder das Trugbild selbstbestimmter Autonomie zureichende Kompensation zu leisten vermöge – ein Schelm, wer dabei etwa an Friedrich den Großen gedacht hätte!

Spalding präzisierte diese Überlegung durch einen Blick auf den natürlichen Alterungsprozeß des Menschen, der die Unersetzlichkeit des christlichen Gottesglaubens immer mehr offenbar werden lasse. Als Höhepunkt der von ihm geschilderten beschwerlichen Alterserfahrungen riskierte er eine kaum verhohlene, disjunktive Anspielung auf die zuvor von ihm gerühmte freisinnige *ars moriendi* des Königs: Selbst eine „an sich starke standhafte Seele", die sich „durch eine lange voraus gefaßte Entschlossenheit" gegen die Schrecknisse des „letzten Feindes" gerüstet meint, sei schlechterdings zu bedauern, da sie „die durch nichts zu ersetzenden seligen Erheiterungen in ihrem Innersten entbehren muß, die nur das getroste Hingeben in die Hände einer gnädigen Allmacht, und der zuverläßige frohe Vorausblick in ein besseres Leben wirken kann". Gegenüber der pflichtschuldigen Ehrerbietung, die Spalding dem verstorbenen König zuteil werden ließ, fiel die innige Anteilnahme, die er abschließend der verwitweten Königin Elisabeth Christine bezeugte, um so mehr ins Gewicht: Zwischen allerlei Segensbitten rühmte er sie – man bedenke: anläßlich des Todes ihres königlichen Gemahls! – als das „sichtbare Beyspiel von den seligen Wirkungen einer richtig erkannten und lebhaft empfundenen Religion"[110]. Derart wurde die amtlich verordnete Rechristianisierung des freigeistigen Königs in der Gedächtnispredigt des Berliner Propstes sublim, doch unüberhörbar konterkariert.

3. Zentrum der Neologie

Seit der Mitte des 18. Jahrhunderts markierte die preußische Metropole, forciert durch den Regierungsantritt Friedrichs II., den Mittelpunkt der deutschsprachigen Aufklärung. Auf institutioneller Ebene schlug sich diese Spitzenstellung nicht zuletzt darin nieder, daß der König die Berliner Akademie auf einem europaweit konkurrenzfähigen Niveau neu etabliert hatte. Im Juli 1700 war sie als „Kurfürstlich-Brandenburgische Societät der Wissenschaften" nach Plänen von Gottfried Wilhelm Leibniz, der auch ihr erster Präsident wurde, und nach dem Vorbild der Akademien von Paris und London gegründet worden. Über die üblichen Klassen der Naturwissenschaften und Mathematik hinaus umfaßte sie zudem erstmals zwei historisch-philologische Klassen, deren Arbeit dann aber vom „Soldatenkönig" Friedrich Wilhelm I. mißachtet und empfindlich beschränkt worden war. Sein Nachfolger Friedrich II. beeilte sich, diese Vernachlässigung wieder zu korrigieren. Er berief den französischen Mathematiker und Universalgelehrten Pierre Louis Moreau de Maupertuis zum Präsidenten der Akademie, als beständiger Sekretär wirkte der in Berlin ansässige Hugenotte Johann Heinrich Samuel Formey. Die Entscheidung, sich in Wort und Schrift ausschließlich der französischen Sprache zu bedienen, gewährte eine internationale

[110] J.J. Spalding, Gedächtnißpredigt auf Friedrich den Zweyten, König von Preußen [...], 10.9.1786 (in: Ders., Einzelne Predigten [s. Anm. 25], 63–80).

Ausstrahlung der Akademie. Die von ihr regelmäßig ausgeschriebenen Preisfragen lösten europaweite Beteiligung aus. Unter den auswärtigen Mitgliedern rangierten namhafte französische Aufklärer wie Jean-Baptiste Le Rond d'Alembert, Julien Offray de La Mettrie oder Voltaire. Die von Friedrich II. in seinem Potsdamer Weinbergschlößchen inszenierte Tafelrunde wurde in Paris, zugleich spöttisch und neidvoll, als „Kolonie von Franzosen" bezeichnet.

Auch auf die Intellektuellen der in Deutschland nachgewachsenen Generation übte die Residenzstadt an der Spree große Anziehungskraft aus. Mendelssohn und Lessing, später dann der Schriftsteller Karl Philipp Moritz oder der gelehrte Diplomat Christian Wilhelm Dohm waren nur vier von ansehnlich vielen, die Berlin jetzt zu ihrer Wahlheimat machten. Unter diesem nachhaltigen geistigen Zuwachs avancierte die Stadt zu einer Hochburg des deutschen Zeitungs- und Pressewesens. Die unangefochtene Schlüsselrolle kam dabei dem Berliner Buchhändler und Verleger Friedrich Nicolai zu. Mit Mendelssohn begründete er 1757 die *Bibliothek der schönen Wissenschaften und freien Künste*, wenig später mit Mendelssohn und Lessing die epochalen *Briefe, die neueste Litteratur betreffend.* Einzigartige Bedeutung erlangte das gigantische Rezensionsunternehmen der von Nicolai organisierten *Allgemeine[n] deutsche[n] Bibliothek* (1765–1805), die mit ihrer von 433 Mitarbeitern in 268 Bänden veröffentlichten Kritik von etwa 80.000 Neuerscheinungen bald das führende „Integrationsmedium der Gelehrtenrepublik"[111] und zugleich das einflußreichste Organ des damaligen öffentlichen Meinungsbildungsprozesses geworden ist. Daneben etablierte sich die *Berlinische Monatsschrift* zum zentralen Forum der spätaufklärerischen Selbstverständigung. Dieses von Johann Erich Biester und Gedike im Jahre 1783 gegründete Periodikum verfügte über ein

---

[111] U. SCHNEIDER, Friedrich Nicolais Allgemeine Deutsche Bibliothek als Integrationsmedium der Gelehrtenrepublik, 1995.

höchst prominentes Autorenreservoir; selbst Kant hat die meisten seiner kleineren Schriften, auch seine berühmte *Beantwortung der Frage: Was ist Aufklärung?* (1784), dort zuerst publiziert. Das Themenspektrum umfaßte alle drängenden Fragen der Zeit, es reichte von den Problemen der Armenfürsorge über medizinisch-hygienische und pädagogische Fragen bis weit in das rechts- und standespolitische Feld. Gegen die unter Friedrich Wilhelm II. aufziehenden restaurativen Tendenzen suchten die Beiträger der *Monatsschrift* den Geist der friderizianischen Epoche zu wahren. Aufgrund wachsenden ideologischen Drucks mußte das Journal 1792 nach Jena und im Folgejahr nach Dessau ausweichen; anno 1796 war es dann endgültig mit ihm vorbei.

Der innere Kreis der Beiträger, sofern sie in Berlin residierten, war zugleich in der ebenfalls 1783 gegründeten legendären Mittwochsgesellschaft verbunden. Diese aufklärerische Sodalität folgte einem klar geordneten Reglement. Jährlich fanden 18 Sitzungen statt, im Herbst und Winter an jedem ersten und dritten Mittwoch des Monats, im Frühling und Sommer dagegen nur monatlich einmal. Man traf sich reihum in den Privathäusern der Mitglieder zu einer zweistündigen Abendsitzung, um einen Vortrag zu hören und eingehend zu diskutieren. Anschließend zirkulierte der Vortragstext unter den Mitgliedern, die ihn dann noch mit einem schriftlichen Votum versahen. In der Mittwochsgesellschaft, deren Umfang auf 24 Plätze begrenzt war, trafen sich die führenden Köpfe der Berliner Intelligenz: königliche Leibärzte und hohe Staatsdiener, Juristen und Schriftsteller, Philosophen und Theologen. Ihrem egalitären Charakter entsprechend gab es keinen Vorsitzenden oder Präsidenten; als Sekretär hatte Biester lediglich die Organisation der Treffen und Zirkularien zu versehen.

Die Mittwochsgesellschaft apostrophierte sich intern als „Gesellschaft von Freunden der Aufklärung“ und rangierte im Grenzbereich zwischen Geheimbund und privatem Zirkel. Die Gründungsstatuten verpflichteten alle Mitglieder auf Ehre zu strengster Verschwiegenheit. Das kam freilich weder mit der von den Freimaurern geübten Arkandisziplin überein noch, wie bei den Illuminaten, mit verdeckter politischer Agitation, sollte vielmehr wohl nur die Vertraulichkeit der gemeinsamen Beratungen garantieren. Besucher, ob von auswärts oder stadtintern, waren nicht zugelassen. Der Gesellschaftszweck zielte insgesamt darauf ab, die Motive und Intentionen der Aufklärung gesellschaftlich und politisch zu realisieren. Dergestalt debattierte man, durchweg auf hohem philosophisch-wissenschaftlichem Niveau, beispielsweise über die Emanzipation der Juden und die Legitimität adeliger Privilegien, über Pressefreiheit, Verfassungs- und Justizreform oder die Möglichkeit einer Umwandlung der absolutistischen in eine konstitutionelle Monarchie. Mehrfach geriet auch das preußische Militärwesen ins Visier: Man skandalisierte etwa die unverhältnismäßig hohe Zahl an Suiziden, die unter den einfachen Soldaten, ausgelöst durch den als menschenverachtend erlebten Drill, zu beklagen war, oder die Unverfügbarkeit der dem Heer vorbehaltenen Getreidemagazine bei landesweiten Hungersnöten und Mißernten. Als sich das Zeitalter der Aufklärung seinem Ende zuneigte, schien auch die 1798 vollzogene Selbstauflösung der Mittwochsgesellschaft eine Epochenwende zu indizieren.

Im letzten Drittel des 18. Jahrhunderts, solange der Geist der Aufklärung die urbane Atmosphäre durchwehte, war in Berlin die Neologie, jedenfalls in den oberen Rängen der Kirche, fest etabliert. Spalding erwies sich dabei zwanglos als deren bedeutendster Repräsentant. Seine Gottesdienste in den beiden Hauptkirchen St. Nikolai und St. Marien galten unangefochten als gesellschaftliche und kirchliche Attraktion. In Spaldings Predigten, notierte ein Zeitgenosse, „sieht man gröstentheils ein glänzendes Auditorium“[112]. Selbst Johann Wolfgang von Goethe, als er im Mai 1778 für etliche Tage, übrigens zum ein-

[112] [J.H.F. Ulrich], Ueber den Religionszustand in den preußischen Staaten seit der Regierung Friedrichs des Großen. In einer Reihe von Briefen, Bd. 1, 1778, 167.

zigen Mal, in Berlin weilte, ließ sich den von Spalding gehaltenen Sonntagsgottesdienst nicht entgehen. Friedrich Parthey, der Schwiegersohn Nicolais, übersandte Elisa von der Recke einen homiletischen Erlebnisbericht: „Der ehrwürdige Mann [...] predigte uns mit einer unnachahmlich sanften und herzeindringenden Beredsamkeit [...]. Liebste Freundin, so einen Lehrer hab ich noch nicht gehört“[113]. Mindestens ebenso affiziert zeigte er sich von dem Besuch, zu dem ihn Spalding wenige Tage zuvor in seinem Hause empfangen hatte: „O, meine beste Freundin! Dieser Mann verdient, daß man seinetwegen 100 Meilen reiset. So einen verehrungswürdigen Mann habe ich nicht leicht gefunden. [...] Und seine Worte sind so ausgesucht, daß man alles könnte drucken lassen. [...] Ich hätte ihm den ganzen Tag zuhören wollen, und es ward mir schwer ihn zu verlassen“[114]. Die Wertschätzung, die Spalding weit über Berlin hinaus in ganz Deutschland genoß, dokumentierte sich auch in zahlreichen Widmungen von Büchern aus längst nicht nur theologischer Feder[115].

Von einer womöglich skurril anmutenden, seinerzeit aber hoch aktuellen Umfrage unter prominenten Repräsentanten von Kirche und Wissenschaft wurde Spalding ebenfalls in Anspruch genommen. Sie konfrontierte die unter dem Datum des 24. Januar 1778 persönlich Angeschriebenen mit der Frage, wie denn Gott, der seinen Sohn zum Opfertod auf die Erde gesandt hatte, die Bewohner anderer Planeten mit sich versöhnen könne, da sich Christus doch wohl kaum auf allen Planeten des

[113] F. Parthey an E. von der Recke, 5.10.1777 (in: Elisa von der Recke. Bd. 2: Tagebücher und Briefe aus ihren Wanderjahren, hg. von P. Rachel, 1902, 58).

[114] F. Parthey an E. von der Recke, 26.9.1777 (aaO 51 f.).

[115] So beispielsweise in: J.S. Semler, Vorbereitung zur theologischen Hermeneutik, Bd. 3, 1765; J.F. Feddersen, Ueber den Trost eines rechtschaffenen Predigers, 1775; K.A. Richter, Fortgesetzte Anleitung zum Rechnen welche die Lehre von den Brüchen enthält, 1782.

Weltalls nacheinander werde ans Kreuz schlagen lassen[116]. Spaldings Antwort, die bereits am 11. Februar 1778 erging, mußte, da der Fragesteller strengste Anonymität gewahrt hatte, bei einem Kaufmann in Worms hinterlegt werden. Sie würdigte die Ernsthaftigkeit dieser Problemstellung und hielt als methodische Grundlegung zunächst fest, man solle „hiebey die Vernunft ja nicht Ihres Rechtes berauben", da sie doch das einzige Werkzeug sei, „welches Gott uns zur Erlangung richtiger Kenntnisse gegeben hat". So sei es, auf die vorliegende Frage gewendet, denn auch vernünftig zu sagen, daß die uns durch den Tod Christi zuteil gewordene Erlösung „nicht eine Nothwendigkeit aus der Natur der Sache, sondern eine Nothwendigkeit aus dem weisen Rathschlusse Gottes" darstelle. Insofern bestehe durchaus nicht die Nötigung, „die ganze göttliche Hülfe für alle verderbte Geschöpfe lediglich auf dies einzige Mittel einzuschränken". Vielmehr dürften Gott „in dem unermeßlichen Umfange seines Verstandes andere Mittel bekannt seyn [...], die vielleicht andern vernünftigen Kreaturen [...] angemessener und zuträglicher sind", um deren Erlösung ins Werk zu setzen, „sie mag nun mit, oder ohne Blutvergießen eines Mittlers geschehen"[117]. Dieser Briefwechsel zeugt ebenso von der Bedeutung, die man Spalding als dem Oberhaupt der in Berlin betriebenen Aufklärungstheologie offenbar zuerkannte, wie von der weisen, unorthodoxen Besonnenheit, in welcher er Problemstellungen, die dem Katechismus und der Schuldogmatik unbekannt waren, zu beurteilen pflegte.

Zu Beginn der 1770er Jahre sah sich Spalding dem Verdacht konspirativer theologischer Parteibildung ausgesetzt[118]. In

[116] N. N. an J. J. Spalding, 24.1.1778 (in: Theologischer Briefwechsel eines Laien. Ueber die Versöhnung unsers Planeten und anderer Welten mit Gott durch Christum, 1782, 5–13).

[117] J.J. Spalding an N. N., 11.2.1778 (aaO 60–64).

[118] Vgl. dazu die gute, bündige Darstellung bei Spehr (s. Anm. 30), 95–102.

Leipzig war von einer „merkwürdigen Socinianersynode"[119] die Rede, andernorts machten sich Gerüchte um einen von Spalding insgeheim organisierten kirchlichen Umsturz breit, der in clandestiner Hinterhältigkeit darauf abziele, den gegenwärtigen Glauben durch „eine neue Religion" und „ein philosophisch-Socinianisch Christenthum"[120] zu ersetzen. Auf dem ominösen Geheimtreffen seien sogar schon die Rollen für den Kampf zur „Einführung einer neuen Reformation"[121] aufgeteilt worden. Bald lag dem Corpus Evangelicorum eine förmliche Klageschrift vor, und allenthalben wurden zu dem vermeintlichen Kirchenputsch streitbare Pamphlete verfaßt.

Ausgelöst wurde dieser „eben so ungegründete als bösartige Argwohn"[122] durch das harmlose Treffen einiger der Aufklärung nahestehender Theologen. Wie schon erwähnt[123], hielten sich Sack und Spalding mitsamt ihren Familien im Frühsommer 1770 erholungshalber in Magdeburg auf. In der vorletzten Juniwoche wurden sie dort von einigen Braunschweiger Freunden besucht, darunter Abt Jerusalem und Ebert, zudem der Prediger Christian Günther Rautenberg und der mit Spalding verbundene Postrat Johann Friedrich Gräff. Über einen Mittelsmann war auch der in Halle lehrende Semler noch zu dem amicablen Treffen geladen worden. Auf ihn machte die Begegnung mit den führenden Neologen – er titulierte sie als „meine Väter in Christo"[124] – nachhaltigen Eindruck, und deren weltläufige Tätigkeit ließ ihn die Provinzialität seiner eigenen akademischen Existenz – dies also, „daß ich nur in 4 Wän-

[119] Ulrich (s. Anm. 112), 143f.

[120] [Ch. W. Oemler], Unsere Gedanken über die Nutzbarkeit des Predigtamtes auf dem Lande und deren Beförderung bey Gelegenheit der neuen Religionsverbesserung, 1775, XXXII–XXXV.

[121] H.M.G. Köster (Hg.), Die neuesten Religionsbegebenheiten mit unpartheyischen Anmerkungen, Bd. 2, 1779, 15.

[122] Spalding, Lebensbeschreibung (s. Anm. 3), 167,14.

[123] S.o. IV.2.b.

[124] J.S. Semler, Abhandlung von freier Untersuchung des Canon [...], Teil 1, ^{2}1776, Zuschrift an Jerusalem, unpag.

den zeither meist gewonet hatte“[125] – peinlich empfinden. In Magdeburg verbrachten die Neologen vergnügte Tage, saßen gemeinsam zu Tisch, erfrischten sich auf langen Spaziergängen und erörterten dabei natürlich auch die aktuelle Lage in Kirche und Theologie. Fragen der alttestamentlichen Exegese und biblischen Hermeneutik wurden besprochen, desgleichen die aufklärungstheologischen Fundamentalunterscheidungen von öffentlicher und privater Religion sowie von Religion und Theologie, deren Entdeckung und Entfaltung man später irrigerweise allein Semler zuschrieb, obwohl sie doch nachweislich neologisches Allgemeingut darstellten.

Zur Pflege seiner sterbenskranken Frau mußte Semler bereits vorzeitig nach Halle zurückkehren. Für Sack und Spalding begann am 25. Juni die von höchster Stelle verordnete Visitation des Klosters Berge und damit verbunden die Ablösung des dortigen Abtes Hähn[126]. Denkbar wäre durchaus, daß pietistische Kreise, weil sie sich durch Hähns Degradierung brüskiert fühlten, bald darauf das haltlose Schreckgespenst eines subversiven, zu antikirchlicher Revolution drängenden „Neologentreffens“ in die Welt gesetzt hatten.

Etwa zur selben Zeit, jedenfalls noch in der Verantwortung von Münchhausen, entschloß sich das Berliner Oberkonsistorium zu einer umfassenden, im weitesten Sinne verstandenen Liturgiereform, die dann aber doch nur in Teilen realisiert wurde. So wollten Spalding und seine Freunde von einer zwanghaft verordneten Einheitlichkeit der Agende nichts wissen, sondern stellten die Gestaltung der Haupt- und erst recht der Kasualgottesdienste dem Gutdünken jedes einzelnen Pfarrers anheim. Die dadurch bewahrte liturgische Vielstimmigkeit erkannten sie als einen Ausdruck authentischer christlicher Freiheit. Dagegen fand die deutliche Verringerung der kirchlichen Feiertage durchaus ihr Gefallen. Aufgrund eines königlichen Erlasses

[125] J. S. Semler, Lebensbeschreibung von ihm selbst abgefaßt, Teil 1, 1781, 311.

[126] S. o. IV.1.

vom 28. Januar 1773 entfielen fortan der dritte Weihnachts-, Oster- und Pfingsttag, desgleichen der Gründonnerstag und das Himmelfahrtsfest, und die bisherigen vier Bußtage wurden auf einen einzigen Bußtag im Jahr reduziert. Übrigens gingen damals in den katholischen Gegenden Preußens noch neun weitere kirchliche Feiertage verloren. Nachdem der Kollege und Freund Johann Samuel Diterich schon kurz zuvor einen neologisch temperierten Katechismus vorgelegt hatte, erübrigte sich in dieser Hinsicht jeder weitere Reformbedarf, und auch Spalding sah seinen Wunsch nach einem zeitgemäß modernisierten Katechismus in Diterichs *Unterweisung zur Glückseligkeit nach der Lehre Jesu* (1772, ^{3}1782) bereits vollauf erfüllt.

Größtes Aufsehen und heftige Zwietracht erregte hingegen die von den Berliner Neologen ins Werk gesetzte Gesangbuchreform. Schon 1765 hatte Diterich in Zusammenarbeit mit den ebenfalls an der Marienkirche bestallten Kollegen David Bruhn und Johann Nikolaus Kirchhoff das Manuskript eines neuen, aufklärerischen Kirchengesangbuchs erarbeitet, das etwa zur Hälfte auf ältere, nun durchweg modernisierte Lieder zurückgriff und diese mit zahlreichen Neuschöpfungen auf insgesamt 236 Stücke vermehrte. Es finde sich dabei, hieß es in der Vorrede, alles so eingerichtet, „daß der vernünftigen Andacht dadurch zu reinen, und der Religion JEsu würdigen Gedancken und Empfindungen Anlaß verschaft werden möchte“[127]. Spalding war eben erst nach Berlin gekommen und an der Erstellung des Manuskripts, auch wenn er dafür mitunter haftbar gemacht werden sollte, gar nicht beteiligt. Allein der Dienstweg führte notwendig über ihn, und so leitete er den Entwurf, verbunden mit der Bitte, ihn dem kirchlichen Gebrauch zuzuführen, an den zuständigen Minister des Geistlichen Departements. Ein königliches Reskript vom 5. April 1765 approbierte daraufhin die *Lieder für den öffentlichen Got-*

---

[127] [J.S. Diterich], Vorrede (in: Ders. [Hg.], Lieder für den öffentlichen Gottesdienst, 1765), unpag.

tesdienst, die freilich nur als *Anhang* des 1708 eingeführten, inzwischen längst etablierten pietistischen Gesangbuchs von Johann Porst publiziert wurden. Bewußt hatte man davon Abstand genommen, den liturgischen Gebrauch dieser Zugabe verpflichtend zu machen, und die meisten Berliner Prediger beschränkten sich weiterhin auf den Stammteil des Porstschen Kirchengesangbuchs. Als Vorbild und Muster der bald im gesamten evangelischen Deutschland einsetzenden hymnologischen Modernisierung blieb der *Anhang* gleichwohl von Belang.

Erst der zweite Anlauf in dieser Sache provozierte dann namhaften Einspruch und Widerstand. Zusammen mit seinen Kollegen Spalding und Teller gab Diterich im Jahre 1780, einem „Spezial-Befehl" Friedrichs II. folgend, der damit „zur Beförderung wahrer christlicher Erbauung und zu mehrerer Gleichförmigkeit des Gottesdienstes"[128] beitragen wollte, das *Gesangbuch zum gottesdienstlichen Gebrauch in den Königlich Preußischen Landen* heraus. Dieses nach seinem Verleger, dem Berliner Buchhändler August Mylius, als „das Myliussche" bezeichnete neue Kirchengesangbuch präsentierte 180 alte, nun durchweg geglättete Lieder sowie 267 Neudichtungen, die größtenteils dem *Anhang* von 1765 entstammten. Aus Spaldings Feder war nur eine einzige Dichtung, nämlich das unter der Nummer 421 geführte anrührende Sterbelied *Des Todes Graun*[129], geflossen. Hatte man die älteren Gesangbücher zumeist nach einem heilsgeschichtlichen Aufriß disponiert, so bot „das Myliussche" lediglich zwei Hauptabteilungen, indem es den gesamten Liedbestand unter die Überschriften „Lob Gottes" und „Bitten zu Gott" aufteilte.

Die durch das Geistliche Spezialdepartement verfügte flächendeckende Einführung des neuen Gesangbuchs in ganz

---

[128] Zit. nach J. F. Bachmann, Zur Geschichte der Berliner Gesangbücher. Ein hymnologischer Beitrag, 1856, 209.

[129] J. J. Spalding, Des Todes Graun (in: Ders., Kleinere Schriften 1 [s. Anm. 23], 349 f.).

Preußen provozierte naturgemäß etlichen Widerstand. Der konservative Oberkonsistorialrat Johann Esajas Silberschlag witterte gar eine verräterische Preisgabe des alten Glaubens. Gleichwohl blieben die Proteste, die es landesweit gab, in überschaubaren Grenzen, und die Behauptung, es seien damals „kirchenkampfähnliche Unruhen“[130] ausgebrochen, erscheint geschmacklos und weit übertrieben. Tumulte gab es vornehmlich in Berlin. Dort avancierte das neue Gesangbuch zum bevorzugten Tagesgespräch. Selbst an St. Nikolai ließ sich der Widerstand erst überwinden, nachdem Spalding eine eindringlich werbende Predigt gehalten hatte[131]. Vereinzelt kam es gar zu tätlichen Übergriffen. Einem Pfarrer in Charlottenburg, der das neue Gesangbuch zur Anwendung brachte, warf man nächstens die Fenster ein. Am Galgen des Berliner Neumarkts wurde eine Schmähschrift aufgehängt, deren anonymer Verfasser unter dem Datum des 10. Januar 1781 zu verstehen gab, es habe „uns der Teufel [...] drei Apostel auf den Hals geschickt, die unser Gesangbuch gotteslästerlich verdorben haben: Spalding, Teller, Dietrich [sic]. [...] Verdrehen, verstümmeln, zerhacken die alten schönen Lieder, daß sie aussehen, als hätten sie die Henkersknechte auf ihre Fleischklötze gelegt“[132].

Nicht derartige Unbotmäßigkeiten, sondern organisierte gewaltlose Protestmaßnahmen brachten die Gegner des neuen Gesangbuchs ans Ziel. Der Berliner Kaufmann Samuel Lobegott Apitzsch war in der am westlichen Rand der Friedrichsstadt gelegenen Dreifaltigkeitsgemeinde eingepfarrt und pflegte in seinem Haus spätpietistische Erbauungsversammlungen

---

[130] G. HEINRICH, Art. Brandenburg II. Reformation und Neuzeit (TRE 7, 1981, 111–128), 117.

[131] Vgl. J. J. SPALDING, Predigt von dem, was erbaulich ist. Mit einer Anwendung auf das neue preußische Gesangbuch (1781; in: DERS., Neue Predigten. Zweyter Band [s. Anm. 24], 52–72).

[132] Zit. nach M. VAN SPANKEREN, Johann Joachim Spalding und der Berliner Gesangbuchstreit (1781) (ZNThG 18, 2011, 191–211), 195 Anm. 22.

abzuhalten. Als erbitterter Gegner der hymnologischen Neuerung hatte er zu Beginn des Jahres 1781 eine Unterschriftenaktion organisiert, deren insgesamt 130 Unterzeichner den König unter Berufung auf die von diesem garantierte Religionsfreiheit um Dispens von dem neuen Gesangbuch ersuchten. Friedrich II. reagierte am 18. Januar und setzte damit dem Streit ein Ende: Obwohl er das neue Gesangbuch gegenüber dem alten als wesentlich verständlicher und vernünftiger einschätzte, untersagte er nun die zwangsweise Einführung und autorisierte statt dessen die Gemeinden, jeweils selbst darüber zu entscheiden, welches Gesangbuch sie in ihren Gottesdiensten gebrauchen wollten. Dabei fielen, an die Bittsteller um Apitzsch gewandt, die berühmt gewordenen zynischen Sätze: „Ein jeder kann bei mir glauben, was er will, wenn er nur ehrlich ist; was die Gesangbücher angeht, so steht es jedem frei zu singen: Nun ruhen alle Wälder, oder dergleichen thörigt und dummes Zeug"[133]. Spalding bemerkte dazu sarkastisch, der König habe „nach den Grundsätzen *seiner* Toleranz" reagiert, und fügte die Befürchtung hinzu, daraus werde nun „eine nicht sehr erbauliche Ungleichförmigkeit und Spaltung" entstehen. Auch glaubte er sichere Anzeichen dafür zu sehen, daß die Protestaktion nicht allein von Apitzsch organisiert worden sei, sondern auch etliche Berliner Geistliche „an dieser Widersetzlichkeit [...] im Verborgenen mitwirken"[134].

Die von den Berliner Aufklärern betriebene Liturgiereform führte nicht zum Erfolg. Zwar kam das neue Gesangbuch durchaus da und dort in Gebrauch, aber gerade im vierten Stand, dem die hymnologische Revision vornehmlich zugedacht war, formierte sich ein harter, unerbittlicher Widerstand. Als ein Dokument der neologischen Basisarbeit verdient „das Myliussche" dennoch Respekt. Der wohlfeile Spott, der seit dem 19. Jahrhundert über diese Adaptionen der altehrwürdigen

[133] Zit. nach aaO 197.

[134] J.J. Spalding an J.C. Lavater, 19.2.1781 (Zentralbibliothek Zürich, FA Lav. Ms. 527, Nr. 39).

lutherischen Liedtradition ausgegossen wird, verkennt oder mißachtet jedenfalls das dabei einst waltende konstruktive Interesse, welches die kirchlichen Gesänge nicht als ästhetische Monumente zu archivieren, sondern als religiöse Gebrauchstexte der eigenen Zeit zu vermitteln bestrebt war.

Der Gesangbuchstreit ließ Spaldings moralische Autorität unbeschädigt, und dessen Schriften und Predigten zementierten weiterhin seinen Ruhm. Als Oberhaupt der Berliner Neologie hielt er gegenüber den allgemeinen Aufklärungsbestrebungen in der Stadt gleichwohl Distanz. So verweigerte er sich beharrlich jeder Mitarbeit an der *Allgemeine[n] deutsche[n] Bibliothek*. Nachdem Resewitz dort mehrfach Rezensionen mit dem Kürzel „Sp." unterzeichnet hatte, lag es nahe, daß Spalding als vermeintlicher Autor erraten und um redaktionelle Einflußnahme ersucht wurde. Daraufhin bat er Nicolai, den Lesern des Journals mitzuteilen, daß er „noch nie eine Sylbe für die a. d. Bibl. geschrieben habe" und „von keiner Recension darinn eher etwas weiß, als bis ich sie gedruckt lese". In spürbarer Empörung fügte er dann noch hinzu: „Ich wollte mir nicht gerne, weder die vortheilhaften Folgerungen anmaßen, noch die nachtheiligen aufbürden lassen, die aus einer so ungegründeten Voraussetzung gezogen werden; und ich wünschte also, vermittelst einer Erklärung von ihrer Seite, ein für allemal einer Ehre oder einer Beschuldigung entlediget zu seyn, davon ich die eine so wenig verdiene, als die andere"[135]. Statt einer redaktionellen Benachrichtigung ließ Nicolai dann Auszüge dieses Schreibens in die nächstfolgende Nummer einrücken.

Einer Aufnahme in die Berliner Mittwochsgesellschaft stimmte Spalding dagegen zu. In den Papieren der dritten, am 17. Dezember 1783 abgehaltenen Sitzung begegnet sein Name zum ersten Mal. Der nur sehr lückenhaft überlieferte Archivbestand läßt immerhin die Vermutung zu, daß Spalding seine Mitgliedschaft seit dem Herbst 1786 wieder ruhen ließ. Aus der

[135] J.J. Spalding an F. Nicolai, 24.1.1774 (AdB 21/2, 1774, 621 f.).

Zwischenzeit haben sich zehn Voten, die er den Zirkularien beifügte, erhalten. Sie beschränken sich manchmal auf einen einzigen, kommentarlos beipflichtenden Satz, sind aber zumindest in vier Fällen von substantiellem Gewicht.

Zweimal ging es dabei um das Selbstverständnis der Gesellschaft und der Epoche. In der ersten von Spalding besuchten Sitzung hatte der königliche Leibarzt Johann Karl Wilhelm Moehsen über die Frage „Was ist zu thun zur Aufklärung der Mitbürger?" referiert. Spaldings Votum, im Umlauf des Vortragstextes am 27. Dezember 1783 notiert, zog die Erörterung dadurch ins Grundsätzliche, daß er sie in die Problemstellung vertiefte, ob der Aufklärer, der gesellschaftspolitisch tätig sein wolle, „auf die Wahrheit allein oder zugleich auf ihre Nützlichkeit und Schädlichkeit Rücksicht zu nehmen habe". Zwar sei zweifellos „in abstracto alle Wahrheit nützlich und aller Irrtum schädlich". Da nun aber „alle unsere Gewissheit von der Wahrheit sowohl als von der Nützlichkeit bloss subjektivisch und relativisch ist"[136], müßten zuerst die Kriterien der Objektivierbarkeit ermittelt werden, bevor man die eigenen subjektiven Maximen zur Grundlage einer allgemeinen praktischen Verbindlichkeit mache. Ein Niederschlag der kritischen Philosophie Kants, die Spalding damals intensiv zu studieren begann, ist in dieser klugen Äußerung unverkennbar.

Am 24. Mai 1784 galt es, zu den Vorträgen „Was heißt aufklären?" des Pfarrers Johann Friedrich Zöllner und „Was ist Aufklärung?" von Christian Gottlieb Selle, der kurz darauf zum Leibarzt des preußischen Königs ernannt wurde, Stellung zu nehmen. Dabei erinnerte Spalding an den meteorologischen Ursprung des Epochenbegriffs: „Nach der Metapher bezieht Aufklärung sich auf vorhergehende Dunkelheit und ist überhaupt Mittheilung des Lichts oder der bisher fehlenden wahren

[136] Zit. nach L. KELLER, Die Berliner Mittwochs-Gesellschaft. Ein Beitrag zur Geschichte der Geistesentwicklung Preussens am Ausgange des 18. Jahrhunderts (Monatshefte der Comenius-Gesellschaft 5, 1896, 67–94), 82f.

Erkenntniß". Insofern könne ein Unterricht allein dann Aufklärung heißen, wenn er „eigentlich in der Vertreibung derjenigen Dunkelheit" bestehe, „die durch schon vorhandene unrichtige Meinungen verursacht wird. Das Kind, der rohe Wilde, überhaupt der durchaus unwissende wird *unterrichtet*; der von ungegründeten Vorurtheilen eingenommene wird *aufgekläret*". Dergestalt ziele Aufklärung, die den Namen verdiene, stets darauf ab, „die von Vorurtheilen geblendeten Menschen vernunftmässige Wahrheit in der Religion und Menschenrechte, auch allenfalls constitutionsmässige Bürgerrechte in Ansehung der gesellschaftlichen Verfassung, kennen lehren"[137]. Dieses bemerkenswerte Votum steht in einer langen Reihe geistreicher Reflexionen, die Spalding zeitlebens der Selbstbezeichnung seiner Ära gewidmet hat. Unbeschadet einiger solider Vorarbeiten wäre der eigenständige, in philosophischer wie theologischer Hinsicht durchaus innovationsträchtige Beitrag, den Spalding zur terminologischen Selbstverständigung des Zeitalters geleistet hat, erst noch zu rekonstruieren.

Interesse verdient auch die Stellungnahme zu Gedikes Vortrag „Über die heutige Schwärmerei". Spalding konstatiert zunächst die beiden anthropologischen Grundbedürfnisse, „durch Wahrheit erleuchtet, und durch Empfindung erwärmt zu werden". Da nun aber die Enthusiasten von einer „bloß vergrämenden und austrocknenden Aufklärung" in das entgegengesetzte Extrem getrieben würden, sei es „des Menschenfreundes ungezweifelte Pflicht [...], Licht zu schaffen, und auszubreiten" und zugleich „den Menschen, seinen Bruder, die erwärmende Kraft dieses Lichts empfinden zu lehren"[138]. Wie hier, so zielte Spalding auch sonst allenthalben darauf ab, die

---

[137] Zit. nach M. ALBRECHT, Zum Wortgebrauch von „Aufklärung" bei Johann Joachim Spalding. Mit einer Bibliographie der Schriften und zwei ungedruckten Voten Spaldings (in: M. OBERHAUSEN [Hg.], Vernunftkritik und Aufklärung. Studien zur Philosophie Kants und seines Jahrhunderts, 2001, 11–40), 38f.

[138] Zit. nach aaO 39f.

beiden philosophisch-theologischen Hauptströmungen seiner Zeit, Rationalismus und Empfindsamkeit, nicht etwa antithetisch auseinanderzureißen, sondern sie in eine organische, sich gegenseitig befruchtende Beziehung zu setzen.

Das von Dohm wohl im Herbst 1784 eingebrachte Referat „Ob der Deist eines besonderen öffentlichen Gottesdienstes bedarf" stieß bei Spalding naturgemäß auf bevorzugtes Interesse. Das Votum, zu dem er sich dadurch herausfordern ließ, war ihm so wichtig, daß er es umgehend in die Neuauflage seiner *Vertraute[n] Briefe, die Religion betreffend*[139], einfügte[140]. Das Beispiel des englischen Publizisten David Williams, der 1776 in London tatsächlich einen deistischen Gottesdienst installiert hatte, welcher jedoch wegen ausbleibender Nachfrage alsbald wieder eingestellt werden mußte, stand ihm deutlich vor Augen. Ein solches Projekt nun in Deutschland zu realisieren, sei ihm grundsätzlich, „meinetwegen mit oder ohne Geläut, keinesweges zuwider". Freilich sollte sich ein Kultus der Deisten dann nicht in antichristlicher Polemik ergehen, sondern „auf wirkliche Ueberzeugung und Empfindung von der wahren natürlichen Religion, die sie im Grunde mit den Christen gemein haben"[141], abzielen. Ungleich hilfreicher, urteilte Spalding, wäre es freilich, wenn in der kirchlichen Predigt die Schnittmenge, die das Christentum mit der natürlichen Religion aufweise, deutlicher aufgezeigt würde. Dann nämlich, zeigte er sich überzeugt, werde es „einem wirklichen Verehrer Gottes etwas schwer seyn [...], seine gänzliche Vernachläßigung

[139] S.u. IV.7.

[140] Vgl. J.J. Spalding, Vertraute Briefe, die Religion betreffend (^{1}1784; ^{2}1785; ^{3}1788), hg. von A. Beutel / D. Prause (SpKA I/4), 2004, 183,26–192,8. – Auch das vorausgehende Votum Spaldings ist dann in der Neuauflage der *Vertraute[n] Briefe* verarbeitet worden: „Es ist Bedürfniß der vernünftigen menschlichen Natur, nicht bloß zu *erkennen*, sondern auch zu *empfinden*; nicht bloß erleuchtet, sondern auch erwärmt zu werden" (aaO 152,16–19; vgl. aaO 151,4–156,18).

[141] AaO 186,19–187,11.

und Verachtung“ des Christentums „vor seinem eigenen Nachdenken zu rechtfertigen“[142].

Weshalb Spaldings Name in den überlieferten Akten der Mittwochsgesellschaft seit der zweiten Jahreshälfte 1786 nicht mehr begegnet, bleibt unergründlich. Möglicherweise hat ihn die unverminderte Arbeitslast, die er bei abnehmenden Kräften zu tragen hatte, an der weiteren aktiven Teilnahme gehindert. Ein förmlicher Austritt aus der Gesellschaft ist jedenfalls nicht bezeugt.

4. Predigten

Im 70. Lebensjahr stehend, faßte Spalding seinen jahrzehntelang geleisteten Kanzeldienst dahin zusammen, daß er „mit einer unverrückten gleichförmigen Richtung des Gemüths auf den großen Zweck der Gottseligkeit und Beruhigung [...] das Christenthum geprediget habe“[143]. Tatsächlich ist in dieser Hinsicht eine erstaunliche, von den pommerschen Anfängen bis in die späte Berliner Zeit reichende Treue und Kontinuität zu erkennen. Insofern behält, was zu seinem in jüngeren Jahren erbrachten Predigtdienst festgestellt wurde[144], auch für sein weiteres Wirken als Homilet unverminderte Gültigkeit.

Spaldings liturgische Auftritte in der Nikolaikirche sind von verschiedenen Augenzeugen beschrieben worden. Sie bestätigen allesamt die gewinnende auratische Kraft seiner Persönlichkeit: „Ein Mann, mein Bester, dem der Tiefsinn aus dem Auge blizt. [...] Sie können nicht glauben, was für Würde und Majestät auf Spaldings Gesicht liegt, wenn er auf der Kanzel steht“[145]. Allerdings war seine Stimme, der vielfach gute Modu-

---

[142] AaO 190,31–191,2.

[143] Spalding, Neue Predigten. Zweyter Band (s. Anm. 24), 2,18–24.

[144] S. o. III.4.

[145] Ulrich (s. Anm. 112), 153 f.

lationsfähigkeit und einnehmende Wärme bescheinigt wird, wohl nicht kräftig genug, um den sehr großen Sakralraum ganz zu durchdringen, zumal die Unart mancher Kirchgänger, sich während der Predigt zu unterhalten oder umherzugehen, selbst ihn nicht verschonte. Bisweilen wird auch in Zweifel gezogen, ob sein anspruchsvoller, kaum redundanter und darum durchgehende Konzentration fordernder Predigtstil wirklich für jedermann ganz verständlich sei. Doch komme, heißt es dann wieder, seine natürliche, jede Schul- oder Sondersprache vermeidende Ausdrucksweise dem Publikum durchaus zugute: „Spalding […] bemüht sich, die Obliegenheiten eines Christen auf eine so leichte und faßliche Weise vorzustellen, daß es ein jeder gesunder Menschenverstand bei einiger Ueberlegung begreifen kann, und ein jedes nur natürlich gutes Herz zum Beifall gegen die Forderungen des Christenthums sogleich hingerissen wird“[146].

In Berlin hatte Spalding alsbald seine erste Predigtsammlung veröffentlicht[147]. Wegen der starken Nachfrage war bereits drei Jahre später eine Neuauflage nötig geworden. Im selben Jahr 1768 präsentierte Spalding zugleich einen weiteren Predigtband[148]. Er umfaßte wiederum 15 Kanzelreden, die nun durchweg aus der Berliner Zeit stammten. Die *Vorrede* beschränkte sich nicht auf die üblichen Artigkeiten, sondern bot den veritablen Grundriß einer biblischen Hermeneutik und, daraus hervorgehend, einer homiletischen Prinzipienlehre. Als Angelpunkt diente dabei der Begriff der Erbauung, den Spalding aus seiner pietistischen Engführung in aufklärerische Gültigkeit überführen wollte. „Alles das“, schrieb er, sei als erbaulich anzusehen, „was dazu dienet, die Gesinnungen der Menschen zu verbessern, und sie dadurch des Trostes und der Gemüthsruhe

---

[146] AaO 158.

[147] S.o. III.4.

[148] J.J. Spalding, Neue Predigten (^{1}1768; ^{2}1770; ^{3}1777), hg. von A. Beutel / O. Söntgerath (SpKA II/2), 2008.

fähig zu machen, welche das Christenthum verspricht“[149]. Der damit sogleich verbundene Hinweis, es könne „eigentlich [...] doch nichts erbauen, als was verstanden wird“[150], bestimmte die Richtung seiner transformationshermeneutischen Reflexion. Die Maßgabe uneingeschränkter Verständlichkeit verbanne alle „Kunstwörter, Wendungen und Formeln [...] aus der wissenschaftlichen Sprache der gelehrten Theologie“ von der Kanzel: „Viele Zuhörer mögen vielleicht mehr dabey seufzen; aber sie werden sich nicht so leicht dadurch bessern“[151]. Erst recht aber sei aus der Tradition einer kirchlichen Sondersprache kein Verständnisgewinn zu erzielen: „Der Geist Gottes wirket unstreitig nicht durch den bloßen Schall eines Wortes, sondern durch den Sinn desselben, und durch die Wahrheit, die damit angezeiget wird, die also erst erkannt werden muß, wenn sie sich fruchtbar beweisen soll“[152].

Die dem gegenwärtigen allgemeinen Sprachgebrauch so fremdartig anmutenden Ausdrucksweisen der Bibel hätten sich der seinerzeit üblichen Kommunikationspraxis fugenlos angepaßt. Nun aber gelte es, die dabei artikulierten Sachgehalte derart in eine andere, gegenwartsübliche Sprachform zu kleiden, daß sie unter den tiefgreifend gewandelten Verstehensbedingungen in ihrer ursprünglichen Redeabsicht wieder erkennbar würden. Die „morgenländischen“ Begriffe der Bibel, versicherte Spalding, „behalten völlig ihre göttliche Grösse und Kraft, wenn wir sie gleich mit andern Worten, die uns itzo verständlicher, und unserer gegenwärtigen Vorstellungsart angemessener sind, ausdrücken“[153]. Ein Prediger werde die Sachgehalte der Bibel dann am ehesten „in die bekanntere Sprache des Umgangs und des gewöhnlichen Lebens übersetzen“ können, wenn er nicht als raunender Prophet oder linguistischer Anti-

[149] AaO 1,19–22.
[150] AaO 2,21 f.
[151] AaO 6,22–28; 7,19–21.
[152] AaO 2,22–26.
[153] AaO 4,7; 3,29–4,2.

quar, sondern als ein aufrichtiger Freund, ohne jede „Heucheley oder Affektation"[154], mit seinen Zuhörern umgeht. Das war, wie sich an den beigegebenen Predigten leicht überprüfen ließ, geradewegs aus Spaldings eigener homiletischer Werkstatt gesprochen.

Beide Predigtbände ließen, in rascher Folge, drei Auflagen notwendig werden. Diesen publizistischen Erfolg suchte sich der in Frankfurt/Oder ansässige Verleger Carl Gottlieb Strauß nutzbar zu machen. Eigenmächtig gab er im Jahre 1775 den Band *Predigten größtentheils bey außerordentlichen Fällen gehalten* heraus. Darin fanden sich zehn Kasualreden, fünf thematische Predigten und zehn kleine Erbauungsschriften versammelt, die von Spalding zuvor allesamt einzeln veröffentlicht worden waren. Der „Hochwürdige Verfasser", hieß es schmeichlerisch in der *Vorrede*, werde „dieses mein Unternehmen um so weniger mißbilligen", als sich jene Separatdrucke inzwischen „so selten gemacht haben, daß man dieselben nicht leicht mehr bekommen kann"[155].

Spalding hingegen mißbilligte den frechen Raubdruck durchaus. Daß er schließlich eine weitere Auswahl seiner Predigten auf den Markt brachte[156], entsprang ausdrücklich der Absicht, „eine fremde Dienstfertigkeit, die mir schon einmal unangenehm und nachtheilig geworden ist, zu verhüten". Die „unerbetene Geschäftigkeit" von Strauß sei doch nur darauf aus gewesen, „unter dem unanständigen Vorwande des Eifers für eine mehr ausgebreitete Erbauung"[157] kommerziellen Gewinn zu erzielen. Nun hatte Spalding 13 Predigten, von denen sechs bereits in Separatdrucken erschienen waren, in strenger Auswahl zusammengestellt und sie um fünf jener kleineren Aufsätze, die er alljährlich in seiner Gemeinde zu verteilen

---

[154] AaO 7,27f.; 8,2.

[155] C.G. Strauss, Vorrede (in: Spalding, Predigten bey außerordentlichen Fällen [s. Anm. 11], 1f.).

[156] Spalding, Neue Predigten. Zweyter Band (s. Anm. 24), 1784.

[157] AaO 1,7–9.15–22.

pflegte[158], vermehrt. Seine im *Vorbericht* geführte Klage über die dem hohen Lebensalter geschuldete „Mattigkeit und Kälte der Gedanken sowohl, als des Ausdrucks“[159] changierte, wie es scheint, zwischen aufrichtiger Bescheidenheit und schelmischer Koketterie: Immerhin hatte der viel beschäftigte greise Propst dem Publikum im selben Jahr nicht nur die gründlich überarbeitete fünfte Auflage seiner *Gedanken über den Werth der Gefühle in dem Christenthum*[160], sondern mit der Erstausgabe seiner *Vertraute[n] Briefe, die Religion betreffend*[161], überdies einen zentralen religionstheologischen Gesamtentwurf vorgelegt, der in seiner gedanklichen Präzision und sprachlichen Klarheit zum besten gehört, was von ihm jemals veröffentlicht worden war.

Von seiner über Jahrzehnte hinweg regelmäßig versehenen Predigttätigkeit hat Spalding nur eine verschwindend geringe Spitzenauswahl zum Druck gebracht. Aufgrund besonderer Glücksumstände ist aber darüber hinaus ein wertvolles Dokument seiner homiletischen Alltagsarbeit erhalten geblieben. Dabei handelt es sich um ein Konvolut von 46 handschriftlich fixierten Kanzelreden, die während der 1770er Jahre zumeist in einem regulären Gottesdienst, vereinzelt aber auch aus besonderem Anlaß, etwa in den Privatgemächern der Königin, auf einer Konfirmationsfeier oder bei der Investitur eines neuen Kollegen zum Vortrag gekommen waren. Durch Weitergabe innerhalb der Familie gelangte der Stapel in den Besitz von Spaldings Enkel Karl Heinrich Sack. Dieser übergab, inzwischen hochbetagt, die Manuskripte am 9. Juni 1872 dem Kirchenarchiv in Barth, da der umfangreiche Berliner Nachlaß seines Großvaters, wie er meinte, keiner weiteren Vermehrung bedürfe. Anders als die in der preußischen Hauptstadt verwahrten Bestände haben die in Barth lagernden Papiere die

158 Vgl. aaO 2,3–6.
159 AaO 1,5f.
160 S.o. III.6.
161 S.u. IV.7.

Wirren des Zweiten Weltkriegs schad- und folgenlos überstanden. Dieses einzigartige Konvolut von Spaldings Predigtmanuskripten ist unlängst in kritischer Edition allgemein zugänglich gemacht worden[162].

An stilistischem Glanz und literarischem Schliff stehen die Handschriften hinter den von Spalding zur Publikation ausgefertigten Kanzelreden fraglos zurück. Allerdings liegt gerade darin auch wieder eine predigthistorische Wertsteigerung, da sie in die alltägliche, reale Berufspraxis des neologischen Kanzelfürsten einen ungeschminkt authentischen Einblick gewähren. Die häufig vorkommende Korrektur von Vokabeln und Satzanfängen, die nachträgliche interlineare oder marginale Einfügung von Wörtern, Wendungen und Perioden und manchmal sogar der Austausch ganzer Absätze machen es möglich, den Prozeß der homiletischen Gedankenfindung und -formung unmittelbar nachzuvollziehen. Einzelne Predigten sind insgesamt nur in Stichworten und fragmentarischen Hilfssätzen konzipiert, etliche andere gehen nach ausformulierten Passagen in derartige Kurzformen über. Gleichwohl erreicht Spalding auch in diesen Predigten immer wieder die Höhe seiner sprachlichen Kunst, und manche Sinnsprüche erscheinen derart gelungen, daß man sie am liebsten in Stein meißeln möchte, so etwa die nachträglich eingefügte Marginalie „Wir bitten zu viel und danken zu wenig“[163].

Durchweg sind diese Kanzelreden einem präzisen rhetorischen Schema verpflichtet. Jedesmal setzt Spalding mit einer allgemeinen Einleitung (exordium) ein. Dann folgt die Verlesung des biblischen Predigttextes, aus dem in freier, bisweilen abenteuerlich anmutender Weise das in der Überschrift angezeigte Predigtthema (propositio) entwickelt wird. Danach informiert Spalding knapp über die der Durchführung (argumentatio) zugrundeliegende Gliederung (partitio) in zumeist

---

[162] SPALDING, Barther Predigtbuch (s. Anm. 1).
[163] AaO 258,20f.

zwei, mitunter auch drei Hauptteile. Nachdem diese gründlich abgearbeitet worden sind, eröffnet die einzige direkte Anrede an die Gemeinde, wofür Spalding die stereotyp wiederkehrende Wendung „meine christlichen Zuhörer" gebraucht, den zusammenfassenden Schlußteil (peroratio) der Predigt. Sofern Spalding eine Predigt lediglich stichwortartig konzipiert hat, ist dabei ein detailliertes Dispositionssystem sichtbar gemacht, das nicht nur die mit römischen Zahlen bezeichneten Hauptteile, sondern auch deren absteigend mit griechischen Minuskeln, lateinischen Minuskeln und arabischen Zahlen gekennzeichnete Binnengliederung ausweist. Dagegen hat Spalding in den ausformulierten Predigten das zugrundeliegende Schema der Detailgliederung stillschweigend umgesetzt und auf eine numerische Kennzeichnung der einzelnen Redeteile und -abschnitte verzichtet.

Daß diese Predigtmanuskripte auch theologisch von beachtenswert hohem Niveau und Anspruch sind, mag, in durchaus exemplarischer Absicht, an der am 25. Oktober 1772 vorgetragenen Predigt über „Die Beruhigung auf dem Krankenbette"[164] knapp andeutend gezeigt werden. Das Thema, dessen existentielle Relevanz Spalding einleitend als unausweichlich behauptet, deduziert er aus dem die Geschichte von der Heilung des Gichtbrüchigen (Mt 9,1–8) erzählenden Evangelium für den 19. Sonntag nach Trinitatis. Der erste Hauptteil soll „die Ursachen von der Unruhe eines Kranken wohl unterscheiden" (56,22f.), der andere sodann die Frage, woraus in solcher Lage Beruhigung geschöpft werden könne, erörtern (56,24–26). Hinsichtlich der auf dem Kranken- und Sterbelager sich einstellenden „qvälende[n] Unruhe des Herzens" (56,10) kennt Spalding drei prinzipiell mögliche Gründe, die er in einer Klimax gradualistisch entfaltet: zuerst psychosomatisch bedingte Angstzustände, ferner die aus dem Gedanken an das eigene irdische

[164] AaO 54–70. – Nachweise aus dieser Predigt finden sich direkt in den Fließtext eingefügt.

Ende und die dadurch erzwungene Trennung von seinen Lieben sich nährende „natürliche Furcht vor dem Tode" (58,8f.), schließlich, am schwersten wiegend, die „aus dem Zurückdenken auf ein sündiges Leben" resultierende, durch die Erkenntnis der biographischen Unemkehrbarkeit noch verschärfte „Unruhe aus dem bösen Gewißen" (59,26–28).

Mögliche Linderungsmaßnahmen erörtert Spalding im zweiten Hauptteil, der sich als Antiklimax mit dem ersten chiastisch verschränkt. Für einen Menschen, der sein sündiges Leben erst auf dem Sterbebett zu bereuen beginne und deshalb jeder Möglichkeit, solche Reue tätig werden zu lassen, enthoben sei, gebe es weder Hoffnung noch Trost: „ich weiß dazu kein Mittel" (62,23f.). In derart selbstverschuldeter, auswegloser Verzweiflung nach seinem Pfarrer zu rufen „heißt ein wirkliches unwürdiges Spiel mit der Religion treiben. Aller Nutzen, den da ein Prediger stiften kann, ist nicht für den Kranken, sondern für die anwesenden Gesunden, daß die daraus lernen, was es für ein Elend sey, auf dem Krankenbette mit einem unruhigen und anklagenden Gewißen zu kämpfen" (64,17–22). Dagegen sei hinsichtlich der beiden anderen Angstursachen Abhilfe möglich: Die natürliche Todesfurcht lasse sich im Vertrauen auf die Vorsehung Gottes beherrschen, und bei psychosomatisch bedingter Unruhe rät Spalding zu christlicher Geduld und Gelassenheit.

Man könnte geneigt sein, den harten Kern dieser Predigtbotschaft, also die barsche Zerstörung einer erst auf dem Sterbebett aufkeimenden und darum schlechterdings passiv bleibenden Vergebungshoffnung, als eine gnadenlose, widerchristliche Überspitzung pelagianischer Werkgerechtigkeit zu empfinden. Allerdings blieben bei solcher Einschätzung die Absicht und Situation der Kanzelrede ganz außer Acht. Denn Spalding predigt nicht vor sterbenskranken ohnmächtigen Sündern, sondern „zu gesunden Menschen" (43,21f.), die einer tätigen Umkehr noch fähig sind, und weist allein diese eindringlich darauf hin, „daß eben für die Gesunden die Lehren gehören, durch welche sie sich bey Zeiten und zum voraus den Grund zu der Beruhigung in ihrem Herzen legen müßen, die sie dann so sehr nöthig haben" (55,11–14). Eine gewisse, für Spalding untypische Härte verbleibt in dieser Predigt gleichwohl.

Insgesamt erlaubt diese Manuskriptsammlung wertvolle Einblicke in die normale, alltägliche, von keiner Publikationsabsicht überlagerte Predigtätigkeit ihres Verfassers. Zugleich ist sie, womöglich noch konkreter als die gedruckten Predigten, in der Lage, dem von einem namhaften Predigthistoriker des frühen 19. Jahrhunderts geschilderten Eindruck Leben und Anschaulichkeit zu verleihen: „Es war der Ernst, mit dem er sich von der Wichtigkeit religiöser Wahrheiten durchdrungen fühlte, der seinen Worten eine unwiderstehliche Gewalt gab. [...] Seine Beredtsamkeit war die einfache Sprache der Wahrheit, der ruhig prüfenden Vernunft und der Menschenliebe. Natürlicher, und doch zugleich so ernst und würdevoll, ist selten gepredigt worden"[165].

5. „Ueber die Nutzbarkeit des Predigtamtes"

Nachdem Spalding aus gesundheitlichen Gründen „von den Geschäften der Landinspection" freigestellt worden war[166], fand er endlich die ersehnte Muße, um die „Gedanken, Beobachtungen und Erfahrungen", die er schon des längeren auf eine zeitgemäße Neubestimmung des geistlichen Amtes verwandt hatte, „zu sammeln und in Ordnung zu bringen"[167]. Im Winter 1771/72 entstand daraus, von Todesahnungen fortgetrieben, die Schrift *Ueber die Nutzbarkeit des Predigtamtes und deren*

---

[165] H. Doering, Die deutschen Kanzelredner des achtzehnten und neunzehnten Jahrhunderts. Nach ihrem Leben und Wirken dargestellt, 1830, 468.

[166] S. o. IV.1.

[167] Spalding, Lebensbeschreibung (s. Anm. 3), 168,3–11.

Beförderung[168]. Die anonym erschienene Erstauflage übersandte er im April 1772 an einige Freunde, die er dringlich um substantielle Korrekturhilfe bat[169]. Erst mit der rasch notwendig gewordenen zweiten Auflage (1773), in der Spalding diese amicablen Anregungen, aber auch einzelne kritische Rezensionen und Gegenschriften eingehend bedacht und berücksichtigt hatte, bekannte er sich mit seinem Namen zu der Publikation. Eine dritte, wiederum tiefgreifend überarbeitete Auflage erschien dann noch einmal nach zwei Jahrzehnten.

Aus dem Abstand von einhundert Jahren urteilte der Historiker Hermann Petrich, Spaldings *Nutzbarkeit* könne als „die Pia Desideria der Aufklärung“[170] gelten[171]. Tatsächlich ist der Vergleich mit der pietistischen Programmschrift Philipp Jakob Speners, der zuletzt ebenfalls die Propstei an St. Nikolai versehen hatte, von überraschender Evidenz. Die Analogie reicht über die Adressierung an die pastoralen Amtsbrüder, denen Spalding ekklesiale Besserungsvorschläge unterbreiten möchte und die er um kritische Reaktion bittet, weit hinaus. Anders als bei Spener richtet sich jedoch das Reformbegehren nicht auf das kirchliche Leben insgesamt, sondern auf dessen institutionelles Zentrum. Spaldings *Nutzbarkeit* läßt sich als eine prinzipielle Homiletik in apologetischer Absicht klassifizieren: Sie will die neuzeitliche Legitimität des Predigtamtes erweisen

---

[168] J. J. SPALDING, Ueber die Nutzbarkeit des Predigtamtes und deren Beförderung ([1]1772; [2]1773; [3]1791), hg. von T. JERSAK (SpKA I/3), 2002.

[169] Vgl. etwa J. J. Spalding an J. W. F. Jerusalem, 28.4.1772 (Niedersächsisches Staatsarchiv Wolfenbüttel, Signatur: 208 N 302, S. 44 f.).

[170] H. PETRICH, Johann Joachim Spalding 1714–1804 (in: DERS., Aus dem Jahrhundert Friedrichs des Großen. Pommersche Lebens- und Landesbilder, Bd. 1, 1880, 237–270), 264.

[171] Dieser Abschnitt fußt weithin auf A. BEUTEL, Johann Joachim Spalding. Populartheologie und Kirchenreform im Zeitalter der Aufklärung (in: P. WALTER / M. H. JUNG [Hg.], Theologen des 17. und 18. Jahrhunderts. Konfessionelles Zeitalter – Pietismus – Aufklärung, 2003, 226–243), 234–238.

(Teil 1) und zu dessen sach- und zeitgemäßer Ausübung anleiten (Teil 2).

Mit einer theologischen Grundlegung des Pfarrberufs eröffnet Spalding die Publikation. Erst danach nimmt er, von der Innen- zur Außenperspektive wechselnd, dann auch dessen politisch-moralische Funktion in den Blick. In Auseinandersetzung mit der kirchenkritischen Polemik der westeuropäischen Aufklärungsphilosophie und namentlich mit David Hume, dazu in scharfer Abgrenzung gegen den katholischen Amtsbegriff begründet er, der Sache nach gut lutherisch, das Predigtamt rein funktional: Seine Bedeutung, ja sein Recht beziehe es allein aus dem Dienst, den es den Menschen in religiöser Hinsicht erbringt. Um diesen Dienst zweckgemäß auszuüben, seien akademisch-theologische Bildung und sachnahe weltliche Gelehrsamkeit gleichermaßen vonnöten. Erst diese komplexe Kompetenz setze den Prediger dazu instand, die Lehren der Religion „bey der Menge einleuchtend und thätig zu machen“[172] und ihr als Pastor ein religiöser Freund und Ratgeber zu sein.

Aus dem dergestalt skizzierten, theologisch fundierten Verständnis des Pfarramts ergibt sich für Spalding zugleich dessen politische Relevanz. Die mit diesem Perspektivenwechsel verbundene Absicht zielt darauf ab, durch den Aufweis der konstruktiven gesellschaftlichen Bedeutung des kirchlichen Amtes zugleich den Anspruch der Pfarrer auf sozialen und alimentären Respekt zu begründen. Der wahrscheinlich berühmteste, von etlichen Rezipienten, beginnend mit Johann Gottfried Herder, als anrüchig mißverstandene oder vorsätzlich falsch gedeutete Satz der *Nutzbarkeit*, die Geistlichen seien „noch immer die eigentlichen Depositairs der öffentlichen Moralität“ (70,5f.), war von Spalding nicht programmatisch-normativ gemeint, sondern als die Beschreibung der faktischen gesellschaftlichen Funktion, die dem Predigtamt in seiner Zeit zu-

---

172 Spalding, Nutzbarkeit (s. Anm. 168), 53,24f. – Nachweise aus dieser Schrift finden sich in den Fließtext eingefügt.

kam. Immerhin empfand er den damit bezeichneten Sachverhalt als dem Wesen des Christentums durchaus gemäß. Indem er definitorisch konstatierte, die Religion sei „Tugend um Gottes Willen“ (70,23), hatte er abermals eine lutherische Ureinsicht reformuliert: die Auffassung nämlich, daß es in materialer Hinsicht eine christliche Sonderethik nicht gebe, vielmehr das Spezifikum christlichen Handelns allein darin bestehe, daß es das Gute nicht aus Eigennutz, sondern aus Glauben erstrebe. Diesbezüglich meint Spalding durchaus eine partielle Strukturaffinität von christlicher Religion und weltlicher Moralität oder, seiner populartheologischen Diktion folgend, von „Andacht“ und „Bürgerpflicht“ (81,4–8) zu erkennen. Mit allem Nachdruck hat er jedoch die konstitutive religiöse Bedeutung des kirchlichen Amtes von dessen akzidentieller gesellschaftspolitischer Funktion unterschieden: Unbeschadet des konstruktiven politischen Nebeneffekts seiner Arbeit dürfe ein Prediger niemals vergessen, „daß er seine Zuhörer und Lehrlinge hauptsächlich zu Freunden Gottes und zu Erben des Himmels machen soll“ (88,4–6).

Im zweiten, deutlich umfangreicheren Teil der Schrift skizziert Spalding die Grundlinien einer prinzipiellen Predigtlehre. Die genuine Aufgabe des Predigers, stellt er fest, liege darin, daß er seine Hörer zur Wahrnehmung ihrer eigenen religiösen Identität anleiten soll: zunächst durch die Vermittlung der notwendigen religiösen Kenntnisse, dann durch die Befähigung, dieselben praktisch werden zu lassen, und schließlich dadurch, daß die Menschen in der Anverwandlung des nützlichen – also keineswegs des gesamten! – religiösen Traditionsbestands „nach und nach immer mehr zu der *eigenen* Erfahrung“ und zur „Erweckung ihres Gewissens“ (122,9; 123,15 f.)[173] gebracht werden. Eben darin bestehe denn auch der göttliche Auftrag des Pfarrers: daß er bei den Menschen, die ihm anvertraut sind, authentische religiöse Gewissenserfahrung ermögliche und

[173] Hervorhebung von mir.

kultiviere. Vor dem Richterstuhl Gottes werde „die einzige Frage an uns, als Prediger“, sein, „ob unsere Zuhörer durch uns, vermittelst der Religion Jesu Christi, gebessert und zum Himmel tüchtig gemacht worden“ (277,22–27).

In seiner pastoralen Dienstanleitung rekurriert Spalding auf die für die Neologie insgesamt konstitutive Unterscheidung von Theologie und Religion. Selbstverständlich sei die Theologie eine „rühmliche Wissenschaft“ (139,27f.) und die Wahrnehmung ihres akademischen Bildungsauftrags „ein sehr nützliches Geschäfft“ (142,17f.). Doch ein Pfarrer müsse seine theoretischen Kenntnisse und Fertigkeiten von dem, was ihm als Lehrer der Religion zu sagen auferlegt sei, sorgsam zu unterscheiden wissen; seine pastorale Wirksamkeit habe sich, anders als der akademisch-theologische Unterricht, auf die Vermittlung derjenigen Erkenntnis zu beschränken, „welche die Menschen zu Gott führet und glücklich macht“ (132,19f.). Bereits die religiöse Selbstwahrnehmung des Pfarrers – also die „Aufmerksamkeit auf sein eigenes Herz“ und „seine eigene Erfahrung“ (133,18f.30) – gebe für die praktische Unterscheidung von Theologie und Religion das hinreichende Kriterium ab. Ihr folgend, werde er sich ohne weiteres auf das konzentrieren können, „was uns zu Gott führet“ (163,14). Wollte ein Prediger seine Hörer über die Religion hinaus auch noch in der Theologie unterrichten, so würde er ihnen eine ganz unnötige Verstehensschwierigkeit aufbürden, die, ohne irgendeinen religiösen Mehrwert in Aussicht zu stellen, „das wahre Wichtige unvermerkt aus den Augen“ (171,28f.) rücke. Insbesondere die klassische Rechtfertigungs- sowie die Erbsündenlehre erforderten eine höchst sensible, die Prävalenz des Religiösen jederzeit wahrende homiletisch-katechetische Handhabung, damit sie „nicht selbst Hindernisse desjenigen Ernstes in der Gottseligkeit werden, deßen Erweckung den Hauptzweck unsers Amtes ausmacht“ (178,32–34)[174].

[174] Vgl. A. Beutel, Elastische Identität. Die aufklärerische Aktua-

Den offenbar schon zu seiner Zeit gängigen Vorwurf, er verwandle die Verkündigung des Evangeliums in eine nur auf innerweltliche Nützlichkeit abzielende Moralpredigt, läßt Spalding nicht gelten. Solange man unter Moral lediglich „die Feinheit und Anständigkeit der äußerlichen Sitten und das Gefällige des Umgangs" (239,2–4) verstehe, werde die Absicht des von ihm vertretenen homiletischen Programms notwendig verkannt. Für Spalding ist „Moral" wesentlich mehr, ja sogar etwas vollkommen anderes, nämlich der „auf die Besserung des ganzen inneren Grundes und auf die gehörige Richtung der Seele zu Gott" (239,6–8) abzielende Inbegriff des menschlichen Selbst-, Welt- und Gottesverhältnisses. Insofern scheint ihm ein religiöser Gebrauch des Wortes „Pflicht" völlig unsachgemäß, da sich dieses doch immer nur auf partikulare Handlungsfelder beziehe, nicht aber auf die dem rechten Handeln voraus- und zugrundeliegende, universale Ausrichtung der Seele auf Gott: „Wir sollten den Menschen erst lehren, gut zu *seyn*, ehe wir ihm Vorschriften geben, Gutes zu *thun*" (243,2–4)[175]. Nicht in der Wortwahl, wohl aber der Sache nach hat Martin Luther das die christliche Existenz fundierende Verhältnis von Glaube und Werken genau so zum Ausdruck gebracht.

Besonderes Gewicht legt Spalding auf eine rhetorische Gestaltung der Predigt, die konsequent an der Gedanken- und Sprachwelt der Hörer orientiert ist. Gemäß dem im ersten Hauptteil gezeichneten Leitbild des Pfarrers, an dem die Gemeinde „einen vertrauten Freund" (64,2) haben solle, macht er es dem Prediger nun zur Pflicht, in seiner Kanzelrede „den Ton des ernsten vertraulichen Gesprächs zu treffen, der gerade auf den Menschenverstand und das Herz gehet" (257,9–11). Die bloße Rezitation von Lehrbuchsätzen reiche dafür bei weitem nicht aus, weil die theologische Fachsprache bei den nicht akademisch gebildeten Hörern allenfalls Staunen über die Gelehr-

lisierung reformatorischer Basisimpulse bei Johann Joachim Spalding (ZThK 111, 2014, 1–27).

[175] Hervorhebung von mir.

samkeit ihres Predigers auslösen, nicht aber das eigene Denken und Empfinden in Gang setzen könne. Die Größe der damit berührten homiletischen Schwierigkeit erklärt sich für Spalding daraus, daß die theologische Aus- und Fortbildung den Pfarrern die wissenschaftliche Fachsprache „gleichsam zur Natur“ (257,13) habe werden lassen. „Der kalte Locuscommunis-ton“ des akademisch-theologischen Unterrichts, „der so wenig intereßiret, so wenig das Herz des Zuhörers trifft, weil er so wenig Eigenthümliches aus dem Herzen des Lehrenden und aus der individualen Art, wie er die Sachen empfindet, bey sich führet“, könne allenfalls zu leb- und folgenlosen Erkenntnissen führen, „weil Schatten nicht, wie Körper, wirken können“ (273,5–13). Solche gelehrte Sterilität sei am besten dadurch zu überwinden, daß sich der Prediger mit Hilfe eines sorgsam angelegten Lektüreprogramms der populären Vortragsweise anzunähern versuche und damit, anstatt in die alberne Rolle eines „geistlichen Possenreissers“ (272,6) abzugleiten, seiner Gemeinde als „ein ehrlicher, weiser, heiterer, menschenfreundlicher Mann“ begegne, der „nichts mehr zu sein begehret, als was er wirklich ist“ (272,13–15).

Die theologiegeschichtliche Bedeutung der von Spalding entworfenen Predigtlehre gründet nicht zuletzt in der authentischen Originalität, in welcher er die frömmigkeitsstabilisierende Vermittlungsaufgabe der Predigt angesichts des wachsenden Legitimationsdrucks, dem die amtskirchliche Verwaltung der Religion (nicht nur) in Deutschland ausgesetzt war, mit neologischer Klarheit sach- und zeitgemäß neu bestimmt hat. Die Wirkung, die Spalding auf die Predigtpraxis und -theorie seiner Epoche ausübte, war durchaus erheblich; ihre angemessene theologiegeschichtliche Erschließung steht, obwohl längst überfällig, immer noch aus. Bemerkenswert ist überdies die alsbald einsetzende literarische Rezeption des von Spalding gezeichneten Pfarrerbildes, für die Nicolais Erfolgsroman *Sebaldus Nothanker* (1773–1776), *Der Landprediger* (1776/77) von Jakob Michael Reinhold Lenz oder Goethes

*Brief des Pastors zu *** an den neuen Pastor zu **** (1773) nur drei von bislang unabsehbar zahlreichen Beispielen sind[176].

Kritik und Widerspruch gab es allerdings auch, am heftigsten von Johann Gottfried Herder[177]. Kaum 30jährig, schrieb er gegen das in der *Nutzbarkeit* gezeichnete Pfarrerbild seine *An Prediger* gerichteten *Funfzehn Provinzialblätter*[178]. Der erste Entwurf entstand zwischen April und Juli 1773, der zweite, verfaßt im November desselben Jahres, kam, als ein deutlich zugespitzter „Anti-Spalding"[179], zum Druck. Voller Ungeduld fieberte Herder der bis Juni 1774 sich verziehenden Auslieferung entgegen. Der Stil seiner *Provinzialblätter* war genialisch und intuitiv, sprühend lebendig, leidenschaftlich, herzhaft parteilich, aufbrausend, stürmend und drängend. Mit Spott, Ironie und Sarkasmus attackierte er die Position seines Gegners, in polemischer Gereiztheit übertrieb er graduelle Sachdifferenzen zu dramatischer Antithetik. Den „langkriechenden Schlangenstil und die Blindschleichenberedsamkeit"[180] Spaldings konterkarierte er durch anakolutisch-tumultuarische Rede, die Wohltemperiertheit des neologischen Kanzeltons mit poetisch-archaischer Sprachbildung und mit einem „declamatorischen Elisions- und Interjectionsstil"[181]: „hem! heu! ohe! eheu!"[182] Schon kurz nach Erscheinen rügte die *Allgemeine*

---

[176] Vgl. Ph. A. Häcker, Geistliche Gestalten – gestaltete Geistliche. Zur literarischen Funktionalisierung einer religiösen Sprecherposition im Kontext der Neologie, 2009.

[177] Die Darstellung dieser Kontroverse fußt auf A. Beutel, Herder und Spalding. Ein theologiegeschichtlicher Generationenkonflikt (in: Ders., Reflektierte Religion. Beiträge zur Geschichte des Protestantismus, 2007, 237–265).

[178] J. G. Herder, An Prediger. Funfzehn Provinzialblätter (in: Ders., Theologische Schriften, hg. von Ch. Bultmann / Th. Zippert [J. G. Herder, Werke in zehn Bänden, Bd. 9/1], 1994, 67–138).

[179] R. Haym, Herder nach seinem Leben und seinen Werken, Bd. 1, 1877, ND 1978, 593.

[180] Zit. nach aaO 596.

[181] AaO 598.

[182] Herder, Provinzialblätter (s. Anm. 178), 130.

deutsche Bibliothek den „dunklen Orakelton, der dem Verfasser beliebt hat, der so oft nachdrücklich und herzeindringend seyn soll, und so oft nichtsbedeutend ist"[183]. Noch dreißig Jahre später hat Schleiermacher den Ton der *Provinzialblätter* als grob mißverständlich und verunreinigend kritisiert[184].

Auch dort, wo hinter dem rhetorischen Dunst argumentative Klarheit erkennbar wurde, ließ Herder der *Nutzbarkeit* weder exegetische Sorgfalt noch hermeneutische Gerechtigkeit widerfahren. Spaldings Predigtlehre bleibe in „bloßem Wolken- und Nebelzuge allgemeiner Wahrheiten"[185] stecken und könne darum keine Leidenschaften erregen und keine Wahrheit aufzeigen. Da Spalding eine Wesensbestimmung des Predigtamts gänzlich versäumt habe, sei die soziale Nutzbarkeit eines Predigers bei ihm darauf beschränkt, „Geburts- und Totenlisten einzuschicken, Edikte zu verlesen und den Teufel zu predigen, damit die Edikte auch gehalten werden"; die Religion müsse sich dadurch zu einem „philosophisch-mathematisch-politische[n] Calcul"[186] pervertieren. Der Generalvorwurf Herders, die religiöse Dimension des geistlichen Amtes sei von Spalding ganz übersehen oder vernachlässigt worden, divergierte abermals auf erstaunliche Weise mit dem textuellen Befund. Hatte doch Spalding den himmelweiten Unterschied zwischen religiösem und politischem Nutzen des Predigtamtes in einer nicht als arithmetische Präzisionsangabe, sondern als symbolischer Ausdruck der Unvergleichlichkeit gemeinten Verhältnisbestimmung anschaulich werden lassen: „Es wäre, als wenn eine Maschine mit tausend Pfund Kraft angesetzet würde, eine Last von einem Pfund zu bewegen"[187]. Indessen hing, was derart

---

[183] Zit. nach Bultmann / Zippert (s. Anm. 178), 929.

[184] Vgl. F.D.E. Schleiermacher, Rez. J.J. Spalding, Lebensbeschreibung (1805; in: Ders., Schriften aus der Hallenser Zeit 1804–1807, hg. von H. Patsch [KGA I.5], 1995, 27–38), 33.

[185] Herder, Provinzialblätter (s. Anm. 178), 71.

[186] AaO 82.

[187] Spalding, Nutzbarkeit (s. Anm. 168), 90,7–9.

auseinanderging, für Spalding dennoch zusammen. In der krassen Alterität des durch die Predigt bewirkten theologischen und politischen Nutzens, von „Andacht“ und „Bürgerpflicht“, lag für ihn die homiletische Konkretion der fundamentaltheologischen Unterscheidung von Zeit und Ewigkeit: „Der recht unterrichtete Christ“, war er überzeugt, werde „sein gegenwärtiges und zukünftiges Leben, als ein zusammenhangendes Ganzes, kennen lernen“[188].

Am 15. Juni 1774 übersandte Herder ein Exemplar der anonym erschienenen *Provinzialblätter* an Spalding. Der Ton seines Begleitschreibens war erstaunlich: überbordend von Freundlichkeit und Respekt. Umstandslos bekannte er sich zur Verfasserschaft und beteuerte seine aufrichtig empfundene Hochachtung: „Niemand in Deutschland kann die weise Einfalt u. Redlichkeit u. Güte Spaldings mehr als ich verehren“; der „zu starke Ton, der im Buche herrschet“[189], mißfalle ihm unterdessen selbst. Die Antwort kam prompt, sie war nobel, sanftmütig und souverän, man hat sie das Angebot einer goldenen Brücke genannt[190]. Zwar frage er sich hinsichtlich der von Herder jeweils gewählten Sprachgestalt, ob aus Brief und Buch „ein und dieselbe Seele sprechen könne“, doch wolle er darüber, „weil dieser Ton Ihnen selbst mißfällt, kein Wort weiter verlieren“. In sachlicher Hinsicht rügte Spalding teils den sinnentstellenden Gebrauch einzelner Stellen der *Nutzbarkeit*, teils die Konstruktion eines Dissenses, „wo im Grunde kein Widerspruch ist“, teils auch, daß Herder bei tatsächlichen Meinungsunterschieden nur das Resultat seiner „Gedankenreihe“ mitgeteilt habe und nicht auch die Gründe, die ihn dorthin führten. Und dann erteilte Spalding eine hermeneutische Elementarlektion. Wenn man in den Grundsätzen und im Ziel übereinstimme, geböten es Anstand und Fairneß, dem Irrenden den Punkt

---

188 AaO 92,24–27.

189 J. G. Herder an J. J. Spalding, 15.6.1774 (in: J. G. Herder, Briefe. Gesamtausgabe 1763–1803, Bd. 3, 1985, 97 f.), 97.

190 Vgl. Haym (s. Anm. 179), 616.

aufzuzeigen, von dem aus er in die Irre gegangen ist, anstatt dessen Fehltritt nur mit „Unwillen" und Verachtung zu brandmarken. Auf eine deduktive Plausibilisierung dessen, was man selbst für wahr hält, zu verzichten, sei nicht allein unbarmherzig – „Wenigen ist es gegeben, die Wahrheit zu erfliegen" –, sondern auch theologisch unsachgemäß: „Gott, mit seiner erleuchtenden, leitenden Wahrheit, ist nicht in Sturm und Gewölke"[191].

Im Juli 1774 schrieb Herder erneut. Ohne auf Spaldings diskursstrategische Ratschläge einzugehen, gab er die erstaunliche Beteuerung ab, die *Provinzialblätter* seien überhaupt nicht gegen ihn, „eigentlich gegen Niemand"[192] gerichtet. Kurz darauf erhielt er ein Schreiben Wilhelm Abraham Tellers, des Berliner Kollegen und Freundes von Spalding. In offensichtlicher Kenntnis des vorausgegangenen Briefwechsels empörte sich Teller insbesondere über die „Erniedrigung des wahrhaft großen Spaldings zum unchristlichen Prediger, planlosen Schriftsteller, kriechendsten Schmeichler der Großen". Die von Herder selbstrechtfertigend getroffene Unterscheidung von Person und Autor ließ Teller nicht gelten. Nach eingehender Rühmung des Kollegen, der ihm ein „Engel Gottes" zu sein dünkte, schloß er seine briefliche Intervention mit dem Wunsch, Herder möge seine öffentlichen Äußerungen künftig in einer Weise abfassen, die auch erkennen läßt, was er damit meint[193].

Herder witterte Kabale in Berlin und zog Konsequenzen. Heftig erbost beschwerte er sich am 29. September 1774 bei Spalding, im Ton jetzt sehr spitz, abständig und distanziert,

---

[191] J.J. Spalding an J.G. Herder, 2.7.1774 (in: K.H. Sack, Briefwechsel zwischen Herder und Spalding in Betreff der Provinzialblätter [ThStKr 16, 1843, 90–102], 94–98).

[192] J.G. Herder an J.J. Spalding, zweite Hälfte Juli 1774 (Herder, Briefe [s. Anm. 189], 104–106), 105.

[193] W.A. Teller an J.G. Herder, 22.9.1774 (in: Impulse. Aufsätze, Quellen, Berichte zur deutschen Klassik und Romantik 13, 1990, 274–278).

über die Zuschrift Tellers und die von Spalding mit der Weitergabe von Briefen, die an ihn gerichtet waren, begangene Indiskretion. Zugleich nahm Herder seine Briefe an den Berliner Propst jetzt „förmlich u. feierlich zurück [...] ich habe sie von jetzt an nicht geschrieben. [...] Eine Privatsituation gegen Spalding [...] fällt weg u. hat nie exsistirt“[194]. Nachdem er wenig später die Rücksendung seiner Briefe quittiert hatte, schloß Herder sein letztes an Spalding gerichtetes Billet mit dem Zitat von Gen 16,5: „Der Herr sei Richter zwischen mir u. Dir!“[195] Danach äußerte er sich über Spalding nur noch sporadisch. Als der preußische König Friedrich Wilhelm II. im Herbst 1786, fast unmittelbar nach seinem Regierungsantritt, den Vorschlag einbrachte, ausgerechnet Herder zum Adjunkten des greisen Spalding zu machen, wiesen beide das Ansinnen unabhängig voneinander sogleich zurück.

Die *Provinzialblätter* Herders waren kaum eine diskursorientierte Positionierung, die einen Sachstreit zur Klärung vorantreiben will, umso mehr hingegen das Indiz einer krisenhaften Entwicklungsphase ihres Verfassers und dazu auch wohl der Ausdruck eines kulturgeschichtlichen Generationenkonflikts. In späteren Jahren zeigte sich Herder, was seine Schrift *Von Religion, Lehrmeinungen und Gebräuchen* (1798) deutlich genug zu erkennen gibt, zu einer organisch anverwandelnden Aufnahme neologischer Intentionen und Einsichten durchaus imstande. Spalding seinerseits blickte 1791, als er die Vorrede zur dritten Auflage seiner *Nutzbarkeit* abfaßte, auf den Konflikt mit Herder bereits als auf etwas längst Vergangenes, das es nicht wert sei, „daß man irgend eine ruhige oder besser zu brauchende Stunde darüber verliere“[196], zurück.

---

194 J.G. Herder an J.J. Spalding, 29.9.1774 (Herder, Briefe [s. Anm. 189], 118–120), 119.

195 J.G. Herder an J.J. Spalding, 17.11.1774 (aaO 131).

196 Spalding, Nutzbarkeit (s. Anm. 168), 6,31 f.

6. Publizistische Kleinarbeit

Während seiner aktiven Berliner Zeit beanspruchten ihn die vielfältigen Amtsgeschäfte derart, daß er, noch dazu bei stetig abnehmenden Kräften, zu freier literarischer Arbeit kaum mehr die nötige Muße fand. Immerhin pflegte Spalding die Neuauflagen seiner Predigtbände, erst recht aber seiner Monographien jeweils gründlich zu überarbeiten und zu erweitern. Dazu gab es, die Erstauflagen eingerechnet, insgesamt nicht weniger als 19 Anlässe. Etliche Separatdrucke von Predigten und erbaulichen Kleinschriften waren ebenfalls zu besorgen. So wird verständlich, daß Spalding darüber hinaus in seiner schriftstellerischen Tätigkeit nur noch den Forderungen des Tages zu genügen vermochte.

Dazu zählte etwa das Geleitwort zu der von unbekannter Hand erstellten deutschen Übersetzung einer Schrift des Geistlichen Charles Louis de Villette, die 1766 in Berlin unter dem Titel *Unterredungen über die Glückseligkeit des zukünftigen Lebens* publiziert wurde. Die französischsprachige Originalausgabe war 1748 in Dublin erschienen[197]. Johann Georg Heinzmann, der Herausgeber des Berner Periodikums *Litterarische Chronik*, brachte die Vorrede 1788 in Auszügen noch einmal zum Druck. Spalding nutzte das ihm angetragene Geleitwort, um seine eigenen, mit Villette durchaus harmonisierenden Erwägungen zur Eschatologie anzudeuten. Dabei gebrauchte er abermals eine Gedankenfigur, die später durch Kants Rede von den „regulativen Ideen" philosophische Berühmtheit erlangen sollte. Weit davon entfernt, hinsichtlich des ewigen Lebens irgendwelche „Gewährleistungen"[198] geben zu wollen, wies er lediglich darauf hin, daß die *Annahme*, unser irdisches Leben werde erst jenseits des Todes „in einem unge-

---

[197] Ch. L. de Villette, Essai sur la félicité de la vie à-venir, en dialogues, 1748.

[198] J. J. Spalding, Vorrede zu der deutschen Uebersetzung, 8.4.1766 (in: Ders., Kleinere Schriften 1 [s. Anm. 23], 315–325), 316,16.

hinderten Fortgange die völlige Glückseligkeit" erreichen, ganz unbestreitbar von sittlichem Vorteil und „wohlthätige[r] Wirkung"[199] sei. Immerhin könne sich solche Annahme einer überwiegenden Glaubwürdigkeit auf etliche Wahrscheinlichkeitsgründe der Bibel, der Vernunft und der damals aufblühenden Erfahrungsseelenkunde berufen. So finde „der gesunde menschliche Verstand" allemal darin „eine erfreuliche Vorstellung [...], sich als Wanderer zu einem besseren Vaterlande zu betrachten, und mit einem desto heiterern Blick über die Verwirrungen und Ungemächlichkeiten dieses Lebens hinweg zu sehen [...]. Von dieser göttlichen Hoffnung gestärkt, kann der gute Mensch seinen Weg getrost durch alle die verschiedenen Auftritte und Abwechselungen fortsetzen, die ihm hie aufstoßen"[200]. Die ernstliche Auseinandersetzung mit den Bestreitern der Unsterblichkeit und mit deren Hauptargument, der Glaube an ein jenseitiges Leben behindere oder störe einen unbeschwert genießenden fröhlichen Gang durch das irdische Leben, scheue er keineswegs. Mit verständnisloser Empörung trat er allerdings denen entgegen, die über eine so schwerwiegende Frage mit einem unverbindlichen Scherzwort oder, wie er namentlich Voltaire unterstellte[201], mit einer Wendung ins Lächerliche und Verächtliche meinten hinweggehen zu können.

Im selben Jahr 1766 lobte eine private Berliner Fördergesellschaft, die den philanthropischen Ideen von Johannes Bernhard Basedow verpflichtet war, den Preis von 100 Reichstalern für ein allenfalls sechs Bogen umfassendes Lehrbuch aus, das zur zeitgemäßen katechetischen Unterweisung geeignet sein sollte. Aus etlichen Teilnehmern ging schließlich Enoch Christoph Simonis, der in Lüssow, einem bei Güstrow gelegenen Dorf Mecklenburgs, den Pfarrdienst ausübte, als Sieger hervor. Dessen *Kurzer Entwurf einer Lehrart in der Religion für die Jugend, nebst beygefügten ausführlicheren Betrachtungen* wur-

199 AaO 316,3f.; 323,8f.

200 AaO 324,9–25.

201 Vgl. aaO 321,2–5.

de als Preisschrift gewürdigt und kam 1769 zum Druck. Als Propst von Berlin war Spalding gehalten, die Neuerscheinung herausgeberisch zu betreuen und um einen *Vorbericht* zu erweitern. Pflichtschuldig genügte er dieser Aufgabe, doch aus seiner distanzierten Verhaltenheit machte er dabei kaum einen Hehl. Zunächst hob er die beträchtliche Anzahl der Einsendungen lobend hervor. Danach stellte er in kurzen Strichen die Preisschrift vor. Deren erster Teil sei „kein Entwurf eines Lehrbuchs, wie man es doch gewünscht hat, sondern nur der Abriß einer Lehrart“[202]. Erst nachträglich habe der Verfasser als zweiten Teil einige „freye Betrachtungen“ noch hinzugefügt, die allerdings „der Lehrer bey Anfängern zur Mittheilung der ersten Begriffe von der Religion“[203] kaum werde gebrauchen können.

Die Leser, hieß es dann abständig, „werden die Gründe dieser Vorziehung zu wissen verlangen“[204], und was diesbezüglich zu sagen war, würdigte Spalding nicht etwa mit eigenem Lob, sondern präsentierte es lediglich im Stil eines fast unbeteiligten Sachreferats. Als preiswürdig habe „man“[205] zumal die Fähigkeit des Verfassers erachtet, in klarer Orientierung zwischen Religion und Theologie unterscheiden zu können. Nun war allerdings schon in der Ausschreibung des Preises verlangt worden, „daß der Entwurf die Lehren in der natürlichsten Ordnung und abgesondert von allen Speculationen gelehrter Theologie vortragen sollte“[206]. Spalding entwickelte sogleich seine eigene, längst vor Semlers einschlägigen Publikationen fixierte Erläuterung dieser fundamentaltheologischen Distinktion: Da die Religion nun einmal darauf abziele, „den Menschen zu seiner wahren und beständigen Glückseligkeit zu lei-

---

[202] J.J. Spalding, Vorbericht des Herausgebers, 20.9.1769 (in: Ders., Kleinere Schriften 1 [s. Anm. 23], 327–335), 328,21–23.

[203] AaO 328,25–29.

[204] AaO 329,4f.

[205] AaO 329,24; ähnlich etwa aaO 333,22 u.ö.

[206] J. Wiggers, Kirchengeschichte Mecklenburgs, 1840, 223.

ten", habe man sich im Religionsunterricht auf diejenigen Erkenntnisse zu beschränken, „die dem Lernenden verständlich und überzeugend werden können, und die einen geraden Einfluß auf das Herz, auf dessen Besserung und Beruhigung haben"[207]. Die darüber hinausgehenden theologischen Theoriebildungen seien allenfalls Zeugnisse einer abstrakten Wahrheit und Gelehrsamkeit, jedoch für die Beförderung praktischer Frömmigkeit durchaus entbehrlich. Der andere Vorzug, den „man" erkannt habe, liege in der warmherzigen Emphase, die der Verfasser seinem Gegenstand und der zu belehrenden Jugend entgegenbringe. Spalding nutzte diesen Aspekt zu einem Seitenhieb auf den gleichsam mechanischen Religionsunterricht, der noch immer hier und da üblich sei und in welchem „der kalte Lehrer" allein in der „Bewegung des Zorns", wenn die aufgegebenen Lektionen des Katechismus nicht treulich memoriert worden waren, seiner emotionalen Beteiligung Ausdruck verleihe: „Wie wird *der* die Religion seinen Lehrlingen werth machen?"[208]

Nachdem er die von den Preisrichtern gerühmten Vorzüge der Schrift ordnungsgemäß referiert hatte, fügte Spalding aus eigenem Urteil vier nicht unerhebliche Einwendungen hinzu. So kritisierte er die unzureichende biblische Fundierung der Preisschrift, desgleichen eine gewisse Unschärfe der darin gebrauchten Begriffe und „Vorstellungsarten", ferner die als ein Ausdruck von „Treuherzigkeit" nur verhalten entschuldigte ungefällige „Schreibart des Verfassers" und schließlich, nun in materialer Hinsicht, die Eigenart, daß die dort entwickelte christliche Sittenlehre vornehmlich „auf die mosaischen Gebote"[209], dagegen kaum auf die in den Evangelien überlieferten Anweisungen Jesu gegründet sei. Das Fazit, das Spalding als Herausgeber am Ende zog, ließ unter freundlichen Worten ein insgesamt doch recht abgründiges Urteil erkennen: „Man kann

207 Spalding, Vorbericht (s. Anm. 202), 330,10–16.

208 AaO 331,21–27 (Hervorhebung von mir).

209 AaO 333,17–28.

sich in dem Werthe, den man der gegenwärtigen Schrift beygeleget, geirret haben; aber man wird es noch immer als Gewinn genug ansehen, wenn auch damit nur Anlaß zu etwas Besserem gegeben wird"[210].

Den Predigtdienst, dieses unangefochtene Zentrum seiner Amtsführung, erbrachte Spalding stets in der Absicht, bei den Kirchgängern eine aus dem Geist eines aufgeklärten Christentums genährte authentische Frömmigkeit möglich zu machen und anhaltend zu kultivieren. Demselben Zweck war eine andere populartheologische Maßnahme verpflichtet, die er in Berlin offenbar regelmäßig vollzogen hat. So pflegte er alljährlich, meist in der vorösterlichen Fastenzeit, eine kleine, auf den Umfang eines Bogens beschränkte Druckschrift, die jeweils ein konkretes religiöses Thema zum Gegenstand hatte und die dergestalt einen die Predigtarbeit sekundierenden Frömmigkeitsdienst leisten sollte, an die Gemeindeglieder verteilen zu lassen. Fünf dieser neologischen Erbauungstraktate gingen, wie schon erwähnt[211], in seinen zuletzt publizierten Predigtband ein. Alle anderen schienen verloren, bis unverhofftes Finderglück in der Französischen Nationalbibliothek drei weitere Stücke ans Licht treten ließ.

Eines davon fixierte die *Warnung vor den Verführungen des Vergnügens* (1787). Dabei wollte Spalding durchaus nicht einer sauertöpfischen Askese das Wort reden. Sei doch „die Religion und die christliche Frömmigkeit eben so wenig eine Freudenstörerin, als die wahre aufgeklärte Vernunft selbst"[212]. Indessen gelte es bei allen Vergnügungen des Lebens auf „die Verschiedenheit des Alters" zu achten, um nicht durch ein generationswidriges Gebaren vor der Welt und sich selbst in tragische Lächerlichkeit zu verfallen: „Es giebt eine jugendliche Frölichkeit,

---

[210] AaO 334,29–335,1.

[211] S. o. IV.4.

[212] J.J. Spalding, Warnung vor den Verführungen des Vergnügens (1787; in: Ders., Kleinere Schriften 1 [s. Anm. 23], 376–386), 378,21–23.

die sich nicht für die reifern, und noch weniger für die höhern Jahre schickt"[213]. In jedem Lebensalter, rät Spalding, komme es darauf an, sich von dem „Geist einer unbesonnenen vergnügenssüchtigen Frivolität" fernzuhalten, damit dann nicht rückblickend eine „vergebliche Verschwendung eines großen Theils von eurer köstlichsten Lebenszeit"[214] zu beklagen ist. Für den goldenen Mittelweg, der zwischen den Polen rauschhafter Besinnungslosigkeit und griesgrämlicher Entsagung hindurchführt, gibt Spalding seinen Lesern einen als untrüglich empfohlenen Prüfstein für die „Lauterkeit und Rechtmäßigkeit eures Vergnügens" zur Hand: „So oft ihr euch darin nicht getrauet, den Gedanken von Gott, als eurem Zeugen, bey euch aufkommen zu laßen, sondern ihn alsdenn vielmehr mit Fleiß aus eurem Gemüthe los zu werden, und, als etwas unwillkommenes und überlästiges, von euch zu entfernen sucht, so seyd ihr schon auf einem bedenklichen Wege"[215].

In seinem *Christliche[n] Nachdenken über den Werth des Lebens* (1786) suchte Spalding „die Liebe zum Leben in ihre rechte Ordnung"[216] zu bringen. Den Mittelweg, den er auch hier verfolgt, ortet er wiederum durch die Abweisung der beiden Extreme. Als deren eines benennt er unumwunden den Suizid. Für die Auslöschung seiner selbst unterscheidet Spalding nun aber, durchaus überraschend, drei ursächliche Varianten. Wer aufgrund heilloser Depression schließlich Hand an sich lege, sei das Opfer einer „wirklichen unverschuldeten Krankheit" und darum jedem christlichen Verdammungsurteil enthoben. Anders stehe es um den „wilden Frevler", der sich, von irgendeiner zügellosen Leidenschaft verwirrt und betäubt, zu

---

[213] AaO 378,4–7.

[214] AaO 380,33–381,6.

[215] AaO 384,2–9.

[216] J.J. SPALDING, Christliches Nachdenken über den Werth des Lebens. Nach Endigung der öffentlichen Catechisation in der Fasten ausgetheilet (1786; in: DERS., Kleinere Schriften 1 [s. Anm. 23], 364–375), 370,15–17.

dem Äußersten hinreißen läßt und sich dadurch einer „Entehrung der Menschheit und Empörung gegen Gott“[217] schuldig macht. Am widerwärtigsten aber empfindet Spalding diejenigen Menschen, „an welchen sich so augenscheinlich die unmittelbaren natürlichen Strafen ihrer Laster zeigen“, die durch einige „in wilder Lustbarkeit durchtaumelte Zeiten“ „sich frühzeitig ins Grab stürzen“ und die im jämmerlichen Vorgriff auf ihr nahendes Ende sich eingestehen müssen, „daß sie durch ihre freywillige Schuld ihre eigenen Mörder geworden sind“[218]. Nicht weniger sündhaft erscheint ihm andererseits eine derart übersteigerte Liebe zum Leben, daß man, was doch mit christlichem Glauben kaum zu vereinbaren sei, den natürlichen Tod als den größten aller denkbaren Schrecken ansieht. Inmitten dieser beiden Extreme rät Spalding zu einem Gott gefälligen und der Welt nützlichen Gebrauch seines Lebens. Dabei habe man sich ebenso vor einer ununterbrochenen, geradezu rauschhaft besinnungslosen Geschäftigkeit, die den Gedanken an Gott gar nicht mehr aufkommen lasse, zu hüten wie vor der nicht minder fatalen Versuchung, die irdische Frist, die Gott einem zugedacht hat, „dieß kostbare und unwiderbringliche Gut“, mit vergnügungssüchtigem Müßiggang „nur zu vertreiben, oder gleichsam zu tödten“[219]. Denn am Ende werde jedermann von der Verwendung seiner Lebenszeit vor Gott Rechenschaft geben müssen. Offenbar hatte Spalding für solche Mahnung, und gewiß auch für die anschauliche Schilderung der beiden Varianten einer vorsätzlichen Entwertung des Lebens, ganz konkrete Anhaltspunkte in seiner Gemeinde vor Augen.

Besondere Aufmerksamkeit erheischt der 1785 entstandene Gemeindetraktat, in welchem Spalding nicht einen lebensweltlichen Aspekt des Glaubens erörtert, sondern die zentrale, *Von dem eigentlichen Werth äußerlicher Religionsgebräuche* handelnde Frage der liturgischen Frömmigkeitspraxis zum Ge-

[217] AaO 366,34; 367,4–13.

[218] AaO 367,27–29; 374,22; 368,3.12–14.

[219] AaO 373,21–23.

genstand wählt. Offenbar stand der Vorwurf, die zeremoniellen Vollzüge würden das Wesen christlicher Religion, das doch nur in der „rein geistliche[n] Verehrung Gottes“ bestehe, auf „bloße sinnliche und körperliche Handlungen“[220] reduzieren, durchaus im Raum. Angesichts der Auswüchse eines Aberglaubens, der das Heil bereits in einer bloß mechanisch vollzogenen Frömmigkeitspraxis zu finden glaube[221], gesteht Spalding dem Vorwurf durchaus eine gewisse Berechtigung zu. Indessen könne man in dem Bestreben, solchem Mißverstand diametral zu entgehen, nicht weniger auf Abwege geraten, weshalb auch hier die Wahrheit wiederum in der Mitte liege und man also „dasjenige, was bey dem christlichen Gottesdienste in äußerlichen Handlungen besteht, auf seinen wahren, nicht übertriebenen, aber gegründeten Werth zu setzen“[222] gehalten sei.

Als einen nicht zu unterschätzenden Vorzug *christlicher* Gottesverehrung preist Spalding den Umstand, daß man längst nicht mehr auf die erdrückende Fülle der mosaischen Zeremonialgesetze verpflichtet sei. Und als habe er soeben die einschlägigen Paragraphen der unlängst von Lessing publizierten *Erziehung des Menschengeschlechts* (1780) exzerpiert, erklärt er die Vielgestalt der alttestamentlichen Kultgebote als Ausdruck und Niederschlag göttlicher Pädagogik: „Sie dieneten nämlich dazu, ein anfänglich noch ungebildetes und rohes Volk, welches zu reinen geistlichen Begriffen von der Religion nicht fähig genug war, erst durch mannichfaltige in die Sinne fallende Eindrücke mehr zu rühren, das Nachdenken mehr aufzuwekken, und den Verstand nach und nach auf die besseren Erkenntnisse von Gott und seiner wahren Verehrung mehr aufmerk-

---

220 J.J. SPALDING, Von dem eigentlichen Werth äußerlicher Religionsgebräuche. Nach Endigung der öffentlichen Catechisation in der Fasten ausgetheilet (1785; in: DERS., Kleinere Schriften 1 [s. Anm. 23], 352–363), 353,6–13.

221 Vgl. aaO 361,25–33.

222 AaO 353,25–29.

sam zu machen"[223]. Jedoch seien derlei „Anfangsübungen"[224] auch für den Christen nicht allesamt zu entbehren, da man den Menschen, solange er an der sinnlichen Körperwelt teilhabe, stets auch durch sinnliche Eindrücke auf seine eigentliche, im Reich des Geistes liegende Bestimmung verweisen müsse. Insofern repräsentierten die rituellen Religionsübungen „nicht an und für sich selbst schon wirklich Gottesdienst und Frömmigkeit; aber sie sind sehr dienliche und heilsame Hülfsmittel, die Gedanken und Regungen der Frömmigkeit zu veranlassen, zu unterhalten und eindringender zu machen"[225].

Diese prinzipiellen Erwägungen exemplifiziert Spalding daraufhin an den gängigsten Übungen christlicher Frömmigkeitspraxis. Den Grundgedanken, eine äußerliche Religionshandlung ziele allein darauf ab, den Menschen in seinem Verstand und Gemüt die gänzliche Abhängigkeit von Gott realisieren zu lassen, bewährt er zunächst an den beiden evangelischen Sakramenten. So könne die Tauferinnerung das Bewußtsein der Verbundenheit mit Christus und der dadurch bewirkten Sündenvergebung lebendiger machen. Indem dieser Gedächtnischarakter dann auch dem Sakrament des Altars beigelegt wird, findet der lutherische Propst zu einem lupenrein reformierten Verständnis des Abendmahls: Nicht die reale Gegenwart des Erlösers werde dabei gefeiert, sondern „das *Andenken* an diesen göttlichen Freund und Wohlthäter der Menschen [...] mit der innigsten Rührung von Dank und Liebe" erneuert, zudem der Gedanke, zu christlicher Lebensführung verpflichtet zu sein, vitalisiert und „das edle Band des Wohlwollens und der aufrichtigen Liebe zwischen uns und allen denen, die gemeinschaftlich mit uns an seinen Wohlthaten und seinen Verheissungen Theil haben, so viel genauer und fester"[226] geknüpft. Darüber hinaus könne jeder öffentliche Gottesdienst dazu ver-

---

[223] AaO 354,21–29.

[224] AaO 355,3.

[225] AaO 355,34–356,5.

[226] AaO 356,2329; 357,1–5 (Hervorhebung von mir).

helfen, daß der Kirchgänger inmitten seiner vielfältigen Lebenszerstreuung an die Pflege seiner Glaubensfundierung erinnert, zudem auf anregende, ihm selbst vielleicht gar nicht verfügbare geistliche Gedanken gebracht und durch die leibliche Gemeinschaft mit anderen Gläubigen in seinem religiösen Bewußtsein gestärkt werde. Analog dazu gewähre auch die Erinnerung an die eigene Konfirmation, bei der man „gleichsam eine ganze Versammlung von Christen feyerlich zum Zeugen“[227] genommen habe, eine Stabilisierung der eigenen Glaubensgewißheit.

Eindringlich widmet sich Spalding sodann dem Gebet. Für dessen private Übung sei tägliche Regelmäßigkeit anzuraten, am besten des Morgens und Abends, um „mit einer solchen andächtigen Sammlung und Erhebung der Seele jeden Tag anfangen und beschließen“[228] zu können. Insonderheit schätzt Spalding das Tischgebet als eine zwar nicht von Gott ausdrücklich verordnete, gleichwohl aber in ihrer gängigen Praxis höchst zuträgliche religiöse Gepflogenheit. In der Tischgemeinschaft mit Menschen, deren Sinn sich dabei allein auf weltliche Interessen fixiere, sei es allerdings „noch immer besser [...], sein Gebet lieber in seinem eigenem Herzen zu verschließen, als durch Aeusserung desselben das noch größere Aergerniß eines leichtsinnigen Gespöttes über eine an sich so vernunftmäßige ehrwürdige Sache zu veranlassen“[229].

Dergestalt hat Spalding seine grundsätzlichen Erwägungen zugleich in der Anwendung auf die gängigsten christlichen Riten anschaulich und konkret werden lassen. Die Absicht dieser speziellen Lebens- und Glaubensberatung faßt er am Ende in den Merksatz zusammen, es könnten „also nur diejenigen Religionsgebräuche nützlich werden [...], die uns mit einem lebhaftern Eindruck an das *denken* helfen, was uns zu Gott ziehen,

---

227 AaO 358,8f.
228 AaO 358,20–27.
229 AaO 359,33–360,4.

uns rechtschaffener und zufriedener machen kann“[230]. Hinsichtlich der rituellen Religionsgebräuche sahen sich die Leser dieser Erbauungsschrift angeleitet, zwischen Mittel und Zweck sorgsam unterscheiden zu lernen. Daß Spalding das Resümee seiner Betrachtung anschließend noch einmal auf die genannten Beispiele anzuwenden beginnt, dann aber auf halbem Wege die wiederholende Applikation unterbricht, versetzt die Betrachtung in eine gewisse dispositionelle Schieflage, die sich vielleicht aus dem Bestreben erklären läßt, den zur Verfügung stehenden Umfang eines 16 Druckseiten fassenden Papierbogens vollständig auszufüllen.

Insgesamt dürften diese alljährlich verteilten Traktate einen respektablen, in seinem Effekt zwar kaum quantifizierbaren, jedenfalls aber die kontinuierliche Predigtarbeit hilfreich sekundierenden Beitrag zum religiösen Gemeindeaufbau an St. Nikolai erbracht haben. Ihre Kenntnisnahme vermag den Einblick in den konkreten Vollzug der von Spalding versehenen pastoralen Amtsführung nicht unerheblich zu präzisieren. Insofern wird man bedauern, daß die Serie dieser Kleinschriften offenbar längst nicht vollständig erhalten oder aufgespürt worden ist.

7. „Vertraute Briefe, die Religion betreffend“

Der Gegenstand dieser Monographie bezeichnet zugleich das Lebensthema ihres Verfassers. Von der frühen, rasch zum Bestseller avancierten *Betrachtung über die Bestimmung des Menschen*[231] bis zu seinem Spätwerk *Religion, eine Angelegenheit des Menschen*[232] war Spalding unentwegt darauf aus, zwischen den extremen Spielarten religionskritischer Destruktion und schwärmerisch-spätpietistischer Irrationalität eine mittlere,

230 AaO 362,6–9.

231 S.o. II.8.

232 S.u. V.2.b.

„Verstand und Herz“[233] verbindende Religionsauffassung zu entwickeln. Die darauf gewandte Denkarbeit seines Lebens entfaltete sich als ein organischer Wachstums- und Reifeprozeß. In ihm dürften die *Vertraute[n] Briefe* gleichsam den Kulminationspunkt markieren. Indessen blieb Spalding auch mit dieser Schrift zugleich ein Kind seiner Zeit: Das Religionsthema war in der literarischen Öffentlichkeit der 1780er Jahre geradezu omnipräsent.

Über Absicht und Entstehung der *Vertraute[n] Briefe* erstattete der 1790 verfaßte Teil der *Lebensbeschreibung* eingehend Bericht. Durch die Beobachtung einer auch in Preußen und Deutschland um sich greifenden, spöttisch-seichten Freigeisterei zunehmend provoziert, habe sich bei ihm der Gedanke verfestigt, „ob es nicht zur Steuerung dieses Uebels dienlich seyn möchte, einen solchen Entwurf der Religion aufzustellen, wie ihn etwa ein ernsthaft denkender aber ganz unbefangener Laye heraus bringen würde, der, ohne Interesse und Theilnehmung an aller gelehrten theologischen Polemik, und gewissermaßen ohne etwas davon zu wissen, in dieser Absicht dem bloßen gemeinen Menschenverstande, nur mit wahrem und innigem moralischen Gefühle nachginge“[234]. Das Werk, das der „ungebundenen Denkungsart, wenigstens bey Gemüthern, die noch auf dem Scheidewege stehen, eine mehr besonnene und edlere Richtung“ geben sollte, war zunächst als die Kombination einer essayistischen Darstellung der „Religion eines Layen“[235] – so der ursprünglich vorgesehene Titel – und einiger begleitender Briefe geplant. Dann aber verzichtete Spalding auf die Ausarbeitung einer laientheologischen Reflexion und brachte lediglich die anfangs nur als Anhang gedachten Briefe zum Druck. In ihnen wird durchgehend, an mehreren Stellen auch ausdrücklich, vorausgesetzt, daß der fiktive Briefpartner

---

233 Spalding, Vertraute Briefe (s. Anm. 140), 243,18. – Nachweise aus dieser Schrift finden sich direkt in den Fließtext eingefügt.

234 Spalding, Lebensbeschreibung (s. Anm. 3), 176,20–28.

235 AaO 177,1–3.11 f.

in Besitz und Kenntnis des essayistischen „Aufsatzes" ist. Als Grund dieser Planänderung nannte er den zu erwartenden Vorwurf materialer Unvollständigkeit sowie seine „natürliche Abneigung, Aufsehen, Widerspruch und Streit zu erregen"; die Ausführung des ursprünglichen Vorhabens stellte er darum „andern Männern, auch wohl andern Zeiten"[236] anheim. Möglicherweise hatte Spalding unterdessen bemerkt, daß der Titel *Religion eines Layen* bereits besetzt war[237]. Denkbar ist freilich auch, daß er sich der Aufgabe, den Entwurf einer allgemeinverständlichen, vernünftig nachvollziehbaren Abhandlung über die Religion auszuarbeiten, damals noch nicht gewachsen glaubte. Insofern ließe sich vielleicht erwägen, ob Spalding dieses Vorhaben in seinem vermächtnishaften Alterswerk[238] schließlich doch noch variierend eingelöst hat.

Die erste Auflage der *Vertraute[n] Briefe*, zur Frühjahrsmesse 1784 mit lediglich 350 Exemplaren erschienen, war alsbald verkauft. Bereits 1785 folgte die zweite, 1788 die um eine *Zugabe. An den Herrn Vicepresident und Abt Jerusalem* erweiterte dritte Auflage. Mit der zweiten Auflage, berichtete Spalding in seiner *Lebensbeschreibung*, sei das „kleine Werk [...] aus den *fünf* vorigen Briefen zu deren *neun*"[239] angewachsen. Diese Angabe, obgleich sie seit einem ihm gewidmeten Nachruf[240] beständig redupliziert wurde, ist falsch. Denn die erste Auflage hatte nicht fünf, sondern sechs Briefe umfaßt. Und die zweite Auflage fügte dann nicht einfach drei weitere Briefe hinzu, son-

---

[236] AaO 177,18–24.

[237] Vgl. etwa J. DRYDEN, Die Religion eines Layen, 1766; Ch. A. LUTTEROTH, Prüfung der Religion nach Schrift und Vernunft, in Betrachtungen zu Erbauung seiner selbst von einem Layen aufgesetzt, 1776.

[238] S.u. V.2.b.

[239] SPALDING, Lebensbeschreibung (s. Anm. 3), 178,2f.

[240] Vgl. F. SCHLICHTEGROLL, Joh. Joachim Spalding (in: DERS. [Hg.], Nekrolog der Teutschen für das neunzehnte Jahrhundert, Bd. 5, 1806, 99–207), 171.

dern hat den gesamten Textbestand durchgreifend umdisponiert[241].

Alle drei Auflagen ließ Spalding anonym bei „dem entferntern Buchhändler [Gottlieb] Löwe in Breslau, mit dem ich sonst in keiner Verbindung stand"[242], drucken. Nicht als Prediger in seiner Gemeinde, sondern von Mensch zu Mensch wollte er reden und Gehör finden können. Er wußte aus leidvoller Erfahrung, „daß Leser von einer gewissen Klasse [...] gemeiniglich jede Schrift für die Religion, die von einem Geistlichen herrühret, ohne sie anzusehen, wenigstens ohne weiter darauf zu achten, bey Seite legen, weil sie so sicher schon alles voraus zu wissen glauben, was der besoldete Religionslehrer, seines Amtes und Gehaltes wegen, darüber sagen müsse und könne" (204,19–28). Dabei scheint die Herausgabe von Vertrauten Briefen im späten 18. Jahrhundert eine verbreitete literarische Mode gewesen zu sein. Es gab sie „über Halle", „das Fuerstenthum Baireuth" und „aus Holland". „Vertraute Briefe eines Geistlichen aus Baiern an seinen Freund", „an eine Freundinn" und „einer Dame vom Stande" waren ebenso im Umlauf wie „über Katholiken und Protestanten", „über Fichte's Aufenthalt in Jena" oder „über Bücher und Welt". „Vertraute Briefe" richteten sich „an den Herrn Bibliothekar Biester in Berlin" und „an alle edelgesinnten Jünglinge, die auf Universitäten gehen wollen"; sie konnten „über Catholicismus und catholisches Dogma" aufklären, aber auch „über die wichtigsten Grund-Sätze [...] des Geistlichen Rechts", „die jetzige abentheuerliche Lesesucht" oder „eine ganz unerhörte und nachtheilige Pokkenkur"[243].

---

[241] Vgl. die detaillierte Darstellung dieser Transformation bei A. Beutel, Einleitung (in: Spalding, Vertraute Briefe [s. Anm. 140], XXI–XLIII), XXVI.

[242] Spalding, Lebensbeschreibung (s. Anm. 3), 177,29–31.

[243] Für die Einzelnachweise vgl. Beutel, Einleitung (s. Anm. 241), XXVIIIf.

Die zweite und dritte Auflage hat Spalding um eine grobe Orientierung über den materialen „Inhalt der Briefe“[244] ergänzt. Gleichsam quer dazu liegend wird das gesamte Werk von drei Leitmotiven durchzogen. Deren erstes besteht in der konkreten apologetisch-polemischen Ausrichtung und zielt auf eine doppelte Front: gegen die „beiden entgegengesetzten Uebeln [...] der kalten Irreligiösität und der brausenden Schwärmerey“ (245,18–20). Zwar erklärt Spalding eine ernsthafte, kenntnisgesättigte und mit Gründen versehene Kritik der Religion für durchaus legitim. Was er jedoch gegen die „Freydenkerey“ (27,12) seiner Zeiten ins Feld führt, ist zumal deren Leichtfertigkeit im Umgang mit gewachsenen religiösen Traditionen. Nicht zuletzt „die leicht auswendig zu lernenden Magazine“ (26,17f.) hätten sie zur verbreiteten Mode gemacht, so daß Frauen „in einem gewissen mittlern Alter, wo man anfängt, weniger Aufmerksamkeit durch äußerliche Eigenschaften zu erregen, wo man durch alle Bemühungen und Künste zum Erobern nicht viel mehr ausrichtet“ (25,23–26,2), ihrem drohenden gesellschaftlichen und erotischen Kursverfall nicht mehr, wie bislang, durch „Frömmeln“ begegneten, sondern, „statt der Andächteley, sich lieber völlig in die Irreligion“ (26,9.13f.) flüchteten. An dem unterdessen auch in Deutschland zunehmend rezipierten Deismus irritiert ihn vor allem die von ihm ausstrahlende „Kälte“ (23,9) und die davon geprägten „frostigen Denker, die, wenn es auf Religion gehet, nur zum Tadeln und Schmähen heiß werden“ (149,28f.). Doch moniert er daran nicht so sehr die atmosphärische Störung als vielmehr die in jener Kälte zum Ausdruck kommende hermeneutische Inkompetenz. Setzt doch für Spalding verständiges Reden allemal eine ganzheitliche, zugleich intellektuelle und affektive Anteilnahme unabdingbar voraus. Wer sich darum jeder religiösen Empfindung verschließe, sei damit bereits „schlechterdings aus dem Standpunkte weggerückt, in welchem allein die hieherge-

[244] Spalding, Vertraute Briefe (s. Anm. 140), VIII–X.

hörigen Dinge dem Forscher in ihrer wahren Gestalt und Würde erscheinen“ (114,29–31).

Nicht geringerer Unverstand drohe der Religion durch einen bigotten Wunder- und Aberglauben, durch „Schwärmersucht“ (231,1f.) und die „Seuche der falschen Empfindsamkeit“ (20,29). „Der zärtliche Blick eines Schooßhundes, oder das sanfte Geräusch eines Gartenbachs, oder das begeisternde Anstaunen eines Stücks Bildsäule und Gemählde, oder eine Unterredung mit dem Monde, soll da mit den daraus erzwungenen Rührungen alles das ersetzen, was uns durch den Verlust des herrlichen Gefühls von einer anordnenden und segnenden Gottheit abgehet“ (21,17–25)?

Indessen sieht Spalding diese beiden Fronten durch den zwischen ihnen zum Austrag kommenden Widerstreit unmittelbar miteinander verknüpft. Da es nun einmal „Bedürfniß der vernünftigen menschlichen Natur“ sei, „nicht bloß zu *erkennen*, sondern auch zu *empfinden*; nicht bloß erleuchtet, sondern auch erwärmt zu werden“ (152,17–19), treibe das affektive Defizit des Deismus, von dem nur „lauter kaltes Licht“ (156,8) ausgehe, „eine Menge gutmeinender Gemüther unausbleiblich zur Schwärmerey“ (155,14–16). Sein – historisch keineswegs unanfechtbarer – Rückgriff auf den mittelalterlichen Antagonismus von Scholastik und Mystik dient Spalding allein zur Plausibilisierung der gegenwartsdiagnostischen Kritik an einer fatalen Dialektik der Aufklärung: „Die anmaaßlichen Bekämpfer der Vorurtheile“, stellt er fest, seien „in einem hohen Grade selbst Schuld daran, daß religiöser Fanatismus sich immer weiter ausbreitet und immer tiefere Wurzel schlägt“ (156,5–8).

Hinsichtlich des zweiten Themenkreises, nämlich der bei Spalding einigermaßen verzwickten Verhältnisbestimmung von Religion und Moral, scheint besondere hermeneutische Sorgfalt geboten. Verbreitet ist bis heute das Fehlurteil, Spalding habe eine funktionale Reduktion der Religion auf Moral propagiert. Seine *Vertraute[n] Briefe* könnten den Eindruck verstärken, etwa durch die rhetorische Frage, ob ein „Volk ohne Religion“ „mehr Spinoza's oder mehr Borgia's erwarten“ (47,17–20) lasse. Sieht man näherhin zu, kann aber daran kein Zweifel bestehen, daß Spalding der Moral eine von der Religion unabhängige, natürliche Autonomie zuerkennt: „Verbindlichkeit zur Tugend hat freylich ihr eigenes Fundament in den natürlichen Verhältnissen der Dinge“ (37,13–15). Wenn Spalding darum erklärt, daß Religion „den übrigen Triebfedern der Tugend“ einen „neuen Grad der Elasticität mittheile“ (36,29f.), will er damit, recht verstanden, nichts anderes sagen, als daß sie die Moralität des Menschen aus ihrer partikularen Beschränktheit in den durch das Gottesverhältnis eröffneten universalen Horizont des Menschseins zurückrufe. „Religion ist Tugend um Gottes Willen“, hatte er schon in der *Nutzbarkeit* definiert[245]. Indem die Religion den handelnden Menschen in den umfassenden Horizont seines Lebens einweise, werde aus dem „Gefühl von der Gottheit [...] das eigentliche Schwungrad der Tugendmotiven, das Principium, welches sie alle umfaßt und begleitet“ (40,1–5). Die frappierende Nachbarschaft dieser Auffassung zu dem berühmten Satz Schleiermachers, „die religiösen Gefühle sollen wie eine heilige Musik alles Thun des Menschen begleiten; er soll alles mit Religion thun, nichts aus Religion“[246], ist augenscheinlich und bezeichnet eine wesentliche, noch immer nicht zureichend erkannte oder gewürdigte Kontinuitätsspur der neueren Theologiegeschichte.

Bemerkenswert ist darüber hinaus ein in der *Zugabe* an Jerusalem gegebener Hinweis. Mit ihm reklamiert Spalding für die von ihm zumeist vorgenommene thematische Verzahnung von Religion und Moral einen pädagogischen Grund. Die lebenspraktische, den „Weg zur Seligkeit“ (49,11f.) weisende Rele-

---

[245] Vgl. SPALDING, Nutzbarkeit (s. Anm. 168), 70,23.

[246] [F.D.E. SCHLEIERMACHER], Über die Religion. Reden an die Gebildeten unter ihren Verächtern, 1799 (in: DERS., Schriften aus der Berliner Zeit 1796–1799, hg. von G. MECKENSTOCK [KGA I.2], 1984, 187–326), 219,21–24.

vanz bezeichnet für ihn das Konstitutionsprinzip christlicher Religion. Da nun aber „den ursprünglichen und unmittelbaren Empfindungen der menschlichen Natur" der „Begriff von Moralität" noch näher liege als der „Begriff von Religion", schien es Spalding ratsam zu sein, in der auf „religiöse Ueberzeugung" zielenden Vermittlungsarbeit an das, was dem Menschen natürlicherweise am nächsten liegt, anzuknüpfen und *deshalb* einen Weg zu wählen, „der von dem sittlichen Gefühl ausgehet und eben damit den Glauben an eine Gottheit so viel wünschenswürdiger macht, der sicherste sowohl, als der gemeinnützlichste. Denn nur dadurch bekommt die Religionserkenntniß gleich von Anfang an die Eigenschaft, die ihr eigentlich Werth und Interesse giebt; sie wird *praktisch*" (212,16–27).

Mit dem dritten Leitmotiv wird das reflektierte und differenzierte Epochenbewußtsein Spaldings zum Austrag gebracht. Durchgängig sind die *Vertraute[n] Briefe* von manifester Aufklärungsmetaphorik durchzogen. In der Ambivalenz, die diesem Sprachgebrauch innewohnt, liegt wahrscheinlich der Schlüssel zu Spaldings Begriff und Verständnis von Aufklärung. Immer wieder werden von ihm die freigeistigen Zeitgenossen als „ungestüme" (56,18), „unbarmherzige kalte Aufklärer" (155,16f.) distanziert und deren „übelverstandene[r] Aufklärungseifer" (73,14) getadelt. Seine mitunter geradezu eruptiv ausbrechende Kritik – „O die Aufklärer!" (54,1) – zielt auf das destruktive Potential dieser modernistischen Meinungsmacher. Ganz unausstehlich sei ihm „das jetzige ewige Rauschen mit dem Worte: Aufklärung [...], weil es so gänzlich auf ein bloßes Nichtglauben und Bestreiten hinauslaufe" (74,14–16) und „man keine andere Aufklärung zu kennen scheint [...], als die bloß im Läugnen, Niederreißen und Wegwerfen dessen, was bisher für Wahrheit gehalten worden, bestehen soll" (73,2–7).

Die Religionskritik seiner Zeit erkennt Spalding als eine bloße Depravationsgestalt wahrer Aufklärung. Denn „wahre Aufklärung" (49,20) betreibt für ihn das ureigenste Geschäft christlicher Religion, welches darin besteht, „durch wirkliche Aufklärung die Grundwahrheiten der christlichen Gottesverehrung meinem Verstande gewiß, und meinem Herzen wichtig zu machen“ (195,25–196,2). Insofern ist ihm die um sich greifende „Irreligion“ (26,14) eine notwendige oder doch begreifliche Folge des Aufklärungsprozesses, weil die „fortgehende Aufklärung der menschlichen Erkenntnisse“ (49,31 f.) zugleich den wahren, umfassenden Anspruch der Religion zunehmend freigesetzt habe. Schien in früheren Zeiten eine Trennung von Glauben und Denken möglich und der Himmel allein mit äußerlichen Übungen – „mit Messen und Wallfahrten und Klosterstiftungen“ – käuflich zu sein, so lasse die Religion „bey dem so viel hellern Lichte sich nicht mehr so gut von der Moralität trennen und den Lasterhaften bey seinen Gesinnungen und Handlungen nicht mehr so sicher in seiner Ruhe“ (50,3–8).

Ausgehend von der Einsicht, daß „wahre Aufklärung“ als ein genuines Motiv christlicher Religion zu würdigen sei, hat Spalding den Epochenbegriff zu einem Strukturprinzip der Christentumsgeschichte entgrenzt[247]. Die eigentliche Torheit der deistischen Religionskritik identifizierte er darin, daß sie Jesus nicht als den „großen Urheber und Märtyrer der heilsamsten Aufklärung“ (85,30 f.) erkenne und es ihr darum auch an Einsicht in die geschichtliche Bedingtheit der von ihr propagierten Idee einer vernünftigen Religion gänzlich gebreche: „Im Grunde haben wir […] diese unsere größere Aufklärung der natürlichen Religion in und aus der christlichen“ (208,24–26).

Eine der ersten öffentlichen Reaktionen kam von dem an der Berliner Marienkirche wirkenden Pfarrer Johann Friedrich Zöllner. Im fünften, zur Michaelismesse 1784 erschienenen Band seines *Lesebuch[s] für alle Stände* bot er den Auszug eines „An Herrn Baron von D-l“ gerichteten Briefes[248]. Man sei es

---

247 S. o. I.

248 J. F. Zöllner (Hg.), Lesebuch für alle Stände. Zur Beförderung edler Grundsätze, ächten Geschmacks und nützlicher Kenntnisse, Bd. 5, 1784, 127–142.

leid, schrieb er da, angesichts der „mannigfaltigen Angriffe auf die Religion [...] immer von neuem zu wiederholen, was schon tausendmal gesagt ist“[249]. Die „schalen Spöttereien und die seichten Räsonnements“ der „Religionszweifler vom gewöhnlichen Schlage“[250] entbehrten jeder philosophisch-theologischen Elementarbildung. Ein Werk, das „diesen Zweiflern und Spöttern der Religion“ entgegentreten wolle, müsse jedenfalls „gründlich und ernsthaft“, keinesfalls „spottend“[251] verfahren. Doch dürfte damit weder den Spöttern noch deren vergnügungssüchtigen Lesern Einhalt geboten sein. Indessen sieht Zöllner „noch eine dritte Classe von Lesern“, um derentwillen ein solches Werk nützlich und sinnvoll sein würde: die redlichen Wahrheitsfreunde, die zu eigenen Untersuchungen außerstande seien und darum vor Irreführung und Beunruhigung bewahrt werden sollten. Die damit bezeichnete Marktlücke werde durch die unlängst publizierten *Vertraute[n] Briefe* vortrefflich gefüllt. Obschon Zöllner deren anonymen Verfasser meint erraten zu können und dabei höchstwahrscheinlich seinen unmittelbaren Vorgesetzten im Sinn hat, gibt er dessen Namen nicht preis. Das Lob, mit dem er die Neuerscheinung bedenkt, mag überschwenglich anmuten, ist aber präzise: Sie bezeuge „gründliche[n] Ernst“, „eben so reife[s] als tiefe[s] Nachdenken“, eine durchgehende, freilich niemals zur Schau gestellte Gelehrsamkeit sowie gründliche Welt-, Menschen- und Zeitkenntnis; auch sei sie in eine vorbildliche Sprachform gefaßt und durchdrungen von einem wohlwollenden, warmen Gefühl. Er wünsche, schloß Zöllner, „daß wenigstens kein Deutscher wieder gegen die Religion zu Felde zöge, ehe er nicht diese paar Bogen mit allem Ernste, dessen er fähig wäre, gelesen und reiflich durchdacht hätte“[252].

---

[249] AaO 127.129.
[250] AaO 128f.
[251] AaO 132f.
[252] AaO 136.

Eine nicht minder wohlwollende, aber weit eingehendere Würdigung vollzog Friedrich Germanus Lüdke, der als dritter Pfarrer an der Berliner Nikolaikirche ebenfalls ein unmittelbarer Amtsbruder Spaldings gewesen ist. Auch er schien um dessen Verfasserschaft durchaus gewußt zu haben, wahrte aber wie Zöllner die kollegiale Diskretion. Aus den Briefen, schrieb er, spreche ein „Mann von Geist, Scharfsinn, Einsicht, Erfahrung, ausgebreiteter Welt- und Menschenkenntniß", dessen „kaum zu verkennende Denkart" ihn „auf einen allgemein verehrten Gottesgelehrten [...] rathen"[253] lasse. Nach einer knappen allgemeinen Würdigung des Buches gibt Lüdke eine detaillierte, aus Zitat und Paraphrase gemischte Zusammenfassung der einzelnen Briefe, wobei er die Zusätze der zweiten Auflage ausdrücklich markiert. Mit Lob und Anerkennung hält er nicht hinter dem Berg; mitunter wird ein denkbarer Einwand als schieres Mißverständnis eingehend entlarvt und entkräftet. Der einzige Tadel, den Lüdke andeutet, zielt auf die in seinen Augen etwas zu anspruchsvolle gedankliche und sprachliche Komplexität: Für eine zu erwartende Neuauflage stellt er freundlich anheim, „daß sich der würdige Verfasser vorher die kleine Mühe geben möchte, mehrere sehr lange Perioden etwas abzukürzen"[254].

Doch es gab auch kritische, vereinzelt sogar gehässige Stimmen. So veröffentlichte der mittelmärkische Pfarrer Johann Heinrich Schulz, der wenig später als „Zopfprediger" oder „Zopfschulz" traurige Berühmtheit erlangen sollte, eine harsche *Beurtheilung der vertrauten Briefe* (1786). In unlauterer, wenn auch stilistisch glänzender Polemik präsentierte er dabei immer wieder sinnwidrig verkürzte, teilweise bis in den Wortlaut verfälschte Zitate, die er dann durch satirisch überspitzte Konsequenzmacherei als lächerlich abtat. Ein einziges Beispiel mag dieses Verfahren rasch illustrieren. Im ersten seiner *Ver-*

---

[253] [F.G. Lüdke], Rez. J.J. Spalding, Vertraute Briefe, die Religion betreffend, [1]1784, [2]1785 (AdB 68/1, 1786, 380–395).

[254] AaO 395.

traute[n] Briefe hatte Spalding sich darüber befremdet erzeigt, daß viele Menschen, mit denen man Umgang pflegt, ihre Frömmigkeit derart privatisiert hätten, daß sie „in ihrem ganzen Leben so reden und thun", als ob Gott „sie weiter gar nichts anginge" (13,19–21) und infolgedessen einer von dem anderen weder weiß noch „zu wissen begehret, [...] ob derselbe an Gott glaube oder nicht" (12,14–17). Diese Äußerung überspitzte Schulz zu der Spalding unterschobenen Maßgabe, es dürfe so lange kein gesellschaftlicher Umgang stattfinden, bis die Menschen „von einander wüsten, und sichs ausdrücklich einander abgefragt hätten: ob sie auch an Gott glaubten? oder nicht?"[255] Die sinnwidrig verdrehte Vorgabe quittierte Schulz sodann mit satirischer Konsequenz:

> So würde ich also, wenn ich nach Berlin käme, so bald ich nur von weitem merkte, daß die Wache oder ein Thorschreiber den Mund aufthun wollten, ihnen schon gleich mit meinem Glaubensbekenntnisse von der Gottheit entgegen laufen müssen? [...] Und so würden also alle Strassen, und alle Häuser, und alle öffentliche Plätze, von ewigen Glaubensbekenntnissen über die Gottheit, widerhallen! – So wäre denn freylich in einem solchen Lande, nach dem Wunsche des Verfassers der vertrauten Religionsbriefe, die lauteste Religion! – aber auch die Bewohner desselben? – die completesten und absolvirtesten Narren unter der Sonne![256]

Nachdem 1787 in Prag ein unautorisierter Nachdruck der zweiten Auflage erschienen war, brachte Spalding 1788 die dritte Auflage seiner *Vertraute[n] Briefe* heraus. Lüdke gab davon in einem Rezensionsorgan wiederum kurze Nachricht, beschränkte sich nun allerdings auf eine Charakterisierung der neu hinzugekommenen Teile und namentlich der erstmals beigefügten *Zugabe*, an welcher er die gegenwartsdiagnostische Kraft, mit der Spalding die „neue Theurgie und Wunder-

---

[255] [J. H. Schulz], Beurtheilung der vertrauten Briefe, die Religion betreffend. Etwas zur frommen Erbauung für gläubige und ungläubige Seelen [...], 1786, 43.

[256] AaO 43 f. – Für weitere Rezeptionsbeispiele vgl. Beutel, Einleitung (s. Anm. 241), XLI f.

sucht"[257] gebrandmarkt habe, kaum genug zu rühmen wußte. Ausdrücklich begrüßte Lüdke, daß der Verfasser nun aus der Anonymität ins Licht getreten ist: „Ein Wort zu seiner Zeit, von Spalding geredet, kann bey vielen, die darauf achten, nicht ohne gute Wirkung bleiben"[258].

Diese und etliche andere Reaktionen lassen den Einfluß erahnen, den Spalding auf die breite, noch immer kaum erhellte Religionsdebatte der 1780er Jahre ausgeübt hat. Seine *Vertraute[n] Briefe* dürften sich als ein Schlüsseldokument des spätaufklärerischen Religionsdiskurses erweisen. Noch ein Vierteljahrhundert nach ihrem Erscheinen tönten sie in den Ohren des Polyhistors Friedrich Schlichtegroll gleichsam „wie Worte des Himmels": „Ich halte [...] diese Briefe [...] für eine der allerkräftigsten Reden, welche der schützende Genius der ruhigen, beglückenden Wahrheit und des ächten Christenthums, einem seiner würdigsten Priester zum Heil der Menschen, die darauf achten wollen, in Herz und Feder gegeben hat"[259].

8. Resignation

Mit dem Regierungsantritt Friedrich Wilhelms II. im Jahre 1786 begann sich das religionspolitische Klima in Preußen zu ändern[260]. Die restriktive Tendenz, die sich darin manifestierte, war anderwärts, etwa in Württemberg oder Brandenburg-Bayreuth, bereits früher zum Ausdruck gekommen. Allerdings mußte es hier in besonderem Maße erstaunlich erscheinen, daß

---

[257] [F. G. LÜDKE], Rez. J. J. Spalding, Vertraute Briefe, die Religion betreffend, ³1788 (AdB 87/2, 1789, 383–392), 389.

[258] AaO 392.

[259] SCHLICHTEGROLL (s. Anm. 240), 172.

[260] Die nachfolgende Schilderung der allgemeinen Lage fußt teilweise auf A. BEUTEL, Kirchengeschichte im Zeitalter der Aufklärung. Ein Kompendium (UTB 3180), 2009, 262–265. – Vgl. dazu insgesamt die vorzügliche, auf breitester Quellenbasis aufruhende Studie von WIGGERMANN (s. Anm. 95).

die unter Friedrich II. jahrzehntelang gepflegte Kultur der Aufklärung kraft obrigkeitlicher Anordnung nun kurzerhand alterniert werden sollte. Das Woellnersche Religionsedikt avancierte zum Inbegriff kirchenpolitischer Reaktion.

Der einem Pfarrhaus entstammende Johann Christoph (von) Woellner zählt zu den umstrittensten, freilich auch interessantesten Religionspolitikern seiner Zeit. Nach dem in Halle absolvierten Studium der Theologie wurde er Hauslehrer, bald darauf Patronatspfarrer der Familie von Itzenblitz auf deren märkischem Gut Groß-Behnitz. Nach dem Tod des Familienoberhaupts wechselte er die Profession: 1762 wurde er Pächter von Groß-Behnitz, heiratete 1766 – übrigens zum ausdrücklichen Mißfallen seines Königs – die Gutstocher Amalie von Itzenblitz und erwarb sich fundierte Kenntnisse sowie fachlichen Respekt als Landwirt und Nationalökonom. Prinz Heinrich von Preußen holte ihn 1770 als Kammerrat nach Berlin. Seit 1765 war er Freimaurer. 1778 trat er dem mystisch-theosophischen Geheimbund der Rosenkreuzer bei und wurde dort für den preußischen Kronprinzen Friedrich Wilhelm, der sich dem Orden 1781 inkorporiert hatte, zum entscheidenden Mentor: Zwischen 1783 und 1786 hielt er ihm regelmäßig Vorträge über Staatswesen und Regierungskunst. Woellners ungedruckt gebliebene *Abhandlung von der Religion* (1785) sollte den Prinzen über die, wie er glaubte, von der Aufklärung substantiell bedrohte Lage des Christentums in den preußischen Staaten informieren und umriß bereits die Grundlinien des im Religionsedikt dann kodifizierten Programms. Gleich zu Beginn der Herrschaft Friedrich Wilhelms II. wurde Woellner nobilitiert, zum geheimen Oberfinanzrat und Chef des Baudepartements ernannt und mit der Aufsicht über die königliche Dispositionskasse betraut. Die Berufung zum Chef des Geistlichen Departements in lutherischen und katholischen Angelegenheiten brachte ihn am 3. Juli 1788 an das Ziel seiner beruflichen Wünsche. Bereits sechs Tage später erging unter dem Titel *Die Religionsverfassung in den Preußischen Staaten betreffend* das von

Woellner verfaßte und darum zu Recht nach ihm benannte Religionsedikt[261].

Als vermeintliches Schlüsseldokument antiaufklärerischer Reaktion wurde und wird es bis heute oft simplifiziert. Tatsächlich verbindet das *Woellnersche Religionsedikt* bemerkenswerte religiöse Toleranzgarantien mit scharf konturierten Anweisungen zum Schutz des konfessionskirchlichen Protestantismus. Das Edikt verfügt zunächst die verfassungsrechtlich gewährte Unversehrtheit der reformierten, lutherischen und römisch-katholischen Konfessionskirchen (§ 1) und versichert die „öffentlich geduldeten Secten" der Juden, Herrnhuter, Mennoniten und Böhmischen Brüder der „den Preußischen Staaten von jeher eigenthümlich gewesene[n] Toleranz", wie denn überhaupt im Rahmen staatsbürgerlicher Loyalität „Niemanden der mindeste Gewissenszwang zu keiner Zeit angethan werden" dürfe (§ 2). Das Recht auf freien Konfessionswechsel wird garantiert, amtskirchliche Proselytenmacherei hingegen verboten (§§ 3 f.), die in Preußen herrschende „gute Harmonie" zwischen den Konfessionen ausdrücklich gelobt (§ 5).

Dann aber verschärft sich zusehends der Ton. In den Agenden der protestantischen Kirchen solle der „alte Lehrbegriff" sorgfältig bewahrt bleiben (§ 6). Diese Verpflichtung, die allenfalls sprachliche Modernisierungen tolerierte, erschien Woellner umso wichtiger, als er „die Grundsäulen des Glaubens der Christen" von der „Lehrart" der Aufklärungstheologie elementar bedroht sah: „Man entblödet sich nicht, die elenden, längst widerlegten Irrthümer der Socinianer, Deisten, Naturalisten und anderer Secten mehr wiederum aufzuwärmen, und solche mit vieler Dreistigkeit und Unverschämtheit durch den äußerst gemißbrauchten Namen: Aufklärung, unter das Volk auszubreiten". Demgegenüber seien „die Geheimniße der geoffenbarten Religion", insonderheit die orthodoxe Schrift- und

---

261 Abdruck z. B. in W. HUBATSCH, Geschichte der Evangelischen Kirche Ostpreußens. Bd. 3: Dokumente, 1968, 254–259. Die nachfolgenden Zitate sind aus dieser Edition geschöpft.

Versöhnungslehre, „in ihrer ursprünglichen Reinigkeit, so wie sie in der Bibel gelehrt wird“ und in den „Symbolischen Büchern einmal vestgesetzt ist, gegen alle Verfälschung zu schützen und aufrecht zu erhalten“ (§ 7). Die privatreligiöse Gewissensfreiheit soll zwar gewahrt, hingegen die kirchliche Lehrverpflichtung kompromißlos realisiert werden, weshalb Woellner den evangelischen Amtsträger „bey unausbleiblicher Cassation und nach Befinden noch härterer Strafen“ auf den aufklärungsresistenten „Lehrbegriff seiner jedesmaligen Religions-Parthey“ festlegt. „Lehret er etwas anders, so ist er schon nach bürgerlichen Gesetzen straffällig, und kann eigentlich seinen Posten nicht länger behalten“ (§ 8). Einige konkrete Ausführungs- und Aufsichtsbestimmungen (§§ 9–14) vervollständigen dann den Gesetzestext.

Nicht allein die restriktiven Bestimmungen des Religionsedikts, die alle Errungenschaften der religiösen und theologischen Aufklärung zunichte zu machen drohten, sondern auch dessen autoritäres, auf jede kirchliche oder wissenschaftliche Abstimmung verzichtendes Zustandekommen und Gebahren provozierten einen Sturm der Entrüstung. Zahlreiche Stellungnahmen wurden in kürzester Zeit publiziert, größtenteils kritisch, vereinzelt jedoch auch, etwa bei Semler, in gewichtiger Affirmation.

Spalding beurteilte die Folgen des Regierungswechsels zunächst ambivalent. Einerseits setzte er durchaus gute Hoffnungen in die Person des Thronfolgers. Als er im Herbst 1786 anläßlich einer Audienz, die einigen Vertretern der Kirchenleitung gewährt worden war, dem neuen König in untertäniger Artigkeit die Erwartung vortrug, dieser werde die Pflege der Religion „ohne Beeinträchtigung der vernunftmäßigen Untersuchungsfreyheit und der eigentlich protestantischen Gewissensrechte“[262] dauerhaft unterstützen, verstand ihn Friedrich Wilhelm II. vollauf zu beruhigen. Darüber hinaus deuteten et-

262 Spalding, Lebensbeschreibung (s. Anm. 3), 178,18–20.

liche weitere Anzeichen darauf hin, daß Spalding der königlichen Gunst und „Herzensgüte"[263] sicher sein konnte. Andererseits freilich begann sich auch die Sorge vor einem regressiven Religionseifer bald zu erhärten. Zumal der höchst einflußreiche Geheimbund der Rosenkreuzer, argwöhnte Spalding, sei darauf aus, „das Stimmrecht der Vernunft von der Beurtheilung der Religionserkenntnisse möglichst auszuschließen, und die letzteren in die dicksten Finsternisse des Scholasticismus und Mysticismus, ohne alle unmittelbare und merkliche Anwendung auf wahre christliche Moralität, zurückzuführen"[264].

Diese Befürchtungen konzentrierten sich auf die Person des neuen Ministers. Von ihm zeichnete Spalding ein äußerst düsteres Bild. Woellner, „der ehemalige Landprediger"[265], hieß es abschätzig, übe als vertrauter Günstling des Königs einen verhängnisvollen Einfluß auf die Regierung aus. Mit seinem „Glauben an Geistererscheinungen und Umgang mit überirdischen Wesen" verfolge er obskure spiritistische Wege, betätige sich „als ein entschiedener Feind der neuen Aufklärung und des Gebrauchs der Vernunft in der Religion" und werde überdies von einem „herschsüchtigen und despotischen Charakter"[266] getrieben. Dieses „Gemisch"[267] habe sich in dem von ihm verfaßten Religionsedikt auf höchst fatale Weise manifestiert. Das Gerücht, die übrigen Regierungsmitglieder seien von Woellner durch intrigante Falschaussagen zur Unterzeichnung des Ediktes gedrängt worden, hielt Spalding durchaus für glaubhaft.

Schon seit geraumer Zeit hatte er, mittlerweile im 74. Lebensjahr stehend, die Last seines Amtes als erdrückend empfunden. Aufgrund altersbedingter Schwäche konnte er den Gottesdienst zuletzt nur noch vierzehntägig versehen. Angesichts der

[263] AaO 178,25 f.
[264] AaO 179,16–21.
[265] AaO 179,25 f.
[266] AaO 179,33–180,13.
[267] AaO 180,6.

neuen Lage entschloß er sich kurzerhand, zumal er seine Selbstachtung nicht aufs Spiel setzen mochte, zur Demission: Nun sei eine „verketzerungssüchtige“ Bespitzelung seiner Predigten zu befürchten gewesen, „und ich wollte mich nicht gern der Gefahr aussetzen, noch in meinem Alter vor ein schikanirendes Inquisitionsgericht gezogen zu werden“[268]. In vertraulicher Beratung mit dem ihm persönlich nahestehenden Berliner Bürgermeister Christoph Benjamin Wackenroder, dem Vater des frühromantischen Schriftstellers Wilhelm Heinrich Wakkenroder, klärte sich auf erfreuliche Weise die Situation. Denn dem als zweiter Prediger an St. Marien angesiedelten Zöllner, seit 1782 ein Schwiegersohn Diterichs, war kurz zuvor, um seinen Weggang nach Hamburg abzuwenden, vom König eine Gehaltsaufbesserung und die Anwartschaft auf die Berliner Propststelle gewährt worden. Nun zeigte sich Zöllner ohne Zögern bereit, in Spaldings Nachfolge einzurücken. Am 10. August 1788 gab der König dem Entlassungsgesuch statt und bedachte dabei mit wohlwollenden Worten den demissionierenden Propst. Mehrfach hatte er zuvor in St. Nikolai dessen Predigten beigewohnt.

In einem festlichen Gottesdienst verabschiedete sich Spalding am 21. September von seiner Gemeinde. Die *Letzte Amtspredigt* gab er, deutlich erweitert, alsbald in den Druck. Ihr Verkaufserlös war für die Armenschulen der Stadt, über die er kraft Amtes Aufsicht zu führen hatte, bestimmt. Mit 34 ausgewiesenen Schriftzitaten geriet die durchgehende biblische Fundierung dabei auffallend breit. Als Predigttext hatte Spalding einen sinnreichen Vers ausgewählt: „Zuletzt, meine Brüder, seid stark in dem Herrn und in der Macht seiner Stärke“ (Eph 6,10). Nach bewegten persönlichen Eingangsworten konstatierte Spalding eine paulinische Analogie: Wie der Apostel, so wolle jetzt auch er die fortgesetzte Belehrung, die er während seines ein Vierteljahrhundert umspannenden Dienstes erteilt

268 AaO 180,29–181,3.

habe, in diejenige Mahnung zusammenfassen, „von welcher in dem Ganzen und Wesentlichen der Religion auf Seiten des Menschen fast alles abhängt“: daß die Gemeinde eine „feste, lebendige, thätige Entschlossenheit und Standfestigkeit in der Ueberzeugung und Befolgung ihres Glaubens“[269] beweise. Da nun einmal „ein mächtiger Unterschied zwischen müßigem Wünschen und entschloßenem Wollen“ bestehe und da zumal in Sachen des Glaubens „bey einer Menge von Menschen noch eine so gar weite Entfernung [...] von einer solchen Erkenntniß bis zu dem entschloßenen Vorsatz, dieser Erkenntniß auch in der That gemäß zu handeln“, sich auftue, suchte er seine Zuhörer eindringlich an ihre „wichtigste Angelegenheit“ zu erinnern, für deren lebenspraktische Wahrnehmung er als die „einzige reine Quelle [...] eine mit Ueberzeugung erkannte und lebendig empfundene Religion“[270] anempfahl. Die Predigt schloß mit der Bitte, seinem Nachfolger Zöllner unvermindertes Vertrauen entgegenzubringen, und mit einigen hierarchisch gestuften Segenswünschen. Bevor seine Kanzelrede dann in ein Dankgebet zu Gott ausmündete, wandte er sich noch einmal direkt an das in St. Nikolai versammelte Auditorium: „Endlich, ihr Alle, meine Freunde, die ihr bisher, als Glieder der Gemeine und als Zuhörer, mit mir verbunden gewesen seyd, habet Dank, den innigsten Dank meines Herzens“[271]. Er werde, versicherte Spalding, auch künftig in der Gemeinde wohnen bleiben und freue sich darauf, weiterhin das kirchliche Leben mit ihr zu teilen.

Den auslösenden Anlaß des Amtsverzichts erwähnte er in der Abschiedspredigt mit keinem Wort. Allerdings war zwischen den Zeilen durchaus verdeckte Kritik an der Woellnerschen Reaktion zu vernehmen. Jedenfalls dürften sensibleren Ohren die aktuellen Anspielungen schwerlich entgangen sein,

---

[269] AaO J.J. Spalding, Letzte Amtspredigt, 2.9.1788 (in: Ders., Einzelne Predigten [s. Anm. 25], 113–137), 115,22–28.

[270] AaO 120,19–21.10–13; 115,2f.; 130,30–34.

[271] AaO 134,20–23.

wenn Spalding etwa darüber Klage führte, die Religion drohe derzeit „von der widersinnigsten Schwärmerey verfinstert und zerrüttet" und „in ein todtes, zum Theil verstandlos erlerntes, Bekenntniß von Lehrformeln und Redensarten verwandelt" zu werden, oder wenn es kurz darauf hieß, „nur die Erkenntniß, die euch selbst [...] als Wahrheit einleuchtet, nur die kann euch sicher leiten", wohingegen „bloße, von Menschen erfundene oder vorgeschriebene Satzungen, die für Religion ausgegeben werden", schändlicherweise „darauf abzwecken, das edelste Geschenk Gottes an die menschliche Natur, die Vernunft und Untersuchungsfähigkeit, zu betäuben"[272]. Er selbst, versicherte Spalding, werde sich niemals in der Treue zu der Überzeugung, die er „klar und deutlich in der Lehre Jesu gefunden" habe, beirren lassen: „Wer dürfte da, ohne Schrecken und Schaam vor sich selber, anders sprechen, als er denkt und empfindet?"[273] Dergestalt unternahm seine *Letzte Amtspredigt* die feinsinnig austarierte Gratwanderung zwischen religiöser Gewissensbindung und politischer Loyalität.

Auch die Gemeinde vollzog den Abschied mit Rührung und warmherziger Anteilnahme. Einige wohlhabende Familien, die unerkannt bleiben wollten, kamen rasch überein, die Einkommensminderung, die der Emeritus nun zu gewärtigen hatte, mit einer ansehnlichen, privat zugewandten Jahresrente zu kompensieren. Indessen sah sich die wohltätige Stiftung alsbald ins Gerede gezogen, selbst in der Tagespresse schossen entstellte Meldungen über die Sache ins Kraut. Angesichts solcher kleingeistigen Mißgunst, die ihn tief kränkte, wurde es Spalding zur Gewissens- und Ehrenpflicht, die großherzige Unterstützung nicht weiter in Anspruch zu nehmen[274].

Weit davon entfernt, sich etwa zum Märtyrer zu stilisieren, behielt Spalding seinen Sitz im Oberkonsistorium, um Schlimmeres zu verhüten, einstweilen bei. Anläßlich der Amtseinfüh-

---

[272] AaO 116,10–18; 118,5–18.

[273] AaO 129,26–30.

[274] Vgl. SPALDING, Lebensbeschreibung (s. Anm. 3), 182,8–25.

rung Zöllners hatte der Cöllner Propst Teller diskret angedeutet, dessen Amtsvorgänger wirke nunmehr „im Stillen fort, durch Belehrungen, Rathgebungen und durch sein ganzes musterhaftes Beyspiel“[275]. Auf der geistlichen Bank des Oberkonsistoriums saßen, bevor Zöllner Ende 1788 hinzukam, neben Spalding dessen Schwiegersohn Sack, ferner Büsching, Diterich, Teller und Silberschlag. Allein der letztere hatte das Religionsedikt sogleich begrüßt, während alle anderen in ihrem neologischen Protest gegen die Zwangsmaßnahme fugenlos konsentierten und über geeignete Abwehrmaßnahmen berieten. Bereits Ende August 1788 hatte Sack für die von ihm vertretene reformierte Konfessionskirche ein mit Spalding abgestimmtes, höchst kritisches Promemoria eingereicht. Am 4. September ersuchten die geistlichen Räte den König um die Erlaubnis, ihre Bedenken gegen das Religionsedikt, das sie „die mannigfaltigsten traurigsten Folgen“ befürchten ließ, förmlich darlegen zu dürfen. Postwendend verlangte Friedrich Wilhelm II. „die Besorgniße näher kennen zu lernen“, die einer vorbehaltlosen Anerkennung des Edikts offenbar entgegenstünden, und zeigte sich darüber verwundert, „daß der sonst so gelehrte Ober-Consistorial-Rath Silberschlag“[276] den Antrag nicht ebenfalls unterzeichnet hatte.

Unter dem Datum des 10. September 1788 fixierten die geistlichen Räte sodann ihre gemeinsame, durch Sack redigierte „Allerunterthänigste Anzeige der Besorgnisse, die einige in dem am 9. Juli erlassenen Edikt, die Religionsverfassung betreffend, enthaltenen Vermerke bey uns geweckt haben“. Erst im Schlußabsatz antworteten sie, recht verschleiernd, daß Silberschlag deshalb nicht hinzugezogen worden sei, „weil seine von der unsrigen gänzlich verschiedene Denkungsart in dieser Sache […] zulänglich bekannt ist“[277]. Im Namen der Kommissi-

[275] W.A. Teller, Predigt bey der Introduction des Herrn Oberconsistorialrath Zöllner zum Probst in Berlin, 12.10.1788, 1788, 6.

[276] Zit. nach Wiggermann (s. Anm. 95), 170.

[277] Zit. nach aaO 173.

on, an die der König die Angelegenheit inzwischen überwiesen hatte, ließ der preußische Großkanzler Johann Heinrich Casimir Graf Carmer am 16. September eine scharfe Ablehnung der Eingabe ausgehen. Ohne die einzelnen Kritikpunkte zu berühren, wies er die Einwendungen pauschal als unerheblich ab und beauftragte die kritischen Räte, alsbald Vorschläge zu den von ihnen erbetenen Modifikationen zu machen.

Am 1. Oktober wurde die Antwort versandt. Taktisch klug sprachen die neologischen Oberkonsistorialräte dabei lediglich von einer Fehldeutung und einem drohenden falschen Gebrauch des Edikts. Der erste, wahrscheinlich von Sack verfaßte Teil des Schreibens erläuterte die zuvor eingereichten Bedenken, unter denen der Hinweis, die Pfarrer könnten durch die von Woellner auferlegte Maßregelung zur öffentlichen Heuchelei verführt werden, wohl der gewichtigste war. Im zweiten Teil formulierte dann Spalding, stellvertretend für alle, die „eigentlichen Vorschläge zur Hebung aller Misverständnisse und Hinwegräumung alles Anstoßes“[278], die ihm „sowohl zur Sicherstellung der protestantischen Lehrfreyheit nöthig, als zum Abwehren anstößiger freydenkerischer Neuerungen unter den Predigern hinlänglich“[279] schienen.

Am 24. Oktober wies die Regierung den Protest der geistlichen Räte dann endgültig ab. Abermals wurde dabei lediglich pauschal festgestellt, die eingereichten Vorschläge bezweckten nicht eine Verbesserung, sondern die Aufhebung des Edikts. Damit war jeder weiteren Debatte der Boden entzogen. Auf dem der obrigkeitlichen Resolution beigefügten Circulare notierte Diterich: „Wir haben gethan, was wir für räthlich und pflichtmäßig hielten, nun können und müssen wir schweigen“. Spalding seinerseits pochte noch einmal darauf, daß es doch unsinnig sei, einen neologisch gesinnten Pfarrer zum bloßen Referenten der von Woellner angeordneten rückständigen

[278] Zit. nach aaO 185; eine bündige Zusammenfassung dieser Vorschläge findet sich aaO 195 f.

[279] Spalding, Lebensbeschreibung (s. Anm. 3), 184,4–11.

Lehrauffassung zu degradieren, befand dann aber seinerseits resignierend: „Das wird ohne Zweifel der Schluß der ganzen Sache seyn sollen“[280].

Die Exekution des Religionsedikts zog eine Reihe weiterer Maßnahmen und Verordnungen nach sich. Das am 19. Dezember 1788 erlassene Zensuredikt versetzte der aufklärerischen Publizistik einen empfindlichen Schlag. Die lutherischen Schulen wurden auf einen von Woellner veranlaßten neuen Katechismus verpflichtet. Dabei hatte es der Zufall gefügt, daß der Minister auf ein ausgerechnet von Diterich in dessen jungen Jahren verfaßtes, niemals im Buchhandel vertriebenes, noch ganz orthodox gehaltenes Unterrichtswerk zurückgreifen konnte, das nun den längst etablierten neologischen Katechismus aus der Feder des reifen Diterich ablösen sollte. Am Rande einer kirchenmusikalischen Feierstunde, zu der die verwitwete Königin Elisabeth Christine in das Stadtschloß geladen hatte, suchte Woellner mit schmeichlerischen Worten das Einverständnis von Diterich zu gewinnen. Dieser jedoch soll, wie Georg Ludwig Spalding später berichtete, in aufrechter Ablehnung reagiert haben: Die Autorität des Königs könne er in derlei liturgischen Fragen keineswegs anerkennen, da sie doch verfassungsmäßig auf das *ius circa sacra*, also die äußeren kirchlichen Belange, beschränkt sei. Auch soll er, will man der indirekten Überlieferung glauben, die fachliche Kompetenz Woellners frontal in Zweifel gezogen haben: „Ich weiß nicht, in wie fern Ew. Excellenz in diesen Sachen entscheiden können, da mir zwar Ihre in einem blühenden Stil geschriebenen Predigten bekannt sind, nicht aber, ob Sie, in der geraumen, seitdem verflossenen, Zeit die Religion ferner zu einem Gegenstand eifriges Nachdenkens und Forschens gemacht haben“[281].

Als der alte Katechismus dann Ende Februar 1790 im Umlaufverfahren approbiert werden sollte, verweigerte Spalding

[280] Zit. nach WIGGERMANN (s. Anm. 95), 196.
[281] SPALDING, Lebensbeschreibung (s. Anm. 3), 186,31*.

seine Zustimmung mit dem Hinweis, der Text sei „dem wahren Zweck eines heilsamen Anfangsunterrichts in der Religion so gar nicht angemeßen“[282]. Indessen half kein noch so stichhaltiger Widerspruch, und im März konnten die Oberkonsistorialräte nur noch verbittert feststellen, daß Woellner seine Entscheidung selbstherrlich umgesetzt hatte, ohne die von ihnen gegen den alten Katechismus vorgebrachten Sachargumente auch nur in Erwägung zu ziehen.

Nicht anders verhielt es sich bei der Einführung einer neuen theologischen Prüfungsordnung. Im Herbst 1790 hatte Woellner das *Schema examinis candidatorum* erlassen, das eine dem Geist des Religionsedikts gemäße Examensabnahme verbindlich machte. Im Namen des Konsistorialkollegiums erhob Spalding scharfen Einspruch gegen das Gesetzgebungsverfahren, das die Kompetenzen seines Gremiums vollständig übergangen hatte, und ebenso gegen die neue Prüfungsordnung, die ein lediglich mechanisches Abfragen vorgestanzter Antworten vorsehe und damit das einem angehenden Prediger abzuverlangende wissenschaftliche Niveau weit unterschreite. Woellner war ob solchen Aufbegehrens zutiefst erzürnt. Am 3. März 1791 ließ er eine Resolution ausgehen, in welcher er gegen Spalding, Büsching, Teller, Diterich und Zöllner als „die Männer [...], die bisher aus halßstarriger Wiedersetzlichkeit jeder guten Sache wiedersprochen haben“[283], handfeste Drohungen ausstieß.

Als Sprecher seines Kollegiums verfaßte Spalding daraufhin am 17. März eine direkt an den König adressierte Immediateingabe. Darin erbat er eine juristische Verfolgung der von Woellner erhobenen derben Beschuldigung. „Eine solche wegwerfende Behandlung und Sprache“, wie sie Woellner ihnen gegenüber in Anschlag bringe, sei unter dessen Amtsvorgängern undenkbar gewesen. Nachdrücklich forderte er die „Rettung unsers so sehr gekränkten und herabgewürdigten moralischen

---

[282] Zit. nach WIGGERMANN (s. Anm. 95), 205.
[283] Zit. nach aaO 241 f.

Charakters". Im übrigen verbat er sich jede weitere Demütigung durch den Minister: „Wir haben einen gewißen Nahmen in der Welt, den wir nicht so unverdient verloren geben können"[284]. Über eine förmliche Ehrenrettung hinaus war, wie Spalding wohl wußte, inzwischen längst nichts mehr zu erhoffen gewesen.

Zwar blieben die Maßnahmen der Woellnerschen Religionspolitik, wie die folgenden Jahre erweisen sollten, ohne namhafte bleibende Folgen. Allein der „Zopfschulz" verlor aufgrund von Denunziation und nach einem verwickelten Religionsprozeß im September 1793 sein geistliches Amt. Doch mit der faktischen kirchlichen Leitungsfunktion des Oberkonsistoriums war es endgültig vorbei. Im Verlauf des Jahres 1791 wurden drei weitere, dem von Woellner verfolgten Kurs treu ergebene Männer in das Konsistorium berufen: der vormals Breslauer Oberkonsistorialrat Hermann Daniel Hermes, der an der Berliner Georgenkirche tätige Pfarrer Theodor Karl Georg Woltersdorf sowie, für die weltliche Bank, Gottlob Friedrich Hillmer, der zuletzt Gesellschafter des Prinzen Eugen von Württemberg gewesen war. Zu einzelnen nachgeordneten Angelegenheiten wurde das Oberkonsistorium vorerst noch gehört. Gleichwohl hatte Woellner inzwischen eine weitgehende Entmachtung des Gremiums zu erwirken vermocht. Spalding zog sich daraufhin ganz in den Kreis seiner Familie zurück. Seit Herbst 1791 ist seine Teilnahme an den Sitzungen des Oberkonsistoriums nicht mehr belegt.

---

[284] Zit. nach aaO 243f.

V. Ausklänge (1788/91–1804)

1. Ruhm und Ruhe

Nach vier Jahrzehnten des kirchlichen Dienstes lebte Spalding nun wieder als Privatier. Die Zäsur machte sich auch im Fortgang seiner *Lebensbeschreibung* bemerkbar. Nachdem er den Bericht noch im August 1790 bis in die Gegenwart fortgeführt hatte, pflegte er nun, beginnend mit dem 1. November 1791, alljährlich an seinem Geburtstagsmorgen einen kurzen Eintrag hinzuzufügen. Die erste Notiz dieser Art geriet etwas ausführlicher und ließ sich, da ihn die eintreffenden Festgäste unterbrachen, erst am nächsten Tag abschließen. Spalding verwandte sie auf einen summarischen Lebensrückblick, gedachte der so eingeschränkten Umstände seiner Jugend und dankte es dem „früh erlangte[n] Gefühl der Religion", daß er vor den „Verführungen und Versuchungen", deren Reize ihn durchaus gelockt hatten, knapp doch entschieden bewahrt worden war. Staunend realisierte er sein inzwischen biblisches Alter, und in Anlehnung an Ps 118,23 bilanzierte er feierlich: „Wenn ich nun von der jetzt erreichten Höhe meines Lebens auf die durchgegangene lange Bahn [...] zurücksehe [...], so bin ich mir wie einer, der Freude träumet, und wie ein Wunder in meinen eigenen Augen"[1].

Zwei Motive sollten diese jährlichen Einträge fortan bestimmen. Jedesmal dankte er Gott für die Güte, daß er wider jedes Erwarten auch diese hohen Jahre in schmerzloser Gesundheit

---

[1] J.J. Spalding, Lebensbeschreibung von ihm selbst aufgesetzt (in: Ders., Kleinere Schriften 2: Briefe an Gleim – Lebensbeschreibung, hg. von A. Beutel / T. Jersak [SpKA I/6–2], 2002, 105–240), 191,4–10.23–33.

genießen konnte, dazu „bey mehr als nothdürftigem Auskommen"[2] mit einer treu sorgenden Lebensgefährtin, guten erwachsenen Kindern und etlichen vertrauten Freunden gesegnet. Zudem sah Spalding in heiterer Gelassenheit seinem irdischen Ende entgegen. Zwar hoffte er, den Angehörigen nicht dereinst noch als Pflegefall eine Last werden zu müssen. Doch der Gedanke an den Tod schreckte ihn nicht, da dieser doch nur „eine neue Geburt zu einem edlern Leben" bedeute und es ihm deshalb „wie dem Embryo" gehen werde, „der, mit ähnlicher Ungemächlichkeit, zu größeren Entwickelungen seiner Anlagen und zu weit erhöhteren Genüssen, an das Tageslicht kommt"[3]. Sich in solchem Auferstehungsglauben mit der Familie vereint zu wissen, war ihm ein Trost: „Ich bin von euch der liebreichen Wehmuth versichert, mit welcher man einem Freunde nachsieht, der in eine etwas ferne Gegend voranreiset; und daran werdet ihr es dann auch genug seyn lassen"[4]. An seinem 81. Geburtstag widmete er dem Satz, Abraham sei gestorben, als er alt und lebenssatt war (Gen 25,8), eine tiefsinnige Meditation.

Bewußt zog er sich, um seine Kräfte zu schonen, in die Ruhe des häuslichen Lebens zurück. „Die abwechselnden und so häufig trüben Wintertage", klagte Spalding, würden „noch einigen Grad mehr von Schlaffheit, leiblicher und geistiger"[5], bei ihm bewirken. Umso vergnügter genoß er dann in den wärmeren Monaten den Aufenthalt in der kleinen Landwohnung zu Charlottenburg, etliche Meilen vor den Toren der Stadt. Er liebte es, dort allein oder mit den Seinigen durch die Wiesen und Kornfelder zu spazieren, und als ihm zur Jahrhundertwende, im 86. Lebensjahr stehend, seine Beine den Dienst versagten, brachte er viele Stunden auf einer Bank sitzend im Freien

[2] AaO 192,6.
[3] AaO 199,22–24.28–32.
[4] AaO 195,8–12.
[5] J.J. Spalding an J. Ch. Döderlein, 31.1.1792 (Herzog August Bibliothek Wolfenbüttel, Briefsammlung Vieweg 1532).

zu. Im übrigen las er leidenschaftlich und ausdauernd, mit Vorliebe die neueste englische und deutsche Literatur, ohne dabei einer Sehhilfe zu bedürfen. Zugleich suchte er in theologischen, philosophischen sowie politischen Dingen aktuell informiert zu bleiben, und mehrfach bat er Friedrich Nicolai um Zusendung eines ihn interessierenden Periodikums[6]. Des Abends saß man meist beieinander, und ein von Spalding vorgelesener Text, ob literarischer oder theologischer Art, regte dabei die gemeinsame Unterhaltung an, mitunter bis tief in die Nacht.

In solcher Abgeschiedenheit ergab sich gleichwohl ein vielfältiger Kontakt mit der Welt. Als Patriarch der Neologie blieb Spalding eine von den Zeitgenossen verehrte Autorität, und der Ruhm, den er sich als Prediger, Schriftsteller und Aufklärungstheologe erworben hatte, strahlte weit über die Grenzen der preußischen Metropole hinaus. In geselliger Gastfreundschaft empfing er, anhaltend über die Jahre hinweg, alle Besucher, die ihm ihre respektvolle Aufwartung machten. Seine auratische Persönlichkeit und die menschenfreundliche Klugheit, die er in das Gespräch einbrachte, schienen Freunden und Fremden gleichermaßen eindrücklich gewesen zu sein. Allenthalben rühmte man seine aufrechte Körperhaltung, den warmen Wohllaut seiner Stimme, die von Georg Ludwig, dem jüngsten Sohn, beschriebene „fast jungfräuliche Bescheidenheit“ und „beynahe schüchterne Anspruchslosigkeit“ seines Wesens, die ihn „auszeichnende Eigenthümlichkeit“ einer „innige[n] Verwebung der Tugend mit der Gottesfurcht“[7], den harmonischen Einklang von Ernsthaftigkeit und Humor. „Man konnte“, hielt der Schwiegersohn in einem Nachbericht fest, „ihn nicht verlassen, ohne in irgend einem Stücke besser geworden zu seyn“[8].

---

[6] Vgl. etwa J.J. Spalding an F. Nicolai, 2.12.1793 (Staatsbibliothek zu Berlin, Autogr. I/1663).

[7] Spalding, Lebensbeschreibung (s. Anm. 1), 216,34–217,16.

[8] AaO 214f*.

Der häusliche Verkehr wurde, über die Familie hinaus, zumal von „einem kleinen Zirkel bewährterer Freunde"[9] bestimmt. Indessen war selbst noch unter den Intellektuellen der Enkelgeneration das Interesse an Spalding erwacht. Davon hat beispielsweise der Heidelberger Altphilologe Johann Friedrich Abegg berichtet. Auf einer Bildungsreise, die ihn bis nach Königsberg führen sollte, pausierte er im Frühjahr 1798 etliche Tage lang in Berlin. Am 12. Mai, nachmittags um 15 Uhr, empfing ihn, von Friedrich Schlichtegroll empfohlen, der „alte Probst". In wacher Anteilnahme erkundigte sich Spalding bei seinem jugendlichen Gast nach der Lage der pfälzischen Kirche, und als ihm Abegg von den dort betriebenen Unionsplänen erzählte, legte Spalding auch für eine in Preußen anzustrebende Verbindung der lutherischen und reformierten Religionspartei Fürsprache ein. Als ahne er schon die Umstände der preußischen Union von 1817 voraus, fügte er allerdings diesem Wunsch noch die Sorge hinzu, es sei doch dabei „die Hauptsache [...], daß es ohne eclat geschähe, und ohne Einmischung der Regierung". Beim Abschied umarmte er den ihm vormals fremden Besucher und sagte auf seine Ehefrau weisend, die soeben hinzutrat: „Gott hat mich länger leben lassen als ich geglaubt und gehofft hatte, mir viel Gutes, viele Wohlthaten bis heute verliehen, und diese ist nicht seine kleinste. Sie versüßt und erleichtert mir fromm meine letzten Tage"[10].

Im August 1797 logierte Carl August Böttiger, der Weimarer Gymnasialdirektor und enge Vertraute Christoph Martin Wielands, ferienhalber in Berlin. Dreimal suchte er dabei, im Abstand weniger Tage, den greisen Spalding in Charlottenburg auf. Des Morgens um 9 Uhr fand er ihn „im Kreise seiner Familie recht patriarchalisch unter einem Schirmdache sitzen, das vor dem Eintritte des Hauses die herumgesetzten Bänke be-

[9] J.J. Spalding an J.C. Lavater, 28.3.1799 (Zentralbibliothek Zürich, FA Lav. Ms. 527, Nr. 46).

[10] J.F. Abegg, Reisetagebuch von 1798, hg. von W. Abegg / J. Abegg (it 1013), 1987, 100–102.

schattet, und wohin man erst einiger Stufen hinaufsteigt. Auf einer dieser Bänke ist rechter Hand ein Sitz gepolstert, der ihm als Familienvater zukommt"[11]. Die Geistesgegenwart und Belesenheit des berühmten alten Mannes beeindruckten Böttiger ebenso wie dessen vitales Erscheinungsbild: „Von schlanker und langer Gestalt, trägt er sich jetzt noch ganz aufrecht, hat noch den völligen Gebrauch aller seiner Sinne (nur auf dem einen Ohre hört er etwas weniger) und seiner Kräfte. Er [...] liest die kleinste Schrift ohne Brille, und hat noch alle Vorderzähne, und daher eine sehr deutliche Aussprache"[12]. Angeregt erörterte man die aktuellen theologischen, politischen und gesellschaftlichen Fragen der Zeit, wobei sich Spalding offenbar auch als ein aufmerksamer Leser der Tagespresse erwies. Ehrfurchtsvoll ließ sich Böttiger zu einer Bank im Schloßpark zu Charlottenburg führen, auf der sich Spalding nach seinen täglichen Spaziergängen zu erholen pflegte; sie stand unweit der Stelle, an der Karl Friedrich Schinkel etliche Jahre später das Mausoleum für Königin Luise von Preußen errichten sollte.

Auch der junge Friedrich Schleiermacher verkehrte, seit er im Frühjahr 1796 als reformierter Charité-Prediger nach Berlin gekommen war, regelmäßig im Hause Spalding. Literarisch hatte er ihn möglicherweise schon als Zögling des herrnhutischen Pädagogiums in Barby kennengelernt. Spätestens gegen Ende der 1780er Jahre waren ihm die Hauptwerke Spaldings geläufig, die er auch in seinem Freundeskreis weitergab und empfahl. Schleiermacher verehrte den greisen Theologen als den maßgeblichen neologischen Theoretiker der Religion, seine anfängliche Predigtarbeit war unverkennbar von der homiletischen Praxis und Theorie Spaldings geprägt. Erst recht aber schätzte er die Ausstrahlung und Integrität der Persönlichkeit. Spalding war ihm Vorbild für einen unbefangenen Umgang mit Juden, und seiner von ihm Lotte genannten Schwester Friederi-

---

[11] [C. A. Böttiger], Erinnerung an Spalding (Der neue teutsche Merkur 1805, Bd. 1, 273–288), 276.

[12] AaO 282f.

ke Charlotte Schleiermacher offenbarte er, daß ihn „der alte Probst [...] von ganzer Seele interessire"; der Umgang mit dem Ehepaar erfreue ihn jedesmal „fast bis zum Entzüken": „Die Zärtlichkeit welche zwischen diesen beiden ehrwürdigen Alten stattfindet und die kindliche Verehrung aller ihrer Kinder und Angehörigen ist in unserer Stadt wo es fast zum guten Ton gehört mit seinen nächsten Blutsverwandten so wenig als möglich nahe verbunden zu seyn ein seltenes Beispiel echt patriarchalischer Eintracht und Pietät"[13]. Schleiermachers Jugendwerk *Über die Religion. Reden an die Gebildeten unter ihren Verächtern* (1799) wies deutliche Spuren seiner Spalding-Rezeption auf, und mit seiner 1805 erschienenen Rezension der *Lebensbeschreibung* wußte er dem „herrlichen Mann"[14], dessen Tod ihn betrübte, ein warmherziges literarisches Denkmal zu setzen[15].

Am 1. November 1796 konnte Spalding seinen 82. Geburtstag feiern. Er beging ihn, wie es inzwischen üblich geworden war, im Haus seiner Tochter und seines Schwiegersohns. Übrigens war damals auch der junge Schleiermacher unter den Gästen. Die Familie führte, zu Ehren des Jubilars, ein kleines Theaterstück auf. Vergnügt wurde später am Abend der von Karl Friedrich Zelter, dem Direktor der Berliner Singakademie, komponierte Liedsatz „Wer nicht liebt Wein, Weib, Gesang" angestimmt. Allein der Freund und vormalige Kollege Wilhelm Abraham Teller widersetzte sich, weil er den Liedtext für ketzerisch hielt und erst von Spalding davon überzeugt werden mußte, daß die Dichtung in Wahrheit auf Martin Luther zurückging[16].

---

[13] F. D. E. Schleiermacher an F. Ch. Schleiermacher, 2. 9.–12.11.1797 (in: F. D. E. Schleiermacher, Briefwechsel 1796–1798, hg. von A. Arndt / W. Virmond [KGA V.2], 1988, 168–180), 174,181–175,2.

[14] AaO 174,192f.

[15] Vgl. F. D. E. Schleiermacher, Rez. J. J. Spalding, Lebensbeschreibung (1805; in: Ders., Schriften aus der Hallenser Zeit 1804–1807, hg. von H. Patsch [KGA I.5], 1995, 27–38).

[16] Vgl. Böttiger (s. Anm. 11), 284.

Mit den auswärtigen Freunden stand Spalding auch nach seiner Emeritierung in anhaltendem Briefverkehr. Drei Beispiele von jeweils unterschiedlicher Art mögen die Spannweite dieses Austauschs andeutend exemplifizieren. Am 24. April 1790 dankte er dem ihm seit langem verbundenen Popularphilosophen Johann Georg Zimmermann für angenehm unterhaltsame Lektüre. Dieser hatte ihm seine soeben erschienenen *Fragmente über Friedrich den Großen zur Geschichte seines Lebens, seiner Regierung, und seines Charakters* (1790) direkt vom Leipziger Verlag aus zustellen lassen. Erfreut zeigte sich Spalding nicht allein von den „Nachrichten und Belehrungen", die er den Bänden entnommen hatte, sondern zudem über die direkte Zitation einer von ihm publizierten Äußerung, wenngleich er sich dabei der sublimen Kritik nicht enthalten mochte, es sei doch die von Zimmermann „angezogene Stelle [...] ursprünglich zu einer andern und allgemeinern Anwendung geschrieben [...], als welche davon in Ihrem Werke gemacht worden". Neben einigen persönlichen und religionspolitischen Bemerkungen – man befand sich in der Sturmphase der Woellnerschen Reaktion – warnte Spalding, für ihn höchst bezeichnend, den Freund und Briefpartner vor einer öffentlichen Solidarisierung mit seiner eigenen „Denkungsart in der Religion". Sei doch in solchem Fall durchaus zu befürchten,

> daß Sie damit bey denen, welche so fertig Atheismus, Naturalismus, Socinianismus, und, Gott weiß, welche mehrere ismois, auch zugleich jede andere Abweichung von *ihrer* Orthodoxie, lauter so weit von einander unterschiedene Dinge, nur um Personen desto verhaßter zu machen, in einerley Maße und Verdammlichkeit zusammen werfen, in daßelbe übele Geschrey kommen dürften, welches mir von Leuten dieser Art schon reichlich genug während meines Hieseyns zu Theil geworden ist, welches aber für sich selbst niemand beunruhiget, der wegen seines Herzens und seiner Absichten vor Gott sicher ist[17].

[17] J.J. Spalding an J.G. Zimmermann, 24.4.1790 (Gottfried Wilhelm Leibniz Bibliothek Hannover, Signatur: MS XLII, 1933, A.II.87).

Diese Äußerung an Zimmermann belegt ebenso die tiefe Verletzung und Empörung, die der unter Friedrich Wilhelm II. vollzogene amtskirchliche Kurswechsel bei Spalding verursacht hatte, wie dessen einfühlende Sorge um einen mit ihm theologisch harmonierenden Menschen, den er vor einer ehrabschneidenden Rufschädigung tunlichst bewahrt wissen wollte.

Auch mit dem Neologen Johann Christoph Döderlein, der in Jena eine theologische Professur versah, stand Spalding auf freundschaftlich vertrautem Fuße. Nachdem dieser in mehreren Briefen seine ungeteilte Wertschätzung zum Ausdruck gebracht hatte, quittierte Spalding dessen Zuneigung am 31. Januar 1792 in der ihm eigenen Selbstironie: „Einem *Döderlein* etwas werth zu seyn und das zu wißen macht eine desto größere Wachsamkeit über sich nothwendig, um seine eigenen bewußten Mängel immer klar genug vor dem Auge zu behalten, damit man sich in seiner Selbstschätzung nicht zu schlimm verirre". Dann berichtete er die ihm verfügbaren theologischen Aktualitäten: von den neuesten Maßnahmen Woellners, den Projekten seiner an der Universität Halle lehrenden Freunde Johann August Eberhard und August Hermann Niemeyer sowie, durchaus abfällig, von den *Fragmente[n] über Aufklärung* (1788), die der zuletzt als Sekretär der Berliner Kunstakademie tätige Pfarrer Johann Andreas Riem unlängst hatte ausgehen lassen. Ohne zu ahnen, daß der um eine Generation jüngere Döderlein noch im selben Jahr sterben sollte, beschloß Spalding das Schreiben mit der Beteuerung seiner eigenen ruhigen Todesgefaßtheit: „Was mit mir weiter werden soll, und wie lange, das stehet in viel zu guten Händen, als daß ich mir darüber eigene Sorgen zu machen nöthig hätte. Das ist die Frucht meines Glaubens so wohl als meiner Erfahrung"[18].

Nachdem der mit Spalding eng verbundene Schriftsteller Johann Arnold Ebert am 19. März 1795 gestorben war, versah der seinerseits in Braunschweig tätige Aufklärungspädagoge Joa-

[18] J.J. Spalding an J. Ch. Döderlein, 31.1.1792 (s. Anm. 5).

chim Heinrich Campe das Amt des Nachlaßverwalters. Mit ihm ergab sich, ausgelöst durch den Todesfall, kurz darauf eine mehrteilige Korrespondenz. Spalding war über den Verlust des Freundes tief erschüttert, zumal ein Besuch Eberts bei ihm in Berlin für die nächste Zukunft bereits verbindlich geplant worden war: „Ein ganzes glänzendes Gebäude von Glückseligkeit, welches auf diesem Boden in meinen Gedanken so sicher und fest vor mir da stand, ist auf einmal zertrümmert"[19]. Aus dem von Campe erstellten Auktionskatalog notierte Spalding dann im August etliche Bücher, die er aus Eberts Bibliothek haben wollte, bat zugleich, sofern Campe dies möglich sei, um einen Freundschaftspreis und legte vorsorglich schon einmal 10 Taler bei. Wenig später sandte der Sohn Georg Ludwig eine Liste mit eigenen Bücherwünschen noch hinterher und regulierte danach für sich und den Vater die offenbar aufwendige Übersendung sowie die Bezahlung der Bände. Spalding freute sich an den Büchern, die ihm Campe vermittelt hatte; sie waren ihm willkommene Vermehrung seiner höchst ansehnlichen Privatbibliothek, erst recht aber ein materiell greifbares, in Ehren gehaltenes Vermächtnis des Freundes von einst.

Bisweilen wurde Spalding auch weiterhin von dienstlichen Belangen in Anspruch genommen. Im Dezember 1789 wandte sich der ihm unbekannte kurländische Pfarrer Karl Dietrich Wehrt ratsuchend an ihn. Sein Kummer hing mit der Auseinandersetzung zusammen, in die der des Kryptokatholizismus und esoterischen Geheimbündlertums beschuldigte Darmstädter Oberhofprediger Johann August Starck damals geraten war. In diesen publizistischen Streit hatte sich Wehrt mit einer harmlosen kleinen Schrift eingemischt und war daraufhin in arge Bedrängnis geraten. Spalding gab dem verängstigten Pastor, dessen Vertrauen ihn rührte, den Rat, die ungesicherten Vorwürfe, die er gegen Starck vorgebracht hatte, alsbald zu-

[19] J.J. Spalding an J.H. Campe, 28.3.1795 (Herzog August Bibliothek Wolfenbüttel, Briefsammlung Vieweg 1533).

rückzunehmen und sich diesbezüglich fortan in Stillschweigen zu üben[20]. Wehrt verfuhr, wie ihm nahegelegt worden war, und vermochte dadurch weitere Nachteile von sich abzuhalten.

Auf andere Weise konnte Spalding einem ebenfalls in Bedrängnis geratenen Amtsbruder beistehen. Johann Georg Lampe, seinerzeit Pastor an der deutschsprachigen Petrigemeinde in St. Petersburg, hatte im Sommer 1792 seine Gedächtnispredigt auf den Generaldirektor des allrussischen Medizinalkollegiums Otto Hermann von Vietinghoff publiziert. Bald darauf brachte ein anonym bleibender Autor die öffentliche Beschuldigung vor, die Predigt Lampes sei „fast Wort für Wort"[21] von der Gedächtnispredigt, die Spalding 1774 auf den Berliner Pfarrer Siegismund Lucas Hoffmann gehalten und kurz danach auch gedruckt hatte[22], abgeschrieben. So kam es zu einer heftigen Auseinandersetzung um den vermeintlichen „Plagiarius"[23] Lampe. Schließlich nahm der Beschuldigte selbst das Wort. Die gegen ihn gerichteten Vorwürfe wies er in mildem, doch klarem Ton von sich, wobei er, zur Beschämung seiner Widersacher, noch dazu auf ein Entlastungsschreiben Spaldings verweisen konnte, das er nun zusammen mit seinem Rechtfertigungsvotum veröffentlichte. Nachdem Lampe seinen inkriminierten Predigtdruck mit der Bitte, ihn mit der besagten Kanzelrede von 1774 zu vergleichen, an Spalding gesandt hatte – der Postweg von Petersburg nach Berlin beanspruchte dreieinhalb Wochen! –, reagierte dieser buchstäblich postwendend. Dabei gewährte er umfassende, vorbehaltlose Unterstützung: Beide Predigten habe er nacheinander erst al-

[20] Vgl. J.J. Spalding an K.D. Wehrt, 5.12.1789 (O. Clemen, Ein Brief von Propst Spalding [JBKG 15, 1917, 164–169]).

[21] Intelligenzblatt der Allgemeinen Literatur-Zeitung 49, 18.5.1793, 386.

[22] Vgl. J.J. Spalding, Gedächtnißpredigt auf Hoffmann, 13.3.1774 (in: Ders., Predigten größtentheils bey außerordentlichen Fällen gehalten [1775], hg. von M. van Spankeren / Ch. E. Wolff [SpKA II/4], 2011, 159–173).

[23] Intelligenzblatt (s. Anm. 21).

lein, dann zusammen mit einem Freund durchgelesen, und danach sei es ihnen fraglich erschienen, ob Lampe die Kanzelrede Spaldings überhaupt jemals gekannt und gesehen habe[24]. Damit war Lampe restlos rehabilitiert, und das niederträchtige Ansinnen des Ungenannten zeigte sich allein darauf gerichtet, den Petersburger Pastor durch Verleumdung in seiner Gemeinde und Kirche unmöglich zu machen.

Erstaunlicherweise griff der unterdessen 83jährige Spalding noch einmal in die Strukturdebatte der einst von ihm geleiteten Kirche ein. Mit dem Tod König Friedrich Wilhelms II. anno 1797 hatte sich der schon zuvor eingeleitete Niedergang Woellners vollendet. Am 18. Januar 1798 trat das preußische Oberkonsistorium, das nun seine früheren Kompetenzen wieder erlangt hatte, zu einer Sitzung zusammen. Dabei stellte man die faktische Aufhebung des Woellnerschen Religionsedikts fest und bat um Vorschläge für eine allfällige Kirchenreform. Am 11. April 1798 überraschte Spalding die Kollegen von ehedem mit einer Denkschrift, „was überhaupt zur Gründung, Belebung und Verbreitung einer wahren, christlich-protestantischen Religiosität im Volke zu tun sei". Unübersehbar dominierte darin die Sorge um eine wissenschaftliche Niveauverbesserung des geistlichen Standes. So regte er die Verpflichtung zu einem mindestens dreijährigen Theologiestudium an, zudem eine Verschärfung der Examina, strengere Dienstaufsicht der Superintendenten und eine Modernisierung der Liturgie. Überdies schlug er die Einrichtung regelmäßiger Synodalversammlungen vor, die nicht etwa kirchenregimentliche Funktionen erhalten, sondern lediglich auf die „wissenschaftliche Fortbildung und Selbsterziehung der Prediger"[25] abzielen soll-

[24] J.J. Spalding an J.G. Lampe, 17.12.1792 (in: J.G. Lampe, Auch ein Wort an das hiesige Publicum, [1793], unpag.).

[25] E. Foerster, Die Entstehung der Preußischen Landeskirche unter der Regierung König Friedrich Wilhelms des Dritten nach den Quellen erzählt. Ein Beitrag zur Geschichte der Kirchenbildung im deutschen Protestantismus, Bd. 1, 1905, 104f.

ten. Der Vorstoß des greisen Spalding löste im Oberkonsistorium lebhafte Zustimmung aus, allein die Festschreibung einer theologischen Mindeststudiendauer schien den Geistlichen Räten einstweilen kaum realisierbar zu sein.

Im Herbst 1797 wurde Spalding von mehreren Schicksalsschlägen getroffen. Der Geburtstagseintrag dieses Jahres lautete nur lakonisch: „Welch ein dießmaliger Erster November! Weiterhin mehr hierüber“[26]. Erst am 21. Februar 1798 fand er sich in der Lage, das dort Angekündigte nachzutragen. Die ihm zugefallene Pein rührte einerseits von etlichen Todesfällen her, die ihn erschütterten. Dies betraf zumal die verwitwete Königin Elisabeth Christine, vormalige Gattin Friedrichs des Großen, deren vielfach erbrachter „Beweis des Wohlwollens und des Zutrauens“ ihm stets „Aufmunterung und Belohnung des Strebens nach demjenigen, was ich seyn und thun sollte“[27], gewesen war. Noch wenige Monate zuvor hatte sie die Glückwünsche, die ihr von Spalding aus Anlaß ihres Geburtstages übermittelt worden waren, eigenhändig beantwortet[28]. Daneben betrauerte er den Tod seines Berliner Kollegen und Freundes Johann Samuel Diterich, ferner den Heimgang des Staatsministers Johann Heinrich Wlömer, mit dem er sich in der Mittwochsgesellschaft befreundet hatte, sowie des ihm persönlich nahestehenden Berliner Pfarrers Samuel Christian Küster.

Zum anderen war auch Spalding selbst dem Tod unverhofft nahe gekommen: Aus heiterem Himmel befiel ihn Anfang September 1797 die Ruhr. Die Fatalität seiner Lage wurde dadurch, daß der Sommersitz zu Charlottenburg kaum als Krankenstation taugte, noch weiter vermehrt. Der Arzt und die Angehörigen, die ihn versorgten, mußten jedesmal auf umständlichem Weg aus der Stadt zu ihm kommen. Kurz darauf wurde auch seine Frau von der schweren Darmerkrankung befallen, und

[26] Spalding, Lebensbeschreibung (s. Anm. 1), 205,5f.
[27] AaO 205,26–29.
[28] Vgl. Böttiger (s. Anm. 11), 281f.

dies, wie Schleiermacher berichtete[29], sogar noch um etliches heftiger als ihr um dreieinhalb Jahrzehnte älterer Gatte. Im Oktober konnten die beiden in ihr Berliner Stammhaus zurückkehren, doch die lang anhaltende leibliche Schwächung begann erst im Aufstieg des folgenden Frühlings zu weichen. „Gott hat unsere Herstellung gewollt, so wenig ich auch vornehmlich auf die meinige rechnete; ich weiß, was mich betrifft, nicht, zu welchem Zweck; aber er wird es wissen, und das muß mir genug sein“[30].

2. Letzte Arbeiten

a) Kleinformat

Der Kanzelrock hing, nachdem sich Spalding altershalber privatisiert hatte, weiterhin greifbar im Schrank. Am 30. November 1792 hielt er für seinen jüngsten Sohn Georg Ludwig und dessen Frau Wilhelmine Louise den Traugottesdienst[31]. Auch sonst scheint er bisweilen noch Pastoraldienste versehen zu haben. Etliche Predigtdrucke, jeweils als Separatausgabe, erschienen in den 1790er Jahren.

Nach dem Ende des Woellnerschen Interims meldete sich die Berliner Neologie ein letztes Mal publizistisch zu Wort. Der Sammelband machte Sensation, indem er die zwischen 1771 und 1776 jährlich fortgesetzte Reihe der *Predigten von protestantischen Gottesgelehrten* im Jahre 1799 mit einer weiteren, siebten Folge kontinuierte. Kanzelreden der namhaftesten Aufklärungstheologen waren in ihm versammelt, dazu, gleichsam als Brücke über die Epochenscheide hinweg, der erste Pre-

---

[29] Vgl. F.D.E. Schleiermacher an F. Ch. Schleiermacher, 2.9.–12.11.1797 (s. Anm. 13), 174,192–196.

[30] Spalding, Lebensbeschreibung (s. Anm. 1), 207,9–12.

[31] Vgl. J.J. Spalding, Trauungsrede am 30. November 1792 (in: Ders., Einzelne Predigten, hg. von A. Beutel / O. Söntgerath [SpKA II/6], 2013, 138–144).

digtdruck Schleiermachers. „Der allgemein verehrte Herr Oberkonsistorialrath Spalding“ konnte sich erst ganz zuletzt, mehrfacher Bitte willfahrend, zur Beigabe dreier Predigten aus seiner Feder entschließen. Dadurch geriet die an den Verfassernamen orientierte alphabetische Ordnung der Beiträge durcheinander, da doch die Drucklegung schon begonnen hatte und nun für Spalding vier weitere Bögen hinzugefügt werden mußten. Der Herausgeber interpretierte den Formfehler freundlich, indem er damit das Sprichwort bewahrheitet fand, das man „von jedem menschlichen gut angefangenen und fortgesetzten Unternehmen zu sagen pflegt: das Ende krönet das Werk“[32].

Zumindest einmal hat Spalding darüber hinaus auch noch einen prinzipientheoretischen Essay verfaßt. Das *Magazin für Religionsphilosophie* präsentierte seinen Lesern im Jahre 1794 den Aufsatz *Von dem Wesentlichen der Religion und von dem Unterscheidenden des Christenthums.* Darin gab sich eine doppelte Intention zu erkennen: Einerseits suchte Spalding das Verhältnis der natürlichen zur positiven christlichen Religion zu bestimmen, andererseits, in antifundamentalistischer Absicht, den Antagonismus zwischen den verschiedenen christlichen Konfessionen, Gruppen und Richtungen zu befrieden. Das Wesen der Religion überhaupt definierte er als „die Vorstellung von einem höhern unsichtbaren Wesen“, das auf die Glückseligkeit des Menschen „einen entscheidenden Einfluß hat, und dem er, diesem Verhältnisse gemäß, eine gewisse Art der Gesinnung und des Verhaltens schuldig ist [...], um das zu seyn, was er seyn soll und gerne werden will“[33]. In dem *guten*

[32] Predigten von protestantischen Gottesgelehrten. Siebente Sammlung, 1799 (ND, hg. von W. von Meding, 1989), II. – Die drei Predigten Spaldings finden sich aaO 449–500 sowie in Spalding, Einzelne Predigten (s. Anm. 31), 240–279.

[33] J.J. Spalding, Von dem Wesentlichen der Religion und von dem Unterscheidenden des Christenthums (1794; in: Ders., Kleinere Schriften 1, hg. von O. Söntgerath [SpKA I/6–1], 2006, 387–407), 387,15–22.

Willen des Menschen fand er dabei, unverkennbar in kantischer Denkspur, die einzige uneingeschränkt mögliche anthropologische Bonität. Dieses „Wesentliche der Religion" realisierte sich für Spalding in der Kombination von vier „praktischen", also nicht nur kognitiven, sondern zugleich auch handlungsleitenden Erkenntnissen. Sie bezogen sich auf die Existenz Gottes, das als Gesetz Gottes verstandene Gebot reiner Sittlichkeit, den Glauben an die Unsterblichkeit des Menschen sowie die Möglichkeit einer moralischen Umkehr zu Tugend und Besserung.

„Unsere Erkenntnisse von der Gottheit", hob Spalding dabei hervor, „sind freylich nur analogisch". Weil das Wesen der Gottheit jenseits aller Begriffe und Anschauungen des Menschen verborgen bleibe, lasse sich allein aufgrund der „Aehnlichkeit der Wirkungen, die von ihr herrühren, mit den unsrigen" von Gott reden: „Antropomorphismus [sic] wird also immer bleiben; je weniger aber dessen, desto besser"[34]. Diese fundamentaltheologische Einsicht steht in unverkennbarer Nähe zu der in Königsberg entwickelten kritischen Philosophie; sie markiert eine nicht zu unterschätzende Voraussetzung für die dann im 19. Jahrhundert als konsequente Glaubenslehre explizierte neuzeitliche Theologie. In der Erläuterung des damit skizzierten Religionsbegriffs betonte Spalding abermals die Autonomie menschlicher Sittlichkeit, deren ursprüngliche „eigenthümliche Kraft" von der Religion weder erzeugt noch ermöglicht, jedoch, als von außen hinzutretend, in einzigartiger Weise verstärkt werde. Im übrigen erleichtere Religion einem Menschen, der „in die Knechtschaft unordentlicher Neigungen gerathen ist, [...] die muthige Entschlossenheit, sich wieder zur wahren Würde der Menschheit [!] hinan zu arbeiten"[35].

---

[34] AaO 388,20–30.
[35] AaO 390,28; 391,25–392,9.

Die genannten vier Grundwahrheiten natürlicher Religion wußte Spalding auch im Christentum uneingeschränkt repräsentiert. Das darüber hinausgehende Spezifikum dieser Glaubensweise bestimmte er in Analogie zu den wissenschaftlichen und politischen Gruppenbildungen, deren Selbstbezeichnung an einem menschlichen Namen orientiert war: „Das Christenthum in seiner unterscheidenden Bedeutung [ist] die praktische Anerkennung des Jesus von Nazareth, der auch Christus heißt, als des ursprünglichen vorzüglichsten Lehrers der wahren Religion für die Menschheit"[36]. Wie allenthalben, so genüge auch in diesem Fall eine Übereinstimmung in dem „gemeinschaftlichen Vereinigungspunkt"[37] zur Sicherung der gruppenspezifischen Identität, innerhalb derer dann unterschiedliche Meinungen in Spezialfragen durchaus üblich, schadlos und legitim seien.

Daß damit kein christentumstheoretischer Fundamentalkonsens formuliert war, sah Spalding durchaus. Galt doch in spätorthodoxen Kreisen weiterhin der Glaube an die unmittelbare Göttlichkeit Jesu und an die historische Faktizität der von ihm berichteten Wunder als die nicht zu ermäßigende Voraussetzung christlicher Identität. Welcher differenzbildende Name sollte dann aber, fragte Spalding, denjenigen beigelegt werden, die Jesus als den „vorzüglichsten Lehrer der wahren Religion" anerkannten, ohne ihm zugleich unmittelbare Göttlichkeit und supranaturale Wundertätigkeit zusprechen zu können? Sie schlichtweg, wie es auf orthodoxer Seite nicht unüblich war, als Deisten zu klassifizieren, würde ganz unterschiedliche, ja unvereinbare Religionsauffassungen ineinander vermengen. Insofern sei es allemal ungerecht und verantwortungslos, „unter einem gemeinschaftlichen Charakter in einerley Gesellschaft solche Personen vereinigen zu wollen, die so weit auseinander sind, als Verächter Jesu von seinen Verehrern"[38].

[36] AaO 396,17–21.

[37] AaO 395,25f.

[38] AaO 400,16–20.

Anstatt sich dieser mutwilligen Ausgrenzung schuldig zu machen, entwickelte Spalding den Vorschlag einer Binnendifferenzierung, der gemäß sich der Oberbegriff des Christen in „zwey Untergattungen" ausfalten lasse: in „Wundergläubige und Naturgläubige"[39], also in solche, die Jesus als die inkarnierte Gottheit oder als den von Gott gesandten Lehrer bekennen. Die derart getroffene Unterscheidung gab Spalding eine Möglichkeit an die Hand, die Frage nach dem ontologischen Status der Person Jesu als für das Wesen des Christentums nicht erheblich zu depotenzieren: „Auf diese Weise kann man im Grunde sehr wohl eine und dieselbe Religion von Jesus haben, wenn gleich darüber, wie es mit ihrem ersten Aufkommen zugegangen ist, der Eine nicht so denkt, als der Andere"[40]. Wenn sich das Christentum dergestalt als eine „Gemeinschaft in dem Wesentlichen" zu verstehen bereit sei, erübrigte sich jede „Vervielfältigung der Religionspartheyen durch Nahmen, welche, vermittelst willkührlich hinzu gesellter nachtheiliger Nebenideen, die also Getrennten natürlicherweise gegen einander so viel fremder, oft genug auch mistrauischer und feindseliger, machen" und damit „dem eigentlichen Zwecke der Religion Jesu einen sehr schlechten Dienst erweise[n]"[41]. Respektvolle Achtung und Anerkennung der „Wundergläubigen" und „Naturgläubigen" gegeneinander sei dabei freilich unabdingbar vonnöten, und ein freierer christlicher Denker, der sich in spöttischer Verachtung über den „Wundergläubigen" meint erheben zu können, mache sein Verhalten in Wahrheit mit dem „verdammungssüchtige[n] Absprechen des vorurtheilsvollen Zeloten"[42] gemein.

In welcher der beiden „Untergattungen" sich Spalding seinerseits beheimatet wußte, war kaum zu verkennen. Im vertrauten Gespräch unter Freunden konnte er durchaus demjeni-

39 AaO 401,22–25.

40 AaO 402,13–16.

41 AaO 405,22–33.

42 AaO 406,9–17.

gen seine Hochachtung zubilligen, der „die Offenbarung und das Positive in der Religion entbehren kann, und nur dabei das Gesetz in seinem Herzen erfüllt". Indessen bleibe der Offenbarungsglaube zumindest dem einfachen Mann unentbehrlich, da dieser „beim Pfluge, in der Werkstatt, am Schreibetisch" zu hinreichender religiöser Reflexion keine Zeit finde. Ihm selbst aber, Spalding, erscheine die Jesusüberlieferung der Evangelien ziemlich dürftig, weshalb er in den von Jean-Jacques Rousseau geäußerten Wunsch lebhaft einstimmen könne: „Hätten doch Xenophon und Plato die Memorabilien Jesu geschrieben!" Andererseits war ihm die neutestamentliche Überlieferung jedoch selbst in ihrer defizitären Gestalt unentbehrlich, da die kritische, „innerhalb der Grenzen der bloßen Vernunft" verbleibende Religionsphilosophie – Kants Religionsschrift war im Vorjahr erschienen – zwar dem Verstandesanspruch zu genügen, jedoch das Herz nicht zu berühren und zu erwärmen vermöge. Mit Lessing und Kant stimmte er in der Auffassung überein, daß man Tugend und Sittlichkeit um ihrer selbst lieben müsse. „Aber den Genuß der Freude über erfüllte Pflichten und thätige Aeußerungen der Bruderliebe halte ich doch auch für sehr erlaubt, und habe ihn mir nie versagen können noch mögen"[43]. Was der alte Spalding damit einem Besucher anvertraute, mochte das organisierende Prinzip seiner lebenslang betriebenen Religionstheologie auf den Punkt gebracht haben: In seiner Person waren aufklärerische Glaubensreflexion und biblische Frömmigkeit, schienen Lessing und Liturgie, Kant und Katechismus zu harmonischem Einklang gebracht.

b) *„Religion, eine Angelegenheit des Menschen"*

Zur Ostermesse 1797 erschien Spaldings letzte Monographie. Man hat sie, durchaus treffend, sein theologisches Testament und Vermächtnis genannt. Für das Lebensthema, das ihn seit

[43] Böttiger (s. Anm. 11), 279f.

einem halben Jahrhundert bewegt hatte, zog der 82jährige noch einmal Bilanz. Wiederholungen seines Kernanliegens nahm er dabei, „auch wenn es schon anderswo, selbst mehr als einmal, von mir gesagt seyn mogte“[44], bewußt in Kauf. Mit Staunen und Dankbarkeit konstatierte er, auf seinen langen Denkweg zurückblickend, eine anhaltende Spursicherheit[45]. Tatsächlich hat Spalding seine Theologie gleichsam in wachsenden Ringen gebildet und präzisiert. Sie entfaltete sich als ein stufenloser Ausformungsprozeß, in fortwährend aktualisierter Auseinandersetzung mit den Fragen der Zeit, jedoch bei erstaunlicher Stabilität der Leitmotive. Seine geistige Entwicklung vollzog sich nicht in distinkt zu unterscheidenden Perioden: „Es sind Umtönungen, die sich finden, keine Bruchstellen“[46].

Das Alterswerk präsentiert eine religionstheologische Grundsatzerklärung und entbehrt darum jeder Bezugnahme auf tagespolitische Themen und Nöte. Nur indirekt und am Rande finden sich Anspielungen auf den Fortgang der Französischen Revolution. Es habe da, notiert Spalding, „ein verwildertes unglückliches Volk, durch seine Sprecher und eigenen Leichtsinn verführt, allem, auf die Gottheit sich beziehendem Glauben und Herzensantheil öffentlich entsagt“[47]. Indessen hätten sich Menschen mit aufrichtiger Gottesfurcht niemals zu einer „förmlichen Rebellion gegen ihren höchsten Gebieter und Richter“ aufstacheln lassen und „in solche ungeheure und unglückselige Greuel hineinstürzen können, als wir in unsern Tagen mit Schrecken und Abscheu [...] haben sehen müssen“[48].

[44] J.J. Spalding, Religion, eine Angelegenheit des Menschen (¹1797; ²1798; ³1799; ⁴1806), hg. von T. Jersak / G.F. Wagner (SpKA I/5), 2001, 2,11–18.

[45] Vgl. aaO 1,3–14.

[46] H. Nordmann, Leben und Werke des J.J. Spalding (BKGP 13 [i.e. 14], 1936, 34–70), 69.

[47] Spalding, Religion (s. Anm. 44), 83,6–10.

[48] AaO 30,12f.

Als Politikum dürften überdies Ort und Art der Veröffentlichung zu bewerten sein. Denn das Werk erschien in der Vossischen Buchhandlung zu Leipzig, also auf nichtpreußischem Hoheitsgebiet, und außerdem anonym. Offenbar suchte Spalding damit einen Zensurkonflikt mit dem Woellnerschen Ministerium, das schon manche prominente Drucklegung vereitelt oder behindert hatte[49], gar nicht erst aufkommen zu lassen. Freilich errieten kundige Leser und Rezensenten alsbald den Verfasser, auch Goethe unterhielt sich am 14. August 1797 mit dem Erlanger Theologieprofessor Wilhelm Friedrich Hufnagel wie selbstverständlich „über Spaldings neuste Schrift"[50].

Das Buch trägt unverkennbar apologetische Züge. Mit ihm wandte sich Spalding nicht, wie dann Schleiermachers *Reden* zwei Jahre später, an die gebildeten Verächter der Religion, sondern an diejenigen, die durch diese verunsichert oder verführt worden sind. Sie wollte er vor der Suggestionskraft der Religionsspötter schützen, indem er ihnen Aufklärung – und das hieß für ihn stets auch: Hilfe zur Selbstaufklärung – zuteil werden ließ. Diesem Adressatenkreis war die von Spalding gewählte Argumentationsstrategie angepaßt. Anstatt die Plausibilität der Religion durch theologische Theorien oder gar den Rekurs auf autoritative Traditionen zwingend aufweisen zu wollen, bemühte er sich, einem genuin aufklärerischen Impetus folgend, Mißverständnisse und Verstehenshemmnisse beiseite zu räumen und dadurch die Ursprungsidentität christlicher Religion freizulegen. Die empirische Selbsterfahrung der Leser bot ihm für die Frage nach dem, „was uns angeht" und wodurch „unser Wille, unsere Neigung, unser Herz in Bewegung gesetzt und angezogen wird"[51], den zwanglosen Anknüpfungspunkt. Da

[49] Vgl. dazu eingehend U. Wiggermann, Woellner und das Religionsedikt. Kirchenpolitik und kirchliche Wirklichkeit im Preußen des späten 18. Jahrhunderts (BHTh 150), 2010, 414–473.

[50] J. W. von Goethe, Reise in die Schweiz 1797. Lesarten, 1. Fascikel (Weimarer Ausgabe I.34/2, 1904, 87).

[51] Spalding, Religion (s. Anm. 44), 9,5–10.

nun aber „dieser Zweck [...] schwerlich durch die scharfbestimmte Sprache der tieferen Speculation zu erreichen" sei, beschränkte er sich auf solche Einsichten, „die sich in einem, für den größeren Theil des lesenden Publicums faßlichen, Ausdrucke vortragen lassen, und die, ohne an ihrer hier erforderlichen und auch hinreichenden Ueberzeugungskraft etwas zu verlieren, doch zugleich auch die Empfindung näher berühren"[52]. Was er dem Leser damit ermöglichen wollte, war schlichtweg, dem anthropologischen Postulat des *ganzen* Menschen entsprechend, die „zugleich vernunftmässige und gefühlvolle Erhebung seiner Seele zu Gott"[53].

Der von Spalding eingeführte Religionsbegriff ist relational konzipiert: Er bestimmt ihn nicht in thetischer Abstraktheit, sondern als die „Anerkennung eines höchstvollkommenen Weltregierers in seiner Beziehung auf uns"[54]. Demgemäß vermöge Religion die beiden ursprünglichen, aber oft genug einander widerstreitenden Anlagen des Menschen, den „Trieb zum Wohlseyn" und „das große Grundgefühl der Moralität"[55], in organischen Ausgleich zu bringen. Indem ein religiöser Mensch „Sinn und Geschmack" für die „unmittelbare Abhängigkeit", die ihn mit Gott verbindet, entfalte, gebe es für ihn „keine wünschenswürdigere Verfassung der Seele [...], als mit Zuversicht zu einer, Alles lenkenden und Alles segnenden, Gottheit hinauf sehen und von ihr auf jede weitere Dauer lauter Gutes erwarten zu können"[56].

Um den Gedanken der Universalität Gottes für den Menschen auf naheliegende Weise anschaulich werden zu lassen, empfahl Spalding „die Betrachtung der schönen wundervollen Natur". Genieße man sie „ohne [...] Religiosität", so bleibe es „bey einem kalten Verwundern und Erstaunen über anschei-

[52] AaO 11,4–17.
[53] AaO 4,17–19.
[54] AaO 24,25–27.
[55] AaO 15,1; 17,8.
[56] AaO 155,20f.; 116,16; 196,13–16.

nende Verbindungen zur Ordnung und zu Zwecken, ohne eine Ursache davon zu denken, die diese Ordnung gekannt und diese Zwecke gewollt hat"[57]. Dagegen erkenne der religiöse Mensch in der Schöpfung den Schöpfer. Wie das zugehen mag, erläuterte Spalding in autobiographischer Konkretion:

> Noch eben an dem heutigen frühen Morgen eines der schönsten Tage des angehenden Sommers, am 14. Junius 1796, [...] hätte ich so Jemand, der den Eindrücken der Religion mit Entschlossenheit entsagt oder sich gedankenlos von ihnen entwöhnet hat, auf dem Sitze vor meiner kleinen ländlichen Sommerwohnung, und auf dem nachherigen Spaziergange neben mir haben und ihn fragen mögen: ob er nicht, bey solchem Anblick und Genusse, sich die seligen Empfindungen, die dabey nur [!] durch den Glauben an Gott möglich sind, mit sehnlicher Begierde wünschen, nicht die Entbehrung derselben, als einen wesentlichen Verlust, bedauern müsse?[58]

Als den anthropologischen Ort des religiösen Bewußtseins bestimmte Spalding abermals das Gefühl. Allerdings sah er die religiöse Empfindung von einem wahrnehmenden Element durchgängig begleitet. In dieser Verbindung, die „mit Verstand und Gefühl eine Gottheit anerkennet und verehret"[59], ist Religion als eine bipolare Einheit begriffen, der gemäß ihr jederzeit zwei unterschiedliche Bewegungsrichtungen eigen sind: einerseits auf ihren Gegenstand, andererseits auf sich selbst.

Und weil der Vorwurf, Spalding wolle den christlichen Glauben auf eine vernünftige Morallehre reduzieren, weiterhin zu vernehmen war, unterstrich er nun wiederum, vielleicht sogar deutlicher als jemals zuvor, die der Religion unbedingt zukommende Autonomie. Religiöses Bewußtsein entstehe nicht schon durch äußere Einstimmung in „Sätze und Formeln, die auf das Gebot der Autorität [...] in beträchtlicher Menge zu glauben, im Gedächtnisse zu behalten und zu bekennen" sind, sondern erst und ausschließlich durch eine „*eigene* glückselige Erfah-

---

[57] AaO 42,11–22.
[58] AaO 43,16–44,2.
[59] AaO 76,17f.

rung in dem Gemüthe“[60]. Gegenüber dem Gefühl für Moral und Sittlichkeit gewährten sie „Empfindungen und Erfahrungen von noch anderer Art [...]. Von dem Allen weiß der [...] Weltling nichts“[61]. Dieses Proprium der religiösen Empfindung sah Spalding näherhin dadurch bestimmt, daß der Mensch allein in der Ausrichtung seiner Seele auf Gott ein lebendiges Gefühl dafür bekommt, was er an Gott hat und was er selbst vor ihm ist. Gerade aufgrund ihrer ungeteilten Autonomie vermöge Religion dann freilich auch eminente moralische Nützlichkeit zu erweisen, indem sie dem ganz unabhängig von ihr erwachsenen „Gefühl von Recht und Pflicht“ ein wirksames „Hülfsmittel“, einen zusätzlichen „mächtige[n] Antrieb“ und „eine ehrenvolle Stütze“ noch beigesellt[62]. Die vollendete Eintracht der beiden anthropologischen Zielvorgaben, von „Gutseyn und Glücklichseyn“, werde indessen „nur [!] durch die Anerkennung eines Wesens möglich, welches beyde Grundgefühle mit Absicht in die Seele gelegt hat, und also keines derselben vergeblich, und ohne zu erwartenden befriedigenden Erfolg darein gelegt haben wird“[63].

Erneut suchte Spalding darüber hinaus den Sinn für die Unterscheidung von Religion und Theologie einzuschärfen: „Niemand“, erklärte er, „wird den Wahn unterhalten [...], daß man sich erst in die gelehrte Theologie vertieft haben müsse, um die Wichtigkeit der Religion in Beziehung auf sich selbst zu empfinden“ – „wenigstens verliert man immer zu viel dabey, wenn man stets die Theologie durchgrübelt, und darüber aufhört – oder vielleicht nie angefangen hat – Religion zu haben, d.i. sie in ihrem wahren Wesen zu kennen und zu genießen“[64]. Insofern müsse der von Spalding, dem Sprachgebrauch seiner Zeit folgend, als Inbegriff aller pastoralen Handlungsfelder verstan-

60 AaO 167,17–20; 171,24f. (Hervorhebung von mir).

61 AaO 194,18f.27f.

62 AaO 37,31; 33,14; 28,14; 28,21f.

63 AaO 32,14–20.

64 AaO 119,15–20; 140,11–15.

dene „Religionsunterricht“ allemal darauf abzielen, der Frömmigkeit des Einzelnen jenseits einer „lediglich [...] mechanische[n] Beobachtung äußerlicher Andachtsübungen und eingeführter Kirchengebräuche“[65] eine individuelle Gestalt zu geben. Demgemäß solle die religiöse Unterweisung auch nicht primär der äußeren Wissensvermittlung und Handlungsanleitung dienen, sondern den Menschen zu einer „Aufweckung“[66] seines ursprünglichen religiösen Gefühls anleiten und dadurch die Gegenstände der religiösen Erkenntnis als unmittelbar in ihm selbst liegend wahrnehmbar machen. Dabei stand für Spalding ganz unzweifelhaft fest, daß das in sich selbst einkehrende religiöse Subjekt dann auch „der eigentlichen Religion des Christenthums in ihrem Wesentlichen, so wie sie ursprünglich von Jesus für die Allgemeinheit der Menschen zu deren Anweisung und Beruhigung gelehret ist“[67], ansichtig werde:

> Die höchste Menschenwürde und reinste Gottesliebe im Guteswollen und Rechtthun; der Schöpfer und Herr der Welt, als allgemein guter Vater der Menschen; der Trost seiner alles umfassenden Fürsehung; die, auch den Verirrten, versicherte Zurückbringung und Wiederaufnahme zur Tugend und Glückseligkeit; die Erwartung einer fortdauernden erfreulichen Zukunft unter der unverbrüchlichen Bedingung der Rechtschaffenheit; – das ist Religion des Christenthums![68]

Die Religionsschrift des greisen Spalding stieß auf ein höchst reges öffentliches Interesse. Nachdem die Ära Woellner im Herbst 1797 zu Ende gegangen war, konnte eine zweite Auflage binnen Jahresfrist in Berlin und mit Angabe des Verfassernamens gedruckt werden. Der *Vorbericht*[69] wurde am 2. September 1797, nur wenige Tage vor dem Ausbruch der Ruhrerkrankung, vollendet. Kurz darauf fand sich Spalding vom Verlag bereits zur Vorbereitung einer weiteren, dritten Auflage ge-

---

[65] AaO 132,5–7.
[66] AaO 170,15.
[67] AaO 52,24–53,2.
[68] AaO 53,26–54,4.
[69] Vgl. aaO 1–5.

drängt. Sie erschien 1799 wiederum zur Ostermesse. Eigenes Weiterdenken, aber auch wohlmeinende Anregungen von außen flocht Spalding dabei in die nicht unbeträchtlichen Erweiterungen der nächstfolgenden Auflagen ein. Etliche Raubdrucke bezeugten ihrerseits die anhaltende Bedeutung der Schrift. Eine vierte rechtmäßige Ausgabe kam, letzte Korrekturen des Verfassers[70] umsetzend, postum im Jahre 1806 noch zustande.

In ganz Deutschland wurde das Alterswerk aufmerksam und beifällig rezensiert. Lediglich der Berliner Pfarrer Daniel Jenisch ließ, kaum daß die erste Auflage erschienen war, eine gehässige Gegenschrift ausgehen. Jenisch zählte zu den skurrilsten, oder vielleicht besser: zu den tragischsten Gestalten der Berliner Spätaufklärung. Als geborener Ostpreuße hatte er in Königsberg studiert; der ebenso rhapsodische wie enigmatische Stil seiner späteren Publikationen war unverkennbar und anhaltend von Johann Georg Hamann beeinflußt. Durch Spaldings Vermittlung wurde Jenisch 1788 aus einer in Braunschweig versehenen Hofmeisterstelle als Pfarrer an die Berliner Marienkirche, vier Jahre später sogar an St. Nikolai berufen. 1794 heiratete er sich in die Familie seines Vorgesetzten Johann Samuel Diterich ein. Das literarische Œuvre des notorischen Schnell- und Vielschreibers wird auf etwa 15.000 Druckseiten geschätzt. Unter den Berliner Gelehrten galt er als eitel und charakterlos, auch war er fortwährend auf peinliche Weise, freilich erfolglos, um öffentliche Anerkennung durch Geistesgrößen wie Goethe, Friedrich Schiller und Wilhelm von Humboldt bemüht[71].

In seiner als *Sendschreiben an […] Spalding* ausgewiesenen Replik auf die Religionsschrift wies Jenisch den Verdacht, er wolle sich mit dem Namen des berühmten Theologen hervortun, hochmütig von sich: „Man habe die kleine Gefälligkeit,

[70] Vgl. J.J. Spalding an J.C. Lavater, 28.3.1799 (Zentralbibliothek Zürich, FA Lav. Ms. 527, Nr. 46).

[71] Vgl. H. Patsch, Art. Jenisch, Daniel (BBKL 24, 2005, 895–906).

mich für zu stolz zu halten, um so kindisch eitel zu seyn"[72]. Mehrfach erinnerte er den hochbetagten Spalding in direkter Anrede an den „täglichen Anblick deiner geöfneten Gruft"[73]. Dessen Religionsschrift unterstellte er blanken Kantianismus, theologische Falschmünzerei und absichtliche Irreführung der Leser; sie schien ihm „statt eines Boten der Gottheit, das leere Echo seines hohlen (so genannten moralischen) Selbst zu seyn"[74]. Spalding zeigte sich ob solcher kruden Herabwürdigung bestürzt und auch menschlich enttäuscht. In das Exemplar des *Sendschreiben[s]*, das ihm Jenisch zugestellt hatte, notierte er den Spruch des Vergil: „Non tali auxilio, nec defensoribus istis Tempus eget"[75] (Weder solche Hilfe noch derartige Verteidiger hat die Gegenwart nötig). Seit dem 9. Februar 1804 galt Jenisch dann als verschollen. Wahrscheinlich starb der Unglückliche im Sommer desselben Jahres durch Suizid in der Spree.

Weit bemerkenswerter als dieser seltsame Berliner Zwischenruf waren freilich die gewichtigen Stimmen. Johann Gottfried Herder, der Spalding anläßlich der Publikation *Ueber die Nutzbarkeit des Predigtamtes* in eine scharfe literarische Kontroverse gedrängt hatte[76], rühmte nun die späte Religionsschrift als „ein schönes Buch", mit dessen Titel der Verfasser für den Begriff der Religion einen „glückliche[n] Ausdruck" gefunden habe[77]. Johann Caspar Lavater schrieb am 21. August 1799 an Spalding, nachdem dieser ihm auch die dritte Auflage der Schrift zusammen mit einem freundschaftlichen Begleit-

---

[72] D. Jenisch, Sollte Religion den Menschen jemals entbehrlich werden? Ein theologisches Sendschreiben an Herrn Probst und Ober-Consistorial-Rath Spalding, 1797, VI.

[73] AaO 10.

[74] AaO 6.

[75] Böttiger (s. Anm. 11), 284.

[76] S. o. IV.5.

[77] J.G. Herder, Von Religion, Lehrmeinungen und Gebräuchen (1798; in: Ders., Sämmtliche Werke, hg. von B. Suphan, Bd. 20, 1880, ND 1967, 133–265), 141.

brief zugesandt hatte: „Die Religion hab' ich meiner Ließe zum Pfingstgeschenke gemacht. Wie viele Stellen streicht sie mit froher Billigung an! [...] Die dritte Auflage werd' ich nun wieder so lesen, als ob ich die Schrift noch nie gelesen hätte"[78]. In seiner *Appellation an das Publikum* verwies Johann Gottlieb Fichte, um sich im sogenannten Atheismusstreit zu behaupten, ausdrücklich auf den „ehrwürdige[n] Vater Spalding" als seinen über jede atheistische Verdächtigung erhabenen geistigen Mentor[79]. Pikanterweise sah sich dieser zugleich von der Gegenseite vereinnahmt, indem dort die eben erschienene zweite Auflage seiner Religionsschrift dem Fichte unterstellten Atheismus als die richtige Religionstheorie vorgezogen und der Jugend zum Studium empfohlen wurde[80]. Der seinerzeit hoch geachtete Historiker Johannes von Müller wartete, nachdem er im Sommer 1804 das „in jeder Rücksicht herrliche Buch [...] mit größter Erbauung, mit Bewunderung, mit Freude" gelesen hatte, gar mit dem Vorschlag auf: „Wie man bey Rafaels Begräbniß sein Gemählde der Verklärung vorantrug, so hätte man dieses Buch dem verewigten Verfasser auf den Sarg legen sollen". „Selig", fügte er pathetisch hinzu, „wer sein Leben so krönte!"[81]

3. Neige

Nach der Ruhrerkrankung vom Herbst 1797 war Spalding nur langsam wieder zu Kräften gelangt. Etliche Altersbeschwerden forderten nun zusehends ihren Tribut. Die jährlichen Geburts-

[78] J.C. Lavater an J.J. Spalding, 21.8.1799 (Zentralbibliothek Zürich, FA Lav. Ms. 581, Nr. 31.99).

[79] J.G. Fichte, Appellation an das Publikum (in: W. Röhr [Hg.], Appellation an das Publikum .... Dokumente zum Atheismusstreit um Fichte, Forberg, Niethammer Jena 1798/99, ²1991, 84–126), 119f.

[80] Vgl. [N.N.], Schreiben eines Vaters an seinen studierenden Sohn über den Fichtischen und Forbergischen Atheismus (aaO 42–63), 62.

[81] Spalding, Lebensbeschreibung (s. Anm. 1), 182f*.

tagseinträge in der *Lebensbeschreibung* blieben fortan auf wenige Zeilen beschränkt, die Gicht machte ihm das Schreiben zu schmerzhafter Qual. „Seine Hand", berichtete Johann Ernst Lüdeke, „will seinen Gedanken, die noch imer im Ströhmen sind, nicht mehr so folgen wie sonst"[82]. Weil ihm die abendlichen Leserunden zu anstrengend wurden, verlegte sich Spalding aufs Spiel. Die letzte Stunde, bevor er schlafen ging, verbrachte er nunmehr beim Whist, das ihm, anders als das in der Jugend mit Leidenschaft gepflegte Schach, die nötige Abspannung bot. Schließlich fand er sein müdes Gedächtnis selbst beim Kartenspiel überfordert und zog sich daraufhin allabendlich schon gegen 21 Uhr in sein Bett zurück.

In tapferer Selbstdisziplin rang sich Spalding bisweilen auch unter solchen Umständen noch Briefe an Freunde ab, deren Umgang ihm bevorzugt am Herzen lag. So schrieb er am 28. März 1799 ausführlich an Lavater. Daß dieser den Kontakt, nachdem er aufgrund einer Verstimmung für längere Zeit unterbrochen war, wieder gesucht hatte, bewegte und beglückte ihn sehr. Nachdrücklich pflichtete Spalding der Auffassung Lavaters bei, daß die „so sehr natürliche Verschiedenheit in Meinungen und Theorien" durch die im Gewissen zu vernehmende Stimme Gottes in ihrer Bedeutung doch allemal relativiert würde, und fügte dann, wie es für ihn typisch war, die versöhnliche Einsicht hinzu: „In der höhern Welt des Lichts werden wir alle noch viel zu lernen und auch zu verlernen haben. Wahrheit und recht zu *wollen*, ganz und ernstlich zu wollen, ist das Einzige und Alles, wofür wir hier verantwortlich seyn können". Klaglos berichtete er sodann von den häuslichen Umständen, seiner ermattenden Lebenskraft und der zunehmenden Einsamkeit, die ihn jetzt, in seinem ganz ungewöhnlich hohen Alter, umfing: „Ich habe, seit etlichen Jahren, der, gegen mich, jüngeren, thätigen und nützlichen Freunde so viele

---

[82] J.E. Lüdeke an I. Kant, 19.12.1798 (in: Kant's Briefwechsel. Bd. III: 1795–1803, ^{2}1922, 271f.), 271,14f.

verloren; und ich bleibe so lange zurück! Aber es ist Einer, der es weiß, wozu das Alles gut ist; und das muß uns genügen". Ein knapper Segenswunsch beschloß dann recht unvermittelt, „da ich mit der Feder nicht weiter fortkann", den Brief[83].

Das letzte Schreiben aus dieser Feder, das sich erhalten hat, ist auf den 4. April 1800 datiert. Es war an Johann Kaspar Hirzel gerichtet, den Zürcher Stadtarzt, Kommunalpolitiker und Naturforscher, dem er vor mehr als 50 Jahren im Kreis der Berliner Anakreontiker[84] begegnet und seitdem in Freundschaft verbunden geblieben war. Über die harte Bedrängnis, in der sich die Schweiz durch den postrevolutionären Einmarsch französischer Truppen und die von außen diktierte Gründung der Helvetischen Republik vorfand, zeigte sich Spalding aktuell informiert und bestürzt. Immerhin war ihm die Nachricht vom Wohlergehen der Familie Hirzel ein Trost. Beunruhigend erschien ihm die ganz ungewisse Zukunftsaussicht des Landes gleichwohl: „Wenn doch einmal ehrliche Friedensliebe und überhaupt menschliches Gefühl in die Seelen der Volksführer, und dadurch auch neuer Seegen über die gute Schweiz käme!"

Im übrigen dankte Spalding für eine Zusendung Hirzels, die sich aufgrund der politischen Wirren um etliche Wochen verzögert hatte. Nun war mit einem Brief auch das jüngst erschienene Buch Hirzels, das „wahre Religiosität mit Toleranz verbunden" zum Gegenstand hatte[85], in seine Hände gelangt. Spalding fühlte sich von der ehrenvollen Erwähnung, die sein Name darin gefunden hatte, beschämt, lobte zugleich „die ganze, in dem Werke selbst herschende, eben so aufgeklärte, als gefühlvolle religiöse Denkungsart und Sprache" und ließ sich durch die Lektüre zu eigener, fortführender Reflexion anregen. Zu dem von Hirzel entworfenen Konzept „wahrer reiner Religio-

---

[83] J.J. Spalding an J.C. Lavater, 28.3.1799 (Zentralbibliothek Zürich, FA Lav. Ms. 527, Nr. 46).

[84] S. o. II.7.

[85] [J.K.] Hirzel, der Greis, an seinen Freund Heinrich Meister über wahre Religiosität mit Toleranz verbunden, 1800.

sität" bestand für Spalding nur eine zweifache, gleichermaßen fatale Alternative: einerseits „der leichtsinnige unmoralische Unglaube", und andererseits, auf spätorthodoxe oder erweckliche Auswüchse zielend, ein „durch Ueberladung mit unverständlichen Lehrsätzen und bedeutungslosen Gebräuchen undenkender Aberglaube" sowie, damit verbunden, „verfolgungssüchtige Intoleranz"[86]. Das war ein letzter, sachidentischer Widerhall der von Spalding lebenslang betriebenen, auf Vermittlung und vernünftiges Augenmaß zielenden Aufklärungstheologie.

Die Lebenskräfte, die eine im Dezember 1800 zugezogene heftige Erkältung geraubt hatte, kehrten nicht wieder. Seitdem litt Spalding dazu auch an erheblicher Wortfindungsstörung, die Augen wurden ihm trüber, das Gehör immer schwächer, und „Lange Weile, ein Dämon, der in der Einsamkeit nie ihm nahe gekommen war, dehnte ihm die Stunden aus [...], da er nur mit Mühe jede Mittheilung aufnahm und erwiederte"[87]. Hatte er vormals kaum einen Tag ohne Spaziergang verstreichen lassen, so konnte er die frische Luft jetzt nur noch auf dem bequemen Sitz, der vor dem Charlottenburger Häuschen für ihn bereitstand, genießen. Am 1. November 1803 war er die allfällige Gedenknotiz bis auf die Namensunterschrift zu diktieren gezwungen: „Heute beschließt sein neun und achtzigstes Lebensjahr, und tritt in sein neunzigstes, als ein ohnmächtiger, aber für unzählige Wohlthaten Gottes dankbarer Greis, J.J. Spalding"[88].

Acht Wochen später erlitt er einen Schlaganfall, die rechte Körperhälfte blieb danach gelähmt. Im nächstfolgenden Frühjahr verschlug ihm eine abermalige schwere Erkältungskrankheit jeglichen Appetit. „Schon glaubten wir", meldete der Sohn Georg Ludwig an Schleiermacher, „durch einen Katarr meinen

[86] J.J. Spalding an J.K. Hirzel, 4.4.1800 (Zentralbibliothek Zürich, FA Hirzel 235, Nr. 185).

[87] Spalding, Lebensbeschreibung (s. Anm. 1), 225,10–15.

[88] AaO 211,10–13.

Vater an seinem Ziele zu sehen. Aber, es scheint, er erhohlt sich"[89]. Erstaunlicherweise besserte sich nun auch wieder die beeinträchtigte Sprechfähigkeit.

Am Morgen des 22. Mai 1804, zwei Tage nach dem Pfingstfest, verstarb Johann Joachim Spalding. Schmerzlos, altersgeschwächt und bei getrübtem Bewußtsein war sein Leben erloschen. Da man bereits am Vortag die Todesnähe erahnt hatte, stand nun die ganze Familie um das Sterbelager vereint. Neben den Kindern, Schwiegerkindern und Enkeln umfaßte sie auch den ersten, drei Wochen zuvor geborenen Urenkel Friedrich Ludwig Wichard Erbkam; dessen Mutter Friederike Henriette Erbkam war eine Tochter von Johanna Wilhelmina Spalding und Friedrich Samuel Gottfried Sack. Der letzte Todeskampf des Patriarchen dauerte eine Stunde. Dann „blickte der etwas gehobene Kopf mit geöffneten Augen, wie erstaunt, in die Höhe um sich her, sank zurück, und den letzten Hauch konnte man schwerlich merken". Den Augenblick des Übergangs beschrieb der Sohn Georg Ludwig eindrucksvoll und prägnant: „Kaum aber eine Minute, und das ganze Gesicht war verändert, wie eine Kohle, aus der der himmlische Funke ausgeglüht. Diese Veränderung schreckte nicht, sie hatte etwas Feyerliches; das eigentliche Verschwinden der Persönlichkeit"[90].

Im engsten Familienkreis trug man Spalding nach ein paar Tagen auf dem Gottesacker von St. Nikolai, gegenüber der alten Propstei, die er bis zuletzt hatte bewohnen können, zu Grabe. Ein Chor sang, dem Wunsch des Verstorbenen willfahrend, das von ihm schon vor Jahrzehnten gedichtete, im Oktober 1799 überarbeitete Lied „Des Todes Graun", und die Hinterbliebenen stimmten ein. Danach richtete der Schwiegersohn Sack einige Worte an die Trauergemeinde[91]. Nachdem er geendet hat-

---

[89] G.L. Spalding an F.D.E. Schleiermacher, 19.4.1804 (in: F.D.E. Schleiermacher, Briefwechsel 1803–1804, hg. von A. Arndt / W. Virmond [KGA V.7], 2005, 311f.), 312,38f.

[90] Spalding, Lebensbeschreibung (s. Anm. 1), 226,12–20.

[91] Vgl. aaO 109f.

te, brach aus Georg Ludwig „ein Erguß dankbarer Verehrung und kindlicher Liebe, der keine Klage beygemischt war“[92], hervor. Während der Sarg dann versenkt wurde, erklang ein von Klopstock verfaßter Auferstehungschoral. Die Inschrift des Grabsteins, der heute, leicht beschädigt, an der äußeren Nordwand des Langhauses befestigt ist, hatte der Verstorbene noch verfügt:

HIENEBEN
EMPFING DIE ERDE
DAS IHRIGE
VON
IOHANN IOACHIM SPALDING
GEBOREN AM I. NOVEMBER MDCCIV
GESTORBEN AM XXII. MAI MDXXXIV.
APOSTELGESCHICHTE XXIV 15.16[93]

Etliche Wochen später – der genaue Termin läßt sich wohl nicht mehr ermitteln – fand in St. Nikolai eine kirchliche Gedenkfeier für den Verstorbenen statt. Der dort amtierende Propst Johann Friedrich Zöllner, der den Gottesdienst eigentlich hätte leiten sollen, war schwer erkrankt. So hielt, ihn vertretend, der Cöllner Propst Teller, dem Spalding aufs engste verbunden war, die „Gedächtnis-Predigt dem verewigten Greis“[94]. Johann Friedrich Siegismund Augustin, der zweite Pfarrer an St. Nikolai und treue Freund des Verstorbenen,

[92] AaO 228,16–18.

[93] „Ich [...] habe die Hoffnung zu Gott, [...] daß zukünftig sei die Auferstehung der Toten, der Gerechten und Ungerechten. Dabei aber übe ich mich, zu haben ein unverletzt Gewissen allenthalben, gegen Gott und die Menschen“ (Act 24,15 f.).

[94] W.A. TELLER, Gedächtnis-Predigt dem verewigten Greis Johann Joachim Spalding gewesenen Probst in Berlin und Ober-Consistorial-Rath (1804; in: SPALDING, Einzelne Predigten [s. Anm. 31], 293–300).

sprach das liturgische Dankgebet[95]. Der bald darauf erschienene Druck der Gedächtnispredigt war Spaldings einstiger Berliner Gemeinde zugeeignet, sein Erlös – der Stückpreis lag bei 4 Groschen – kam der kirchlichen Armenfürsorge zugute.

In Spaldings Sterbejahr häuften sich unter denen, die ihm nahe waren, die Todesfälle. Zöllner verschied am 12. September, Teller am 9. Dezember 1804. Spaldings Ehefrau, die ihn bis zuletzt hatte versorgen und pflegen können, war ihm bereits am 5. September gefolgt. Sie hatte, von letzter Krankheit beschattet, darauf bestanden, ihre noch übrigen Wochen in Charlottenburg zu verbringen. Dort wollte sie Abschied nehmend die Erinnerungsorte aufsuchen, die sie mit ihrem Gatten verbanden. Dann starb sie, berichtete ihr Stiefsohn Georg Ludwig, „in demselbigen Zimmer, wo vor neun und zwanzig Jahren sie von ihrem alten edlen Freund, dem würdigen Teller, meinem Vater war angetrauet worden"[96]. Am 9. September wurde sie neben Spalding bestattet. Ihr stark verwitterter Grabstein findet sich heute unmittelbar neben dem Epitaph ihres Ehemanns.

4. Echo

Spalding zählt zu den bedeutendsten, interessantesten und einflußreichsten Theologen seiner Generation. Die auratische Kraft seiner Persönlichkeit und die liebenswürdige Bescheidenheit seines Wesens verliehen ihm natürliche Autorität. Die unprätentiöse Redlichkeit, mit der Spalding die religiösen Fragen der Zeit bearbeitet und beantwortet hat, führte ihm ein außergewöhnlich breites Predigt- und Lesepublikum zu. Seine

---

[95] Vgl. Spalding, Lebensbeschreibung (s. Anm. 1), 113 f.

[96] G.L. Spalding, Andenken an Maria Charlotte Spalding geb. Lieberkühn (aaO 229–232), 230,31–34. – Dieses in die *Lebensbeschreibung* eingefügte Gedenkblatt muß, da der Band bereits zur Michaelismesse, also Ende September 1804 erscheinen sollte, in höchster Eile verfaßt worden sein.

authentische religionstheologische Reflexion trug in einem schwerlich zu überschätzenden Maß dazu bei, daß damals zwischen bornierter gesetzlicher Positionalität und abstrakter philosophischer Verflüchtigung ein mittlerer, modernitätsträchtiger Weg für das Christentum gangbar geblieben ist. Die in seiner Frömmigkeit aufscheinende Verbindung von Traditionstreue und aktueller Erfahrungsbereitschaft prädestinierte ihn zu einer weit ausstrahlenden kirchlichen Vatergestalt. Das Urteil eines Zeitgenossen, Spalding verkörpere das „Ideal eines Geistlichen, für den [...] das Wort ein *Geistlicher* hätte erfunden werden sollen, wenn die Sprache es nicht gehabt hätte“[97], war wohl jedem, der ihn gekannt hatte, aus dem Herzen gesprochen.

Nachdem Spalding gestorben war, betrauerten ihn seine Familie und seine Freunde. Indessen löste sein Tod nirgendwo Schrecken oder Erschütterung aus. Die Beiläufigkeit seines irdischen Abgangs hatte einen zweifachen Grund. Einerseits schien es, als habe er zuletzt gleichsam sich selbst überlebt. „Die Seinigen“, berichtete Schleiermacher an Luise von Willich, „pflegten ihn mit der kindlichsten Treue, sahen aber seiner Auflösung so entgegen wie der eines Menschen, der lange physisch stirbt und in dem geistigen Sinne schon gestorben ist“[98]. Nicht minder treffend nannte Teller „die Art seines Abschieds aus dieser sichtbaren Reyhe von Dingen ein eigentlich langsames Aufhören zu leben“[99]. Andererseits war inzwischen auch die Epoche der Neologie, deren Kulminationsgestalt Spalding während seiner aktiven Berliner Zeit dargestellt hatte, an ihr geschichtliches Ende gelangt. Seit etlichen Jahren schon hatten sich junge theologische Kräfte und Richtungen mobilisiert, die zwar ausgiebig von den Früchten der Aufklärungstheologie zehrten, sich selbst aber, anstatt ihre Verwurzelung in diesem

[97] Spalding, Lebensbeschreibung (s. Anm. 1), 217,20–25.

[98] F.D.E. Schleiermacher an L. v. Willich, 17.11.1804 (in: F.D.E. Schleiermacher, Briefwechsel 1804–1806, hg. von A. Arndt / S. Gerber [KGA V.8], 2008, 34–36), 36,61–65.

[99] Teller, Gedächtnis-Predigt (s. Anm. 94), 300,3–5.

Nährboden einzugestehen, als einen unableitbaren geistigen Neubeginn zu inszenieren beliebten.

Natürlich gab es etliche ehrende Nachrufe und Würdigungen verschiedener Art. Doch die Nachfrage nach Spaldings Schriften und Predigtdrucken war bald erloschen. Lediglich kleine Textpassagen wurden während des 19. Jahrhunderts bisweilen in Anthologien und Florilegien eingerückt, dies freilich – es ist bezeichnend! – niemals in frömmigkeits- oder theologiegeschichtlichem, sondern stets nur in sprach- und literaturhistorischem Interesse[100].

Daß Spalding daneben auch der fortschreitenden theologischen Fachwissenschaft gegenwärtig blieb, war vornehmlich dessen jüngstem Enkel Karl Heinrich Sack zu verdanken. Über Jahrzehnte hinweg publizierte er immer wieder Dokumente und Deutungen der großväterlichen Lebensarbeit. Dadurch begünstigt, ist Spalding während des 19. Jahrhunderts zumal als Theoretiker und Praktiker der kirchlichen Predigt erforscht worden und bedeutsam geblieben[101]. Erst im Umkreis des Kulturprotestantismus, also im Aufbruch des 20. Jahrhunderts, begann sich eine wissenschaftliche Blickweitung abzuzeichnen. In den *Studien zur Geschichte des neueren Protestantismus* brachte Horst Stephan 1908 als erstes Quellenheft eine Neuausgabe der *Bestimmung des Menschen* heraus[102]. Daneben wurde Spalding vereinzelt zum Gegenstand philosophischer

---

[100] Vgl. nur, durchaus exemplarisch, K.H.L. Pölitz, Das Gesammtgebiet der teutschen Sprache, nach Prosa, Dichtkunst und Beredsamkeit theoretisch und practisch dargestellt. Bd. 4: Sprache der Beredsamkeit, 1825, 243–246.

[101] Knappe Forschungsberichte boten zuletzt U. Dreesman, Aufklärung der Religion. Die Religionstheologie Johann Joachim Spaldings (PThK 20), 2008, 25–30; G. Raatz, Johann Joachim Spaldings „Bestimmung des Menschen" (1748) – eine genetisch-systematische Rekonstruktion, Diss. masch., Leipzig 2012, 12–50.

[102] Spaldings Bestimmung des Menschen (1748) und Wert der Andacht (1755). Mit Einleitung neu hg. von H. Stephan (SGNP.Q 1), 1908.

Dissertationen und kirchengeschichtlicher Studien. Auch in theologiehistorischen Gesamtdarstellungen fand er nun seinen Ort[103]. Doch wie die Aufklärungstheologie insgesamt, so schien auch Spalding weiterhin nur als ein geschichtliches Randphänomen von Bedeutung zu sein. In den 1960er Jahren blieb die von Joseph Schollmeier erarbeitete Monographie[104] ein intentional bahnbrechender, obgleich material nicht durchweg überzeugender Sonderfall.

Indessen zeichnet sich seit dem Beginn des 21. Jahrhunderts ein nachhaltiger Wandel ab. Es scheint, als habe, vielleicht auch durch die jüngst abgeschlossene *Kritische Spalding-Ausgabe* begünstigt, ein kräftiger Aufschwung der Spalding gewidmeten Forschung begonnen, deren Editions- und Interpretationsarbeit sich längst in interdisziplinären und internationalen Dimensionen vollzieht und von der auch künftighin kräftige Impulse für die kirchen- und theologiegeschichtliche Erhellung des 18. Jahrhunderts zu erwarten sein dürften.

Bleibende Aufmerksamkeit verdient Spalding in mehrfacher Hinsicht. In der neuzeitlichen Umformungskrise des Protestantismus erwies er wie kaum ein anderer elastische und damit zukunftsfähige Identität[105]. Als feinsinniger religiöser Schriftsteller und Stilist des Aufklärungszeitalters vermittelt er bis heute historisches Lese- und Bildungsvergnügen. Zugleich empfiehlt er sich in besonderer Weise als eine repräsentative Schlüsselfigur seiner Epoche. Wer sich die Denk- und Sprachwelt Spaldings erkundend zu eigen macht, wird sie als Brutstät-

---

[103] Vgl. nur K. Aner, Die Theologie der Lessingzeit, 1929, ND 1964, 79–83 u. passim; E. Hirsch, Geschichte der neuern evangelischen Theologie im Zusammenhang mit den allgemeinen Bewegungen des europäischen Denkens, Bd. 4, 1952, ND 2000, 15–31 u. passim.

[104] J. Schollmeier, Johann Joachim Spalding. Ein Beitrag zur Theologie der Aufklärung, 1967.

[105] Vgl. A. Beutel, Elastische Identität. Die aufklärerische Aktualisierung reformatorischer Basisimpulse bei Johann Joachim Spalding (ZThK 111, 2014, 1–27).

te künftiger Gegenwart und damit als Teil seiner eigenen Vergangenheit schätzbar und aufklärend finden.

„Ein Heiliger Gottes“[106], meinte Wilhelm Abraham Teller, sei Spalding gewesen. Ein Lehrer des Glaubens und Liebhaber des Lebens war er allemal.

---

[106] TELLER, Gedächtnis-Predigt (s. Anm. 94), 299,10.

Zeittafel

1714	1. November: Geburt Johann Joachim Spaldings in Tribsees
1723	5. April: Tod der Mutter Catharina Ilsabe Spalding geb. Lehment
1731–1733	Studium der Theologie und Philosophie in Rostock
1733–1745	Hauslehrer und Privatier
1736	Promotion (Dr. phil.) in Rostock
1745–1747	Gesandtschaftssekretär in Berlin
1747–1749	Privatier
1748	19. Februar: Tod des Vaters Johann Georg Spalding „(Betrachtung über) Die Bestimmung des Menschen" (^{7}1763; ^{11}1794)
1749–1757	Pfarrer in Lassan
1751	12. August: Heirat mit Wilhelmine Sophie Gebhardi
1753–1832	Tochter Johanna Wilhelmina Sack geb. Spalding
1754–1767	Tochter Sophie Charlotte Spalding
1756	2. April: Tod des Bruders Gebhard Spalding
1756–1758	Tochter Luise Dorothea Spalding
1757–1764	Pfarrer in Barth
1758–1758	Sohn Friedrich Wilhelm Spalding
1760–1830	Sohn Karl August Wilhelm Spalding
1761	„Gedanken über den Werth der Gefühle in dem Christenthum" (^{2}1764; ^{3}1769; ^{4}1773; ^{5}1784)
1762–1811	Sohn Georg Ludwig Spalding
1762	11. April: Tod der Ehefrau Wilhelmine Sophie Spalding geb. Gebhardi
1763–1764	Aufenthalt von Johann Heinrich Füssli, Felix Hess und Johann Caspar Lavater bei Spalding in Barth
1763	Februar und August: Ablehnung zweier Rufe auf eine theologische Professur an der Universität Greifswald
1764	2. März: Heirat mit Maria Dorothea von Sodenstern
1764–1788/91	Propst (St. Nikolai) und Oberkonsistorialrat in Berlin
1764	15. Juli: Amtseinführung in Berlin

1765	„Predigten“ (^{2}1768; ^{3}1775)
1768	„Neue Predigten“ (^{2}1770; ^{3}1777)
1770	Juni: Visitation des Klosters Berge
	4. September: Heirat der Tochter Johanna Wilhelmina Spalding mit Friedrich Samuel Gottfried Sack
1771	Februar: Tod des Bruders Bernhard Heinrich Spalding
	„Briefe von Herrn Spalding an Herrn Gleim“
1772	29. November: Tod des Bruders Carl Wilhelm Spalding
	„Ueber die Nutzbarkeit des Predigtamtes und deren Beförderung“ (^{2}1773; ^{3}1791)
1774	20. Dezember: Tod der Ehefrau Maria Dorothea Spalding geb. von Sodenstern
1775	„Predigten größtentheils bey außerordentlichen Fällen gehalten“
	7. August: Heirat mit Maria Charlotte Lieberkühn
1783–1786	Mitglied der Berliner Mittwochsgesellschaft
1784	„Vertraute Briefe, die Religion betreffend“ (^{2}1785; ^{3}1788)
	„Neue Predigten. Zweyter Band“
1786	10. September: Gedächtnispredigt auf König Friedrich II. von Preußen
1788	9. Juli: Das Woellnersche Religionsedikt
	10. August: Entlassung aus dem Amt als Propst von Berlin
	21. September: Abschiedspredigt
1791	Niederlegung des Sitzes im Oberkonsistorium
1797	„Religion, eine Angelegenheit des Menschen“ (^{2}1798; ^{3}1799; ^{4}1806)
	Anfang September: Schwere Ruhrerkrankung
1803	Dezember: Schlaganfall
1804	22. Mai: Tod Johann Joachim Spaldings in Berlin
	5. September: Tod der Ehefrau Maria Charlotte Spalding geb. Lieberkühn
	Ende September: „Lebensbeschreibung von ihm selbst aufgesetzt“

Personenregister